ⓒ 김연수, 2025

이 책의 저작권은 저자에게 있습니다.
저작권법에 의해 보호를 받는 저작물이므로
저자의 허락 없이 무단 전재와 복제를 금합니다.

대한민국 투자자를 위한 미국 주식 불패 공식

1판 1쇄 발행 2025년 12월 8일
1판 2쇄 발행 2025년 12월 12일

지은이 | 김연수
발행인 | 홍영태
편집인 | 김미란
발행처 | (주)비즈니스북스
등 록 | 제2000-000225호(2000년 2월 28일)
주 소 | 03991 서울시 마포구 월드컵북로6길 3 이노베이스빌딩 7층
전 화 | (02)338-9449
팩 스 | (02)338-6543
대표메일 | bb@businessbooks.co.kr
홈페이지 | http://www.businessbooks.co.kr
블로그 | http://blog.naver.com/biz_books
페이스북 | thebizbooks
인스타그램 | bizbooks_kr
ISBN 979-11-6254-452-5 03320

* 잘못된 책은 구입하신 서점에서 바꾸어 드립니다.
* 책값은 뒤표지에 있습니다.
* 비즈니스북스에 대한 더 많은 정보가 필요하신 분은 홈페이지를 방문해 주시기 바랍니다.

> 비즈니스북스는 독자 여러분의 소중한 아이디어와 원고 투고를 기다리고 있습니다.
> 원고가 있으신 분은 ms1@businessbooks.co.kr로 간단한 개요와 취지, 연락처 등을 보내 주세요.

차례

들어가는 글 새내기 역사학도, 주식 투자에 빠지다   8

제1장 미국 주식 전문가가 되기 위한 '연수르 로드맵'

핵심 지표와 데이터를 분석하는 툴을 구축하다   21
나만의 투자 복기법으로 매매 전략을 업그레이드하다   30
미국 주식 전문가로 거듭나기 위한 시행착오 극복기   39

제2장 왜 미국 주식이 부의 추월차선인가

주식은 유동성이 전부이며, 유동성은 미국이 가장 풍부하다   49
아메리칸드림, 모든 인재가 모이는 곳   56
CFO가 진짜 할 일을 하는 진정한 주주들의 나라   60
가격의 대표성과 기술적 분석이 통하는 시장   66

제3장 투자 전 반드시 알아야 하는 미국 증시의 특징

한국 시장과는 문법이 다르다: 추세가 존재하는 시장   73
원인을 분석하기보다는 결과를 인정한다: 효율적인 시장   79
모두에게 공개된 정보로 싸운다: 공정한 시장   86
굳이 중소형주에 투자할 이유가 없다: 대형주가 더 잘 오르는 시장   92
기관 투자자의 마인드로 접근한다: 기관이 지배하는 시장   102
미국은 기업이 아니라 '산업'을 키우는 곳이다: 톱다운이 중요한 시장   110

제4장 앞으로 3년, 미국 증시에서 주목해야 할 6대 키워드

드디어 돈 벌기 시작하는 AI, 에이전틱 AI	119
AI 전쟁 대단원의 마지막 장, 임바디드 AI	128
당신이 누구인지 알고 있다, TV 광고의 진화	137
택시비가 버스비보다 저렴해진다, 자율주행	147
광고에 AI를 접목하면 벌어지는 일들, AI 광고	156
게임도 구독하는 시대, 클라우드 게이밍	166

제5장 한계를 잊은 무한 성장 기업들의 빅매치 속 승자 찾기

피지컬 AI, 현실 세계 데이터와 가상 현실 데이터의 대결: 테슬라 vs. 엔비디아	175
클라우드의 커머디티화를 극복하는 세 가지 방법: 구글 vs. MS vs. 아마존	187
AI 광고, 누가 당신을 더 잘 알고 있을까?: 구글 vs. 메타 vs. 아마존	199
양자컴퓨팅도 빅테크인 이유: 구글 vs. MS	212
AI 반도체, 학습과 추론 중 어느 것이 더 중요할까?: 엔비디아 vs. 브로드컴	223

제6장 차세대 주도 업종 속 넥스트 빅테크는 누가 될 것인가

에이전틱 AI, 초기 시장의 승자는 B2B 소프트웨어다: 세일즈포스, 서비스나우	235
AI 광고, 앱 광고의 최대 수혜 기업에 투자하라: 앱러빈	245
콘텐츠 회사가 아니라 플랫폼 기업이다: 넷플릭스	258
우주 산업, 위대한 도약의 주인공은 누구인가: 스페이스X, 로켓랩	272
Born to be AI: 팔란티어	286
스테이블코인이 만들어낼 금융의 미래: 서클, 로빈후드, 코인베이스	298

제7장 아직 세상에 알려지지 않은 보물지도: '무명유실' 기업 투자 전략

도박도 이제는 온라인으로: 드래프트킹스	315
데이터 쇼티지의 시대: 레딧	327
미래 교육의 새로운 패러다임을 만든다: 듀오링고	339
미국 부동산 붐은 온다: 홈빌더 산업	352
데이터로 미래를 설계하는 AI 시대 게임체인저: 페이팔	366
인간과 우주를 이어줄 첫 번째 산업, 위성통신: AST 스페이스모바일	377

제8장 투자 인생을 걸 나만의 종목 찾는 법

한번 올라탄 트렌드에서는 절대로 내리지 마라	391
세상의 변화, 산업의 변화, 기업의 변화	400
텐배거는 항상 신고가부터 시작한다	408
제대로 해놓은 공부는 반드시 수익으로 돌아온다	415
골드러시 시대의 리바이스를 찾아라	423

제9장 주가가 오르는 패턴은 어떻게 읽을 수 있나

주가 상승의 가장 좋은 모멘텀은 '이익 성장'이다	433
밸류에이션의 함정에 빠지지 마라	441
성장주 주가 폭발의 '두 가지 지점'을 놓치지 마라	449
'트렌드-실적-주가'의 흐름을 읽어라	457
컨센서스와의 밀당에서 속지 않는 법	466

부록 투자 대가들을 멘토로 삼는 법	475

들어가는 글

새내기 역사학도,
주식투자에 빠지다

역사는 영원히 되풀이된다.

대학교에 입학해 처음으로 들은 역사학개론 강의는 고대 그리스의 역사가 투키디데스가 남긴 이 말과 함께 시작됐다. 인류 역사가 복잡다단한 사건들로 이루어진 듯 보이지만 사실 흥망성쇠라는 큰 그림에서 봤을 때는 끊임없는 반복이며, 따라서 우리가 앞으로 나아가기 위해서는 반복되는 그 일들에서 교훈을 얻어야 한다는 것이 핵심이었다. 옛날이야기를 듣는 것은 재미있었지만 이것이 내 인생에 실질적으로 어떤 의미를 가질지에 대해서는 도무지 갈피를 잡지 못했다. 그러던 중 우연히 집어 든 책에서 다음과 같은 문구를 만났다.

역사를 공부하지 않으면 같은 실수를 반복하게 된다. 시장은 항상 반복되는 패턴을 보인다.

투자자로서의 이력으로는 특이하게, 역사학을 전공한 투자자 짐 로저스의 말이다. 이 두 문장은 내 인생을 송두리째 바꿔놓았다. 언뜻 투키디데스의 말과 비슷해 보이지만, 특히 나를 사로잡은 건 두 번째 문장이었다. 역사가 반복되는 것은 결국 인간의 변하지 않는 본성 때문이며, 주식시장의 변화 역시 같은 방식으로 설명할 수 있다는 것이다. 역사를 공부하는 것이 곧 돈이 될 수 있음을 의미한다고 생각한 나는, 그 길로 주식시장에 뛰어들겠다고 마음먹었다.

버핏이 한 기업의 10년 치 사업보고서를 모두 읽는 이유

그렇게 뛰어든 주식시장은 내가 생각했던 것 이상으로 흥미진진한 곳이었다. 주식을 제대로 배우기 전까지는 주가가 움직이는 메커니즘이 오롯이 그 기업을 둘러싼 호재와 악재라는 두 가지 요소로만 작동한다고 생각했다. 그러나 실제로 투자를 하면서 그렇게 간단하지만은 않다는 것을 알게 됐다.

한번은 주가가 상승가도를 달리던 회사가 유상증자 공시를 한 적이 있다. 유상증자는 주주의 권리를 희석시키는 행위이기 때문에 보통은 주가에 악재로 작용하지만, 당시 투자자들은 호재로 인식했고 주가는 급등세를 보였다. 이 회사의 사업에 일종의 팬덤이 형성될 정도로 열광하던 투자자들이 많았고, 유상증자로 자금을 조달해 공장을 증설하면 회사가 돈을 더 벌어들일 것으로 예상하면서 오히려 주식을 더 사들인 것이다. 인간의 본성 중 하나인 '탐욕'이 만들어낸 전형적인 현상이다.

그와 반대로, 애널리스트들의 추정치를 훌쩍 뛰어넘는 호실적을 발표했는데 주가가 오히려 하락하는 현상도 비일비재하다. 기업이 너무나도 좋은 실적을 냈지만, 오히려 앞으로는 이만큼 좋은 실적을 내지 못하고 실적이 꺾일 것peak-out이라는 우려가 형성되면서 악재로 인식된 것이다. 인간의 또 다른 본성인 '공포'가 사실fact보다 큰 힘을 발휘해 주가를 움직인 전형적인 사례라고 할 수 있다.

이처럼 실제 주식시장에서 주가는 예측할 수 없는 미래에 대한 추정을 둘러싸고 형성된 인간의 탐욕과 공포라는 두 가지 본성 사이에서 요동치다가, 마침내 그 미래가 현재로 당도했을 때 거의 정확하게 현실을 반영하는 방향으로 움직인다. 그런 의미에서 짐 로저스가 이야기한 '반복되는 패턴'이란 다음의 두 가지를 의미한다.

첫째, 시장은 결국 기업의 내재가치를 반영하는 방향으로 움직인다는 것이다. 따라서 투자자는 기업의 내재가치를 평가해야 하고, 그러기 위해서는 기업의 역사를 반드시 돌아봐야 한다. 워런 버핏은 한 회사를 분석할 때는 적어도 10년 치 사업보고서를 모두 읽어야 한다고 이야기했다. 우리가 한 국가 또는 민족의 역사를 돌이켜보면서 그들의 정체성을 판단하듯, 과거 10년의 사업을 추적하면 그 기업의 성장을 이끈 경영 철학과 기업 문화 등을 파악할 수 있기 때문이다. 이를 통해 미래에 어떤 성장 궤적을 그려나갈지 예측해볼 수 있고, 여기에 그 기업이 속한 산업의 변화나 세상의 변화를 더하면 결과적으로 주가를 구성하는 두 가지 중요한 구성 요소 중 하나인 EPSearning per share(주당순이익)를 도출할 수 있다.

그러나 아무리 예측을 잘한다고 해도 주가가 항상 기업의 내재가치에 맞춰서 움직이는 것은 아니다. 패턴에 영향을 미치는 두 번째 요소인 '인간의 본성'이 개입되기 때문이다. 시장은 인간의 탐욕과 공포 같은 심리적 요인에 크게 영향을 받는다. 예를 들어 시장이 과열될 때 투자자들은 탐욕에 휩싸여 비이성적인 매수를 하고, 시장이 붕괴하면 반대로 공포에 빠져서 과도하게 매도하곤 한다. 이런 행동은 17세기 튤립 버블부터 시작해서 닷컴·부동산·암호화폐·NFT non-fungible token(대체불가능토큰) 버블 등 형태만 달리하여 인류의 역사에서 매번 반복돼왔다. 따라서 주가를 계산하기 위해서는 기업의 내재가치를 예측해야 할 뿐 아니라 그 기업을 둘러싼 시장 참가자들의 심리까지 분석해야 한다. 여기서 주가를 구성하는 두 가지 요소 중 나머지 하나인 PER price earning ratio(주가수익비율)이 필요해진다. 예를 들어 기업이나 산업이 성장하는 구간에서는 높은 PER을 부여하고, 시장 참가자들의 관심이 없는 구간에서는 낮은 PER을 부여하는 식으로 사용해볼 수 있다.

이처럼 '궁극적으로 기업의 내재가치를 반영한다'는 특성을 이용해 도출한 EPS에 '인간의 본성'을 보여주는 PER을 곱하면 주가가 계산되는데, 매 순간 변화하는 두 변수를 추적해나가면서 현재 주가와 발생하는 괴리를 이용해 돈을 버는 것이 주식 투자의 본질이다.

가치 투자에서 성장주 투자로 방향을 바꾸다

여기서부터 시작된 주식 투자자로서의 여정은 그야말로 시행착오의 연속이었다. 처음에는 PER이라는 개념에 대한 감조차 잡히지 않아서

★ EPS와 PER ★

세상의 모든 제품 및 서비스와 비교할 때, 주식에만 존재하는 고유한 특징이 있다. 바로 '가격'을 계산하는 공식이 있다는 것이다. 주가를 구하는 공식은 무수히 많지만, 그 모든 것의 토대는 EPS와 PER(주가가 이익에 비해 몇 배인지를 나타내는 수치)이다.

주가 = EPS×PER
* EPS(주당순이익) = 당기순이익 ÷ 주식 수
** PER(주가수익비율) = 주가 ÷ EPS (또는 시가총액÷당기순이익)

즉, 기업이 벌어들인(또는 벌어들일) 이익(EPS)에 그 기업이 받아 마땅하다고 생각하는 프리미엄(PER)을 곱한 것이 그 기업의 주가가 된다. 개념은 간단하지만 시장 참가자 각각이 생각하는 EPS이 PER이 모두 다르기에, 주가 예측은 쉽지 않은 일이다.

EPS를 계산하는 데 모든 에너지를 다 쏟아부었다. 워런 버핏의 조언대로 기업의 10년 치 사업보고서를 주석까지 한 글자도 빠짐없이 읽고 온갖 산업 보고서를 읽으면서 나름대로 산업의 성장 궤적을 예측했고, 기업의 내재가치를 계산한 뒤 주가가 그에 도달할 때까지 한없이 기다리는 투자를 했다.

예컨대 2017년에 공부했던 KG이니시스가 대표적이다. KG이니시스는 이커머스 결제지불대행 서비스를 주요 사업으로 영위하는 국내 1위 전자결제대행사 payment gateway, PG다. 당시 국내 이커머스 시장이 성장함에 따라 회사 매출액과 영업이익이 꾸준히 증가하고 있었는데 그에 비해 주가는 너무나도 '싼' 수준에 머물러 있었다.

당시 KG이니시스의 시가총액은 3,000억 원 내외였는데, 연간 300

억 원 수준의 영업이익을 기록했고 무엇보다 보유 자산 중 즉시 현금화할 수 있는 유동자산이 시가총액의 절반 수준인 1,500억 원에 달했다(2016년 사업보고서 기준). 이는 곧 연간 300억 원씩 영업이익을 버는 회사를 단돈 1,500억 원에 살 수 있음을 의미한다. 더할 나위 없는 기회라고 생각해 매수했다.

주가가 움직이기 시작한 것은 그로부터 거의 반년이 지난 후부터였다. 트리거가 KG이니시스의 연결 자회사였던 KG로지스라는 물류 회사를 매각하기로 한 것이었다. KG로지스는 매년 200~300억 원씩 적자를 내던 KG이니시스의 아픈 손가락 중 하나였는데, 이 회사가 매각되면서 더는 회사 실적을 갉아먹지 않게 된 것이다. 그제야 기업 가치가 주가에 제대로 반영되기 시작하면서 주가는 그로부터 불과 석 달 만에 2배 이상 상승했다.

이런 투자 방식은 분명히 큰 성과도 몇 번 가져다주었고, 무엇보다 '가치 투자'라는 훌륭한 명분이 주는 안정감에서 오는 만족도가 매우 컸다. 그러나 시간이 갈수록 이런 한없는 기다림은 내 성향과 그다지 맞지 않는다는 생각이 들었다. 내가 주식 투자를 하고 싶었던 이유는 '돈을 벌기 위해서'였고, 여러 책을 읽고 여러 투자자를 만나보면서 돈을 버는 방법에는 가치 투자 외에도 많다는 사실을 알게 됐다.

다양한 시행착오 끝에 선택한 방식은 '성장주 투자'였다. 주식시장의 역사를 돌이켜보면 기업들이 가파른 이익 성장을 만들어내는 구간에서는 EPS뿐 아니라 PER까지 함께 높아지면서 엄청난 주가 상승을 만들어내는 경우가 많았다. 대표적인 사례가 바로 나를 성장주 투자의 세계로 이끈 '카페24'다.

2018년 초, 카페24가 IPO initial public offering(기업공개)를 하기 전에 진행한 펀드 매니저 간담회에 우연히 참석한 나는 회사의 성장 전략에 대한 설명을 듣고 완전히 매료됐다. 카페24는 기업 또는 개인들이 쇼핑몰을 만들고 운영할 수 있는 솔루션을 제공하고 해당 쇼핑몰에서 발생하는 거래액 gross merchandise volume, GMV에 연동하여 매출액을 인식한다. 기본적으로 국내 이커머스 시장의 성장에 따라 매출액이 꾸준히 증가할 수 있는 구조다. 더욱이 당시 이커머스로 제품을 판매하는 셀러들이 오픈마켓에서 벗어나 자체 쇼핑몰을 구축하는 것이 대세가 되면서, 국내 1위 쇼핑몰 솔루션 제공 업체인 카페24의 고객들이 빠르게 늘어나고 있었다. 또한 회사의 이익률도 개선될 조짐이 보였다. 당시 카페24의 가장 큰 비용은 인건비였는데 회사가 어느 정도 규모에 도달했다는 판단으로 인력 채용을 줄이기 시작했고, 인건비 비중이 줄어들면서 2017년에는 회사 설립 이후 처음으로 흑자 전환을 달성했다.

당시 카페24는 이커머스 시장 성장 및 자사 몰 구축 트렌드에 힘입어 매출액이 급성장하는 동시에 비용 구조까지 개선되면서 이익이 매출액보다 더욱 가파르게 성장하는 구간의 초입에 있었다. 이를 토대로 계산해본 카페24의 몇 년 뒤 이익 대비 당시 시가총액은 너무나도 싼 수준이라고 생각됐다.

2018년 초 회사가 상장한 직후부터 이 같은 성장 포인트들이 주목받기 시작했다. 당시 미 증시에서 비슷한 비즈니스 모델을 운영하던 쇼피파이 Shopify의 주가가 고공행진을 하고 있었는데, 이를 경험한 외국인 투자자들의 매수세가 엄청나게 유입되면서 카페24의 주가는 상장한 지 5개월 만에 무려 4배 가까이 상승했다. 회사의 이익(EPS) 성장이 기대되는 구간에서 멀티플(PER)까지 함께 높아지며 엄청난 주가 상승을 시현한, 성장주의 대표적인 사례로 꼽을 수 있다.

이 방식은 가치 투자에 비해 기다리는 시간을 훨씬 더 단축해줬고, 무엇보다 기업들이 가장 가파르게 성장하는 국면에서 투자를 집행하기 때문에 기업을 공부하는 과정 자체가 재미있었다. 새내기 역사학도에서 이제는 새내기 주식 투자자가 된 나의 투자 이야기는 그렇게 본격적으로 시작됐다.

투자에 대한 방황을 다잡아준 미국 주식의 세계

어떤 일을 꾸준히 하다 보면 방황하는 시기가 찾아오기 마련이다. 대개는 일이 잘 풀리다가 막다른 골목을 만났을 때 그런 일을 겪는데, 아이러니하게도 나는 성장주 투자자라는 정체성을 확인한 바로 그 시점부터 방황이 시작됐다. 한국 주식시장에서는 그 방식을 적용할 수 있는 제대로 된 성장주를 찾기가 너무나도 힘들었기 때문이다.

대부분 자산시장이 그렇듯, 한국 주식시장에도 매년 엄청난 주가 상승을 시현하는 종목들이 존재한다. 그 종목들의 주가가 크게 오르는 이유는 당연히 향후 엄청난 이익 성장을 달성할 수 있을 것으로 '기대'되기 때문이다. 그러나 막상 시간이 어느 정도 지난 뒤 돌아봤을 때, 이전에 예상 또는 기대됐던 성장의 궤적을 따라 착실히 이익을 벌어들이는 기업이 한국 주식시장에서는 매우 드물었다.

'코리아 디스카운트'라는 용어가 따로 존재할 정도로, 한국 주식시장이 글로벌 증시 대비 저평가받고 있다는 사실은 이미 잘 알려져 있다. 이런 현상이 발생하는 데는 여러 이유가 있지만 가장 큰 이유는 글로벌 증시 대비 고려해야 할 내부적인 변수가 너무나 많고, 기업들이 예상했던 이익을 계속해서 달성하지 못하면서 투자자들의 신뢰를 잃어왔기 때문일 것이다. 성장할 것으로 예상되는 기업의 주가 흐름은 그 기업이 미래에 벌어들일 것으로 예상되는 이익에 대한 '기대감'으로 먼저 오르고, 실제로 미래에 그 정도의 이익을 벌어들이면서 높아진 주가가 '정당화'되는 과정을 거치는 것이 통상적이다. 그런데 한국 주식시장에는 기대했던 이익을 실제로 벌어들이는 회사가 거의 없기 때문에 시간이 지나도 기대감을 정당화할 수가 없고, 이에 따라 투자자들의 신뢰도가 낮아 저평가받을 수밖에 없었던 것이다.

물론 기업이 실제로 이익을 벌어들이지 못하더라도 기대감이 살아 있는 기간에만 투자를 집행하여 막대한 수익을 벌어들이는 뛰어난 투자자들도 존재한다. 그러나 이것은 내가 하고 싶었던 성장주 투자와는 거리가 멀었다. 그렇다고 실제로 경쟁력을 증명해내는 회사를 찾아내자니 그 비율이 너무나도 낮아 내 역량으로는 이 일을 반복적으로 해내기가 힘들다고 생각했다.

2019년, 이직과 함께 운명과도 같이 커다란 전환점이 찾아왔다. 기존에 다니던 자산운용사는 국내 주식에만 투자하던 곳이었는데, 새로 이직한 자산운용사에서는 국내 주식만이 아니라 해외 주식까지 리서치하고 운용했다. 그때까지 해외 주식은 제대로 공부하거나 투자해본 적이 없었지만, 해외 주식 투자가 당시 회사의 큰 프로젝트 중 하나였기에 나 역시 적극적으로 참여할 필요가 있었다.

그렇게 만난 해외 주식, 특히 미국 주식은 나에게 그야말로 신세계를 보여줬다. 대부분의 미국 기업은 매 분기 실적 발표 때마다 다음 분기 가이던스guidance(재무 성과 예측치)를 제시하는데, 다음 분기 실적 발표 시즌이 되면 상당수의 기업이 가이던스를 웃도는 실적을 발표했다. 투자자들 사이에서 형성된 기대감으로 인한 주가 상승을, 실제 이익을 벌어들임으로써 정당화한다는 얘기다.

예컨대 2019년에 애플의 주가가 1년 동안 86%나 상승했는데, 주가를 끌어올린 주요 이유 중에는 '서비스 부문' 매출 성장에 대한 기대감이 존재했다. 애플은 아이폰, 아이패드, 맥북 등 하드웨어 제품을 판매하는 것에 그치지 않고 그로부터 자사 제품 생태계의 유저 베이스를 구축해 하드웨어에 애플뮤직Apple Music, 아이클라우드iCloud, 앱스토어 등 각종 서비스를 붙여서 서비스 매출을 창출한다. 이런 서비스 매출이야말로 애플 비즈니스 모델의 정수라고 할 수 있다. 서비스 매출은 제품 매출보다 훨씬 더 높은 수익성을 보이는데,* 애플의 제품 판매가 늘어날수록 유저 생태계가 확장되면서 자연스럽게 서비스 매출 비중이 커져 전사 이익 성장이 가속화되기 때문이다.

2016년 애플에 투자하면서 버크셔 해서웨이Berkshire Hathaway 역사상 전례 없는 기술주 투자 사례를 만들어낸 워런 버핏은 2020년 한때 포트폴리오에서 애플의 비중이 40~45%에 육박할 정도로 애플에 대한 강한 확신을 보여줬다. 그는 한 인터뷰에서 "애플은 전 세계에서 가장

---

* 2024년 기준 제품 매출의 GPM gross profit margin(매출총이익률)은 36.9%, 서비스 매출의 GPM은 74.4%.

뛰어난 비즈니스 모델을 보유하고 있다."라고 극찬하기도 했다.

  2019년 당시는 애플의 이 같은 서비스 매출이 본격적인 성장 궤도에 들어서는 구간이었고, 이에 따라 시장에서는 애플의 이익 성장에 대한 기대감이 커졌다. 애플의 주가는 그런 기대감을 반영하면서 1년 내내 상승가도를 달렸고, 회사 역시 2019년 매 분기 애널리스트들과 투자자들의 예상치를 웃도는 '어닝 서프라이즈' 행진을 하면서 주가 랠리에 반영된 기대감을 계속해서 정당화해주었다. 애플의 2019년 4분기 서비스 매출 비중은 거의 20%에 육박했는데, 2016년 11%에 불과했던 것과 비교하면 괄목할 만한 성과다.

  매 분기 S&P500 기업들의 70% 이상이 어닝 서프라이즈를 기록한다는 사실은 미국 증시에는 성장에 대한 허울뿐인 기대감만 있는 것이 아니라 그 기대감을 정당화해줄 '진짜 성장'을 만들어내는 기업들이 그만큼 많다는 것을 의미한다. 매 분기 미국 기업들의 실적 발표를 지켜보면서 이에 대한 확신이 점점 더 커졌고, 자연스럽게 내가 추구하는 성장주 투자를 하기 위해서는 미국 주식에 투자해야 한다는 결론에 도달했다.

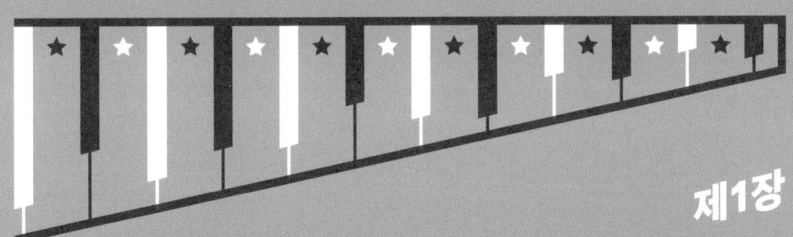

제1장

미국 주식 전문가가 되기 위한 '연수르 로드맵'

핵심 지표와 데이터를 분석하는 툴을 구축하다

학창 시절, 성적표가 나오던 날의 묘한 긴장감을 다들 기억할 것이다. 고작 숫자 몇 개가 쓰여 있을 뿐인데 그 숫자를 조금이라도 높이기 위해 우리나라만 해도 27조 원의 사교육 시장이 형성돼 있다. 왜일까? 그 숫자가 갖는 함의가 강력하기 때문이다. 그 숫자는 곧 학생이 짧게는 며칠 동안 길게는 몇 년 동안 해온 노력의 결정체라고 할 수 있으며, 입시나 면접에서 당사자를 평가하는 데 핵심적인 지표로 활용된다.

기업들 역시 마찬가지다. 기업들은 매 분기가 끝나는 다음 달에 지난 분기 동안 어떤 성과를 거뒀는지를 일목요연하게 보여주는 성적표를 발표한다. 가장 대표적인 성적표가 바로 재무상태표·손익계산서·현금흐름표다. 이를 통해 우리는 기업의 재무 현황이 어떤지, 지난 분기에는 돈을 얼마나 그리고 어떻게 벌어들였는지, 그를 통해 기업이 실질적으로 주머니에 넣은 현금은 얼마인지까지 세부적인 내용을 파악할 수 있다. 그뿐 아니라 이 수치들을 조합해서 기업의 재무상태가 건전한지, 비즈니스의 수익성이 있는지, 영업활동이 활발한지 등을 판단할 여러 지표를 만들 수 있다. 그 밖에 PER, PBR price to book-value ratio(주가순자산비율) 등 기업이 시장에서 어떻게 평가받는지를 확인할 수 있는 여러 재무지표도 존재한다. 다만 이 책에서는 기본적인 기업 분석 방법이 아니라 '미국 기업'을 분석하는 데 필요한 내용에 초점을 맞추려 한다. 굳이 '미국'이라고 범위를 한정한 이유는 미국 기업들만 제공하는 정보가 있기 때문이다.

기업 IR 자료 속 보물 같은 투자 지표 활용법

미국 기업들은 기본적인 재무제표 이외에도 IR investor relations 페이지를 통해 매 분기 실적 발표 때 프레젠테이션 파일을 함께 공개하는데, 기업 분석 시 보물과도 같은 자료이니 참고할 필요가 있다. 대부분의 미국 기업은 실적 발표와 함께 콘퍼런스콜 conference call을 진행한다. 이 행사에서는 CEO나 CFO가 나와서 지난 분기 실적을 리뷰하고, 실적과 관련한 질문에 답변하는 시간을 갖는다. 콘퍼런스콜에서 쓰이는 자료가 바로 프레젠테이션 파일로, 기업의 지난 분기 실적 관련 내용을 다각도로 살펴볼 수 있는 여러 가지 데이터가 담겨 있다.

기업들이 프레젠테이션 파일을 통해 공개하는 내용은 천차만별이다. 속해 있는 산업이나 비즈니스 모델이 저마다 다르기 때문이다. 예를 들어 철강 회사는 철강 생산량이나 철강 가격을, 앱을 운영하는 플랫폼 회사는 DAU daily active user(일간 활성 유저 수)나 MAU monthly active user(월간 활성 유저 수) 같은 유저 데이터를, 프랜차이즈를 운영하는 회사는 동일 매장 성장률, 매장당 방문객 수 등의 매장 운영과 관련된 지표를 공개할 것이다. 이를 통해 우리는 재무제표만 기반으로 하는 틀에 박힌 재무 분석을 넘어 기업이 만들어나가는 성장의 궤적을 다방면으로 평가할 수 있다.

예를 들어 듀오링고Duolingo라는 회사의 데이터를 바탕으로 성장성을 분석한다고 해보자. 듀오링고는 동명의 언어 학습 앱을 운영하는 온라인 교육 플랫폼 업체로, 크게 볼 때 '구독'과 '광고'라는 두 가지 비즈니스 모델을 보유하고 있다. 듀오링고 앱으로 학습을 하기 위해서는 게임 내 재화인 '하트'가 필요한데, 유료 구독을 하면 하트를 무제한으로 쓸 수 있는 반면 무료로 이용할 때는 광고를 봐야만 하트를 얻을 수 있는 구조다. 듀오링고 매출의 80% 이상이 구독료에서 발생하므로 회사가 성장하기 위해서는 유료 구독자가 늘어나는 것이 가장 중요하다. 유료 구독자를 모으기 위해서는 결국 무료 이용자들이 유료 구독 전환을 해야 하기 때문에 듀오링고의 성장은 무료 이용자들을 최대한 많이 끌어오는 데서 시작된다.

최근 듀오링고의 이용자 추이는 어떨까? 그림 1-1은 듀오링고의 프레젠테이션 자료에 포함된 것으로, 최근 5년간 듀오링고 앱의 유저 수 추이를 보여준다. 시간이 갈수록 막대가 길어진 것만 봐도 앱 이용자 수가 증가하고 있다는 사실을 알 수 있다. "듀오링고 앱이 그동안 무료 유저들을 잘 모아서 유료 구독으로 잘 전환해왔구나."라는 단편적인

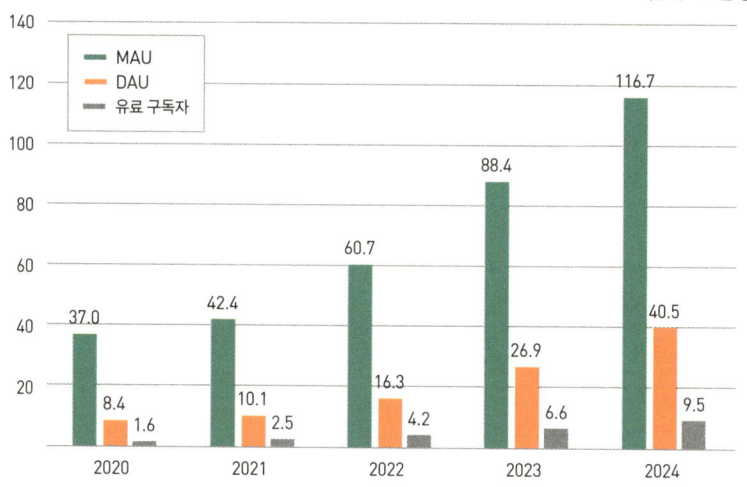

1-1 듀오링고의 유저 데이터

해석이 가능하다. 그러나 성장을 한다고 해서 다 같은 성장주라고 할 수는 없다. 성장의 '질'을 파악할 필요가 있는데, 그러려면 한 단계 더 나아가야 한다.

차트에 나온 유료 구독자 수를 MAU로 나눠보면 전체 유저 중에 몇 명이나 유료 구독을 했는지, 즉 '듀오링고 앱의 유료 전환율'을 계산할 수 있다. 이 비율은 2020년 4%대 초반에서 2024년 8%대까지 가파르게 상승했다(그림1-2). 이를 통해 "듀오링고가 그동안 무료 이용자들을 유료로 잘 전환해왔고, 그를 통해 비즈니스의 최종 목표인 '구독 매출'을 잘 벌어들이고 있구나."라고 판단할 수 있다.

여기서 한 단계 더 나아가 DAU를 MAU로 나누면 '유저 참여도'를 확인할 수 있다(그림1-3). MAU는 매월 한 번이라도 앱을 방문한 유저 수를 나타내는 것으로 실제 사용자뿐 아니라 앱을 다운받아놓고 접속

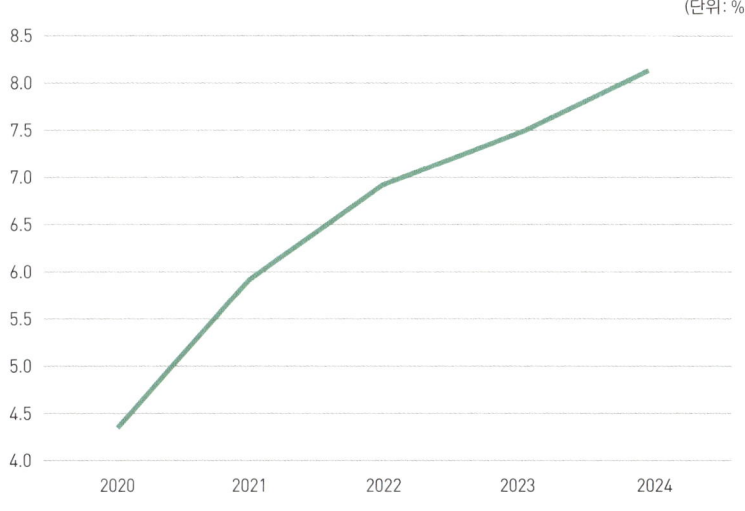

1-2 듀오링고의 유료 구독자 비율

(단위: %)

은 거의 하지 않는 휴면 유저도 포함된다. 그에 비해 DAU에는 하루에 한 번이라도 들어온 유저만 포함되기 때문에 매일 듀오링고 앱을 사용하는 '실사용자'들이라고 할 수 있다. DAU를 MAU로 나눈 지표는 듀오링고 앱의 모든 사용자 중 앱을 매일 방문하는 '진성 유저'의 비율을 나타내는 것으로, 곧 '유저의 참여도'를 의미한다. 이를 통해 우리는 "듀오링고가 콘텐츠 제작이나 마케팅에 들이는 노력이 유저들의 참여도 증가로 연결되고 있구나."라는 사실을 확인할 수 있다.

이 지표들을 재무제표와 조합해보면 그 밖의 여러 가지를 확인할 수 있다. 예를 들어 듀오링고의 매출액을 전체 이용자, 즉 MAU로 나눠보면 1년 동안 유저 1명으로부터 얼마의 매출액을 벌어들였는지 알아볼 수 있다. 이를 일부 플랫폼 업체에서는 ARPU average revenue per user (유저당 평균 매출액)라고 표현하기도 한다. 여기에는 유료 구독자들의 구독

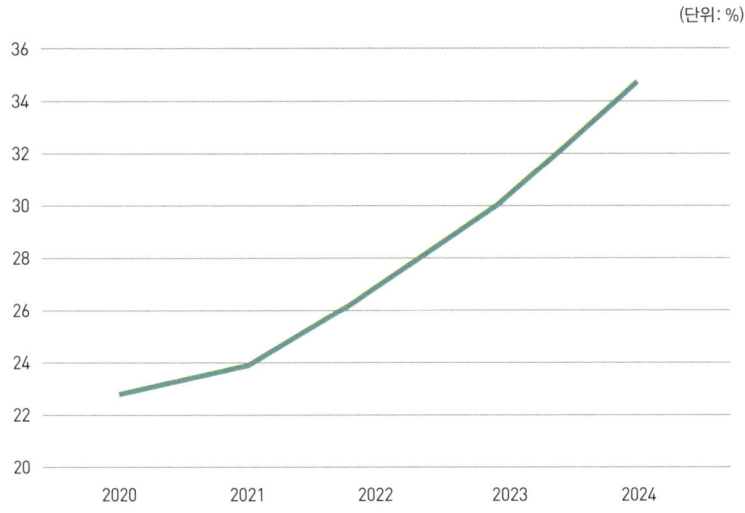

1-3 듀오링고의 DAU/MAU
(단위: %)

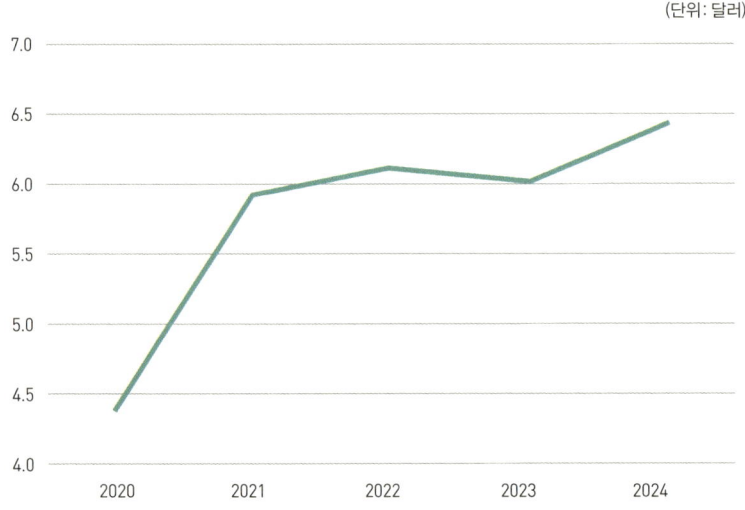

1-4 듀오링고의 유저당 매출액
(단위: 달러)

매출뿐 아니라 무료 구독자들로부터 나오는 광고 매출이나 게임 내 아이템 구매 매출 등 모든 매출액이 포함되므로 실질적인 수익력이라고 할 수 있다.

유저당 매출액 데이터를 보면 듀오링고가 1년 동안 유저들로부터 벌어들인 매출액이 2020년 약 4.4달러에서 2024년 약 6.4달러까지 빠르게 증가했다는 것을 알 수 있다(그림 1-4). 따라서 "듀오링고가 제대로 돈 버는 방법을 알고 있구나."라고 해석할 수 있다.

최종 투자 판단 전 '성장의 질' 파악하는 법

여기까지 보았을 때 "듀오링고는 성장의 질이 훌륭하구나."라고 결론 지을 수 있지만, 마지막으로 한 가지 더 확인해야 할 사항이 있다. 이것이 '돈으로 만든 성장'인지 아닌지다. 사실 대부분의 플랫폼 업체는 돈으로 성장을 구매할 수 있다. 바로 마케팅비 투자를 통해서다. 마케팅비를 압도적으로 투입하면 유저들을 일시적으로 빠르게 유입시킬 수 있는데, 중국의 '틱톡'이나 '테무'가 이런 유형의 성장을 보인 사례다.

돈으로 성장을 만들어내는 것은 누구나 할 수 있다. 하지만 그 돈은 결국 주주들의 이익을 갉아먹으면서 나오는 것이기 때문에 이런 성장은 지속 가능하지 않다. 어느 시점에 마케팅비를 줄여도 성장이 꾸준히 이어지고, 예전만큼의 가파른 성장은 아니더라도 최소한 기존 유저의 이탈은 발생하지 않도록 경쟁력을 구축해야 한다.

이를 손쉽게 확인하는 방법이 바로 회사의 마케팅비를 유저 수

(MAU)로 나눠보는 것이다. 이를 통해 '유저당 마케팅비'를 확인할 수 있는데, 이는 회사가 신규 유저 또는 기존 유저 1명을 획득하거나 유지하는 데 얼마의 돈을 지출했는지를 의미한다.

듀오링고의 유저당 마케팅비는 2021년 1.4달러에서 2024년 0.78달러까지 줄어들었다(그림 1-5). 이는 듀오링고가 예전처럼 많은 돈을 투입하지 않고도 신규 유저를 끌어오고 기존 유저를 유지하고 있음을 의미한다. 즉 지금 듀오링고의 성장은 '돈으로 만든 성장'이 아니라는 뜻이다. 실제로 2024년 듀오링고의 매출액 대비 마케팅비 비율은 12.1%에 불과한데, 일반적인 플랫폼 업체들의 이 비율이 30~40%라는 점을 고려하면 놀라운 수치다.

여기까지의 분석을 통해 우리는 현재 듀오링고가 아주 질이 좋은 성장을 만들어나가고 있으며, '돈으로 만든 성장'이 아니라 듀오링고만의 경

1-5 듀오링고의 유저당 마케팅비

쟁력을 통해서 만들어낸 값진 결과라는 사실을 확인할 수 있었다. 이런 결과를 도출하는 데 필요한 것은 구하기 어려운 애널리스트의 보고서나 내부자들만 알 수 있는 미공개 정보 등이 아니라 회사가 홈페이지에 공개한, 누구나 볼 수 있는 프레젠테이션 자료와 재무제표뿐이었다.

만약 이상과 같은 분석을 통해 듀오링고에 투자하기로 했다면 또는 듀오링고라는 기업에 관심을 갖기 시작했다면, 앞으로 해야 할 일은 매 분기 실적 발표 때마다 같은 작업을 반복하면서 성장의 질이 훼손됐는지를 파악하는 것이다. 미국 증시는 기업이 성장하는 구간에 후한 점수를 부여하는 만큼 성장이 꺾였다고 판단되면 너무나도 매몰차게 반응하곤 한다. 앞서와 같은 과정을 반복하면서 성장의 질을 꼼꼼히 추적한다면, 기업의 성장이 실제로 꺾이기 전에 이상 징조를 발견할 수 있을 것이다.

이것이 바로 핵심 지표와 데이터를 분석하는 자신만의 툴을 반드시 만들어놔야 하는 이유다. 듀오링고 같은 플랫폼 업체들뿐 아니라 미국 증시에 상장돼 있는 모든 기업은 IR 페이지에 자신들의 비즈니스에서 가장 중요한 핵심 지표들을 공개한다. 기업이 만들어내는 성장의 과실을 그 기업이 '좋은 성장'을 하는 국면에서만 확실하게 누리기 위해서는 이 데이터와 재무제표를 이리저리 조합해보면서 회사의 성장을 가장 잘 판단할 수 있다고 생각되는 자신만의 지표를 만들고, 실적 발표 때마다 추적해나가야 한다. 지금 바로 관심 있는 기업의 IR 페이지를 방문해 프레젠테이션 자료와 재무제표를 다운받아 그 기업의 '좋은 성장'을 의미하는 지표가 무엇인지 생각해보자.

나만의 투자 복기법으로
매매 전략을
업그레이드하다

폴란드의 수도 바르샤바에서 남쪽으로 약 300킬로미터 떨어진 곳에 나치 독일의 흉악했던 잔재가 고스란히 남아 있는 아우슈비츠 수용소가 있다. 당시의 처참한 상황을 생생히 보여주는 재소자 막사에 들어서면 다음과 같은 문구가 관광객을 맞이한다.

역사를 기억하지 못한 자, 그 역사를 다시 살게 될 것이다.
— 조지 산타야나 George Santayana, 작가

과거는 이미 지나간 일이지만, 그럼에도 계속해서 우리 마음속에 잔상으로 남아 현재와 미래에 끊임없이 영향을 준다. 사람들의 심리가 중대한 변수로 작용하는 주식시장에서도 마찬가지다. 주식시장에는

항상 반복되는 역사와 패턴이 존재하고, 거기에서 교훈을 얻는다면 다음번에 비슷한 상황을 직면했을 때 남들은 보지 못하는 기회를 찾아내 더 나은 수익을 거둘 수 있다. 이것이 짐 로저스가 말한 '시장의 반복되는 패턴'을 통해 돈을 벌 수 있는 가장 큰 이유다.

그래서 나는 '돌아보기'야말로 주식 투자에서 가장 중요한 루틴이라고 생각한다. 나는 매일 시장이 끝나면 그날 벌어진 치열한 싸움을 되짚어보고, 한 주가 끝나면 그 주 어떤 변수가 시장에 어떤 식으로 작용했는지를 조금 더 큰 그림에서 돌아본다. 그리고 한 해가 마무리되면 그해에 어떤 일들이 있었고 그로 인해 1년 동안 시장이 어떻게 흘러갔는지를 복기한다.

매일 돌아보기

국내 주식에 투자할 때는 시장이 열려 있는 시간 내내 주식시장을 보고 있을 수 있기 때문에 지수나 종목의 미시적인 움직임을 실시간으로 체감할 수 있다. 그러나 미국 증시는 한국 시각 기준으로 밤부터 새벽까지 열리기에 전업 투자자가 아닌 이상 내내 들여다보기가 사실상 불가능하다. 따라서 이런 일종의 불이익을 보완하려면 매일 시장이 끝난 후 그날 어떤 일들이 있었는지를 차분히 되돌아볼 필요가 있다. 물론 처음부터 끝까지 전부 돌아볼 수는 없기 때문에 자신이 중요하게 생각하는 것들을 정하는 것이 우선이다. 내가 눈여겨보는 것은 다음의 여섯 가지다.

1. **지수 흐름**: 전일 지수에 영향을 크게 미친 요인을 꼽고, 그에 따라 어떤 흐름이 전개됐는지 살펴본다.
2. **섹터별 흐름**: 상승 상위 섹터와 하락 상위 섹터를 파악하고, 섹터별로 상승과 하락의 이유를 정리한다.
3. **신고가**: 52주 신고가를 기록한 종목을 찾아내고 그 이유를 조사한다.
4. **특징주**: 개별적인 이유로 의미 있는 움직임을 보인 종목을 찾아내고 그 이유를 파악한다.
5. **실적**: 실적 발표 시즌에는 주요한 기업의 실적 발표 내용과 주요 경영진의 코멘트를 정리한다.
6. **코멘트**: 1부터 5까지 정리한 내용을 토대로 전일 시장을 종합적으로 평가해 적는다.

이 중 가장 중요하게 생각하는 것은 코멘트다. 아무리 데일리 코멘트를 정리한다고 해도 단순히 시장에서 일어난 사건들의 나열에 그친다면 큰 의미를 가지기는 힘들다. 그날 있었던 일들을 정리하고 각각을 연결해 왜 그런 움직임이 나왔는지 그리고 앞으로는 무엇을 주의 깊게 봐야 할지를 스스로 생각해보고 전체적으로 평가하는 것이 중요하다. 이 평가가 맞고 틀리고는 중요하지 않다. 시장에 대한 감을 잡고 매일 반복하면서 감을 정교하게 다듬어나가는 것이 핵심이다.

예컨대 2024년 말 나스닥 종합지수가 최고점을 기록한 날 내가 코멘트한 문구는 다음과 같다.

> ★ 20241216 데일리 코멘트 ★
>
> 1. 지난 금요일 코멘트에서 쏠림의 전환이 일어나고 있다고 적었는데, 전일 장에서는 이번 전환에서 선택받은 업체들에 대한 쏠림이 더 극심해졌음.
>
> 2. 다음의 업체들이 대표적임.
>   - 엔비디아NVIDIA로부터 주도주의 지위를 빼앗아 온 테슬라Tesla
>   - AI 하드웨어의 주도권을 새롭게 잡은 브로드컴Broadcom을 필두로 한 ASIC Application Specific Integrated Circuit(주문형 반도체)
>   - 애드테크Ad-Tech* 로부터 '돈 버는 AI'의 지위를 빼앗아 온 빅테크를 위시한 AI 에이전트AI Agent
>   - 팔란티어Palantir나 전력 유틸리티 등으로부터 주도 테마를 빼앗아 온 양자 컴퓨터·드론 등
>
> 3. 주도 종목만 바뀐 채로 쏠림 장세가 이어지고 있음. 주도주 교체에 따른 시장 급락이 언제든 나올 수 있음을 인지하되, 현재 장세가 이어지는 구간에서는 계속해서 쏠림이 나오는 곳에서만 플레이하는 것이 유효할 것이라는 의견 지속.

단순히 어떤 종목이 얼마나 올랐고 시장이 왜 이렇게 움직였는지를 보는 것을 넘어, 시장의 변화를 하나의 큰 그림으로 연결해 종합적으로 생각해보고 앞으로의 전략을 구상해 적는 것이다.

예를 들어 앞서 제시한 코멘트에서는 일부 종목의 상승을 '쏠림의 전환'이라는 더 큰 시장 변화의 일부로 해석할 수 있다고 언급했고, 쏠림이라는 큰 흐름이 지속되고 있기에 언제든 이를 주도하는 종목이 급락

---

* 광고advertising와 기술technology이 결합된 산업으로, 디지털 광고를 자동화·최적화하는 소프트웨어와 플랫폼을 통칭한다.

하면 시장에 여파가 미칠 수 있다는 경고를 적었다. 실제로, 이로부터 이틀 뒤에 테슬라가 급락했다. 이어 양자컴퓨터가 1월 초에, ASIC 업체들은 1월 말 딥시크DeepSeek 사태와 함께, 2월 말에는 빅테크 업체들까지 무너져 내리면서 미국 증시는 완연한 하락 추세로 전환됐다.

한 주 돌아보기

매주 금요일 증시가 마감되면 한 주를 되돌아보면서 위클리 코멘트를 작성한다. 매일 그날그날의 이슈를 점검하면서도 굳이 한 주를 포괄하는 코멘트를 한 번 더 정리하는 이유는 한 주 동안 모인 개별 이슈들이 종국에 어떤 움직임으로 발현되고 있고, 그런 움직임이 향후 증시에 시사하는 바가 무엇인지를 보다 큰 그림에서 확인하기 위해서다.

위클리 코멘트 역시 루틴처럼 반복할 수 있도록 어느 정도 형식을 정형화하되, 내용 면에서는 데일리보다 더 자유롭게 생각의 정리 과정을 담아내는 것이 중요하다. 나는 시장을 움직이는 두 가지 핵심 축인 매크로macro(거시)와 마이크로micro(미시)를 중심으로 한 주를 돌아보고, 다음 주에는 어떤 일정이 있는지를 짚어보면서 다가오는 주를 맞이한다.

여기서 매크로는 경제 이슈, 각종 경기지표 발표, FOMC(미국 연방공개시장위원회) 등 지수에 영향을 미치는 큼직한 이슈들을 의미한다. 이런 이슈들이 시장을 어떻게 움직였는지를 보다 거시적인 관점에서 파악해보고 현재 시장이 어떤 추세인지, 투자하기에 적절한지 아닌지를 따져본다. 그리고 마이크로는 산업, 그보다 더 작게는 기업들에서 어떤 주요 이슈들이 있었는지를 의미한다. 주로 주간 상승/하락 섹터와 신고가/신저가 그리고 특징주를 다루는데, 데일리에서 다뤘던 내용과 유사하지만 같은 주제에 대해서도 보는 시간 단위를 주 단위로 늘리면 또 다른 의미가 보이기도 한다. 예컨대 어떤 종목이 월요일에 악재로 급락했더라도 한 주 마무리 시점에는 거의 회복했다면, 그 자체만으로도 다시 한번 주목해야 하는 이유가 된다.

매크로와 마이크로는 별개인 것처럼 보이지만 서로 긴밀하게 영향을 주고받는다. 예를 들어 2025년 여덟 번째 주 위클리 코멘트에서 팔란티어라는 종목의 급락에 대해 다룬 적이 있다. 미 증시는 2024년 11월 도널드 트럼프의 대통령 당선 이후 이른바 '트럼프 풋'Trump put에 대한 기대감으로 리테일 투자자들의 끝없는 순매수세에 힘입어 호황을 이어갔는데, 그 중심에 있는 주도주 중 하나가 팔란티어였다. 그런데 그 주 수요일 팔란티어는 국방부의 국방 예산 삭감 뉴스로 하루에만 10% 급락했고, 목요일과 금요일에도 급락세를 이어갔다.

이를 단순히 악재로 인한 개별 종목의 하락으로 치부할 수도 있지만, 매크로와 결합하면 새로운 의미가 도출된다. 당시 리테일 수급이 미 증시의 상승을 억지로 만들어내고 있는 상황에서 그 쏠림의 중심에 있던 팔란티어가 급락함으로써 리테일 투자자들의 수급이 꼬이기 시작했고, 이것이 결국 쏠림에 대한 반작용unwinding[*]으로 이어지면서 증시 급락의 시발점이 된 것이다. 이처럼 매크로와 마이크로를 결합하면

---

[*] 시장 참가자들이 한쪽으로 몰려 있던 투자 포지션을 되돌리며 청산하는 과정.

장세와 시장 환경을 보다 입체적으로 이해할 수 있고 유의미한 시사점을 도출할 수 있다.

1년 돌아보기

매일, 매주 시장을 돌아보는 것에 그치지 않고 한 해가 마무리될 때 그해에 시장에 어떤 일들이 있었는지를 다시 한번 돌이켜보는 것도 중요하다. 복기의 시간 단위를 1년으로 늘리면 정말 큼직한 일들을 뽑아낼 수 있다. 그 정도로 큰 이슈들은 보통 그 이슈 안에 있을 때는 진정한 의미를 파악하기 힘들고, 시간이 흐름에 따라 뇌리에 어떤 시사점도 남기지 못한 채 잊히곤 한다. 그러나 주식시장도 결국 인간 본성이 반영된 반복되는 역사라는 관점에서 보면 그런 이슈들에서도 일정한 패턴을 발견할 수 있다. 하루 또는 일주일이라는 짧은 시간 단위로는 그 패턴을 파악하기 힘들다.

예컨대 2024년을 돌아보며 나는 그해를 '쏠림과 반작용의 연속'이라고 정의했다. 그림 1-6은 S&P500 종목 중 지수를 능가한 종목의 비율을 연도별로 보여주는데, 2023년과 2024년은 유독 소수 종목에 대한 쏠림이 심한 해였다. 특히 2024년은 2년 동안 누적된 쏠림에 대한 피로감이 반작용의 형태로 표출되기 시작했으며, 이런 반작용은 이름만 달리하여 연중 내내 반복됐다.

첫 번째 쏠림은 기술 섹터에서 나왔다. 엔비디아가 연초 이후 3개월 만에 무려 80%나 상승하면서 기술주 전반에 불을 붙였고, 이에 따라

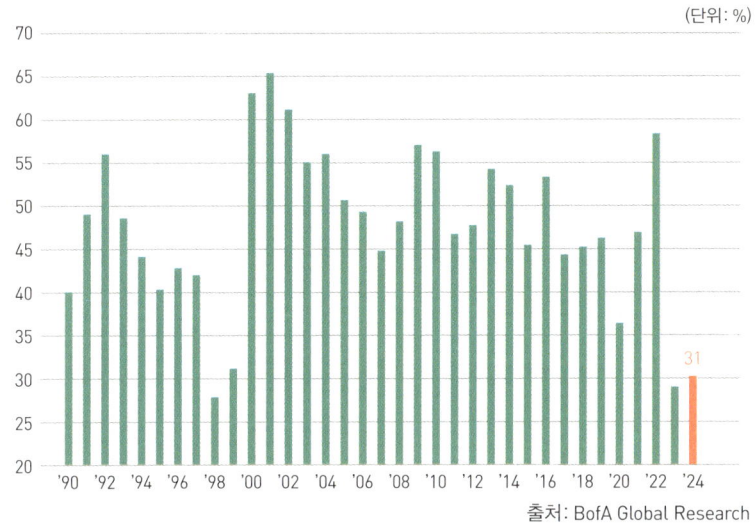

1-6 S&P500 평균보다 더 높은 성과를 낸 기업 비율

출처: BofA Global Research

대표적인 반도체 섹터 ETF exchanged traded fund(상장지수펀드)인 SOX 지수 역시 60%가 넘는 상승률을 기록했다. 이런 쏠림에 대한 반작용은 엔비디아의 연례 기술 행사인 GTC 2024를 계기로 본격화되었으며, 4월 말까지 기술 섹터는 가파른 언와인딩을 경험해야 했다.

두 번째 쏠림은 AI 섹터에서 나왔다. 2022년 말 챗GPT ChatGPT의 등장 이후 시작된 AI 랠리는 미국 기업들을 중심으로 전개됐고, 이자율이 낮은 엔화로 대출을 일으켜 미국 AI 기업들을 매수하는 엔 캐리 트레이드 yen carry trade*가 크게 유행했다. 그러나 7월 11일 일본이 금리를

---

* '캐리 트레이드'란 금리가 낮은 나라에서 돈을 빌려 금리가 높은 나라에 투자해서 차익을 노리는 전략을 말한다. 당시 수십 년째 초저금리를 유지하던 엔화를 이용해 금리가 높은 미국 자산에 베팅하는 것이 유행했다.

제1장 | 미국 주식 전문가가 되기 위한 '연수르 로드맵' 37

인상하면서 달러화 대비 엔화가 가파르게 절상되며 AI 섹터에 대한 반작용이 시작됐으며, 당시 나스닥 지수는 한 달도 채 되지 않는 기간에 16% 하락했다.

마지막은 미국 증시 자체에서 나왔다. 트럼프 풋 기대감에 따른 리테일 자금을 필두로 한 '트럼프 트레이드'는 결국 2025년 초 지수의 가파른 하락이라는 반작용을 초래했다.

기술주 쏠림, AI 섹터 쏠림, 미국 증시 쏠림 모두 당시에는 무엇이 원인이고 왜 이런 결과가 발생했는지를 단편적으로 해석할 수밖에 없었을 것이다. 그러나 이처럼 더 긴 시계열로 바라보면 '쏠림과 반작용'이라는 원인과 결과가 더 명확해지고, 그 안에서 나름의 패턴을 발견할 수 있다. 패턴에서 교훈을 얻어 다음번에 또 비슷한 일이 일어날 때 활용할 수 있다면 투자 성과는 비약적으로 좋아질 것이다.

지금까지 미국 증시를 돌아보는 여러 방식에 대해 이야기했다. 무엇보다 중요한 것은 이 과정을 꾸준히 반복적으로 실천해야 한다는 것이다. 자신만의 방식으로 시장을 돌아보는 방법론을 구축하고, 이를 자기 것으로 완전히 체화해야 한다. 나의 좌우명은 "평범의 연속이 비범을 만든다."이다. 아무리 사소하고 평범해 보이는 것일지라도 끊임없이 연속적으로 해낼 수 있다면 그 자체로 이미 비범하다. 그러니 당장 내일부터 자신만의 '미국 주식 역사서'를 써 내려가 보자.

미국 주식 전문가로 거듭나기 위한 시행착오 극복기

1806년 독일 예나의 거리, 전쟁에서 막 승리를 거머쥔 나폴레옹이 말을 타고 시내를 지나고 있었다. 군중은 숨죽인 채 그를 바라봤지만, 한 사람만큼은 그를 전혀 다른 눈으로 보고 있었다. 그는 바로 철학자 게오르크 헤겔이었다. 당시 예나대학교에서 강의를 맡고 있던 그는 이 장면을 보고 친구에게 보내는 서신에 이렇게 적었다.

나는 오늘, 말을 타고 시가지를 지나가는 세계정신 Geist을 봤다.

그가 본 것은 단순한 군인의 모습이 아니었다. 구시대의 질서에 대한 저항으로 시작된 프랑스 혁명의 혼란을 수습하고, 그 끝에 '나폴레옹 제국'이라는 새로운 질서를 만들어낸 시대의 흐름이자 역사 자체였다.

이 사건은 '역사는 모순을 통해 전진한다'는 헤겔 자신의 철학적 통찰에 하나의 현실적 형상을 부여해주었고, 이를 토대로 그는 '정-반-합'으로 대표되는 변증법의 사유 구조를 더욱 분명히 다듬어나갔다.

뜬금없이 헤겔의 변증법을 이야기하는 이유는 내가 미국 주식을 시작하며 겪은 수많은 경험과 갈등 역시 돌이켜보면 정-반-합이라는 변증법적 사유 구조를 따라 이어져 왔기 때문이다.

주식 투자를 하는 방법은 주식 투자자의 숫자만큼이나 다양하다. 이를 아주 크게 두 가지로 나눠본다면 '기본적 분석'과 '기술적 분석'이 있을 것이다. 기본적 분석은 실적·성장성·경쟁력 등 기업의 내면을 분석하는 작업이고, 기술적 분석은 가격 흐름이나 투자 심리와 같은 주가의 외형을 분석하는 작업이다. 쉽게 말해 '집'이라는 투자자산에 투자한다고 할 때 기본적 분석은 '이 집이 잘 지어졌는가'를 보는 것이고, 기술적 분석은 '집값이 오를 조짐이 보이는가'를 보는 것이라고 할 수 있다. 이러한 기본적 분석에서 한 단계 더 들어가 보면, 톱다운top-down 접근법과 보텀업bottom-up 접근법이 있다. 톱다운은 산업에서 시작해 개별 기업으로 하향식으로 분석하는 방법이고, 보텀업은 개별 기업에서 시작해 산업까지 상향식으로 접근하는 방법이다.

좋은 '기업'을 넘어 '산업' 속에서 길을 찾다

대학교 때 활동했던 주식 투자 동아리의 가장 큰 목표는 '좋은 기업'을 발굴하는 것이었다. 모든 분석 활동이 싸게 거래되고 있는 좋은 기업에 장기 투자하면 높은 성과를 거둘 수 있다는 '가치 투자'에 대한 믿음에 기반했다. 하지만 그렇게 모든 분석을 개별 기업 단위로 진행하다 보니 분석해야 하는 양도 방대했을 뿐 아니라, 그 기업이 속한 산업이 시장의 관심 밖에 있을 때는 아무리 뛰어난 경쟁력을 보유했더라도 제대로 주목받지 못하는 일이 반복됐다.

예를 들어 당시에 분석했던 기업 중 엑손 모빌Exxon Mobil이 있다. 배당이나 수익 안정성 측면에서 우수한 기업이었지만, 탈탄소 흐름이 강해지면서 정유 업체들은 시장에서 점점 더 소외됐고 투자자들의 외면은 쉬이 끝날 기미가 보이지 않았다.

이 경험을 통해 나는 기업 자체도 중요하지만 기업이 속해 있는 산업을 둘러싼 변화와 그에 대한 투자자들의 인식 역시 주식 투자에서 매우 중요한 요소임을 절실히 깨달았다. 자연스럽게 톱다운 접근 방식도 배워야겠다고 마음먹은 나는 이를 배우기에 가장 적합한 곳이 대형 자산운용사라 판단했고, 운 좋게도 당시 스물세 살이라는 어린 나이에 대형 자산운용사에서 첫 커리어를 시작할 수 있었다.

대형 자산운용사에서는 일반적으로 100개 이상의 수많은 종목으로 포트폴리오를 구성하기 때문에 투자하는 모든 기업에 대한 보텀업 분석을 하는 것이 현실적으로 불가능하다. 따라서 산업별로 담당자를 나누고 톱다운 방식으로 분석하여 해당 산업에 대한 비중을 조절하는 식으로 운용하곤 한다.

한번은 화학 업종을 담당한 적이 있다. 문과 출신에다 화학의 'ㅎ' 자도 모르던 내가 수많은 화학 제품을 생산하는 기업들을 들여다보고, 심지어는 그 기업들의 경쟁력까지 분석해야 했다. 아무것도 모르는 상태에서는 아무것도 할 수가 없었기에 처음 일주일 정도는 매일 밤늦게까지 회사에 남아 석유화학 제품 계통도를 달달 외웠다.

이렇게 보텀업과 톱다운 접근법을 모두 익혔기에 이후 투자를 위한 기업 분석을 할 때는 이전보다 훨씬 더 많은 변수를 보다 정교하게 고려할 수 있는 시야를 갖추게 됐다.

정-반-합으로 체계화한 주식 투자의 초석

그다음으로 옮긴 직장은 기본적 분석을 그야말로 투자의 정수로 생각하는 자산운용사였다. 이곳에서는 기본적 분석을 통해 시장이 주목할 수밖에 없는 성장성을 가진 기업을 발굴해 조건을 만족하는 소수의 기업에 집중 투자하는 전략을 사용했는데, 그간 나름대로 갈고닦은 나의 기본적 분석 철학을 마음껏 펼칠 수 있었다.

당시 나의 가장 큰 목표는 가장 좋아 보이는 산업에서 가장 좋아 보이는 기업을 찾는 것이었고, 그렇게 찾아낸 종목이 바로 매그나이트Magnite였다. 매그나이트는 광고에 기술을 접목한 대표적인 애드테크 업체로, 자사가 속한 밸류체인 내에서 1위를 차지하고 있었다. 그 덕에 OTTover-the-top 광고라는 신흥 광고 시장이 세계적으로 빠르게 성장하던 당시 그 산업 성장의 수혜를 넘치게 누릴 수 있었다. 밸류체인 내 또 다른 업체인 더 트레이드 데스크The Trade Desk의 주가는 상승 가도를 달리고 있었는데, 그에 비해 매그나이트는 선행 PERforward PER[*] 기준으로 봤을 때 너무나도 저평가돼 있었다.

주가가 바닥 대비 4배나 오른 상황이었지만, 그 점을 고려하더라도 산업의 변화나 기업의 경쟁력과 성장성에 비해 여전히 너무나도 저평가돼 있다고 판단한 나는 자신 있게 매그나이트에 큰 비중으로 투자했다. 그리고 단 두 달 만에 주가는 매수 가격에서 3배가 올랐다. 주가가 오를수록 나의 기본적 분석에 대한 확신의 강도가 올라가면서 자연스럽게 투자 비중을 더욱 늘렸고, 2021년 2월경에는 대부분 자산을 매그나이트 한 종목에 집중했다.

그러나 주가가 오른 이유는 나의 분석이 맞았기 때문이 아니었다. 코로나19 시기 각국 정부의 유동성liquidity 공급 정책으로 주식시장에 유입된 엄청난 규모의 유동성이, 경쟁력과 무관하게 크고 작은 기업들의 주가를 일제히 끌어올렸고 매그나이트 역시 그 수혜를 본 것이었다. 이후 2021년 2월을 기점으로 연준의 금리 인상에 대한 우려가 불거지면서 유동성이 급격히 회수되기 시작했고, 매그나이트의 주가는 단 3개월 만에 3분의 1토막이 났다.

당시 나는 유동성이라는 변수를 전혀 고려하지 않았고, 기본적 분석의 틀에서 볼 때 주가 하락은 오히려 매수 기회라고만 생각했다. 속절없이 하락하는 3개월 동안 그저 버티다가 결국 주가가 첫 매수 단가로 복귀한 후에야 손절매를 했다. 주가는 이후에도 더 하락해 내가 매도한 가격을 기준으로 했을 때 5분의 1토막이 나는 참담한 흐름을 보였다. 이 경험을 통해 나는 회사의 펀더멘털에만 매몰되어 '시장'과 '주가'가 주는 신호를 무시하는 행위의 대가는 생각보다 훨씬 더 혹독하

---

* 예상 주가수익비율로, 향후 12개월 예상 순이익을 기준으로 산출한 PER 지표를 말한다.

다는 것을 알게 됐다. 그때부터 내 모든 관심은 그런 시그널들을 포착해낼 수 있는 '기술적 분석'을 배우는 것으로 향했다.

기술적 분석을 배우는 가장 큰 목적은 앞선 사례처럼 예측하지 못한 리스크를 효과적으로 관리하는 것이었다. 그렇게 나는 다음 직장으로 증권사 프랍Prop* 데스크(이하 '프랍')를 택했다. 고객들이 자기 판단하에 자기 자산에 대한 리스크를 부담하는 일반적인 운용사와 달리, 프랍에서는 회사가 운용에 대한 리스크를 감수하기 때문에 리스크 관리에 매우 엄격하다. 예컨대 운용 금액 대비 8% 이상의 손실이 발생하면 해당 운용역의 포지션에 대해 강제적으로 로스컷loss cut(포지션 강제 청산)을 시키는 식이다.

따라서 프랍에서는 기본적 분석법으로 발굴한 싸고 좋은 기업을 주가와 무관하게 오랫동안 보유하는 식의 전략은 아예 사용할 수가 없었고, 모든 매매에서 시장 환경에 대한 판단이 선행되어야 했다. 시장 환경 판단을 위해서는 기업의 펀더멘털 요소를 보는 것보다 차트나 유동성 같은 기술적 지표들을 확인하는 것이 훨씬 더 중요했다.

예를 들면 미국 주식을 매수할 때 현재 시장이 상승장에 있는지 하락장에 있는지를 가장 우선적인 판단 기준으로 삼았다. 상승장에서는 종목을 잘못 골라도 실패할 확률이 낮고, 하락장에서는 종목을 잘 골라도 실패할 확률이 높기 때문이다. 장세 판단을 위해 추세선이나 이동평균선 같은 아주 기본적인 기술적 지표들을 많이 참고했는데, 기술

---

* 'proprietary trading'의 약자로, 증권사가 고객 돈이 아니라 자기 자본(자기 돈)으로 직접 투자하거나 매매하는 것을 의미한다.

적 분석의 기법 자체에 대해서는 훨씬 더 뛰어난 전문가들이 많기 때문에 이 책에서는 굳이 다루지 않을 것이다. 다만, 기술적 분석 그리고 더 나아가 기술적 분석을 통한 리스크 관리가 중요한 이유에 대해서는 짚고 넘어갈 필요가 있다.

리스크 관리가 중요한 이유는 크게 두 가지다. 첫째, 심리 관리를 가능하게 해준다. 주식 투자자들이 가장 어려움을 겪는 영역이 바로 MDD maximum drawdown (고점 대비 하락률) 관리다. 투자자들은 본능적으로 항상 '고점' 기준으로 현재를 판단하려고 한다. 그런데 주식이 계속 하락하면 고점과의 괴리가 커지고, 그 불안감은 투자자들의 심리를 흔들어 불필요하고 비합리적인 매매를 하게 해 결과적으로 수익률을 악화시킨다. 기술적 분석에 따른 감정을 배제한 기계적 매매는 MDD 관리를 용이하게 해준다.

둘째, 리스크 관리는 결과적으로 장기 수익률을 높여준다. 주식에서 매우 중요한 개념 중 하나가 '복리'다. 하락장이 와서 주가가 하락할 때 현금을 최대한 확보해뒀다가 추세가 전환될 때 매수하는 행위를 반복할 수 있다면 복리 수익이 기하급수적으로 증가할 수 있다. 기술적 분석에 기반한 철저한 현금 비중 관리를 통해 불필요한 손실을 회피할 수 있다면, 그 자체만으로도 시장이 다시 상승할 때 높은 복리 수익률을 확보할 수 있는 완충 장치를 마련한 셈이 된다.

이렇게 기술적 분석의 필요성을 절감하고 수많은 시행착오를 통해 노하우를 쌓아나간 결과, 미국 주식에 투자하는 데 '기업의 질'과 '투자의 타이밍'을 모두 고려하는 새로운 시각을 얻게 됐다. 기본적 분석과 기술적 분석은 서로 대척점에 있는 것처럼 보일 수 있다. 그러나 이때까지의 경험으로 나는 이 두 접근 방식이 결국 정-반-합이라는 사유 구조처럼 하나의 분석 체계로 융합될 수 있다는 확신을 얻었다. 그렇게 나는 나만의 미국 주식 투자 방법론을 구축했고, 이는 미국 주식 전문가 '연수르'라는 내 정체성의 근간으로 자리 잡았다.

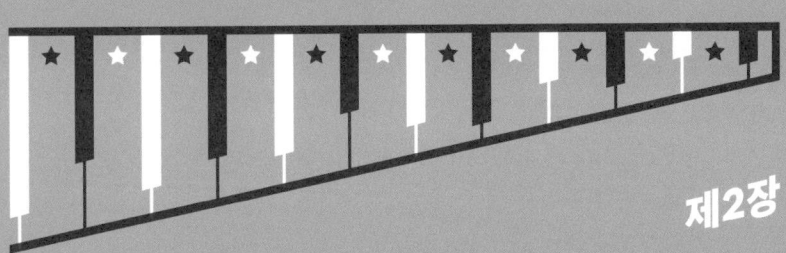

제2장

왜 미국 주식이
부의 추월차선인가

주식은 유동성이 전부이며, 유동성은 미국이 가장 풍부하다

사막은 인간이 살아가기에 적합한 곳이 아니다. 빈약한 생태계와 극단적인 기온과 같은 혹독한 환경도 문제지만, 무엇보다 인간의 생존에 필수적인 '물'이 거의 존재하지 않기 때문이다. 그런데 이런 척박한 땅에서조차 수천 년 동안 명맥을 이어온 유목민 부족이 있다. 바로 베두인족이다. 이들은 지난 수천 년에 걸쳐 중동과 북아프리카 지역의 사막에서 거주해왔다. 이들이 살아남을 수 있었던 이유는 물을 찾아 끊임없이 이동하면서 오아시스와 강둑 근처에 정착해 생활해왔기 때문이다. 즉, 베두인족에게 생존은 자신들에게 가장 필요한 자원이 어디로 흐르는지를 아는 것에 달려 있었다.

주식 투자 역시 마찬가지다. 투자에서 살아남기 위해 가장 중요한 것은 '돈이 어디로 흐르는지'를 읽는 능력이다. 주식시장에서 살아남는다는 것은 '돈을 번다'는 의미이고, 우리는 이런 혹독한 주식시장에서 살아남기 위해 베두인족과 같은 접근 방식을 취해야 한다. 다시 말해 '돈이 어디로 흐르는지'를 알아야 한다.

돈이 어디로 흐르는지를 가장 쉽고 빠르게 아는 방법은 '유동성'을 보는 것이다. 원래 유동성이란 '자산을 빠르고 쉽게, 손해 없이 현금으로 바꾸는 능력'을 의미하지만, 금융시장에서는 조금 다른 의미로 사용되기도 한다. 금융시장에서 이야기하는 유동성은 '시장에서 거래가 얼마나 활발하게 이뤄지는지' 또는 '시장에 돈이 얼마나 많이 풀려 있는지'를 의미한다.

시장을 움직이는 보이지 않는 손, 유동성

세상에 존재하는 여느 재화 및 서비스가 그렇듯, 주식 역시 단기적으로는 수요와 공급에 따라 움직이곤 한다. 호가창이라는 '경매장' 안에서 주식을 매수하려는 사람들(수요)과 매도하려는 사람들(공급)이 만나는 지점에서 주가가 결정된다. 만약 주식시장 외부에서 새로운 유동성이 유입되면 수요가 급증하면서 주가가 급격히 상승한다. 반대로 매수하려는 이들의 유동성이 주식시장에서 빠져나가면 수요가 급감하면서 주가는 급격히 하락한다. 이처럼 단기적으로 주식은 유동성이 전부라고 해도 과언이 아닐 만큼 유동성은 매우 중요한 요소다. 우리는 유동성이 가진 놀라운 힘을 이미 목격했다.

지난 2020년, 코로나19 팬데믹 당시 전 세계 정부와 중앙은행은 경제 붕괴를 막기 위해 사상 초유의 유동성 공급 정책을 펼쳤다. 미 연준은 기준금리를 0%에 가까운 수준으로 내렸으며, 유럽 등 다른 국가들도 미국을 따라 기준금리를 대폭 인하했다. 동시에 각국 중앙은행들은 국채를 대규모로 매입하여 시중에 막대한 유동성을 공급했으며, 각국 정부는 자국 GDP 대비 거의 30%에 달하는 규모의 재정 지출을 통해 망가진 경기를 부양하려 애썼다. 이 엄청난 유동성 공급 공세로 넘쳐나는 돈이 점차 자산시장으로 흘러갔고, 본격적인 버블이 시작됐다.

이에 따라 S&P500 지수는 2020년 3월 23일 최저점에서부터 2022년 1월 3일 최고점까지 무려 114%에 달하는 엄청난 랠리를 시현했다(그림 2-1). S&P500 지수의 평균 PER은 최근 50년간 19배에 불과했는데,

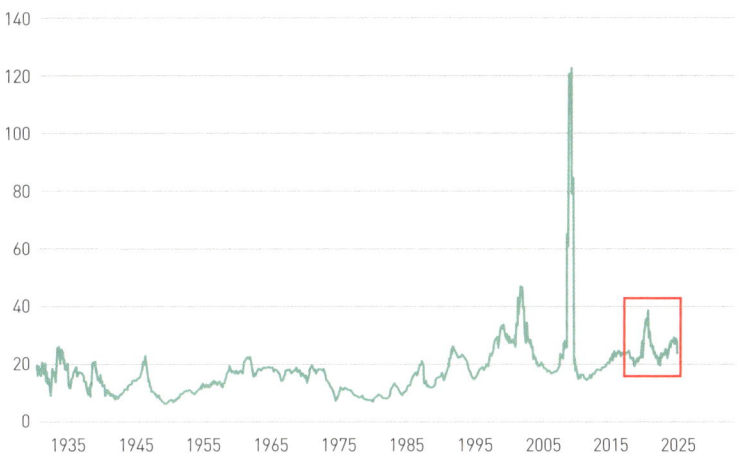

2-1 **S&P500의 PER 추이**

출처: Macrotrends

2021년 1월에는 PER이 무려 36배에 달했다.*

 실물경기가 예상보다 빠르게 회복 기미를 보이자 연준은 시중 유동성을 회수하는 방안을 논의하기 시작했고, 이에 따라 2022년 1월부터는 금리 인상 우려가 주식시장을 뒤덮었다. 일반적으로 금리 상승은 주식시장에 부정적인 요인으로 해석된다. 금리가 오른다는 것은 리스크를 감내하는 데 대한 대가가 상대적으로 줄어든다는 것을 의미하기 때문이다. 즉, 금리가 올라가면 채권과 같은 안전자산을 보유함으로써 얻을 수 있는 수익이 높아지므로, 주식과 같은 위험자산에 대한 수요가 줄어드는 것이다. 주식시장의 관점에서 이는 곧 유동성의 이탈을 의미하며 주식을 매수하고자 하는 수요가 위축됨에 따라 주가는 자연스럽게 힘을 잃는다.

 실제로 S&P500 지수는 2022년 1월 3일 최고점을 기록한 후 단 9개월 만에 무려 27%나 하락했다. 그나마 지수 기준으로 봤을 때 하락률이 그 정도이고, 종목 기준으로는 훨씬 더 처참하다. 일례로 엔비디아는 2021년 말 고점에서부터 2022년 저점까지 무려 66% 하락했다. 고점에서 엔비디아의 시가총액이 1,200조 원에 육박했는데, 삼성전자의 시가총액이 약 400조 원인 것을 고려하면 삼성전자보다 3배 이상 큰 회사의 주가가 1년도 채 되지 않는 기간에 3분의 1토막이 났다는 것을 의미한다.

---

* 지수의 고점 시기는 2022년 1월인데 PER이 2021년 1월에 가장 높았던 이유는 2021년부터 정부의 유동성 공급이 실물경기를 회복시키면서 기업들의 EPS가 개선됐기 때문이다.

유동성이 모이는 곳, 미국 주식시장

이렇게 전 세계 주식시장을 단기간에 위아래로 뒤흔들 만큼 유동성의 힘은 막강하다. 따라서 주식시장 참가자로서 우리는 유동성이라는 변수를 최대한 활용할 필요가 있다. 방법은 간단하다. 유동성이 풍부한 '때'(시간)에, 유동성이 풍부한 '곳'(장소)에서 주식을 하면 된다. 여기서 시간은 임의로 선택할 수 없지만 장소를 고르는 것만큼은 전적으로 의지에 달렸다.

그리고 유동성이 풍부한 대표적인 시장이 바로 미국 주식시장이다. 대체 거래소나 OTC Over-The-Counter(장외시장)를 제외하고 미국의 정규 거래소에서 거래되는 자금만 해도 일평균 약 3,000억 달러(약 420조 원)에 달한다. 그에 비해 한국의 코스피, 코스닥 시장을 합친 일평균 거래 대금은 약 20조 원에 불과하다(2024년 기준). 무려 20배가 넘는 유동성의 격차는 생각보다 많은 의미를 담고 있다.

그중 가장 큰 것은 '주가가 오르기 쉽다'는 것이다. 주식 투자자에게 주가가 오르는 것만큼 중요한 것은 없다. 유동성이 풍부하다는 것은 주식을 매수하려는 수요가 많다는 뜻이고, 이는 곧 호재가 발생했을 때나 거시경제 환경이 우호적일 때 주가가 더 쉽게 오른다는 것을 의미한다. 코로나19 당시 말도 안 되는 주가 상승률을 보여줬던 기업들 대부분이 현재까지 당시 고점 근처에도 도달하지 못했다. 이는 그때의 경이적인 주가 상승이 기업들의 펀더멘털보다는 유동성에 기인한 것이었음을 의미한다. 그저 그런 펀더멘털을 보유하고 있었음에도 당시 주식시장에 유입된 압도적인 유동성에 힘입어 주가가 '쉽게' 오를 수 있었던 것이다. 주식 투자자 입장에서는 이렇게 주가가 쉽게 오를 수 있는 우호적인 환경을 굳이 마다할 이유가 없다.

풍부한 유동성이 투자자에게 제공하는 긍정적인 요소는 이 밖에도 많다. 먼저 높은 유동성은 거래를 용이하게 해준다. 시가총액의 크기를 불문하고, 한국 주식시장에서는 아무리 좋아 보이는 종목을 발굴했더라도 거래량이 없다면 선뜻 매수에 나서기가 어렵다. 너무 큰 체결오차slippage가 발생하기 때문이다.

예를 들어 내 자산이 1억 원인데 어떤 종목의 일평균 거래 대금이 1,000만 원에 불과하다면, 주가를 엄청나게 높여서 사거나 며칠 또는 몇 달에 걸쳐서 매수하는 수밖에 없다. 매수하는 데 겨우 성공했더라도, 매도할 걱정이 곧바로 시작된다. 매매 과정에서 감수해야 하는 체결오차 때문에 그 매매를 통해 얻을 수 있는 실질적인 수익은 처음에 생각했던 것보다 한참 낮을 수도 있다. 반면 유동성이 풍부한 시장은 체결오차에 대한 불필요한 고민 없이 투자자가 생각하는 대로 포트폴리오를 조정할 수 있게 해준다.

그뿐 아니라 유동성이 풍부한 시장은 그 특성 자체만으로도 더 많은 투자자를 끌어들여 유동성을 더욱 키우는 선순환 효과를 누린다. 거래량이 적어 개인 투자자조차 진입하기 힘든 주식에 큰 규모의 자산을 관리하는 기관 투자자들이 접근하기는 더더욱 힘들 것이다. 따라서 기관 투자자들이 운용하는 규모가 큰 자금은 계속해서 유동성이 풍부한 시장으로 향할 수밖에 없고, 이것이 그 시장에 또 다른 유동성을 더하는 과정이 반복되면서 유동성이 풍부한 시장은 계속해서 더 많은 유동성을 흡수해간다.

반면에 유동성이 부족한 시장은 유동성이 풍부한 시장에 동력을 빼앗기면서 시간이 지날수록 메말라간다. 이런 현상이 2024년 말에 이미 한차례 나타났다. 2024년 11월 트럼프가 미국 제47대 대통령으로 당선되면서 글로벌 리테일 자금이 모두 미국 증시로 향하기 시작했다. 한국 증시에서도 개인 투자자들이 빠르게 이탈하여 거래 대금이 연일 최저치를 경신하면서 한국 증시와 미국 증시가 전례 없는 디커플링을 보이기도 했다.

이처럼 유동성이 풍부한 시장에서 주식 투자를 해야 한다는 것은 누군가의 개인적인 주장이 아니라 이미 검증된 '사실'이다. 이 사실을 부정하고 유동성이 부족한 시장에서 갖은 변수를 고민하며 어렵게 주식 투자를 하기보다는 그런 변수를 모두 차치하고 기업 자체의 펀더멘털에 집중할 수 있는 '쉬운 투자'를 해야 한다. 그런 투자가 가능한 곳이 바로 미국 주식시장이다. 따라서 미국 주식에 투자한다는 사실만으로도 주식 투자자로서 남들보다 이미 한 발짝 앞섰다고 말할 수 있다.

아메리칸드림, 모든 인재가 모이는 곳

나는 미국이 기회의 땅이기 때문에 이곳에 왔다. 어떤 연줄도 없는 내가 로켓을 우주로 쏘아 올리는 회사를 만들 수 있는 나라는 미국밖에 없다.

일론 머스크는 아메리칸드림의 살아 있는 증인이다. 남아프리카공화국 프리토리아에서 태어난 그는 남아공 사회의 경직성 때문에 창의적 자유를 억압받는다고 생각해 미국 펜실베이니아대학교로 편입했다. 그 후 곧바로 집2 Zip2와 페이팔 Paypal 등 여러 혁신적인 회사를 창업했으며, 2002년에는 마침내 미국 시민권을 취득해 온전한 아메리칸이 됐다. 그는 스페이스X SpaceX, 테슬라, 뉴럴링크 Neuralink 등 세상을 바꾸는 기업들을 연달아 세워 미국을 더욱 번성하게 하고 있으며, 지금 이 순간에도 미국에는 일론 머스크가 몸소 보여준 아메리칸드림을 실현하기 위해 전 세계에서 뛰어난 인재들이 몰려들고 있다.

2025년 4월 〈포브스〉가 발표한 세계 부호 순위에서 상위 10명 중 8명이 미국인이다. 축적한 부의 규모가 곧 성적표가 되는 자본주의 사회에서 가장 큰 부를 축적한 사람들이 압도적으로 많이 나왔다는 것은 미국이 혁신을 만들어내기에 가장 이상적인 국가임을 의미한다.

모든 혁신은 미국에서 시작된다

불과 10년 전만 해도 대학교에서 우수한 성적을 기록한 졸업생들이 가장 가고 싶어 하는 회사는 삼성전자나 SK하이닉스 같은 국내 굴지의 대기업들이었다. 코로나19로 생활양식에 큰 변화가 생긴 2020년 초반에는 그 대상이 이른바 '네카라쿠배당토(네이버·카카오·라인·쿠팡·배달의민족·당근마켓·토스)'라고 불리는 인터넷 기술 기업들로 바뀌었다. 그로부터 5년도 채 지나지 않은 지금, 한국의 미래를 그려나갈 것으로 기대되는 이들은 이제 미국 기업으로 향하고 있다.

미국 시카고대 폴슨연구소 산하의 싱크탱크 매크로폴로MacroPolo에서 발표한 2022년 연구 보고서에 따르면, 한국에서 대학원 과정을 마친 AI 인재의 40%가 해외로 떠난다. 또한 스탠퍼드대학교 인간중심AI 연구소HAI에서 발표한 〈AI 인덱스 2024〉에 따르면, 한국은 현재 AI 인재가 인구 10만 명당 0.3명씩 순유출되고 있다. 미국, 영국, 캐나다 등 AI 강국에 인재가 순유입되고 있는 상황과 대조적이다. 모든 혁신이 미국에 집중되면서 그로부터 발생하는 부 역시 미국으로 모이고, 그렇게 확보한 막대한 자금력을 바탕으로 미국 기업들은 전 세계에서 가장 훌륭한 인재들을 끌어모으고 있다.

예컨대 글로벌 AI 혁신을 주도하는 오픈AI OpenAI는 박사급 AI 연구원에게 초봉으로 86만 5,000달러(거의 12억 원)에 달하는 금액을 제시한다고 한다. 반면, 한국에서 가장 높은 대우를 해주는 삼성에서 동일한 포지션에 대해 책정한 초봉은 28만 5,000달러(약 4억 원)에 불과하다. 급여뿐 아니라 같이 연구를 진행하는 연구진의 구성이나 연구 환경 그리고 AI 기업 간 네트워크에서도 미국 기업들이 한국 기업들을 압도하기 때문에 한국으로서는 AI 인재 유출을 막을 방도가 없다. 이런 차이는 앞으로도 미국 기업들이 혁신의 주도권을 확보하게 해줄 것이고, 뛰어난 인재 확보에 필요한 자금력 격차도 더욱 커질 것이다.

시간이 지날수록 미국은 혁신을 '주도하는' 나라로 굳건히 자리매김할 것이고, 다른 나라들은 미국이 주도하는 혁신을 '따라가는' 포지션으로 내몰리는 구조가 고착화될 것이다. 혁신을 주도하는 기업들이 있는 시장과 따라가는 기업들이 있는 시장 중 어떤 곳의 투자 환경이 더 나은지는 너무나도 명확하다.

예컨대 'AI 혁명' 역시 미국에서 처음 시작됐다. 하지만 미국처럼 굳이 혁신을 주도하지 않더라도 혁신을 따라가는 과정에서 창출되는 부가가치가 충분히 크기 때문에 한국 기업들에도 투자 기회가 존재하지 않겠냐고 생각할 수도 있다. 그러나 혁신을 주도하는 자와 따라가는 자의 가장 큰 차이는 압도적인 경쟁력을 구축할 수 있느냐 하는 것이다. 없던 것을 새롭게 만들어내는 기업은 그것 자체만으로도 경쟁력을 입증할 수 있지만, 혁신을 따라가는 기업은 끊임없이 자신의 경쟁력을 증명해야 한다.

투자의 대가들이 혁신을 만들어내는 '위대한 기업'에 투자해야 한다고 이야기하는 이유가 바로 여기에 있다. 주식 투자는 결국 그 기업을 둘러싼 수많은 변수와의 싸움이다. 기업이 제품이나 서비스를 만들어내는 데 어려움을 겪고 있지는 않은지, 경쟁자들이 더 뛰어난 제품을 만들어내지는 않았는지, 새로운 경쟁자가 등장한 것은 아닌지, 고객사가 기업의 제품을 내재화해버리지는 않을지 등 주식에 투자하는 과정에서는 수많은 변수를 고려해야 한다. 그런데 스스로 혁신을 주도할 수 있는 기업에 투자한다면 이런 변수들에 크게 신경 쓸 필요가 없다.

페이팔의 창업자인 피터 틸은《제로 투 원》에서 세상에 존재하지 않았던 것을 처음으로 만들어내는 근본적인 혁신의 중요성을 이야기했다. 그는 무에서 유를 만들어내는 '제로 투 원' zero to one 과 대치되는 개념으로 '원 투 엔' one to n 이라는 표현을 사용했는데, '원 투 엔'이란 이미 만들어져 있는 혁신을 복제하여 그저 반복하거나 확장하는 개념을 의미한다. '제로 투 원'을 달성한 기업들과 그들이 만들어낸 'one'을 'n'으로 확장한 기업들의 격차에 대해 우리는 익히 알고 있다. 스마트폰을 처음 만든 애플은 현재 전 세계 모든 스마트폰 기업의 시가총액을 합친 것보다 큰 회사가 됐고, 전기차를 최초로 출시한 테슬라는 세계 주요 자동차 제조사들의 시가총액을 모두 합친 것보다 큰 회사가 됐다.

"진짜 가치는 제로 투 원에서 나온다."라는 피터 틸의 말처럼, 주식 투자자로서 더 크고 위대한 기회를 발견하기 위해 우리는 모든 혁신이 시작되는 미국으로 향해야 한다. 주식 투자의 세계에서도 아메리칸드림은 여전히 유효하다.

CFO가
진짜 할 일을 하는
진정한 주주들의 나라

　17세기 초, 스페인에서 독립하기 위한 전쟁에 한창이던 네덜란드 정부는 전쟁으로 취약해진 재정을 회복할 방안을 고심하던 끝에 묘수를 하나 떠올린다. 사람들에게서 조금씩 돈을 모아 향신료 무역 사업을 벌이고, 거기서 나온 수익을 나눠 갖는 것이었다. 이렇게 하면 자본 확보가 훨씬 더 용이해지는 동시에 향신료 무역에 실패했을 때 정부가 져야 하는 리스크를 자연스럽게 분산시킬 수 있었다. 그렇게 1602년, 세계 최초의 주식회사인 동인도회사가 설립됐다.

　이후 수많은 기업이 같은 방식으로 회사를 설립했고, 주식회사는 자본주의 경제체제를 이루는 근간으로 자리 잡았다. 주식회사를 구성하는 세 가지 요소는 회사가 사업을 펼치는 기반이 되는 '자본금', 자본금 모집을 위해 회사가 발행하는 '주식', 회사에 자본금을 출자하는 대가로 주식을 취득하는 '주주'다. 다시 말해 주식회사는 주주 없이는 제대로 굴러갈 수 없으며, 그런 의미에서 주주는 단순히 '주식회사의 주인'이라는 사전적 정의를 넘어 회사의 존립을 가능케 하는 필수불가결한 존재라고 할 수 있다. 만약 동인도회사에 투자한 주주들이 없었다면 대항해 시대는 번성하지 못했을 것이고, 어쩌면 미국이라는 나라도 생겨나지 않았을지 모른다.

이 때문에 미국에서는 기업들이 자기 회사 주주들을 위한 '주주환원'에 진심을 다하는 모습을 심심치 않게 발견할 수 있다. 예컨대 애플은 배당과 자사주매입 등의 방식으로 지난 2012년부터 2025년 현재까지 누적 7,000억 달러(약 1조 원) 가까이를 주주들에게 되돌려주었고, 마이크로소프트Microsoft, MS는 2003년부터 현재까지 매년 빠짐없이 배당금을 지급해왔으며, 심지어는 매년 배당금을 상향했다. 한번은 아무런 예고도 없이 주주들에게 깜짝선물을 안겨준 적이 있다. 2004년, 340억 달러(현재가치로 환산하면 약 60조 원)에 달하는 역대 최대 규모의 특별배당을 발표한 것이다. 이유는 '현금이 너무 많아서'. 당시가 MS와 같은 테크 기업들이 '성장'에 목매면서 주주환원을 거의 하지 않던 시절이었음을 고려하면 놀라운 일이 아닐 수 없다.

그 밖에, 미국의 대표적인 생활용품 기업 P&G는 무려 133년 연속으로 배당금을 지급해왔다. 코카콜라, 존슨앤드존슨, 3M, 에머슨 일렉트릭Emerson Electric 등의 기업 역시 60년이 넘도록 해마다 배당금을 상향해왔다. 에너지 산업에서 배당의 아이콘처럼 여겨지는 엑손 모빌도 지난 40년 이상 매년 배당금을 높여왔으며, 심지어는 주요 사업이 흔들릴 위기에 처했던 유가 폭락기에도 배당금만큼은 유지했다.

CFO의 진짜 역할: 파이낸셜 엔지니어링

주주환원에 진심인 기업들이 늘어남에 따라 미국 주식시장에는 배당주 ETF가 매우 활성화돼 있다. 대표적인 배당주 ETF인 'Schwab U.S. Dividend Equity ETF'(티커: SCHD)와 'Vanguard Dividend Appreciation ETF'(티커: VIG)는 각각 무려 630억 달러, 780억 달러의 AUM_{Asset Under Management}(운용자산규모)을 보유하고 있다. 이는 4,000개에 달하는 미국 상장 ETF 중 AUM 기준으로 20위 안에 해당하는 규모다.

'주주는 회사의 주인'이라는 사실은 자본주의 경제체제하에서는 누구나 아는 상식이지만, 한국 기업들에서는 미국 기업들과 같은 적극적인 주주환원 행보를 찾아보기가 힘들다. 미국 기업들이 주주환원에 이토록 진심일 수 있는 결정적인 이유는 '소유와 경영의 분리'에 있다. 한국의 대기업 중에는 대주주와 경영자가 동일한 경우가 많은 반면, 미국 상장사 대다수는 소유와 경영이 철저히 분리된 구조다. 즉, 미국 기업들은 대부분 '오너가 없는 기업'이다.

이 같은 사실은 엔비디아와 글로벌 시가총액 1위를 다투는 애플의 주주 구성만 봐도 알 수 있다. 2024년 기준 애플의 보통주 최대주주는 지분 약 8%를 보유한 뱅가드 그룹_{The Vanguard Group}으로, 애플과는 아무런 이해관계가 없는 기관 투자자다. 2대와 3대 주주 역시 블랙록_{BlackRock}과 버크셔 헤서웨이이며, CEO인 팀 쿡_{Tim Cook}의 지분율은 0.02% 이하로 사실상 의결권 영향력이 거의 없는 수준이다. 이처럼 소유와 경영이 완전히 분리돼 있기 때문에 회사의 지분을 가진 주주들이 경영에 대한 결정을 CEO에게 위임하고, 이사회를 통해 경영진이 주주

이익에 반하는 방향으로 경영하는지를 대신 감시하게 하는 이상적인 구조가 형성될 수 있는 것이다.

물론 알파벳Alphabet이나 메타Meta처럼 이중의결권 구조를 통해 창업자들이 실질적인 지배권을 소유한 회사들도 있지만, 이들 역시 최근 ESG Environmental·Social·Governance(환경·사회적책임·거버넌스) 관련 목소리가 높아짐에 따라 주주환원에 대해서만큼은 적극적으로 대응하고 있다. 일례로 알파벳은 지난 2024년 4월, 1분기 실적 발표에서 호실적과 함께 회사 설립 이래 최초로 주당 20센트의 배당금을 지급한다고 선언했다. 이 발표로 다음 날 주가가 10% 이상 급등하기도 했다.

여기까지 읽으면 '주주환원은 액션을 통해 부가가치를 창출해내는 주주 행동주의 투자자나 배당금을 노리는 배당주 투자자한테만 의미 있는 것 아닌가?' 하는 의문이 들 수도 있다. 그렇지 않다. 미국 기업들의 적극적인 주주환원 정책은 투자 철학이나 투자 스타일과 무관하게 모든 투자자에게 득이 된다. 그림 2-2를 보자.

이 차트는 S&P500 기업들 전체 발행주식 수의 연도별 변화를 보여준다. 2008년 금융위기 직후 일시적으로 자금조달 목적의 주식 발행이 증가하는 구간이 있지만, 그 이후로는 꾸준히 발행주식 수가 감소했음을 알 수 있다. 이 같은 현상이 나타나는 가장 큰 원인은 앞서 설명한 것처럼 미국 기업들이 꾸준히 자사주를 매입 및 소각하기 때문이다. 반면 한국은 이와 정반대의 흐름을 보인다. 코스피 상장기업들의 발행주식 수 합계는 2000년 이후 매년 약 4%씩 늘어났는데, 이는 주주환원 정책의 부재와 기업들의 무분별한 자금조달 관행이 맞물린 결과다. 예컨대 주주가 1주를 보유한다고 가정할 때 미국 기업에서는 시간이 갈

출처: Yardeni Research

수록 더 많은 가치를 지니게 되지만, 한국 기업에서는 가치가 매년 4%씩 줄어든다는 의미다.

기본적 분석에서 가장 중요한 지표를 하나 꼽는다면 바로 EPS(주당순이익)라고 할 수 있다. EPS는 주식 1주당 기업이 벌어들인 이익이 얼마인지를 의미하는데, 여기서 분모에 해당하는 '주식 수'는 정확히는 '발행주식 수'를 의미한다. 같은 이익 성장이라도 발행주식 수가 줄어들면 EPS는 더 빠르게 성장한다. 그래서 미국에서는 어닝 서프라이즈냐 아니냐를 판단할 때 일반적으로 EPS를 기준으로 한다. 한국 기업들의 실적 발표에서 호실적의 기준이 '영업이익 총액'인 것과는 다른 모습이다. 미국 기업들은 자사주매입과 같은 주주환원 정책이 활성화돼 있기 때문에 자사가 벌어들인 이익을 자사주매입 및 소각이 반영된 발행주식 수로 나눈 EPS를 기준으로 회사 가치를 계산하는 것이다.

기업들의 주주환원은 가치주 투자자에게는 자신이 보유한 기업의 가치를, 성장주 투자자에게는 자신이 함께 누리는 성장의 가치를, 배당주 투자자에게는 자신이 받게 되는 배당의 가치를, 자산주 투자자에게는 자신에게 배정된 자산의 가치를 높여주기에 모든 투자자에게 득이 된다.

주주의 가치를 높이는 것이 얼마나 중요한지를 잘 인지하고 있는 미국 기업들에서는 CFO Chief Financial Officer(최고재무책임자)가 단순히 재무 계획을 수립하는 데서 그치지 않고 주주 가치 제고를 위한 전략을 세우고 지휘하는 역할까지 담당한다. 이를 '파이낸셜 엔지니어링' Financial Engineering이라고도 한다. 미국 기업들의 CFO는 자본을 어떻게 조달할 것인지부터 시작해 자사주매입 방식, 배당정책 결정, M&A 전략 수립 그리고 이런 재무 활동이 EPS에 미치는 영향까지 포함한 정교한 모델링을 통해 종국적으로 주주 가치를 극대화하는 일을 최우선으로 여긴다.

CFO가 맡은 바 역할을 충실히 하느냐 아니냐는 주주들의 장기적인 성과에서 엄청난 차이를 만들어낸다. '주식 투자자'이기 이전에 자신이 투자한 회사의 '주주'이기도 한 우리가 어떤 선택을 해야 할지는 너무나도 자명하다.

가격의 대표성과 기술적 분석이 통하는 시장

2014년 3월, 우크라이나 남부의 작은 반도에서는 전 세계가 주목하는 투표가 진행됐다. 크림반도의 러시아 편입 여부를 놓고 주민들 사이에 치러진 이 투표 결과는 '편입'이 압도적으로 우세했다. 유권자 중 95.5%가 러시아 편입에 찬성표를 던졌고, 그로부터 단 사흘 뒤 블라디미르 푸틴은 그 결과를 근거로 크림반도를 러시아 연방의 일부로 공식 편입했다. 언뜻 민주주의의 승리처럼 보일 수도 있지만 실상은 완전히 달랐다. 크림반도에 러시아계 인구 비율이 압도적이었던 것에 더해 러시아가 크림반도에 군대를 배치해 반대파 언론을 통제하고 강제적으로 만들어낸 결과였다. 이런 투표 결과가 과연 우크라이나 국민과 러시아 국민 모두의 의견을 대표한다고 할 수 있을까? 그렇지 않을 것이다. 이는 민주주의의 탈을 쓰고 '쪽수로 밀어붙인 승리'에 불과하다.

'쪽수의 폭력'은 주식시장에서도 종종 발견된다. 거대한 자본을 가진 '세력'이라고 불리는 집단이 특정 종목의 주가를 자신들의 의지에 따라 뒤흔드는 행위는 미디어에서도 여러 차례 다뤄졌다. 이들은 주로 거래량이 없는 종목을 노리는데, 그래야 자신들의 거래만으로도 주가를 움직이기가 쉽기 때문이다. 크림반도의 편입 여부가 러시아군의 의지대로 결정됐던 것처럼, 이렇게 특정 수급 주체의 의지만으로 결정된 주가는 시장 참가자 모두의 의견을 '대표'하지 못한다.

가격의 대표성이 중요한 이유는 기술적 분석을 의미 있게 활용하는 데 가장 핵심적인 전제 조건이기 때문이다. 기술적 분석의 사전적 정의는 '과거의 주가, 거래량, 변동성 등 시장 데이터를 바탕으로 주가 움직임을 예측하려는 분석 기법'이다. 여기서 중요한 것은 기술적 분석이 오로지 '결과'만을 고려한다는 것이다. 왜 그런 주가나 거래량 변화가 나온 건지에 대한 펀더멘털 관점에서의 고찰은 기술적 분석에서만큼 중요하지 않다. 그런 사고 과정의 총체가 기술적 지표에 그대로 녹

★ 가격의 대표성 ★

'어떤 자산의 가격이 충분한 유동성을 바탕으로 해당 자산시장 참가자 모두의 의견을 제대로 반영하는가'를 묻는 개념이다. 일반적으로 유동성이 부족한 상황에서는 주가가 대표성을 갖기 힘들다. 예를 들어 거래량이 희소한 어떤 기업의 주식을 누군가가 1주 매수해서 주가를 큰 폭으로 상승시켰을 때, 그 기업의 가치가 그만큼 상승했다고 생각하는 사람은 아무도 없을 것이다. 머지않아 해당 기업의 가치가 고평가됐다고 생각한 투자자들이 주식을 매도함으로써 그 기업의 주가는 아무 일도 없었다는 듯 제자리로 돌아갈 것이다.

아 있다고 가정하기 때문이다. 그런데 만약 그런 기술적 지표가 시장 참가자들의 사고 과정을 대표하지 못한다면, 즉 '가격의 대표성'이 부재한다면 기술적 분석은 이미 출발선에서부터 의미를 갖지 못한다.

'주식은 유동성이 전부'라고 한 이야기는 여기에서도 또 한 번 적용된다. 어떤 주식시장의 풍부한 유동성은 그 시장에서 거래되는 주식들의 가격 대표성을 담보하고, 이에 따라 기술적 분석에 기반한 투자자들을 끌어모음으로써 가격의 대표성을 더욱 끌어올리는 선순환이 형성될 토양을 만들어준다. 반대로 유동성이 부족한 시장에서는 한 번의 체결이 곧 시장 전체의 의견처럼 보이는 왜곡을 만들기도 한다. 이때의 주가 변동은 시장 전체의 의견을 담은 움직임이 아니라 누군가의 단발성 의도를 시각화한 결과물에 불과하다.

예를 들어보겠다. 그림 2-3은 SPAC Special Purpose Acquisition Company(기업인수 특수목적회사)인 'A SPAC III Acquisition Corp'(티커: ASPC)의 차트다. SPAC는 어떤 비즈니스도 없이 단지 미래에 어떤 회사를 인수해서 그 회사를 우회상장시키기 위해 만들어진 '상장용 셸'* 회사를 말한다. 어떤 기업을 인수할 것인지 알려져 있지 않은 상황에서 SPAC에 투자하는 것은 사실상 복권을 사는 것이나 다름없기 때문에, SPAC는 인수 회사가 결정되기 전까지는 거의 거래가 되지 않는다. 따라서 일반적으로 SPAC의 주가는 가격의 대표성을 전혀 보유하고 있지 않다.

---

* 실체적 사업은 없고 껍데기 shell만 존재하는 회사라는 뜻으로, 보통 자산도 없고 영업활동도 하지 않으면서 상장사로서의 지위만 가진 회사를 지칭한다. 주로 비상장기업이 우회상장을 하기 위해 사용한다.

2-3 **ASPC의 주가 추이**

출처: TradingView

    ASPC 역시 마찬가지다. 그림 2-3의 차트를 이용해서는 어떤 기술적 분석도 할 수가 없다. 보다 정확히는 어떤 기술적 분석도 의미가 없다. 예컨대 ASPC는 2022년 7월 28일, 9% 갭 하락하면서 모든 이동평균선을 하향 이탈했다. 기술적으로는 매우 좋지 않은 시그널이다. 그러나 바로 다음 날인 7월 29일, 주가는 바닥에서부터 무려 22% 급등하면서 한 번에 모든 이동평균선을 상향 돌파했다. 기술적 분석이 아무런 힘을 쓰지 못하는 것이다. 게다가 7월 29일 거래 대금은 약 34만 달러(약 4억 원)에 불과했다. 이 정도의 적은 거래 대금만으로도 주가가 위아래로 20% 이상 변동할 정도로, 이 종목은 당시 가격의 대표성을 전혀 보유하고 있지 않았다는 얘기다.

물론 기술적 분석을 전혀 하지 않는 투자자라면, 가격의 대표성은 그리 중요한 요소가 아니라고 생각할 수도 있다. 나 역시 기본적 분석에 한창 심취해 있을 때, 차트는 결과론적인 꿰맞추기에 불과하다고 생각했다. 그러던 어느 날, 평소 존경하던 주식 투자 선배님과의 대화를 계기로 생각이 완전히 바뀌었다. "주식은 결국 확률 싸움인데, 내가 이길 확률을 조금이라도 높일 수 있다면 뭐든 해야 하지 않겠어?" 너무나도 명쾌한 말이었다.

　주식 투자는 결국 '주가 상승(공매도의 경우 하락)'이라는 확률적 사건에 베팅하는 일이고, 우리가 기본적 분석을 통해 파악하려는 것도 결국 그 종목의 주가가 오를 '확률'이 얼마나 높으냐다. 이때 기술적 분석은 훌륭한 도구가 되어준다. 기본적 분석이 '무엇을 살 것인가'를 알려준다면, 기술적 분석은 '언제 사고 언제 팔 것인가'에 대한 판단을 도와준다. 같은 종목이라도 매매 타이밍을 정교화하고 불필요한 손실을 줄이며 리스크를 관리할 수 있게 해주는 수단이 바로 기술적 분석이다. 이를 통해 해당 투자에서 내가 최종적으로 이길, 즉 돈을 벌 확률을 더 높일 수 있을 것이다.

　투자라는 전투에서 승리하는 데 중요한 무기 중 하나인 기술적 분석을 제대로 활용하기 위해서는 가격의 대표성이 있는 시장에서 싸워야 한다. 가격의 대표성이 있으려면 무엇보다 유동성이 풍부해야 한다. 따라서 우리는 성공 확률을 높이기 위해 전 세계에서 가장 풍부한 유동성을 보유하고 있는, 그래서 가장 대표성 있는 가격을 표시해주는 미국 주식시장으로 가야 한다. 《손자병법》에서 이야기하는 것처럼 싸움에서 이기는 가장 쉬운 방법은 '이길 수 있는 싸움만 하는 것'이기 때문이다.

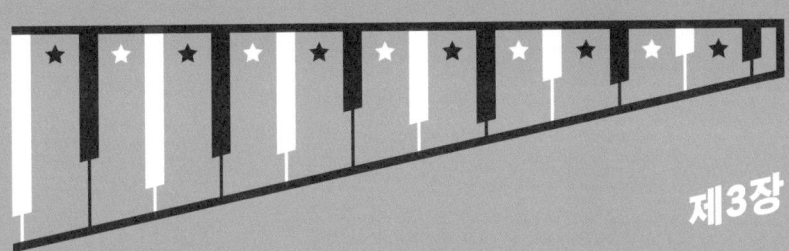

제3장

투자 전 반드시 알아야 하는 미국 증시의 특징

한국 시장과는 문법이 다르다

추세가 존재하는 시장

한국인들이 영어를 처음 배울 때 가장 어려움을 겪는 부분이 문법이다. 한국어는 조사에 의존하는 교착어이기 때문에 어순보다는 조사와 어미가 의미를 좌우하는 반면, 영어에서는 어순에 따라 문법적 의미가 결정되기 때문에 조사가 불필요하다. 예컨대 "개가 사람을 물었다."라는 문장에서 한국어는 "사람을 개가 물었다."처럼 조사만 그대로 유지된다면 어순이 뒤바뀌어도 의미가 변하지 않는다. 하지만 영어에서는 "The dog bit the man."과 "The man bit the dog."는 완전히 다른 의미가 된다. 이처럼 영어를 제대로 구사하기 위해서는 영어만의 문법을 제대로 익혀야 한다. 이 사실은 투자의 세계에서도 그대로 적용된다.

우리는 모두 한국인이고, 따라서 한국 주식시장의 문법에 익숙할 수밖에 없다. 그러나 미국 주식시장에는 미국 주식시장만의 문법이 따로 있다. 이를 익히지 않고 한국 주식시장의 문법으로 미국 주식시장에서 투자를 한다면, 개가 사람을 물어뜯는 상황을 보고도 "사람이 개를 물었다."라고 이야기하는 것과 같은 오류를 범하기 쉽다. 그래서 나는 한국 주식에만 투자하다가 미국 주식으로 투자 범위를 확장해보고 싶다고 이야기하는 사람들에게 "일정 기간 과도기를 겪을 수밖에 없으니, 그 기간에는 큰 수익에 대한 욕심은 내지 않는 것이 좋다."라고 이야기하곤 한다. 그 과도기란 바로 미국 주식시장의 '문법'을 익히는 시기를 의미한다.

나 역시 대학생 때부터 첫 직장에 다닐 때까지는 한국 주식에만 투자하다가 두 번째 직장에서부터 미국 주식을 본격적으로 시작했기 때문에 뼈아픈 과도기를 경험해야 했다. 미국 주식시장과 한국 주식시장의 차이는 미국과 한국의 정치·경제·사회·문화적 차이만큼이나 크다. 그중 가장 크고 중요한 차이를 꼽는다면, 바로 '추세의 여부'라고 할 수 있다.

박스권에 갇힌 한국장, 추세를 타는 미국장

그림 3-1은 21세기 초 중국의 경제 성장에 힘입어 한국이 가파른 성장 국면을 누리다가 미국발 금융위기를 맞이했던 2007년 이후부터 한국과 미국의 대표적인 지수인 코스피 지수와 S&P500·나스닥 지수를 비교한 차트다. 금융위기 직전 코스피의 고점은 2085포인트였고, S&P500은 1576포인트였다. 그리고 2025년 8월 현재 두 지수는 각각

3-1 장기 성과 비교: 나스닥 vs. S&P500 vs. 코스피

출처: TradingView

3205포인트와 6481포인트를 기록하고 있다. 2007년 이후 18년이 지나는 동안 코스피 지수는 63% 상승한 반면, S&P500 지수는 318% 상승한 것이다. 같은 기간 나스닥 지수 상승률은 무려 702%에 달한다. 이 사실만 놓고 보면 미국 주식 투자자들이 한국 주식 투자자들보다 월등한 수익률을 기록했을 것 같지만, 꼭 그렇지만은 않다. 두 시장의 문법이 다르기 때문이다.

'박스피'라는 용어까지 있을 정도로 한국 주식시장은 기본적으로 커다란 박스권 안에서 움직이는 경향이 있다. 따라서 한국 주식시장에서도 정해진 밴드 안에서 박스권 상단 매도sell the rip, 박스권 하단 매수buy the dip를 꾸준히 반복해왔다면 높은 수익률을 올릴 수 있었을 것이다.

쉬운 일은 아니지만, 그렇게 해서 막대한 부를 일궈낸 훌륭한 투자자들이 존재한다는 사실 자체가 장기 박스권인 한국 주식시장에서도 돈을 벌 수 있다는 사실을 증명해준다.

한편, 미국 주식시장은 기본적으로 '추세'라는 것이 존재한다. 달리기를 하다가 돌부리에 걸리면 보통 앞으로 넘어지는데, 이는 몸이 여전히 앞으로 나가려는 운동 상태에 있으려고 하는 '관성'이 작용하기 때문이다. 주식시장의 추세는 관성과 비슷한 면이 있다. 추세의 사전적 정의는 '특정 기간 주가가 지속적으로 한 방향으로 움직이는 경향'이다. 즉, 주가가 움직이고자 하는 방향이 있고, 그 방향이 지속될 수 있는 시장이 바로 미국 주식시장이라는 얘기다.

추세가 존재하기 위해서는 많은 선결 조건이 필요하다. 먼저 추세를 만들 유동성이 필요하고, 그 유동성이 추세를 형성하는 방식으로 움직이게 할 수 있는 트레이더들이 필요하며, 무엇보다 추세가 이어지게 할 정도의 펀더멘털을 보유한 기업들이 필요하다. 미국 주식시장에는 이 세 가지 요소가 모두 존재하며, 이들이 어우러져 추세를 만들어낸다.

그 때문에 미국 주식시장에서는 한국 주식시장에서처럼 '상승 시 고점 매도'와 '하락 시 저점 매수'가 제대로 작동하지 않는 경우가 많다. 상승 추세에서 매도하는 것과 하락 추세에서 매수하는 것은 미국 시장의 문법에서는 추세에 역행하는 방식이기 때문이다. 이곳에서는 오히려 상승 추세에서 오르는 종목에 올라타거나 하락 추세에서 내려가는 종목을 공매도short selling하는 방식이 장기적으로는 더 높은 성과를 가져다줄 수 있다. 반면 박스권을 그리는 한국 주식시장에서 이런 방식을 사용했다가는 큰 손실이 누적돼 결국에는 시장에서 퇴출되고 말 것이다. 실제로 기술적 분석의 대가들이 내놓은 트레이딩 관련 서적은 대부분 추세가 있는 미국 주식시장을 기준으로 쓴 것이기 때문에 한국 주식시장에 적용하면 잘 들어맞지 않는다.

실패에서 배운 추세의 강력한 힘

양 시장의 문법 차이를 이해하지 못한 상태에서 투자를 하면 성과가 나쁠 수밖에 없는데, 나 역시 같은 실수를 저지른 적이 있다. 프랍 트레이더로 일하던 2022년 말, 챗GPT가 출시되면서 미국 증시가 1년여에 걸친 오랜 하락을 끝내고 AI 모멘텀에 힘입어 상승 추세로 돌아서기 시작했다. 당시 나는 박스권 장세를 특징으로 하는 한국 주식시장의 문법에 더 익숙한 상태였고, 프랍 트레이더로서 가장 중요한 역량인 리스크 관리를 하기 위해 나스닥 지수가 어느 정도 올랐다고 판단되면 기계적으로 포지션에 대한 헤징 hedging 전략* 을 사용했다.

한국 주식시장에서는 박스권 상단까지 왔다고 판단되면 지수에 대한 숏 short 포지션을 구축해 보유 포지션에 대한 리스크를 헤징하는 것이 리스크 관리의 제1 원칙이었다. 그러나 이미 상승의 관성이 작용하기 시작한 미국 증시에 '박스권 상단' 같은 개념은 존재하지 않았고, 나는 결국 손실을 보면서 숏 포지션을 청산할 수밖에 없었다. 지수가 오르면서 주식 포지션으로 수익을 내더라도 이렇게 지수 숏으로 구성된

---

* 투자에서 손실 위험을 줄이기 위해 반대 방향의 포지션을 잡는 전략.

선물 포지션에서 손실을 보면서 전체 수익을 조금씩 갉아먹는 과정이 계속해서 반복됐다.

상반기 수익을 결산해보고 나서야 내가 미국 주식시장의 문법을 제대로 이해하지 못했다는 사실을 깨닫고 방법을 완전히 수정했다. 그렇게 정립된 투자 스타일을 한마디로 요약한 것이 '롱long은 상승 추세에서만, 숏은 하락 추세에서만'이다. 물론 상승 추세에서도 눌림목이 나오는 구간이 있고, 하락 추세에서도 데드캣 바운스dead cat bounce*가 나오는 구간이 있다. 그러나 상승 추세에서의 하락과 하락 추세에서의 상승은 기본적으로 시장의 관성에 역행하는 것이기 때문에 언제 반대 방향으로 바뀔지 예측할 수가 없다. 따라서 그 구간에서는 수익을 내려고 굳이 욕심내지 않는다. 그 욕심 탓에 불필요한 손실을 만들어낼 가능성이 훨씬 더 크다는 것을 이전 매매를 통해 너무나도 뼈아프게 배웠기 때문이다.

추세가 존재한다는 것 외에도 미국 주식시장에서만 적용되는 여러 가지 특별한 문법이 존재한다. 이번 장에서는 미국 주식에 대해 본격적으로 알아보기 전에 미국 증시만의 특별한 문법을 이야기해보려 한다. 이 문법을 익힌 후 투자에 나선다면 앞서 이야기한 '과도기'를 크게 줄일 수 있을 것이다.

---

* 주가가 급락한 후 일시적으로 소폭 회복되는 행태. 폭락장 가운데서도 가끔 주가가 반등하는 것처럼 보이는 것을 고양이가 죽은 뒤에 꿈틀한다는 식으로 표현한 것.

원인을 분석하기보다는 결과를 인정한다

효율적인 시장

투자의 세계에는 해묵은 논쟁이 하나 있다. 바로 '시장은 효율적인가?'라는 것이다. 이와 관련한 대표적인 주장이 금융경제학의 효율적 시장 가설efficient market hypothesis로, '시장에 나와 있는 모든 정보는 이미 주가에 반영돼 있기 때문에 시장 평균을 초과해서 지속적으로 수익을 내는 것은 불가능하다'라고 본다. 시장이 효율적이냐는 물음에 명확한 정답이 존재하지 않는 이유는 이 가설이 부분적으로는 맞고, 부분적으로는 틀리기 때문이다.

먼저 이 가설이 부분적으로 '옳은' 이유는 금융시장이 점차 선진화되고 있기 때문이다. 금융시장이 선진화될수록, 누구나 알고 있는 정보는 가격에 더욱 빠르게 반영된다. 한국 주식시장 역시 분명 과거보다 정보에 더 민감하고 빠르게 반응하는 방향으로 발전하고 있기 때문에 한국 주식 투자자들 역시 알파alpha*를 내는 방식을 더욱 고도화하기 위해 힘쓰고 있다. 특히 전 세계에서 가장 선진화됐다고 알려진 미국과 같은 초고효율 시장에서는 공개 정보로 알파를 내기란 불가능에 가깝다. 금융시장의 선진화와 함께 등장한 퀀트, AI, 헤지펀드, 알고리즘 등의 '기계 수급'이 공개 정보를 즉시 가격에 반영하기 때문이다.

만약 효율적 시장 가설이 맞다고 가정한다면, 시장에 접근하는 가장 우월한 전략은 '추세 추종'trend following이 될 것이다. 효율적 시장 가설에서는 모든 가격 변화에는 그에 걸맞은 이유가 반영돼 있다고 가정하기 때문에 주가가 상승했다면 그 자체로 긍정적인 정보가 반영된 결과라고 해석할 수 있다. 따라서 그 흐름에 순응하는 것이 합리적인 접근이다.

반면, 효율적 시장 가설이 부분적으로 '틀린' 이유는 시장 참가자들의 비합리적인 행태와 정보의 비대칭 탓에 단기적으로는 왜곡이 발생할 수밖에 없기 때문이다. 예를 들어 2000년 닷컴 버블, 2008년 글로벌 금융위기, 2021년 코로나19 유동성 버블 등은 시장 참가자들의 감정적이고 비이성적인 투자 행태가 만들어낸 결과다. 또한 기업 실적 발표 때도 종종 호실적을 발표한 기업의 주가가 오히려 하락하기도 하는데, 이는 기업이 호실적을 발표할 것을 예상했던 투자자들이 실적 발표를 계기로 수익을 실현하면서 빚어지는 현상이다.

만약 효율적 시장 가설이 틀렸다고 가정한다면 역발상contrarian 투자가 훌륭한 전략이 될 수 있다. 효율적 시장 가설에서 이야기하는 것

---

* 주식시장에서 시장의 움직임과 상관없이 투자자가 '추가로' 벌어들인 초과 수익.

과 달리 시장은 때때로 참가자들의 비합리성과 정보의 비대칭 탓에 왜곡된 가격을 제시하는데, 이를 이용해 시장의 흐름에 역방향으로 베팅하면 높은 수익을 올릴 수 있다.

시장은 꽤 효율적이다

상반되는 두 가지 주장을 마주한 우리는 투자자로서 어떤 입장을 취해야 할까? 두 가지 주장 모두 일리가 있고 증명된 사실이기 때문에 어느 한쪽이 '옳다'고 결론지을 수는 없다. 또한 두 주장에서 도출된 '추세 추종'과 '역발상'이라는 투자 전략으로 큰 성공을 거둔 투자의 대가들이 있기 때문에 어느 한쪽이 '틀렸다'고 할 수도 없다. 그러나 이길 확률을 높여야 하는 보통의 투자자로서 우리가 취해야 할 방식은 전자라고 생각한다. 특히 미국 주식에 투자하는 투자자라면 더욱 그렇다.

미국 주식시장은 투자 실력과 넘치는 자본, 뛰어난 정보 접근성과 기계를 통한 매매 능력까지 겸비한 전 세계에서 가장 뛰어난 투자자들이 모이는 곳이다. 이들의 매매가 모여서 시장이 형성되기 때문에 효율적 시장 가설에서 이야기하는 것처럼 미국 주식시장에는 '모든 정보'가 반영된 것까지는 아닐지 몰라도 '대부분의 정보'는 이미 반영돼 있다고 보는 것이 합리적이다. 앞서 미국 주식시장이 '가격의 대표성'을 갖고 있다고 이야기한 것이나 미국 증시에 접근할 때 '추세'를 무시해서는 안 된다고 했던 것 역시 같은 맥락이라고 할 수 있다.

물론 이것이 역발상 투자로 수익을 올릴 수 없다는 것을 의미하지는 않는다. 실제로 많은 투자자가 인생 영화로 꼽는 〈빅쇼트〉는 전설적인 역발상 투자를 다룬다. 2008년 금융위기 직전, 상승장의 끝자락에서 뭔가가 이상하다는 것을 감지한 4명의 투자자가 상승 일변도의 시장에 반대되는 숏 포지션을 구축해 마침내 시장이 붕괴하는 동안 막대한 수익을 올린다는 것이 영화의 주요 내용이다.

이처럼 내가 알고 있는 정보를 아직 시장이 반영하지 않았다는 것을 기회로 삼아 시장과 반대 방향으로 베팅하는 역발상 투자로도 수익을 올리는 것이 불가능한 것은 아니다. 그러나 여기서 말하고자 하는 요지는 투자 방식의 '옳고 그름'이 아니라 '이길 확률'이다. 역발상 투자는 시장이 잘못됐다고 판단할 수 있는 엄청난 인사이트뿐 아니라 그런 인사이트가 시장에 반영될 때까지 기다릴 수 있는 인내심까지 요구하는 '예술'에 가까운 영역이다. 내가 확신한 인사이트가 실제로는 근거 없는 '주장'에 불과했던 것으로 밝혀지는 경우가 많으며, 설령 인사이트가 맞아떨어졌다고 하더라도 그 인사이트가 시장에 반영될 때까지 기다리지 못하는 경우가 대부분이다. 사실 〈빅쇼트〉처럼 역발상 투자에 성공한 사람들의 이야기가 한 편의 영화로 만들어졌다는 것 자체가 역발상 투자가 얼마나 어려운지를 방증하는 셈이다. 반면, 시장의 움직임에 순응하는 투자자의 추세 추종 매매 기법을 다룬 영화는 아직까지 한 번도 본 적이 없다.

즉, 시장보다 훨씬 더 똑똑하고 정보도 많고 매매 기술도 탁월한 사람이 아니라면 낮은 확률에 베팅하면서 시장에 맞서 싸우기보다는 조금이라도 확률을 높이는 방법으로 시장에 접근하는 것이 현명하다. 그리고 그 출발점이 바로 '시장은 꽤 효율적'이라는 사실을 인정하는 것이다. 이로부터 시작된 미국 시장에 대한 나의 기본적인 접근 방식은 '원인을 분석하기보다는 결과를 인정하는' 것이다.

심플하게 결과를 인정하라

처음 미국 주식에 투자할 때 투자자들이 저지르는 가장 흔한 실수는 어떤 주가 현상에 대해 '시장이 틀렸다'고 판단한 뒤 이를 자신만의 기준으로 분석하여 시장의 방향과 무관한 결론을 도출하는 것이다. 시장의 효율성이 상대적으로 낮고 정보의 반영 속도나 투자자 구성이 단순한 한국 주식시장에서는 이 방식이 제법 통한다. 그러나 미국 주식시장은 정보 접근성, 매매 테크닉, 수급의 정교함 등 모든 측면에서 세계 최고의 투자자들이 만들어내는 '효율적인 시장'이다. 이런 시장에서는 시장의 방향성과 무관한 개인적인 분석은 오히려 독이 될 수 있다. 따라서 우리가 할 일은 어떤 현상에 대해 시장의 움직임과 무관하게 자신만의 분석을 제시하는 것이 아니라 기본적으로 '시장은 옳다'는 가정하에 그 현상을 최대한 받아들이고 그 자체로 해석하려고 노력하는 것이다.

예컨대 2024년 초에는 거시경제에 대한 상식으로는 도무지 해석이 되지 않는 현상이 발생했다. 앞서 국채금리의 하락은 유동성을 증가시켜 주식시장에 긍정적인 요소로 작용한다고 언급한 바 있다. 2023년 10월, 5.0% 라인을 터치한 10년물 미 국채금리는 빠르게 하락하기 시작해 불과 두 달 만에 약 3.8% 수준까지 도달했으며, 반대로 금리에 민감한 나스닥 지수는 두 달 만에 약 20% 상승했다. 문제는 그다음부터다. 연말을 바닥으로 4월 말까지 10년물 국채금리는 4.7%대까지 다시 한번 가파르게 상승했다. 원래라면 이 같은 금리 상승은 유동성 감소로 이어져 주식시장에 하락 요인으로 작용하는 것이 정상인데, 같은 기간 나스닥 지수는 오히려 12% 추가로 상승했다. 이후에도 국채금리는 큰 움직임을 보이지 않았는데, 4월 저점부터 7월 고점까지 나스닥 지수는 다시 한번 23% 상승했다.

지금 우리는 기존의 패러다임으로는 설명되지 않는 이 상승을 엔 캐리 트레이드가 만들어냈다는 사실을 잘 알고 있다. 그러나 이 사실을 전혀 인지하지 못했던 당시에는 대부분의 투자자가 이 기현상에 대해 제대로 된 설명을 내놓지 못했다. 만약 이 현상을 기존의 프레임대로만 분석했다면, 숏 포지션을 취해 결과적으로 큰 손실을 보는 '틀린 분석'으로 이어졌을 것이다. 그렇기에 무엇보다 중요한 것은 '국채금리가 오르는데도 증시가 상승'하는 현상의 원인을 분석하기보다는 그저 '증시 상승'이라는 결과를 인정하는 자세다. 미국 증시가 상승한다는 것은 어떤 경로로든 유동성이 주식시장으로 유입되고 있다는 것인데, 국채금리가 오르는 중이었기 때문에 전통적인 프레임하에서는 유동성이 어디서부터 왔는지 찾아낼 수가 없었다.

그래서 당시 나는 이런 가설을 세워봤다. "코인시장에서 유동성이 넘어온 건 아닐까?" 실제로 2024년 초, 비트코인Bitcoin이 2021년 말의 전고점을 돌파하는 데 성공하면서 코인시장이 크게 상승했는데, 여기서 형성된 유동성이 주식시장으로 일부 넘어왔다고 가정해본 것이다. 물론 당시 증시의 상승은 엔 캐리 트레이드에 의한 것이었기 때문에 결과적으로는 완전히 틀린 해석이었다. 하지만 옳고 그름을 가리는 것보다 더 중요한 것은 이 해석을 통해 당시 엔 캐리 트레이드의 존재를 모르고도 랠리에 동참할 수 있었다는 것이다.

주식시장에 이유 없는 움직임은 없다. 주가는 누군가가 사기 때문에 오르고 누군가가 팔기 때문에 내린다. 따라서 모든 주가 움직임에는 그 움직임을 만드는 주체의 생각이 반영돼 있기 마련이며, 개별 주식 단위의 움직임이 아니라 지수나 시장 자체에서 나타나는 움직임이라면 당장은 내가 상상도 할 수 없는 일이 시장에서 일어나고 있는 것일 수도 있다. 엔 캐리 트레이드가 그랬듯, 보통 이런 움직임의 진짜 원인은 항상 시간이 한참 지난 뒤에야 밝혀지곤 한다.

우리가 현상 뒤에 숨겨진 진짜 내막을 미리 파악할 수는 없겠지만, 적어도 그로 인해 나타난 '현상' 자체를 받아들일 수는 있다. 물론 가끔 가다 그 현상이 시장의 왜곡된 움직임이었다는 사실이 밝혀질 때도 있지만, 그럼에도 이를 받아들여야 하는 이유는 명확하다. 앞서 이야기한 것처럼 전 세계에서 가장 뛰어난 투자자들이 모여 있는 곳이 바로 미국 주식시장이며, 따라서 미국 주식시장에서 나타나는 대부분의 움직임이 곧 그들 사고 과정의 총체라고 할 수 있기 때문이다. 시장의 움직임을 직접 만들어낼 수 없다면 그 흐름을 만드는 이들과 같은 방향에 서는 것이 우리가 주식시장에서 이길 확률을 높이는 최선의 방법이다. 시장은 우리가 생각하는 것보다 훨씬 더 효율적이다.

모두에게
공개된 정보로 싸운다

공정한 시장

2008년 9월 15일, 158년 역사의 월스트리트에서 신뢰의 상징과도 같이 여겨졌던 미국 4대 투자은행인 리먼 브라더스Lehman Brothers가 공식적으로 파산을 선언했다. 이 소식은 비슷한 상황에 처해 있던 다른 투자은행들의 불안감을 증폭시켰고, 당시 업계 1위였던 골드만삭스Goldman Sachs 역시 예외는 아니었다. 골드만삭스는 위기 상황을 극복하기 위해 곧바로 워런 버핏의 버크셔 해서웨이로부터 약 50억 달러의 투자 유치를 위한 준비에 돌입했다.

이 거래는 극비리에 진행됐으며, 관련 내용 역시 골드만삭스 이사회 내에서만 공유됐다. 그런데 이사 중 한 명인 라자트 굽타Rajat Gupta가 갤리언 그룹Galleon Group이라는 당시 월스트리트의 전설적인 헤지펀드를 이끌던 라지 라자라트남Raj Rajaratnam에게 이 사실을 전화로 전달했고, 이를 들은 라자라트남은 골드만삭스가 해당 소식을 발표하기 직전 골드만삭스 콜옵션call option* 을 대량으로 매수했다. 이 거래는 불과 몇 분 만에 라자라트남에게 100만 달러 이상의 수익을 안겨주었고, 내부자 정보를 이용한 그의 행보는 그 뒤로도 계속해서 이어졌다.

갤리언 펀드가 지나치게 정교한 타이밍에 매매를 진행해 계속해서 높은 수익률을 거두는 것을 이상하게 여긴 SEC Securities and Exchange Commission(증권거래위원회)와 FBI는 수사를 시작했다. 이들은 미국 역사상 최초로 법원으로부터 금융 범죄에 대한 도청을 허가받아 2008년부터 갤리언 펀드에서 진행된 총 1만 8,000건 이상의 통화를 녹취하면서 증거를 수집했다. 이 과정에서 매킨지 McKinsey, 인텔 Intel, 골드만삭스, 힐튼 Hilton, 구글, IBM 등 여러 대기업 고위 임원들로부터 내부자 정보를 수집해온 정황이 모두 드러났다. 2009년 10월, FBI는 라자라트남의 자택과 사무실을 압수수색한 뒤 총 14건에 대한 유죄 판결을 내리고 라자라트남에게 징역 11년과 수천만 달러에 달하는 벌금을 부과했다. 이 사건은 무척 중대한 내부자 거래 insider trading 사건 중 하나로 역사에 기록됐다.

셀 온 더 뉴스, 한국 시장의 그림자

미국 주식시장은 흔히 전 세계에서 가장 신뢰받는 시장으로 일컬어

---

* 파생상품의 일종으로, 미래 시점에 미리 정한 가격으로 특정 자산을 매수할 수 있는 권리.

진다. 앞의 사례처럼 금융시장에서 발생하는 불공정한 거래를 매우 강력하게 처벌하여 그런 거래가 발생할 가능성 자체를 차단해버리기 때문이다. 미국은 1934년에 제정된 증권거래법을 기반으로 내부자 거래에 대한 강력한 처벌 근거를 가지고 있다. 앞서의 사건에서 유명 헤지펀드 매니저나 골드만삭스 같은 대기업의 임원조차 처벌을 피하지 못한 데서 알 수 있듯, 그 대상에는 어떤 예외도 없다.

미국이 이처럼 내부자 거래를 강하게 처벌하는 이유는 시스템의 신뢰도를 지키기 위해서다. 미국 자본시장은 세계 최대 규모의 유동성과 투자자 참여도를 바탕으로 운영되는데, 여기에는 '모든 투자자는 동등한 정보하에서 거래한다'는 믿음이 깔려 있다. 그런데 내부자 거래는 이 믿음을 근본적으로 훼손할뿐더러, 시장 참가자 간 정보 비대칭을 심화해 시장을 투명한 거래의 장이 아니라 도박판으로 전락시킬 수 있다. 이 때문에 미국 정부에서는 이를 단순한 금융 범죄가 아니라 나라가 설립된 근간인 자본주의 시스템을 위협하는 '질서 파괴 행위'로 간주한다.

이는 한국과는 다소 다른 모습이다. 한국 역시 자본시장법 제174조에 의거 내부자 거래를 명확하게 금지하고 있지만, 처벌 수위는 미국에 비해 상당히 약한 편이다. 미국은 내부자 거래에 대해 최대 20년의 징역형을 부과하며 벌금 규모 역시 수백억 원대에 달한다. 한국에도 실형을 받은 사례가 간혹 있긴 하지만 미국에 비하면 거의 없는 편이라고 할 정도이고, 그나마도 집행유예나 벌금형에 그치는 경우가 대부분이다.

이런 환경 때문에 한국 주식시장에는 독특한 현상이 한 가지 존재하는데, 이를 '셀 온 더 뉴스'sell on the news 또는 '셀온'이라고 부른다. 원래 이 표현은 월스트리트에서 아주 오래전부터 구전되어온 관행적 표현인데, 어떤 종목에 대한 루머가 돌면서 기대감으로 주가가 오르다가 실제로 그 루머가 현실화되면 기대감에 샀던 사람들이 매도하면서 주가가 되레 하락한다는 것을 의미한다. 그런데 한국에서는 그 의미가 조금 변형되어서 주가를 끌어올리는 요인이 '루머'가 아니라 '내부자 정보'인 경우가 많다. 내부자 정보에 접근할 수 있는 소수의 투자자가 내부자 정보를 기반으로 주식을 대거 사들이면서 주가를 끌어올리고, 실제로 그 정보가 시장에 공개될 때 그 정보를 보고 매수하는 신규 투자자들에게 물량을 떠넘기는 식으로 매매차익을 올리는 것이다.

이런 정보의 비대칭성은 안 그래도 변수투성이인 주식 투자에서 투자자들이 고려해야 할 중대한 변수를 한 가지 더하는 결과가 된다. 바로 '그 정보가 얼마나 알려져 있는가'를 알아야 한다는 것이다. 예컨대 어떤 기업이 주가가 오를 수밖에 없는 호재를 발표하더라도, 덥석 매수했다가는 손실을 볼 수도 있다. 호재를 미리 알고 선취매를 한 사람들의 '셀 온 더 뉴스'에 따른 차익실현으로 주가가 되레 하락할 수 있기 때문이다.

이 같은 불필요한 변수의 개입 없이 온전히 자신이 리서치한 내용이나 자신의 판단하에서만 투자하고 싶은 사람이라면 미국 증시가 더 나은 선택지다. 앞서 설명한 것처럼 미국 주식시장은 강력한 처벌 체계에 힘입어 공정한 시장 질서가 확립돼 있으며, 모든 투자자에게 공개된 정보를 기반으로 한 경쟁이라는 기본 원칙을 보장해주기 때문이다.

보통의 투자자들을 위한 기회의 땅, 미국

'공개된 정보'의 범위 역시 매우 넓다. 한국에서는 전자공시 시스템에 공시된 재무 정보 외에 회사의 비즈니스와 관련된 다양한 데이터에 대한 접근성이 낮은 경우가 많다. 일부 기업은 IR 페이지에서 투자 관련 자료를 공개하고 있으나, 많은 기업이 기업 탐방을 하는 주체에게만 그런 데이터를 제공하는 경우가 많다. 기업 탐방을 통해서만 알 수 있는 내용도 적지 않아서 기업 탐방을 할 수 있는 기관 투자자들과 그렇지 못한 일반 개인 투자자 간 정보의 비대칭성이 꽤 심한 편이다. 그 때문에 나 역시 기관에서 국내 주식을 리서치할 때는 추가적인 정보를 얻기 위해 기업 탐방을 필수적으로 다녀오곤 했다.

한국과 달리 미국에서는 SEC에 보고하는 재무 정보 외에도 대부분 기업이 IR 페이지에 회사의 각종 KPI key performance indicator(핵심 성과 지표)나 비즈니스 관련 데이터를 담은 IR 자료를 공개한다. 실적 발표 때 애널리스트들과 진행하는 콘퍼런스콜의 내용에 대해서도 녹취뿐 아니라 스크립트까지 제공한다. 한국에서 기업 탐방을 하며 회사의 비즈니스에 대해 리서치하던 것이 습관처럼 남아 있어서, 미국 주식에 처음 투자할 때도 해외에 있는 회사를 직접 찾아가 IR 담당자와 미팅을 진행한 적이 있다. 그러나 그 미팅을 통해 알 수 있었던 내용은 회사 홈페이지나 구글 검색을 통해 누구나 쉽게 찾아볼 수 있는 공개 정보와 같았다. 그 뒤로는 특별한 상황이 아닌 이상 리서치 과정에서 기업 탐방을 거의 가본 적이 없다.

이렇게 기업 탐방으로 인한 번거로움을 덜어주고, 투자자들에게 더 광범위한 정보를 제공하기 위해 많은 기업이 주기적으로 '투자자의 날'Investor's Day 행사를 열기도 한다. 이 행사에서 사용되는 발표 자료가 미국 주식 투자에서 백미라고 할 수 있는데, 자신들의 비즈니스 현황을 업데이트해줄 뿐 아니라 신제품 공개나 장기 재무 가이던스까지 제공하기 때문이다. 당연히 이 자료는 모두 IR 페이지에 게재되어 모든 투자자가 접근할 수 있다. 이처럼 누구나 동일한 정보에 접근할 수 있는 환경은 개인 투자자들에게도 정보의 비대칭성을 우려할 필요가 없게 해준다. 이는 미국 주식시장의 핵심 경쟁력이자 시장을 지탱하는 근간인 신뢰의 원천이다.

이렇게 모두가 같은 출발선에서 시작하기 때문에 우리와 같은 '보통의 투자자'들에게 미국 주식시장은 그야말로 기회의 땅이 아닐 수 없다. 기관에 소속돼 있지 않더라도, 회사의 주요 주주로 올라설 만큼 자본이 많지 않더라도, 회사의 주요 내부자들과 소통할 수 있는 네트워크를 갖고 있지 않더라도 모든 투자자가 똑같이 공개 정보에 접근할 수 있기 때문이다. 다만, 모든 사람이 같은 무기를 갖고 싸우는 만큼 이 시장에서 이기기란 결코 쉬운 일이 아니다. 남들과는 다른 리서치와 끊임없는 고민 그리고 번뜩이는 인사이트를 바탕으로 기업의 미래가치를 정확히 꿰뚫어 보고 누구보다 먼저 움직일 수 있는 투자자만이 이 시장에서 값진 승리를 거둬들일 자격을 갖게 된다. 미국 주식에 투자하기로 마음먹은 그 순간부터 모든 무기는 이미 우리 손에 쥐어져 있다. 우리가 해야 할 일은 그 무기를 더욱 날카롭게 벼리는 것이다.

굳이 중소형주에
투자할 이유가 없다

대형주가 더 잘 오르는 시장

야구에서 타자가 공을 친 뒤 1루까지 무사히 도착했을 때 이를 '안타' 또는 '1루타'one bagger라고 부른다. 그리고 공을 그보다 조금 멀리 쳐서 2루까지 도착하면 '2루타'라고 부른다. 야구 경기에서는 타자가 갈 수 있는 베이스가 1루, 2루, 3루, 홈까지만 있기 때문에 '4루타'(또는 홈런) 이상은 존재하지 않는다. 하지만 주식 투자에서는 그 이상도 가능하다. 바로 '10루타'ten bagger가 그것인데, 주식 투자에서 텐배거란 '10배 이상 상승한 주식'을 의미한다.

이 용어는 전설적인 투자자인 피터 린치가 처음 사용했다. 그는 모든 주식 투자자의 꿈과도 같은 텐배거 종목을 찾기 위해서는 규모가 큰 회사들보다는 아직 알려지지 않은 작은 회사들을 잘 들여다봐야 한다고 이야기했다. 중소형주는 시장의 관심에서 다소 비껴나 있어 가격에 정보가 덜 반영됐을 가능성이 크며 성장 여력이 큰 기업들이 많기 때문이라고 설명했다. 매우 합리적인 생각이다. 그래서 나 역시 미국 주식 투자를 처음 시작했을 때는 이미 잘 알려진 빅테크 기업들보다는 남들은 잘 모르는 중소형주를 찾기 위해 고군분투했고, 그것을 '옳은 방법'이라 여겼다. 제1장에서 언급했던, OTT 광고 시장에 투자하기 위해 더 트레이드 데스크 대신 매그나이트를 선택한 것이 그런 이유에서였다.

물론 '중소형주가 더 많이 오를 수 있다'는 생각이 틀렸다는 이야기는 절대 아니다. 굳이 따지자면 이 명제 자체는 옳은 쪽에 더 가깝다. 지금 우리가 잘 아는 엔비디아, 테슬라, 알파벳 등 수많은 대형주 역시 처음에는 중소형주였기 때문이다. 주목받지 못하던 종목들이 적게는 수십 배, 많게는 수천수만 배 상승하면서 지금의 '메가캡'mega-cap 기업이 된 것이다. 그러나 '중소형주가 더 많이 오를 수 있다'가 곧 '모든 중소형주가 많이 오른다'를 의미하지는 않는다.

중소형주 투자는 '쉬운 투자'가 아니다

미국 증시 상장 종목들을 흔히 시가총액을 기준으로 메가캡, 대형주large-cap, 중형주mid-cap, 소형주small-cap로 분류한다. 미국 증시에 상장된 종목 수는 5,500개 내외로, 그중 대형주 이상에 속하는 기업은 15%에 불과하다. 다시 말해 나머지 85%에 해당하는 종목이 모두 '중소형주'라는 얘기다. 이 수치만 놓고 보면, 중소형주에서 텐배거가 나

미국 증시에 상장된 종목들의 시가총액 기준 분류

분류	시가총액 기준(달러)	종목 수(개)
메가캡(mega-cap)	2,000억 ~	44
라지캡(large-cap)	100억 ~ 2,000억	764
미드캡(mid-cap)	20억 ~ 100억	989
스몰캡(small-cap)	3억 ~ 20억	1,399
마이크로캡(micro-cap)	5,000만 ~ 3억	1,151
나노캡(nano-cap)	~ 5,000만	1,112

2025.4.20 기준, 출처: Stockanalysis

올 확률이 대형주 이상 종목들에서 텐배거가 나올 확률보다 높다는 것은 맞는 말이다. 하지만 여기에는 중요한 전제가 빠져 있다. 85%에 해당하는 무수한 종목 중에 텐배거가 될 수 있는 종목을 정확히 골라낼 수 있어야 한다는 점이다.

하지만 현실적으로 결코 쉬운 일이 아니다. 지나고 보면 엔비디아처럼 중소형주에서 시작해 엄청나게 빠른 속도로 상승해온 종목이 명확하게 보이지만, 엔비디아가 상승하기 이전으로 돌아가 보면 당시에는 엔비디아 외에도 '텐배거 후보'들이 넘쳐났을 것이다. 그 수많은 후보 중 엔비디아 하나만이 압도적인 성과를 보이면서 메가캡의 반열에 올랐고, 나머지 후보들은 대부분 흔적도 없이 사라졌을 것이다.

또한 중소형주는 기본적으로 높은 변동성을 보이는데, 상승 과정에서 더 극심해지는 변동성에도 불구하고 기업의 펀더멘털을 믿고 흔들림 없이 투자할 수 있는 사람은 많지 않을 것이다. 예컨대 지금은 너무나도 훌륭한 기업으로 여겨지는 아마존조차 닷컴 버블의 정점이었던

1999년 12월 이후 2년도 채 안 되는 기간에 무려 95%나 하락했다. 아무리 인터넷이 세상을 바꿀 것이고 그 혁신을 주도할 기업이 아마존이라는 확신이 있었어도, 자산이 20분의 1토막이 나는 동안 기업의 펀더멘털에 대한 강력한 믿음을 근거로 계속 보유할 수 있었던 투자자는 극히 소수일 것이다. 아마존이 다시 전고점을 돌파한 것은 그로부터 무려 8년이라는 시간이 지난 뒤였다.

하지만 그럼에도 정말로 대안이 없다면 텐배거가 될 수 있는 중소형주를 찾아내기 위해 고군분투해야 한다. 한국 주식시장이 대표적인 예다. 한국 주식시장은 2000년대 초반의 중국 경제 성장에 편승해 가파른 랠리를 경험한 이후 코로나19 때 반짝 상승했던 것을 제외하면 거의 20년 가까운 시간 동안 횡보세를 보였다. 가장 큰 이유는 한국의 대형주들이 제대로 된 상승을 만들어내지 못했기 때문이다. 그 기간에 삼성전자나 SK하이닉스 같은 대형주들이 메모리 반도체 시장 점유율을 확대해나가면서 어느 정도 상승하긴 했지만, 2007년 정점에서 시가총액 1위를 차지했던 포스코홀딩스는 여전히 고점 대비 3분의 1토막 수준에 머물러 있다.

이렇게 지수가 크게 오르지 못했다고 해서 그동안 많이 오른 종목이 없는 것은 아니다. 한국 주식시장에서도 1년 만에 텐배거를 달성하는 종목들이 매년 나오고 있으며, 중소형주에 투자하는 것이 알파를 내는 방법이라는 인식이 점점 더 강해지고 있다. 지지부진한 횡보장이 끝없이 이어지면서 이제는 '대형주가 오를 수 있다'는 믿음 자체가 희미해졌고, 그 결과 특정 중소형주에 대한 쏠림 현상이 점점 심해지고 있다. 어찌 보면 한국 주식시장에서 알파를 내기 위해 중소형주에 투자하는 것은 일견 합리적이라고 생각된다.

하지만 미국 주식시장은 그렇지 않다. 미국 주식시장은 기본적으로 '대형주가 더 잘 오르는 시장'이다. 미국 증시의 과거 차트만 봐도 쉽게 확인할 수 있다(그림 3-2). S&P500 지수는 100년 이상 장기적으로 우상향해왔다. S&P500 지수는 기본적으로 시가총액 가중 평균 방식*으로 산정되기 때문에 지수가 상승하기 위해서는 시가총액 규모가 큰 대형주들이 크게 상승해야 한다. 실제로 미국 주식시장에서는 대형주

출처: TradingView

---

* 기준 시점의 시가총액과 현재 시점의 시가총액을 비교하여 그 배율에 따른 주가지수를 산출하는 방식. 나스닥, S&P500, 코스피, 코스닥, TOPIX, 상하이종합지수, DAX30, FTSE100, 가권지수 등 전 세계 대부분(87%)의 주가지수가 채택한 산정 방식이다.

들이 가파르게 상승했으며, 이에 따라 지수 역시 가파른 상승세를 구가할 수 있었다.

물론 그 과정에서 대형주보다 훨씬 많이 오른 중소형주도 여럿 있었을 것이고, 그중 일부는 대형주로 성장해 지수의 상승을 이끌었을 것이다. 그러나 이런 사실만으로 중소형주가 대형주보다 나은 대안이라는 점을 증명하지는 못한다. 예컨대 엔비디아는 2020년 3월 저점에서부터 2024년 11월 고점까지 5년도 채 되지 않는 기간에 무려 34배 가까이 상승했다. 2020년 저점에서도 엔비디아는 이미 1,000억 달러가 넘는 시가총액을 보유한 대형주였고, 당시에도 엔비디아라는 기업에 대해 한 번도 들어보지 못한 투자자는 거의 없었다. 물론 그 기간에 엔비디아보다 높은 수익률을 달성한 중소형주가 하나쯤은 있었을 것이다. 그러나 수천 개에 달하는 중소형주 중 정확히 그 종목을 발굴해서 비중을 싣는 것보다, GPU Graphics Processing Unit(그래픽 처리 장치) 산업 내에서 당시에도 이미 증명된 엔비디아의 압도적인 헤게모니에 강하게 베팅하는 것이 훨씬 더 쉬운 투자였으리라는 점은 자명하다.

여기서 '쉬운 투자'라는 표현에 주목할 필요가 있다. 앞서 설명했듯, 투자자인 우리의 가장 큰 목표는 주식시장에서 '돈을 버는 것'이고, 따라서 가장 중요한 것은 돈을 벌 '확률을 높이는 것'이다. 그리고 쉬운 투자를 할수록 그 확률은 더 올라간다. '쉬운 투자'를 하기 위해 나는 미국 주식에 투자할 때 시가총액 100억 달러 이하의 중소형주에는 웬만하면 관심을 두지 않는다. 혹시나 투자를 하더라도 매우 낮은 비중으로만 접근하려 한다. 이런 방식에 의문을 표하는 분들도 가끔 있는데, 그런 의문의 핵심은 '중소형주 투자가 더 수익률이 높은데, 왜 잘 오르지도 않는 대형주 투자만 고집하느냐'는 것이다. 이런 질문을 받을 때면 나는 항상 그림 3-3의 차트를 보여준다.

나스닥100 지수와 러셀2000 지수를 비교한 차트다. 나스닥100 지수는 나스닥 종합지수 내에서도 시가총액 기준으로 상위 100개 기업만 선별해서 만든 지수이고, 러셀2000 지수는 미국에 상장된 모든 기업 중 시가총액 기준으로 1,001위에서 2,000위까지의 종목들로 만든 지수다. 즉, 나스닥100 지수는 초대형주를, 러셀2000 지수는 중소형주를 의미한다. 두 차트를 장기 시계열로 비교하면 나스닥100 지수의 성과가 압도적이라는 것을 한눈에 알 수 있다.

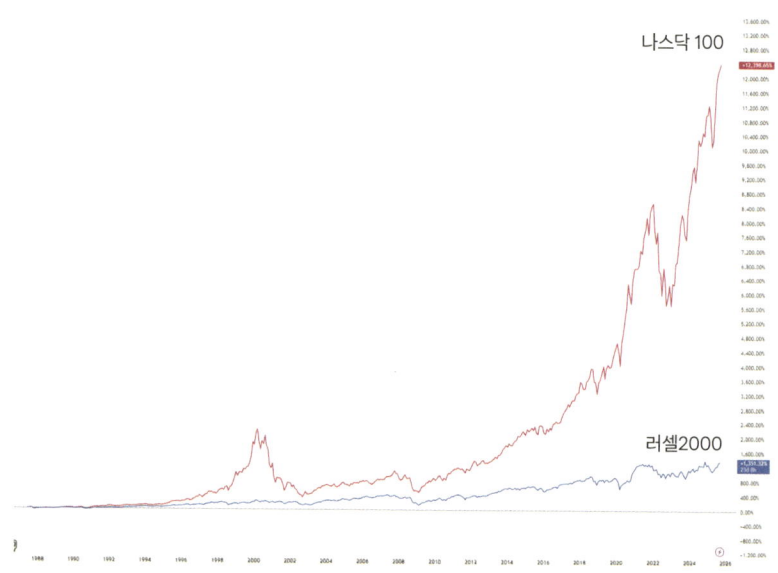

3-3 **장기 성과 비교: 나스닥100 vs. 러셀2000**

출처: TradingView

중소형주 투자는 '반복 가능'하지 않다

러셀2000 지수에 속하는 종목 중에서 텐배거가 된 기업도 당연히 존재할 것이다. 그럼에도 러셀2000 지수의 장기 성과가 그리 인상적이지 않은 것은 텐배거 종목이 몇 개 나온다고 해도 나머지 종목들의 성과가 수익률을 갉아먹기 때문이다. 그러니까 이 차트를 보고 내릴 수 있는 결론은 '확률적으로' 대형주에 투자하는 것이 높은 수익을 올릴 가능성이 크다는 것이다.

무엇보다 중소형주 투자는 장기적으로 '반복 가능성'이 매우 작다. 주식 투자에서 중요한 것 중 하나가 바로 '반복 가능성'이다. 한 종목만 사서 그 종목을 평생 보유해 승부를 볼 게 아니라면 결국 언젠가는 그 종목을 팔고 새로운 종목으로 수익을 올려야 하는데, 그 과정에서 성공적인 투자를 반복할 수 있는 자신만의 원칙과 철학이 필요하다.

중소형주 투자는 종목을 발굴하는 과정 자체가 매우 어려울 뿐 아니라 일단 종목을 잘 찾아서 투자를 한 이후에도 그 종목을 둘러싼 여러 소음에 대응하기가 쉽지 않다. 한국 주식이라면 그나마 기업을 찾아가 IR 담당자와 미팅이라도 해볼 수 있겠지만, 미국 중소형주라면 그 기업에 대한 정보를 얻을 수 있는 경로가 매우 제한적이다. 어렵게 정보를 얻는다고 하더라도 매크로 환경과 같은 외부 변수로 인한 주가 하락에 대응하기가 쉽지 않다. "내가 투자한 기업은 아무 문제 없어."라는 기본적 분석에 단단히 뿌리를 둔 믿음은 극단적인 매크로 이벤트로부터 자산을 지키는 데는 오히려 해가 될 수 있다. 앞서 언급한 아마존의 사례를 떠올려보라.

> ★ 반복 가능성 ★
>
> 투자에서 가장 중요한 것은 단 한 번의 '대박'이 아니라 '장기간에 걸쳐 지속적으로 수익을 재현할 수 있느냐'다. 시장에서 우연히 거머쥔 한두 번의 성공은 누구에게나 찾아올 수 있지만, 그런 성공만으로는 장기적인 성과를 담보할 수 없다. 반면 반복 가능성이 큰 전략은 단기적으로는 기대보다 성과가 덜할 수 있어도 시간이 지날수록 우상향하는 복리 효과를 만들어낸다.
>
> 결국 투자자로서 우리는 '한 번의 투자로 얼마나 크게 벌 수 있는가'보다 '얼마나 꾸준히 벌 수 있는가'를 고민해야 한다. 그런 점에서 예측이 어려운 중소형주보다는 검증된 펀더멘털과 시장 지배력을 바탕으로 장기적으로 수익을 반복해낼 수 있는 대형주 중심의 투자가 확률적으로 훨씬 유리하다.

무엇보다 중소형주가 반복 가능성 측면에서 열위인 가장 큰 이유는 '유동성'에 있다. 거듭 말하지만 우리가 주식 투자를 하는 가장 큰 이유는 돈을 벌기 위해서다. 만약 당신에게 중소형주 발굴에 뛰어난 재능이 있어서 중소형주 투자에 여러 번 연속으로 성공했다고 가정해보자. 초반에는 성과가 좋을 수 있지만, 성공할 때마다 자산 규모가 점점 더 커질 것이기 때문에 시간이 지날수록 그 자산을 전부 중소형주에 투자하기가 힘들어질 것이다. 기본적으로 유동성이 부족한 중소형주는 투자 규모가 커질수록 마찰 비용이 기하급수적으로 늘어나기 때문이다. 즉, '중소형주 투자에 성공할수록 중소형주 투자를 하기가 어려워지는' 역설적인 현상이 나타나는 것이다.

따라서 우리는 결국 '이길 확률이 높은' 대형주에 투자해야 한다. 주식 투자자 입장에서 대형주에 투자해야 한다는 사실을 받아들이기가 내키지 않을 수도 있다. 인간은 본능적으로 자신이 남들과는 다르다고 생각하고 싶어 하며, 그래서 투자에서도 남들은 잘 모르는 자신만의 종목을 찾으려 하기 때문이다. 자신이 해변에 널려 있는 무수한 모래 중에 다이아몬드를 발견할 수 있는 사람이라면 중소형주에 투자하는 것이 맞는 방법일 것이다. 그러나 대부분의 투자자는 그렇지 못하며, 혹여 그런 사람이라고 하더라도 앞서 설명한 것처럼 그런 투자 방식은 반복 가능하지 않다.

  하지만 실망할 필요는 전혀 없다. 우리는 새로운 것을 발견하기 위해서가 아니라 돈을 벌기 위해 주식에 투자하는 것이며, 대형주 투자야말로 돈 벌 확률이 높은 투자 방식이기 때문이다. 더구나 그런 투자를 위해 선택한 곳이 미국 주식시장이라면, 그 자체로 우리는 목표에 한 걸음 더 다가섰다고 할 수 있다. 미국은 대형주가 더 잘 오르는 시장이기 때문이다.

기관 투자자의 마인드로 접근한다

기관이 지배하는 시장

1812년, 당시 유럽 대부분 지역을 장악한 나폴레옹은 러시아까지 굴복시키면 더는 자신을 거스를 자가 없을 것으로 확신했다. 이에 그는 무려 60만 명이 넘는 대군을 이끌고 모스크바로 진군했다. 당시만 해도 나폴레옹 본인을 포함해 누구도 당대 최강의 화력을 보유한 프랑스군이 이 전쟁에서 패배하리라고 생각하지 않았다.

그러나 결과는 충격적이었다. 60만 대군 중 살아서 프랑스로 돌아온 병사는 단 2만 명 남짓에 불과했다. 문제는 전투력도, 전술도 아니었다. 진짜 문제는 나폴레옹이 자신의 군대가 누구와 싸우고 있는지를 몰랐다는 것이다. 러시아 군대는 그리 강력하지 않았을지 몰라도 나폴레옹은 자신이 러시아 군대뿐 아니라 러시아의 끝없는 대지와 끊어진 보급로, 혹한의 겨울과도 싸워야 한다는 사실을 알지 못했다. 이 전쟁을 기점으로 프랑스군의 무적 신화는 깨졌고, 이에 따라 나폴레옹의 위상에도 금이 가면서 나폴레옹 제국은 몰락의 길로 들어섰다.

이처럼 자신이 누구와 싸우고 있는지를 모른다면 아무리 강력한 무기와 훌륭한 군대를 가졌다고 한들 아무런 의미를 갖지 못한다. 우리 역시 주식시장이라는 치열한 전쟁터에서 자신이 누구와 싸우고 있는지를 모른다면 승리를 거두기가 쉽지 않을 것이다. 그렇다면 우리는 지금 누구와 싸우고 있는 걸까?

보통 주식시장의 참가자는 개인, 기관, 외국인 등 세 부류로 나뉜다. 한국 주식시장에서는 원래 개인 투자자의 비중이 50%가 채 되지 않다가 코로나19를 계기로 많은 개인이 주식시장으로 유입됐다. 한국예탁결제원에 따르면, 2022년 말 기준 개인 투자자는 총 1,424만 명이며, 거래 대금 기준으로는 전체 투자자의 64%에 달한다. 세계에서 가장 높은 비율이다. 이 때문에 한국 주식시장에서는 개인 투자자들의 전형적인 특성인 '쏠림' 현상이 크게 나타나곤 한다. 따라서 한국 주식시장에서 승리하기 위해서는 개인들의 관심이 어디로 쏠리는지를 확인하는 것이 가장 중요하다.

그런데 미국 주식시장에서는 아예 다른 양상이 나타난다. 미국 증시는 기관 투자자의 전장이다. JP 모건 JP Morgan에 따르면 미국 전체 주식 거래량의 약 78%가 기관의 매매로 발생한다. 미국 개인 투자자들의 직접 투자 비중은 20%가 채 되지 않아 한국이나 중국에 비하면 훨씬 낮은 편에 속한다. 따라서 미국 주식시장에서 싸우기 위해서는 무엇보다 기관 투자자에 대한 이해가 선행되어야 한다. 미국의 기관 투자자들은 어떤 이들이고, 그들이 어떤 방식으로 투자하는지를 아는 것이 미국 주식시장에서 승리를 거두기 위한 열쇠라고 할 수 있다.

기관과 싸우기 위한 무기, 기술적 분석

미국의 기관 투자자는 크게 두 부류로 나눌 수 있다. 패시브 자금을 운용하는 주체와 액티브 자금을 운용하는 주체다. 먼저 패시브 자금에는 인덱스펀드나 ETF가 있으며, 이들은 시장 전체를 추종할 뿐 그 과정에서 어떤 기본적·기술적 분석도 가미하지 않는다. 따라서 이들은 시장의 수급에 영향을 주기보다는 기본적으로 나타나는 수급에 유동성을 더하는 역할을 한다.

액티브 자금에는 대표적으로 헤지펀드, 퀀트펀드, CTA Commodity Trading Advisors(상품 거래 어드바이저)가 있는데 이들은 대부분 퀀트 기반 전략, 즉 알고리즘과 수학 모델 그리고 기술적 지표를 활용한 전략으로 시장에 참여한다. 기관 자금 중 60~70% 이상이 이런 퀀트 기반 방식으로 운용되고 있으며, 따라서 미국 주식시장에는 기술적 분석과 퀀트가 미치는 영향이 압도적으로 크다. 실제로 모건 스탠리 Morgan Stanley에서는 "미국 주식시장 내 헤지펀드의 65% 이상이 퀀트 기반 전략을 사용하고 있다."라고 이야기하기도 했으며, 바클레이스 Barclays에서는 "S&P500의 단기 변동성 중 50% 이상은 알고리즘 트레이딩과 CTA 전략에 기인한다."라고 분석하기도 했다.

이로부터 우리는 미국 주식시장에서 단기적으로 시장을 움직이는 가장 핵심적인 동력은 결국 '기술적 분석'이라는 결론에 도달할 수 있다. 미국 주식시장에서는 기술적 분석이 우리가 일반적으로 알고 있는 단순한 주가 예측 도구를 넘어 시장을 실제로 움직이는 트리거로 작용하고 있다는 뜻이다. 그래서 나타나는 미국 주식시장만의 고유한 현상 중 하나가 기술적 분석이 자기실현적 self-fulfilling 구조를 갖는다는 것이다. 즉, 시장 참가자 다수가 차트와 패턴에 따라 움직이기 때문에 그 패턴 자체가 시장을 움직이는 요인이 된다.

벤저민 그레이엄은 "시장은 단기적으로는 투표기계와 같지만, 장기적으로는 체중계와 같다."라고 했는데, 이보다 더 완벽하게 주식시장을 설명하는 표현은 없다고 생각한다. 시장이 단기적으로 '투표기계'와 같다는 말에 주목해보자. 단기적으로 어떤 종목의 주가는 그 기업이 실제로 어떤 가치를 갖고 있는지와 무관하게, 지금 이 순간 그 종목에 대한 시장 참가자들의 투표 결과로 정해진다. 예를 들어 엔비디아라는 종목의 주가에 대한 시장 참가자들의 평가는 천차만별일 것이다. 개중에는 엔비디아가 AI 시대를 선도할 핵심 기업이라며 앞으로 만들어낼 가치에 비해 현재 주가는 너무나도 저평가돼 있다고 생각하는 긍정론자도 있을 것이고, 엔비디아가 지금 벌어들이고 있는 이익에 비해 너무 과대평가돼 있다고 생각하는 부정론자도 있을 것이다. 긍정론자들은 매수할 것이고 부정론자들은 매도할 것이기 때문에 엔비디아의 실제 미래가 어떻든 간에 단기적으로 주가는 긍정론자와 부정론자 중 더 많은 투표자를 가진 쪽으로 이동하며, 결국 긍정론자와 부정론자의 숫자가 같아지는 지점에서 일시적인 균형을 이루게 된다.

이를 기술적 분석의 관점에서 생각해보자. 예를 들어 엔비디아의 현재 주가가 60일 이동평균선(이하 '60일선')*에 정확히 걸쳐 있다고 가정해보자. 이는 곧 지금의 주가 수준에서 엔비디아에 대한 긍정론자와 부정론자의 숫자가 동일하다는 것을 의미한다. 그런데 여기서 긍정론자 한 사람이 '엔비디아가 지금 과대평가받는 것일 수도 있겠다'라고 생각을 바꾼다면 엔비디아의 주가는 긍정론자와 부정론자의 숫자를 일치시키기 위해 하락할 것이고, 이에 따라 엔비디아는 60일선을 이탈할 것이다.

이론적으로는 주가 변동이 여기서 끝나야 하지만, 실제 주가 변동은 여기서부터 시작된다. 60일선 이탈을 포착한 수많은 퀀트 기반 기관 투자자들이 엔비디아를 매도할 것이고, 이에 따라 매도세가 확산되면서 주가는 더욱 하락할 것이다. 그뿐 아니라 그때부터 엔비디아에 대한 부정적인 뉴스가 더욱 부각되면서 주가는 더욱 걷잡을 수 없이 하락한다. 불과 몇 시간 사이에 벌어지는 일이다. 당연히 그 짧은 시간 동안 엔비디아의 펀더멘털이 근본적으로 달라졌을 리는 없다. 하지만 자신이 지금 '누구와 싸우고 있는지'를 알지 못한다면, 이 모든 흐름은 예고 없이 손실로 다가온다.

이런 사실을 모른 채 그저 자신이 생각하는 방식대로만 미국 주식시장에 접근했다가는 나폴레옹이 그랬던 것처럼 생각지도 못한 패배를 경험하기 십상이다. 즉, 미국 주식시장은 기관 투자자가 지배하는 곳이고, 그들은 기술적 분석에 기반하여 트레이딩을 하기 때문에 단기적으로 접근할 때는 기술적 분석에 대한 고려가 필수적이라는 것이다. 물

---

* 60일 이동평균선은 기술적 분석에서 중요하게 여겨지는 장기 이동평균선 중 하나다.

론 자신이 장기적으로 크게 상승할 종목을 발굴할 수 있는 안목과 단기 주가 변동이 극심하더라도 흔들리지 않을 수 있는 인내심을 갖고 있는 장기 투자자라면 이런 사실은 중요하지 않을 수도 있다. 그러나 리스크 관리에 높은 가치를 두는 투자자라면 기술적 분석이 미국 주식시장에서 가장 중요한 생존 도구라는 점을 기억해야 한다.

추세 채널로 시장의 방향 읽기

기술적 분석에는 휘황찬란한 지표들이 많다. 하지만 나는 그것들에 대해서 차트 전문가들처럼 잘 알지도 못할뿐더러 무엇보다 '기본에 충실하자'는 원칙대로 '주가, 거래량, 이동평균선, 추세 채널'이라는 가장 기본적인 네 가지 도구만 활용하고 있다. 이 중에서 가장 중요하게 생각하는 것이 '추세 채널'이다. 이를 통해 현재 시장이 상승장에 있는지 하락장에 있는지를 판단할 수 있기 때문이다.

예컨대 나는 현재 증시가 상승 채널 안에 있다고 생각될 때만 시장에 참가하고, 상승 채널에서 하락 채널로 전환되는 날 개별 종목의 펀더멘털과 무관하게 보유한 모든 주식을 매도한다. 물론 하락 채널 안에서도 주가가 크게 상승하는 종목도 있고 지수 자체가 상승하기도 하지만 이런 변동에는 굳이 대응하지 않는다. 그리고 하락 채널에서 상승 채널로 전환되는 날 그간 관심을 두고 있던 종목들 위주로 포트폴리오를 구축한다.

> ★ 추세 채널 ★
>
> 미국은 기본적으로 '추세'라는 것이 존재하는 시장이다. 추세는 시장이 방향성을 유지하려는 관성을 갖기 때문에 나오는 현상인데, 예컨대 상승 추세 안에서는 하락이 나오더라도 추세를 훼손하지 않는 수준에서 그치고 다시 반등하는 식이다.
>
> 이렇게 추세가 형성되는 이유는 기술적 분석에 기반해 투자하는 기관 투자자들(즉, 차트 투자자들)의 수급이 매우 큰 영향을 미치기 때문이다. 예컨대 상승 추세 채널 하단에서는 모든 차트 투자자가 매수를 하기 위해 달려들기 때문에 하단 라인이 쉽게 깨지지 않는다. 이후 추세가 다시 살아나면 상승 추세가 유지되는 것을 확인한 다른 차트 투자자들이 시세를 끌어올리기 때문에 기존 추세가 유지된다.
>
> 만약 시장에 커다란 악재가 존재한다고 판단한 큰손 투자자가 상승 추세 하단에서 주식을 대거 매도했는데 이번에는 차트 투자자들이 그 매도세를 받아내지 못했다고 해보자. 이는 곧 상승 추세 이탈로 이어질 것이고, 그러면 모든 차트 투자자의 매매가 '매수'에서 '매도'로 급격히 바뀌면서 시장은 하락 추세로 전환된다.
>
> 나는 기본적으로 지수 차트에 추세의 고점과 저점을 모두 포괄하는 평행선을 그어서 추세 채널을 판단하는 편이며 시세 변화에 따라 계속해서 수정해나간다. 평행선 외에도 추세 채널을 그리는 다양한 방법이 있는데, 이는 인터넷 검색을 통해서도 손쉽게 찾아볼 수 있다.

채널의 경계선에서 나오는 수많은 휩소whipsaw* 탓에 많은 마찰 비용이 발생하기는 하지만, 여러 시행착오 끝에 나는 이 방식이야말로 결정적인 순간에 나의 자산을 지킴으로써 복리 수익률을 극대화하는 최적의 전략이라고 판단해 적극적으로 채택하고 있다. 그럼에도 이 같은

---

* 주가가 한 방향으로 급격히 움직였다가 갑자기 반대 방향으로 급변하는 현상.

3-4 추세 채널 예시

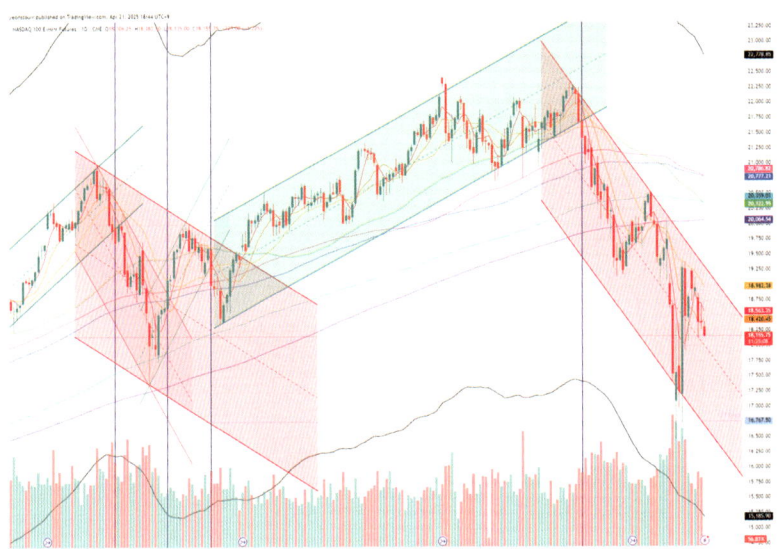

출처: TradingView

전략은 기술적 분석이 가장 핵심적인 트리거로 작용하는 미국 주식시장에서 기관 투자자들의 생각을 간접적으로 읽어볼 수 있는 좋은 지침이 되기 때문에 반드시 필요하다고 생각한다.

　내가 발견하지 못했을 뿐 기관 투자자들의 움직임을 파악할 수 있는 기술적 지표들은 추세 채널 외에도 많을 것이다. 이를 파악하기 위해서는 계속 시장을 들여다보면서 여러 기술적 지표를 적용해보며 자신만의 시장 해석 방법을 찾아나가야 한다. 《손자병법》에 나오는 '지피지기 백전불태知彼知己 百戰不殆'라는 유명한 말처럼 싸움에서 이기기 위해 상대가 누구인지 그리고 어떤 생각을 하는지를 아는 것만큼 중요한 것은 없기 때문이다.

미국은 기업이 아니라 '산업'을 키우는 곳이다

톱다운이 중요한 시장

1970년 한국 정부는 철광석 한 줌 나지 않고 제철 기술조차 없던 나라에 제철소를 짓겠다며, 사람 하나 살지 않던 경북 포항 영일만 바닷가에 깃발부터 꽂았다. 당시 한국은 그야말로 철강 불모지였다. 고로高爐 하나 지어본 적이 없고 철광석도 모두 수입에 의존하던 한국에서 정부는 '철을 만들어야 나라가 산다'는 일념으로 제철소를 만들기로 했다. 외화를 들여 철강 기술을 들여오고, 외국 차관을 끌어왔으며, 건설사·전력 회사·운송사까지 모두 포항제철을 중심으로 조직했다. 그렇게 아무것도 없던 바닷가에 포항제철이 세워졌고, 그로부터 반세기가 지난 지금 한국은 세계 6위 철강 생산국이 됐으며 그 중심에는 여전히 포스코가 굳건히 자리하고 있다.

철강뿐 아니라 반도체, 자동차, 조선, 화학 등 한국은 현재 세계적으로 두각을 드러내는 무수한 산업을 육성하는 과정에서 '기업 중심의 성장'이라는 방법론을 사용했다. 정부가 핵심 기업을 중심으로 시장을 조직하고, 그 기업이 산업을 이끌며 나라 경제를 끌어올린 것이다. 이 방식으로 대한민국은 전후 황폐화된 국토에서 새로운 산업을 일으키고 국가 경제를 글로벌 선진국들과 어깨를 나란히 하는 수준까지 매우 빠른 속도로 발전시켰다. 그렇기에 지금도 한국의 어떤 산업을 생각할 때 바로 떠오르는 것은 어떤 섹터나 분야가 아니라 삼성, 현대, 포스코 같은 '기업 이름'인 경우가 많다.

주식 투자에서도 이는 매우 중요한 고려 사항이다. 한국에 존재하는 대부분의 산업이 특정 주도 기업들을 중심으로 형성돼 있기 때문에 그 기업의 동향을 파악하는 것이 해당 산업에 대한 투자의 대부분 사항을 결정짓기 때문이다. 예컨대 삼성전자의 반도체 공장 증설 계획을 모르는 상태에서 기업의 경쟁력만을 기반으로 반도체 장비 회사에 투자하는 것은 사실상 무모한 선택이다. 마찬가지로 자동차 부품 회사에 투자하면서 현대차·기아차의 차량 판매 대수를 추적하지 않는 것은 어불성설이다. 하지만 미국 시장에 접근할 때는 이런 방식을 적용해서는 안 된다. 미국의 산업 발전 과정은 한국과 완전히 다르기 때문이다.

산업 위에 세워진 나라, 미국

미국은 산업이 먼저 형성된 이후에 그 안에서 경쟁력 있는 기업들이 무수히 생겨났다가 사라지면서 자연스럽게 산업이 발전하는 구조다.

예컨대 한국이 철강 산업에서 '포스코'를 빼놓을 수 없는 것과 달리 미국의 철강 산업을 이해하기 위해서는 '카네기 스틸'Carnegie Steel보다 '철도'와 '서부 개척'이라는 산업 구조를 아는 것이 더 중요하다. 또한 한국의 반도체 산업이 삼성전자와 SK하이닉스를 중심으로 펼쳐지는 것과 달리 미국의 반도체 산업은 국방·우주·통신·컴퓨팅 수요에 대응하기 위한 국가적 프로젝트가 먼저 시작된 이후 그 위에서 지금의 엔비디아, AMD, 인텔 같은 유수의 반도체 기업이 탄생했다.

이처럼 산업이 먼저이고 기업은 그 위에 올라타게 되는 미국의 산업 구조에서는 기업 중심의 상향식 접근 방식보다는 산업 중심의 하향식 접근 방식이 훨씬 더 효과적으로 작동한다. 예를 들어 미국의 광고 기업을 분석한다고 가정해보자. 이를 위해서 가장 먼저 해야 할 일은 현재 광고 산업이 어떤 방식으로 흘러가고 있는지를 분석하는 것이다. 광고 시장 자체는 GDP 성장률을 천천히 따라가는 궤적을 그리지만 그 안에서 무수한 광고 회사가 타기팅targeting[*], 알고리즘, 자동화와 같은 자신만의 '혁신'을 내걸고 고군분투하고 있으며 그들의 미시적인 움직임이 합쳐져서 하나의 거대한 산업적 패러다임 전환을 만들어낸다.

예컨대 불과 몇 년 전까지만 해도 광고 산업에서 가장 중요한 경쟁력은 '광고를 얼마나 많이 노출하는지'였지만, 광고주들의 산업에 대한 이해도가 높아지고 시장에서의 경쟁이 치열해지면서 이제는 '얼마나 정교하게 타기팅하는지'가 광고 회사의 핵심 경쟁력으로 자리 잡았다.

---

[*] 광고 메시지를 가장 효과적으로 전달하기 위해 전체 인구 중 특정한 특성을 가진 타깃을 선별하고, 그들에게 맞춤형 광고를 노출하는 광고 전략.

이 흐름하에서 관심을 둔 기업이 현재 산업의 흐름을 잘 따라가고 있는지 또는 변화를 주도하고 있는지를 분석하는 것이 사실상 기업 분석의 대부분을 차지한다고 봐도 무방하다.

반면 같은 분석 흐름을 한국 기업에 적용하면 처음부터 막다른 길에 봉착한다. 한국 광고 산업의 흐름은 미국처럼 혁신을 만들어내는 무수한 기업의 미시적 움직임의 총체로 설명되는 것이 아니라 한국의 광고 산업을 주도하는 네이버, 카카오의 광고 정책 변화에 따라 전적으로 결정되기 때문이다. 예컨대 미국에서는 어느새 침투율이 90% 이상까지 높아진 프로그래매틱 programmatic 광고* 방식이 한국에서는 제대로 도입돼 있지 않은 것도 네이버와 카카오가 아직까지 해당 광고 형식을 채택할 강한 유인이 없기 때문이다. 그러므로 한국 광고 기업을 분석하기 위해서는 먼저 네이버와 카카오가 어떤 광고 방식에 가장 힘을 쏟고 있는지, 그 광고가 얼마나 잘 팔리고 있는지를 먼저 확인한 뒤에 해당 기업의 경쟁력이 그 방향에 잘 적용되는지를 확인할 필요가 있다.

이렇듯 '기업이 산업을 만드는' 한국과 달리 미국에서는 '산업이 기업을 만든다'는 사실은 리서치 방식에서 차이를 만들어낼 뿐 아니라 투자자로서 한국에서는 적용할 수 없는 투자 전략들을 사용할 수 있게 해주기도 한다. 가장 대표적인 것이 '산업 ETF 투자'다. 자본주의의 역사를 주도해온 나라라는 명성에 걸맞게 미국에는 무수히 많은 산업이 존재하고, 산업마다 수십에서 수백 개의 기업이 경쟁하며 시장을 형성하고 있다. 그중 일부는 산업 내 플레이어 간에 유의미한 차별점이 거

---

* 사람 대신 알고리즘이 실시간으로 광고를 사고파는 자동화된 광고 거래 방식.

의 없어 산업 자체에 투자하는 것이 더 나을 때도 있다.

홈빌더homebulider라고도 불리는 주택 건설 산업이 대표적이다. 미국 주택 건설 산업은 상장회사만 수십 개가 존재할 정도로 매우 큰 산업이지만, 그 안에서 사업을 영위하는 기업 간의 차별점은 사실상 거의 없다. 일부 상위 업체가 규모의 경제 효과를 누리고 있긴 하지만 개별 기업이 업황을 거스를 수 있을 만큼의 경쟁력을 갖기는 거의 불가능하다. 따라서 미국 주택시장에 투자하고 싶다면, 홈빌더 ETF에 투자하는 것도 하나의 전략이 될 수 있다. 물론 상위 업체에 투자하는 것도 나쁜 선택은 아니지만, 그 기업에만 존재하는 특수한 문제(예를 들어 CEO나 재무 리스크 등)에 노출될 위험이 있다. 반면 산업 ETF에 투자하면 개별 기업 단위에서 존재하는 리스크에 대한 노출은 줄이면서 업황 개선에 올라탈 수 있다.

먼저 숲을 보고 나무를 고르자

미국에서 산업 ETF 투자가 훌륭한 대안이 될 수 있는 가장 큰 이유는 선택지가 매우 다양하다는 것이다. 현재 미국에는 4,000개 이상의 ETF가 상장돼 있으며, 최근에는 ETF 개수가 개별 주식의 개수를 넘어서기도 했다. ETF 전체 AUM이 무려 8조 달러(1,000조 원 이상)에 달한다. 그 방대한 규모답게 대부분 산업군에 걸친 ETF가 상장돼 있으며 세부 산업까지 포함하면 300개 이상의 산업을 아우른다. 한국에 상장된 ETF의 수는 1,000개가 채 되지 않으며, 그나마도 대부분이 반도체와 이차전지 중심으로 구성돼 있는 것과는 대조적이다. 기업이 산업을 만드는 한국의 특수성이 반영되어 한국에서는 산업 ETF보다 산업별 주도 기업의 계열사 중심으로 구성된 'OO그룹 ETF'가 오히려 더 주목을 받기도 한다.

산업이 기업을 만드는 미국의 구조는 ETF뿐 아니라 개별주에 투자하기 위해 종목을 발굴하는 과정에서도 특별한 접근 방식을 적용하기가 용이하다. 그중 하나가 새롭게 태동하는 산업에 투자하는 것이다. 혁신을 주도하는 나라답게 미국에서는 새로운 기업이 끊임없이 생겨나는 것을 넘어 새로운 산업 자체가 탄생하고 있다. 이 같은 산업은 보통 소비자나 기업들의 폭발적인 수요에 기반하기 때문에 그 산업 내 기업들은 초기에 엄청난 성장을 시현하곤 한다. 투자자들에게 '성장'만큼 구미가 당기는 키워드는 없기에, 이들은 산업 태동 국면에서 단기간에 매우 가파른 주가 상승을 경험한다.

예컨대 2018년에 미국의 일부 주에서 온라인 스포츠 베팅을 합법화한다는 판결을 내린 적이 있다. 그 전까지만 해도 미국에서는 온라인 스포츠 베팅을 법적으로 금지했기 때문에 이 판결은 완전히 새로운 산업의 출현을 알리는 신호탄과도 같았다. 이런 변화에 발맞춰 당시 미국에서는 엄청나게 많은 온라인 스포츠 베팅 회사들이 생겨났고 그들을 중심으로 플랫폼 개발, 마케팅, 결제, 보안 등 다양한 밸류체인이 함께 발전해 산업 생태계를 구성했다. 시장이 매우 빠르게 성장하면서 여러 업체가 상장했고, 이들이 가파른 매출 성장을 만들어내면서 주가 역시 크게 상승했다. 일례로 북미 최대 온라인 스포츠 베팅 플랫폼인 드래프트킹스Draftkings는 2020년 5월 SPAC 합병으로 상장했는데 단

3-5 드래프트킹스의 주가 추이

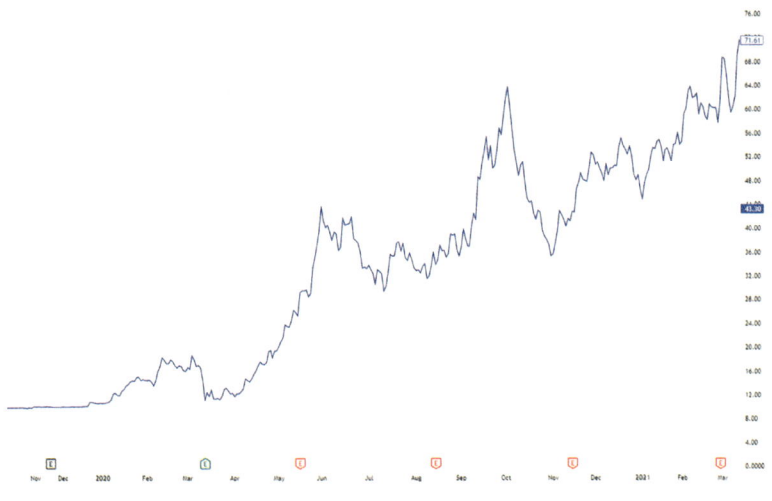

출처: TradingView

10개월 만에 주가가 7배 가까이 상승했다(그림 3-5).

이처럼 미국이라는 나라가 가진 '산업이 기업을 만든다'는 특수성은 투자자들에게 다양한 투자 기회를 제공한다. 개별 기업의 경쟁력을 이해하기에 앞서 산업의 변화를 파악함으로써 보다 큰 그림을 토대로 리서치를 할 수 있을 뿐 아니라 산업 ETF 투자나 새롭게 생겨나는 산업에 투자하는 등 한국에서는 사실상 시도조차 어려운 다양한 투자 전략을 펼칠 수 있다. 흔히 보텀업 접근 방식을 '나무를 먼저 보고 숲을 보는 방식', 톱다운 접근 방식을 '숲을 먼저 보고 나무를 보는 방식'으로 설명하곤 한다. 미국은 나무가 아니라 숲을 키우는 곳이다. 따라서 미국 시장에서 유효한 투자 전략 역시 숲을 보고 나무를 고르는 톱다운 접근 방식이어야 한다.

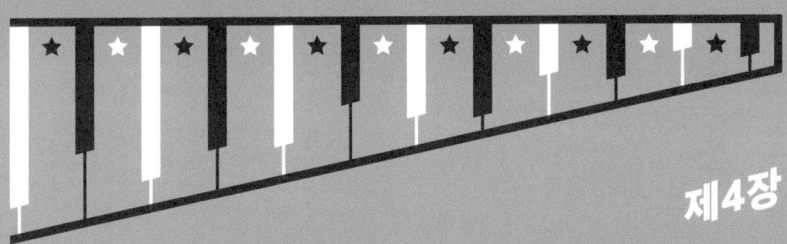

제4장

앞으로 3년,
미국 증시에서
주목해야 할
6대 키워드

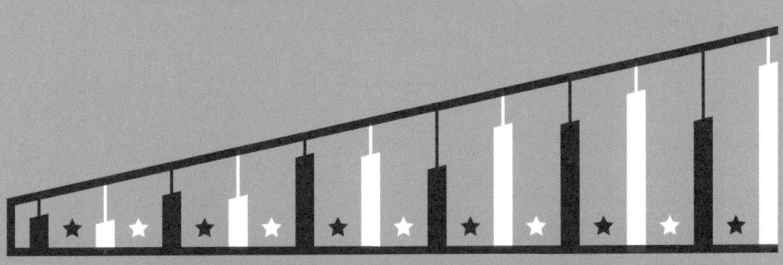

드디어
돈 벌기 시작하는 AI,
에이전틱 AI

"모든 비즈니스가 인터넷화될 것이다."

2000년대 초반, 끝없이 치솟던 인터넷 기업들의 주가는 마치 세상을 완전히 바꿀 듯한 기대감을 품게 했다. 그러나 실적 발표 시즌이 다가오자 현실은 달랐다. 인터넷으로 실제 돈을 벌고 있는 기업이 거의 없었다. 시장은 곧 기대와 현실의 괴리를 직시했다. 인터넷 광풍은 순식간에 닷컴 버블로 변했고, 거의 유일한 생존자였던 아마존조차 무너진 주가를 회복하는 데 8년이 걸렸다. 여기서 우리는 중요한 교훈 하나를 얻는다. 새로운 기술이 진짜 혁신으로 자리 잡기 위해서는 단순한 기대가 아니라 그 기술로 실제 돈을 벌어들이는 기업이 등장해야 한다는 것이다.

AI 역시 같은 길목에 서 있다. 2022년 말 챗GPT의 등장은 전 세계에

4-1 S&P500의 선행 PER 추이

출처: Factset

충격을 주었고, 투자자들은 다시 한번 거대한 패러다임 전환을 꿈꾸기 시작했다. 실제로 S&P500의 선행 PER이 20배 이상으로 치솟으며 (그림 4-1), 시장은 AI가 인류의 생산성을 근본적으로 끌어올릴 것이라는 기대를 가격에 반영했다. 그러나 지난 2~3년 동안 눈에 보이는 성과를 낸 기업은 엔비디아가 사실상 유일했다. 나머지 매그니피센트 7Magnificent 7은 대규모 CAPEXcapital expenditures(자본적 지출)에도 불구하고 뚜렷한 AI 수익 모델을 내놓지 못했다. 이들을 제외한 S&P493의 순이익 추정치는 오히려 하락했고, AI에 대한 눈높이가 높아진 만큼 밸류에이션 부담감도 점점 커졌다.

즉, 지금까지의 랠리는 'AI의 꿈'이 만들어낸 장세였다. 기대가 멀티플을 끌어올렸고 투자자들은 미래의 생산성을 선반영했다. 그러나 이제는 상황이 달라지고 있다. 시장은 더 이상 AI라는 키워드 자체에만 열광하지 않는다. 실제로 돈을 벌 수 있느냐, 그것이 기업 실적에 반영되느냐를 냉정하게 요구한다. 기대만으로 버틸 수 있는 시간은 얼마 남지 않았다.

지금 시장이 기업들에 보내는 메시지는 분명하다. AI 회의론을 극복할 수 있는 유일한 길은 결국 AI로 돈을 버는 것이다. 투자자들이 바라는 것은 화려한 비전이 아니라 구체적인 수익이다. 그리고 그 시험대에 가장 먼저 오르는 것은 시장의 무게중심을 차지하고 있는 매그니피센트 7이다. 앞으로 몇 년, 이들이 실제로 AI를 수익화하는 데 성공하느냐 아니냐가 AI가 한때의 꿈으로 끝날지 아니면 진짜 혁신으로 자리 잡을지를 가르는 분수령이 될 것이다.

AI로 돈 버는 방법, AI 에이전트

빅테크 업체들이 이 상황을 타개하기 위해 가장 사활을 거는 돌파구는 'AI 에이전트'가 될 가능성이 크다.

2024년 11월, 오픈AI의 CEO 샘 올트먼Sam Altman은 레딧Reddit에서 진행한 '무엇이든 물어보세요' 세션에서 GPT 제품군의 다음 돌파구에 대한 질문에 "그것은 에이전트가 될 것"이라며 AI 에이전트의 중요성을 강조했다. 그는 AI 에이전트가 AI 제품의 새로운 돌파구가 될 수 있고 AI 산업의 기울기를 한 단계 더 가파르게 만들어줄 수 있는 가장 큰 이유는 AI 에이전트가 인간의 생산성을 직접적으로 끌어올릴 수 있는 도구이며 따라서 사용자가 기꺼이 비용을 지불할 '당위성'을 제공하기

4-2 샘 올트먼, AI의 다음 돌파구는 AI 에이전트가 될 것!

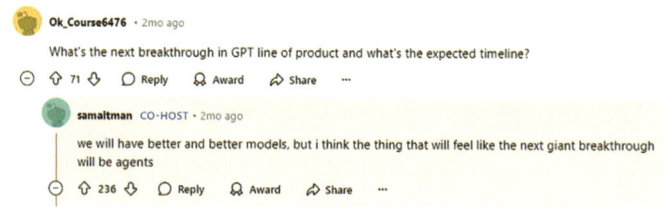

출처: 레딧

때문이라고 설명했다.

AI 에이전트가 도대체 무엇이기에 AI 산업에서 이 정도로 중요한 의미를 가지는 걸까? 간단하게 정리하자면, AI 에이전트란 사람의 개입이 없는 상태에서도 데이터를 통해 상황을 파악하고 의사결정을 내린 뒤 그에 따른 액션까지 취할 수 있는 인공지능 시스템을 의미한다. 이는 앞서 본 챗GPT와 같은 LLM large language model(대규모 언어 모델) 기반의 생성형 AI Generative AI와는 완전히 다른, 한 단계 진전한 AI라고 볼 수 있다. 예컨대 내가 "내일 저녁에 영화 〈위키드〉를 보고 싶어."라고 이야기했을 때, 챗GPT와 같은 기존 챗봇 형태의 AI 서비스들은 이렇게 대답할 것이다.

"내일 저녁에 영화 〈위키드〉를 보실 수 있습니다. 이 영화는 2024년 12월 4일부터 극장에서 상영 중입니다. 영화관에서 상영 중이므로 가까운 극장의 상영 시간을 확인하시면 됩니다. IMAX, 3D, 돌비 시네마 등 다양한 상영 포맷으로 즐기실 수 있습니다. 영화의 길이가 긴 편이니 시간 여유를 두고 관람하시는 것이 좋겠습니다. 뮤지컬과 판타지 장르를 좋아하신다면 충분히 즐기실 수 있는 작품입니다."

이처럼 기존 생성형 AI는 정보를 '제공'하는 역할에 그친다. 그런데 같은 내용을 AI 에이전트에 입력한다면 어떻게 될까? AI 에이전트는 먼저 나의 캘린더에 접속해 내일 일정을 확인한 뒤, 영화관 앱에 들어가 내일 저녁에 내 일정과 겹치지 않는 시간에 〈위키드〉가 상영되는 극장을 추려줄 것이다. 여기서 끝이 아니다. AI 에이전트는 곧바로 지도 앱에 접속해 그 영화관들까지의 거리를 자동차 이용과 대중교통 이용 시로 나눠서 비교한 결과를 제시해줄 것이다. 그중 하나를 선택하면 에이전트가 자동으로 영화를 예약하고 정확한 경로를 안내한 뒤, 이 일정을 내 캘린더에 추가할 것이다.

이 사례에서 알 수 있듯, 기존 챗봇 기반의 AI 서비스들과 AI 에이전트의 결정적인 차이는 능동성agency에 있다. 수많은 학습과 추론을 거쳐 사용자가 원하는 바를 정확히 알아내고 그에 상응하는 액션을 취하기 위해 제대로 된 의사결정 과정을 진행하는 것이 AI 에이전트의 핵심적인 역할이다. 마블 영화 〈아이언맨〉의 AI 비서인 자비스를 떠올리면 금방 이해할 수 있을 것이다.

훈련된 데이터를 기반으로 텍스트, 이미지, 음악 등 다양한 콘텐츠를 생성하는 역할을 하는 AI라는 의미에서 챗GPT를 '생성형 AI'라고 불렀던 것처럼, 기술자들 사이에서 위와 같은 역할을 하는 AI를 '에이전틱 AI'Agentic AI라고 부른다. 에이전틱 AI는 이미 1~2년 전부터 AI 업계에서 가장 뜨거운 분야로 떠올랐다.

에이전틱 AI가 생성형 AI보다 더 큰 의미를 갖는 것은 생산성을 비약적으로 향상시킬 수 있기 때문이다. 인류의 역사는 항상 생산성이 향상되는 방향으로 발전해왔으며, 그 과정에서 수많은 부가가치가 창출됐다. 기업들에 AI 에이전트가 도입된다면 단순 반복 작업을 하던 인력을 대거 감축해서 ROI return on investment(투자 대비 수익률)를 극적으로 개선할 수 있으며, 역사적으로 늘 그래왔듯이 더 빠르게 다음 단계로 진입할 계기를 맞이할 수 있을 것이다.

실제로 딜로이트 Deloitte에서는 생성형 AI를 사용하는 기업의 4분의 1이 2025년까지 에이전틱 AI 파일럿 프로그램을 도입할 것이며, 2027년까지는 그 비율이 50%로 증가할 것이라고 내다봤다. 가트너 Gartner 역시 오는 2028년까지 엔터프라이즈 앱의 3분의 1이 에이전틱 AI를 포함하게 될 것이며, 이로 인해 일상적인 업무 결정의 15%는 자율적으로 이뤄질 것으로 전망했다. 2024년까지만 해도 그 비율은 1% 미만에 그쳤다.

그렇기에 지금 내로라하는 빅테크 업체들의 가장 큰 이니셔티브는 AI 에이전트를 개발하는 데 초점이 맞춰져 있다. 이런 노력을 통해 세상에 나오게 될 AI 에이전트 제품들은 기업들 입장에서 그리고 소비자 입장에서 기꺼이 돈을 지불하고 사용할 당위성이 존재할 가능성이 크다. AI 에이전트는 AI 챗봇들과는 다르게 능동성을 가지고 있으며, 이런 능동성이 인간의 생산성에 비약적인 발전을 가져올 수 있기 때문이다. 즉, AI 에이전트를 통해 이제는 더 이상 엔드 유저 end user들이 AI 제품을 도입하는 데 생성형 AI에서 경험했던 '불분명한 ROI'라는 마찰을 경험하지 않아도 되는 시대가 열릴 것이며, 이에 따라 마침내 빅테크 업체들의 AI 매출이 창출되기 시작할 것이다.

빅테크들이 만들어나갈
AI의 'Next Big Thing'

수많은 기업이 이미 경쟁력을 확보한 영역을 최대한 활용하여 자신들만의 에이전틱 AI를 개발하는 데 박차를 가하고 있다. 예컨대 MS는 자사의 오피스 소프트웨어에 '코파일럿'Copilot을 결합해 사용자가 문서 작성이나 엑셀 분석을 할 때 단순한 도움을 주는 수준을 넘어 스스로 일의 맥락을 이해하고 다음 단계를 제안하는 방식으로 발전시키고 있다. 개발자 영역에서는 깃허브GitHub 코파일럿을 통해 코드 작성과 오류 수정까지 함께 처리해주며, 이미 수백만 명이 매일같이 활용하는 실질적인 'AI 비서'로 자리 잡았다.

구글은 자신들의 가장 강력한 무기인 검색과 웹 브라우저(크롬)를 기반으로 에이전틱 AI를 확장하고 있다. 단순히 정보를 보여주는 것을 넘어 항공권 예약이나 상품 구매와 같은 실제 행동을 AI가 대신 처리할 수 있도록 실험 중이다. 사용자가 질문만 던지면 검색 결과를 넘어 실질적인 '행동 결과'까지 얻을 수 있는 방향으로 진화하고 있다.

아마존은 AWS Amazon Web Services 클라우드 서비스와 이커머스 플랫폼을 중심으로 AI 에이전트를 구축하고 있다. 예컨대 기업들이 'AI 상담원'을 만들면 이 에이전트는 고객 데이터와 연결되어 주문 확인, 환불 처리, 재고 확인까지 자동으로 수행할 수 있다. 이렇게 아마존은 소비자뿐 아니라 기업 고객이 AI를 업무에 쉽게 도입할 수 있게 하는 기반을 제공한다.

세일즈포스Salesforce는 CRM customer relationship management(고객 관계

관리) 영역에서 에이전틱 AI를 구현하고 있다. 고객 상담 기록, 판매 데이터와 같은 방대한 정보를 바탕으로 '에이전트포스'Agentforce라는 AI를 도입했는데, 이 에이전트는 고객 문의에 답변을 주는 것뿐 아니라 상황에 맞는 프로모션을 제안하거나 후속 조치를 자동으로 실행할 수 있다. 기업 입장에서는 기존에 사람이 직접 하던 반복 업무를 AI에 위임함으로써 보다 전략적인 일에 집중할 수 있다.

이 외에도 수많은 업체에서 무수히 많은 AI 에이전트를 출시할 준비를 하는 중이다. 메타의 CEO인 마크 저커버그는 "결국 우리는 수십억 개의 다양한 AI 에이전트가 존재하는 세상에서 살게 될 것"이라고 언급하기도 했다. AI의 다음 장을 써 내려갈 이 경쟁에서 누가 승리할지를 예측하기란 매우 어려울 것이다. 그렇기에 더욱 우리는 보다 당위적인 사실에 집중할 필요가 있다. 지금 상황에서 가장 당위적인 사실은 생성형 AI보다 에이전틱 AI가 창출하는 부가가치가 훨씬 더 클 것이며, AI 경쟁이 생성형 AI에서 에이전틱 AI로 확장되면서 AI 산업의 성장 추세가 더 가팔라지리라는 것이다.

챗GPT와 퍼플렉시티Perplexity 등 생성형 AI가 출시된 이후 이를 기반으로 한 여러 가지 서비스가 출시됐고, 챗봇들은 그 자체로도 서비스로서의 효용을 가지기도 했다. 그렇지만 정작 투자자들과 주요 AI 개발 업체들이 기대했던 것에 비하면 너무나도 미미한 수준이었다. 그동안은 이렇게 AI에 투자하는 금액 대비 AI로 나오는 매출액 수준이 너무 낮았기 때문에 시장이 멀티플 확장으로만 상승해왔고, 그나마 AI 수익화가 가장 빠르게 진행되는 일부 광고 업체로만 시장의 쏠림이 일어났다.

하지만 에이전틱 AI는 다르다. 기업들은 이제 생성형 AI 시대에 가졌던 'AI 경쟁에서 뒤처질까 봐'라는 막연한 이유가 아니라 'AI 에이전트를 통한 비용 절감'이라는 보다 명확한 이유와 목표를 가지고 제품을 개발할 것이다. 또한 소비자들은 생성형 AI 시대에 가졌던 '신기한 경험'이라는 막연한 이유가 아니라 '실생활에서의 생산성 향상'이라는 보다 명확한 이유를 가지고 AI 제품을 소비할 것이다.

에이전틱 AI 시대의 도래는 이미 기정사실이 됐기 때문에 투자자는 여기에 더욱 집중할 필요가 있다. AI 에이전트는 서로 다른 영역에 대한 학습과 추론이 필요하다는 점에서 지금은 다소 모멘텀이 약해진 AI 하드웨어에도 또 다른 기회를 줄 수 있다. 이 외에도 앞으로 출시될 여러 업체의 에이전틱 AI 제품들을 면밀히 관찰해본다면 그 과정에서 크고 작은 기회를 무수히 발견할 수 있을 것이다.

무엇보다 에이전틱 AI는 기업들이 마침내 AI로 '돈을 벌 기회'를 갖게 한다는 점에서 큰 의미를 갖는다. 다시 말하지만, AI가 투자자들이 그리는 '꿈'에 그칠지 아니면 정말로 인류의 역사를 바꿔놓을 '혁신'의 반열에 오를지를 결정하는 것은 기업들이 AI로 돈을 벌 수 있느냐 아니냐에 달렸다. 앞으로 출시될 AI 에이전트 서비스를 통해 현재 AI 산업을 이끌고 있는 빅테크 업체들이 정말로 'AI로 돈을 버는 모습'을 보여준다면, AI 산업이 더는 꿈에 머물지 않을 것이다. 그리고 새로운 패러다임의 등장으로 혁신이 일어날 때 주식시장에 어떤 놀라운 일이 생길지를 우리는 이미 역사를 통해 너무나도 잘 알고 있다.

AI 전쟁
대단원의 마지막 장,
임바디드 AI

이 장에서 이야기하고자 하는 로봇은 지금까지 우리가 알고 있던 것과는 완전히 다른 개념이다. 기존에도 '로봇'이라는 개념은 존재했는데, 이 로봇들은 주로 인간이 '할 수 없는' 일들을 대신 처리해주는 데 사용됐다. 군사 작전이나 정찰 등에 사용되는 군사용 로봇, 깊은 수심의 작업 환경에서 인간을 대신해 가스 시추 등을 수행해주는 수중 건설 로봇, 자동차 공장에서 독성이 있는 도료를 균일하게 도포하는 작업을 대신 해주는 도장 로봇 등이 대표적인 예다.

기존 로봇 산업은 대부분 이렇게 인간이 접근할 수 없는 특수한 환경이나 작업에 최적화되어 인간의 작업을 대신 해주는 것이 가장 큰 역할이었고, 그것이 곧 산업의 성장 동인이었다. 물론 의료용 로봇, 농업용 로봇, 보안 로봇 등 인간의 작업을 완전히 대신 하는 것이 아니라 인간의 능력을 보완해주는 곳으로 용처가 점차 확장되기도 했으나 특수한 목적이 아닌 일반적인 목적을 위해 사용되는 범용 로봇으로까지 산업이 발전하기는 쉽지 않았다. 이를 가로막는 가장 큰 걸림돌이 바로 '현실 세계의 복잡성'이다.

지뢰를 제거하고, 바닷속에 무언가를 건설하고, 차체에 도료를 도포하는 것과 같은 작업은 매우 특수한 환경에서 진행되기 때문에 그 환경에서 발생하는 변수들만 통제하면 로봇이 작업을 수행할 수 있었다. 그러나 범용 로봇의 경우 현실 세계에서 발생할 수 있는 모든 변수를 고려해야 하는데, 그 모든 변수를 입력하고 학습하는 것이 기존에는 불가능에 가까웠다. 그러던 중 AI라는 새로운 혁신이 세상에 등장했고, 이 AI를 로봇에 접목한 순간 마법 같은 일이 일어났다. 그렇게 탄생한 AI의 새로운 패러다임을 체화된 AI, 즉 '임바디드 AI' Embodied AI라고 부른다.

임바디드 AI란?

임바디드 AI란 AI를 물리적 시스템에 통합하여 주변 환경과 상호작용할 수 있게 하는 기술이다. 쉽게 말해 기존 생성형 AI를 대표하는 챗봇과 에이전틱 AI를 대표하는 AI 에이전트가 컴퓨터나 스마트폰이라는 기기의 화면 속에서만 존재했다면, AI가 화면 밖으로 나와 로봇과 같은 현실 세계의 물리적 시스템들에 입혀져 물리적 형태를 가진 상태로 현실 세계에서 활동하는 것이 임바디드 AI다.

임바디드 AI는 CES 2025 기조연설에서 엔비디아의 젠슨 황 CEO가 제창한 '피지컬 AI'Physical AI 개념과 맞닿아 있다. 그는 CES에서 피지컬 AI의 세 가지 주요 분야로 에이전틱 AI, 자율주행차, 휴머노이드를 언급했다. 그러면서 "이 세 가지를 해결할 수 있는 기술이 있다면, 그것은 세상에서 가장 큰 기술 산업이 될 것이다."라고 말했다.

앞에서 에이전틱 AI는 생성형 AI에 이어 AI 산업의 다음 돌파구가 될 것이라고 이야기한 바 있다. 여기서 언급한 에이전틱 AI는 주로 PC나 스마트폰 등의 기기 안에서 구현되는 형태였다. 유저가 입력하는 리퀘스트를 접근 가능한 앱을 활용해서 달성해주는 것이 기존 에이전틱 AI의 가장 기본적인 모습이었다. 그런데 만약 이 에이전틱 AI가 로봇과 같은 물리적 시스템을 만나 체화돼 임바디드 AI로 구현된다면, 유저의 리퀘스트를 현실 생활에서 수행할 수 있게 될 것이다. 아주 간단한 사례로 로봇 에이전트에게 "거실 테이블 위에 놓여 있는 사과를 안방 책상 위로 가져다줘."라고 입력하면 로봇이 이 작업을 수행하는 것이다. AI 없이 이를 달성하기 어려웠던 이유는 사과가 놓여 있는 모양이나 거실과 안방 사이의 장애물, '테이블'이나 '책상'의 형태와 개념 등 현실 세계에 존재하는 모든 다양한 변수를 고려할 수 있어야 하는데 기존 기술로는 사실상 이것이 불가능했기 때문이다. 그러나 AI가 접목된 임바디드 AI 모델을 활용하면 학습돼 있는 현실 세계의 데이터를 기반으로 유저의 리퀘스트를 현실 세계에서 수행할 수 있게 되며, 이제는 정말로 AI 에이전트가 비서 자체가 될 수 있다.

다음으로 자율주행은 그 자체가 곧 임바디드 AI 모델이라고 할 수 있다. AI가 차량의 주행 '데이터'를 활용해 도로에서 발생할 수 있는 수많은 변수를 '학습'하고, 이를 자동차라는 '물리적 시스템을 운영'하는 데 사용하는 과정 자체가 임바디드 AI 모델의 구현이기 때문이다. 자율주행 차량은 이를 통해 다양한 센서로 주변 환경을 인식하고 실시간으로 의사결정을 내려 물리적 행동, 즉 '주행'을 수행한다.

테슬라가 전 세계 각지에서 돌아다니고 있는 자사 차량의 데이터를 수집해서 자율주행 시스템을 고도화하는 것 역시 테슬라가 '자율주행'이라는 임바디드 AI 모델을 구현하는 방식이라고 할 수 있다. 차량에 탑재된 카메라 등으로 입력되는 정보를 모아서 이를 도조Dojo 슈퍼컴퓨터를 이용해 자신들의 자체 AI 모델을 학습시키는 데 사용하고, 이를 통해 보다 완벽한 FSDfull self-driving(완전자율주행) 시스템을 구축하는 것이 테슬라 자율주행 비즈니스의 가장 큰 목표이기도 하다.

마지막으로, 범용 로봇의 끝판왕이라고도 할 수 있는 휴머노이드 역시 임바디드 AI의 대표적인 사례다. 인간과 유사한 형태로 제작된 휴머노이드 로봇은 인간의 움직임과 행동 패턴을 AI로 학습하여 인간이 할 수 있는 모든 작업을 수행할 수 있다. 여기서 중요한 것은 인간이 '할 수 있는'이라는 단어다. 앞서 언급한 것처럼 기존 로봇 산업의 한계는 인간이 '할 수 없는' 영역에 그쳤다. 인간이 할 수 없는 영역이란 매우 특수한 상황을 의미하며, 이렇게 특수한 목적을 수행하는 로봇의 경우 고려해야 할 변수가 일반적인 경우보다 크게 줄어들기 때문에 이 정도의 학습은 AI 없이도 그리 어렵지 않았다. 그러나 인간이 '할 수 있는' 일을 하게 될 휴머노이드 로봇은 더 일반적인 환경에서 발생할 수 있는 모든 상황을 고려해야 하기 때문에 변수가 무수히 늘어나게 되고, 이것을 학습하기 위해서는 AI가 반드시 필요하다. 엔비디아의 아이작 그루트Issac GR00T라는 임바디드 AI 시스템 역시 휴머노이드 로봇 개발자들이 로봇을 만들 때 이런 변수들을 AI를 이용해서 더 많이, 더 빠르게 학습시킬 수 있도록 만들어주는 데 방점을 두고 있다.

LLM 다음은 LBM

임바디드 AI를 설명하기 위해서는 LBMlarge behavior model(대규모 행동 모델)을 짚고 넘어가야 한다. 우리는 이미 챗GPT를 통해 LLM에 대해서는 익숙해져 있다. LLM은 텍스트 기반의 데이터 학습을 통해 자연어 처리, 텍스트 생성, 번역 등의 작업을 수행하여 챗GPT와 같은 챗봇을 구현해주는 AI 모델을 의미한다. 그런데 로봇과 같은 임바디드 AI를 구현하기 위해서는 텍스트가 아니라 실제로 로봇들이 수행해야 할 '행동' 데이터가 필요하고 이 행동 데이터를 학습하고 예측하는 AI 모델이 필요한데, 그것이 바로 LBM이다.

LBM은 주로 행동 데이터, 센서 정보, 물리적 상호작용 등을 학습하여 로봇, 자율주행, 휴머노이드 등 임바디드 AI를 구현할 수 있게 해주는 AI 모델을 의미한다. 즉, LBM은 실제 세계의 물리적 상호작용을 이해하고 학습해서 로봇이나 AI 시스템들이 보다 자연스럽고 효과적으로 주변 환경과 상호작용할 수 있게 해준다.

CES 2025에서 젠슨 황은 로봇에게 필요한 트랜스포머 모델에서는 질문 프롬프트가 아니라 '리퀘스트'를 입력해야 하고, 텍스트가 아니라 '주변 환경'을 이해해야 하며, 이에 따른 결과로 텍스트 토큰token[*]이 생성되는 대신 '액션 토큰'이 생성되어야 한다고 이야기했다. 즉, 챗GPT와 같은 LLM에서는 유저가 입력하는 '질문'에서 '텍스트 간 관계'를 이해하는 것이 핵심이었고 그 결과로 '텍스트'를 제시했다면, 로봇과 같은 임바디드 AI로 대표되는 LBM에서는 유저가 입력하는 '리퀘스트'를 수행하기 위해 '주변 환경'을 이해하고 그에 대한 결과로 '액션'을 수행해야 한다는 것이다.

마블의 영화 〈어벤져스: 인피니티 워〉에서 미래를 시뮬레이션해볼 수 있는 능력을 가진 닥터 스트레인지는 주인공들과 함께 최종 빌런인 타노스와 맞서기 전에 발생할 수 있는 모든 시나리오를 먼저 경험해본다. 그 후 자신의 가장 강력한 무기인 타임스톤을 타노스에게 넘겨주면서 "우리가 이길 수 있는 시나리오는 이거 한 가지밖에 없다."라고 이야기한다. LBM을 통해 임바디드 AI가 달성하고자 하는 것이 바로 여기서 닥터 스트레인지가 한 행동과 같다. 로봇이 AI를 이용해 현실 세계에서 발생할 수 있는 수많은 시나리오를 시뮬레이션해본 뒤에 사용자가 요구한 것에 대해 가장 적절한 결과(최종 전투에서 승리하는 것)를 가져올 수 있는 행동(타임스톤을 타노스에게 넘겨주는 것)을 하는 것이 바로 임바디드 AI가 구현되는 방식이다.

실제로 젠슨 황은 2025 CES 기조연설에서 엔비디아의 AI 시뮬레이션 플랫폼인 코스모스Cosmos를 설명하면서 "코스모스를 이용해 닥터

---

[*] 인공지능이 글을 이해하고 생성하는 최소 단위. 예를 들어 "Open AI is Great!"라는 문장은 'Open', 'AI', 'is', 'great', '!'라는 5개의 토큰으로 나눠진다.

스트레인지처럼 현실에서 일어날 수 있는 다양한 상황을 실제로 경험하지 않더라도 정확하게 시뮬레이션할 수 있다."라고 언급하기도 했다.

AI의 최종 장, 임바디드 AI

앞서 언급한 에이전틱 AI, 자율주행, 휴머노이드 외에도 임바디드 AI가 적용될 수 있는 영역은 무궁무진하다. '모든 것의 인터넷'internet of things, IoT이라고도 불리는 사물인터넷이라는 개념이 세상에 처음 등장한 것이 불과 몇 년 전인데 스마트홈, 웨어러블 디바이스, 커넥티드카 등을 통해 인터넷이 우리 일상의 수많은 영역에 깊숙이 침투하여 이제는 어느새 사물인터넷 없는 일상을 그리기가 어려운 세상이 되었다. 임바디드 AI 역시 마찬가지일 것이다. PC나 스마트폰의 화면 밖으로 나와 물리적 현실에서 구현된 AI인 임바디드 AI는 이제 '모든 것의 AI'AI of things를 만들어내면서 인류의 생산성을 다시 한번 비약적으로 향상시켜줄 것이다.

상대적으로 간단한 협동로봇이나 스마트팩토리부터 시작해 고객 응대 로봇, 수술 로봇, 학습 보조 로봇, 가사 도우미 로봇을 넘어 드론이나 우주 탐사 로봇까지 이제는 인간이 '할 수 있는' 대부분의 일을 로봇이 대신 하는 시대가 올 것이다. 이를 가능하게 해줄 임바디드 AI 산업은 젠슨 황의 말처럼 "세상에서 가장 큰 테크 산업"으로 발전할 것이다.

물론 아직 갈 길이 멀다. 젠슨 황이 피지컬 AI 시대의 도래를 이야기 했으나, 2025 CES에서 임바디드 AI와 관련해 실질적으로 두각을 드러낸 기업은 거의 없었다. 리얼보틱스Realbotix라는 업체에서 공개한 휴머노이드 '아리아'Aria 정도만이 그나마 의미 있었는데, 회사는 아리아가 인간의 외형과 비슷할 뿐 아니라 다양한 표정을 지을 수 있고 자연스럽게 대화할 수 있어 인간과 보다 친밀한 관계를 형성할 수 있다는 점을 강조했다. 그러나 아직까지 이 로봇만으로는 인간의 생산성 향상을 기대하기는 어려우며, 2억 원이 넘는 가격 또한 소비자 입장에서 구매의 당위성을 느끼지 못하게 요인이다. 그럼에도 젠슨 황이 보여준 것처럼 AI를 접목한 임바디드 AI 모델을 구현하기 위해 지금 이 순간에도 수많은 로봇 개발 업체가 끊임없이 시행착오를 겪으며 개발을 지속하고 있다. 이들의 노력을 통해 로봇 산업, 더 나아가 임바디드 AI 산업은 조금씩이지만 한 단계씩 앞으로 나아가고 있다.

여기서 가장 중요한 것은 우리가 먼 미래의 일이라고 치부했던 로봇,

4-3 휴머노이드 로봇 아리아

출처: 리얼보틱스, CES 2025

자율주행, 휴머노이드 같은 산업이 코앞으로 다가왔다는 것이다. 이제 거기에서 파생되는 메타버스metaverse, VRvirtual reality(가상 현실) 등 수많은 산업이 새로운 성장 동력을 얻게 될 것이다.

이 모든 것이 가능해진 이유는 임바디드 AI가 인간의 생산성 향상을 가져옴으로써 이를 구현하는 기업들이 실제로 돈을 벌 수 있을 것이기 때문이다. 과거에 로봇, 메타버스, VR 같은 신기술 산업들이 반짝 유행처럼 떴다가 소리 없이 사라진 이유는 당시의 기술로는 생산성 향상을 가져오는 수준까지 구현할 수가 없었기 때문이다.

챗GPT의 등장과 함께 가파르게 발전하기 시작한 AI의 도입이 이제는 PC나 스마트폰 화면을 벗어나 우리가 살고 있는 물리적 현실 세계에서도 인간의 생산성을 높여줄 것이다. 과거 인류 역사에서 일어난 여러 '혁명'이 그러했듯, 점차 모든 것에 AI가 접목되면서 생산성이 다시 한번 크게 향상돼 인류의 역사가 새로운 길로 들어설 것이다. 이 모든 것을 가능하게 해줄 임바디드 AI가 바로 AI 산업이라는 대단원의 최종 장이 될 것이다.

당신이 누구인지 알고 있다, TV 광고의 진화

    1958년, 레스터 원더먼Lester Wunderman은 기존 광고의 일방향적 소통 방식의 한계를 지적하면서 '원더먼, 리코타 앤드 클라인'Wunderman, Ricotta & Kline, WRK을 창립했다. 그는 고객 정보를 수집하고 분석하여 그들에게 적합한 우편 광고를 발송함으로써 광고 효율을 끌어올리는 실험을 시작했다. 이는 오디언스audience*에 대한 고려가 전혀 없이 불특정 다수를 대상으로 매스마케팅을 진행하던 당시 광고 업계에 큰 반향을 일으켰다. 타기팅된 소비자들은 광고를 '귀찮은 것'이 아니라 '필요한 정보'로 받아들였고, 기업 입장에서도 광고 비용 대비 효과가 비약

---

* 특정 광고 캠페인의 목표, 목적, 메시지에 따라 '광고를 도달시키고자 설정한 사람들'의 집합을 뜻하는 용어. 연령, 성별, 지역, 관심사, 구매 행동 등 다양한 기준으로 정의된다.

적으로 향상됐다. '다이렉트 마케팅'direct marketing이라고 이름 붙여진 이 방식은 오늘날 광고 산업에서 매우 중요한 개념 중 하나인 타기팅 기법의 근간으로 자리 잡았다.

이렇게 시작된 광고 타기팅은 기술 발전에 따라 타기팅에 적합한 매체들이 속속 등장하면서 눈부신 속도로 발전했다. 특히 PC와 스마트폰의 등장은 개인 데이터 확보의 용이성을 비약적으로 향상시켜주면서 타기팅 광고의 폭발적 성장을 이끌었다. 이에 온라인 광고 시장은 TV·신문·라디오·잡지 등 기존 4대 매체 시장을 빠르게 잠식해 전체 광고 시장의 절반 이상을 차지하는 규모로 커졌다.

그런데 타기팅이 광고 업계에서 대세로 자리 잡는 동안 미동도 하지 않는 매체가 하나 있었으니, 바로 TV다. 유저들과 쌍방향으로 상호작용하는 PC나 모바일 기기와 달리 TV라는 매체는 태생적으로 상호작용이 일방향적일 수밖에 없다. 그 때문에 광고주는 지금 TV 앞에 앉아 있는 오디언스가 어떤 특성을 갖고 있는지 추측할 방법이 전혀 없다. 그나마 광고주가 할 수 있는 일이라고는 인기 있는 드라마 앞뒤로 광고를 붙여서 최대한 많은 시청자에게 노출되게 하는 것뿐이었다.

그럼에도 불구하고 TV는 여전히 전체 광고 시장의 30% 이상을 점유하고 있다. 광고는 사람들이 시간을 더 많이 쓰는 곳으로 향할 수밖에 없기 때문이다. 광고주 입장에서는 아무리 TV에 쓰는 광고비의 투자 대비 효용이 낮더라도 울며 겨자 먹기로 계속 지출할 수밖에 없다. 인류 역사가 항상 그래왔듯, 이런 비효율이 만들어내는 간극을 해소하기 위해 여러 시도가 계속됐고 광고 업계는 마침내 그 해답을 찾아냈다. '커넥티드 TV'connected TV, CTV가 바로 그것이다.

TV의 진화, 커넥티드 TV

커넥티드 TV(이하 'CTV')란 말 그대로 인터넷에 연결된 TV를 의미한다. 기존 케이블 방송이나 지상파처럼 방송국에서 일방적으로 송출하는 방송을 시청하는 방식이 아니라 사용자가 콘텐츠를 직접 선택하여 인터넷으로 스트리밍할 수 있게 하는 메커니즘을 가진 TV 환경을 가리키는 것이다.

글로벌 1위 OTT 플랫폼인 넷플릭스를 시청하는 기기 중 TV의 비중이 가장 높다는 사실을 아는가? 넷플릭스에서는 전체 콘텐츠 시청 시간 중 무려 50% 이상이 TV에서 나온다고 밝힌 바 있다. 얼핏 보면 뻔하고 별것 아닌 사실처럼 들릴 수 있겠지만, 광고 산업에서 이것이 의미하는 바는 매우 크다. CTV는 기존 TV와 달리 상호작용이 '쌍방향'으로 이뤄지기 때문이다.

예를 들어 집에서 인터넷 TV를 켜고 넷플릭스 앱에 접속했다고 가정해보자. 앱에 로그인한 그 순간부터 TV는 지금 앞에 앉아 있는 사람이 어떤 사람인지에 대한 정보를 수집하기 시작한다. 가장 손쉽게 얻을 수 있는 정보는 회원 정보다. 기본적으로 넷플릭스는 회원 가입 시 이름, 생년월일, 성별 등 간단한 정보를 제공하게 하기 때문에 유저가 넷플릭스 ID로 로그인하는 행위만으로도 꽤 많은 정보를 알아낼 수 있다. 정보 수집은 그 후로도 이어진다. 유저가 어떤 콘텐츠를 선택했는지부터 콘텐츠를 고르는 과정에서 커서가 어디에 오래 머물렀는지, 심지어는 같은 콘텐츠에 대해 여러 개의 섬네일을 제시했을 때 어떤 섬네일을 선택하는지까지, 넷플릭스는 유저의 모든 행동에 대한 디테일한 정보를 수집해 차곡차곡 쌓아둔다.

이렇게 쌓아 올린 유저들의 ID, 시청 이력, 관심 콘텐츠 등의 정보를 기반으로 CTV 사업자들은 정밀한 유저 프로파일링을 실시하여 타기팅 효율을 극대화한다. 예를 들어 데이팅 앱을 운영하는 틴더Tinder는 넷플릭스에서 〈키싱부스〉, 〈브리저튼〉 등 로맨틱 코미디 장르를 자주 시청하는 20대 여성들에게 '당신의 브리저튼을 찾아보세요: 오늘 저녁 매칭 시작'과 같은 광고를 송출했는데, 이 광고를 통해 틴더의 앱 설치 전환율이 무려 32%나 개선됐고 특히 여성 타깃군에서 높은 반응률을 기록했다.

이 외에도 사용자가 앱에 접속한 IP 주소를 기반으로 특정 지역에 특화된 지역 광고를 송출한다거나 아이들 계정으로 접속했을 때는 장난감을, 성인 계정으로 접속했을 때는 와인을 광고하는 식으로 계정별로 광고를 차별화할 수도 있다. 심지어는 평일 저녁과 주말 오전에 다른 광고를 내보내는 등 시간대 기반으로 타기팅을 할 수도 있다. 예컨대 평일 저녁에는 간편식 광고를, 주말 오전에는 가족 나들이용 상품 광고를 노출하는 방식이다.

기존 TV로는 상상도 할 수 없었던 일이 일어난 것이다. 이렇게 TV로도 타기팅을 할 수 있다는 사실은 광고주 입장에서는 너무나도 기다려온 소식이 아닐 수 없다. 소비자들의 가용 시간에서 여전히 상당 부분을 차지하기에 그동안 울며 겨자 먹기로 지출해야 했던 TV 광고비를 이제는 훨씬 더 효율적으로 쓸 수 있게 됐기 때문이다. 이제 광고주들은 막연히 많은 사람이 볼 것으로 예상되는 콘텐츠에 광고를 집행하는 것이 아니라 오디언스를 정확하게 타기팅하여 광고를 집행할 수 있게 됐다.

게다가 이제는 자신들이 집행한 광고가 얼마나 효과적이었는지까지 파악할 수 있다. 예컨대 현대차의 제네시스 광고라면, 이전에는 얼마나 많은 사람이 TV 광고를 보고 구매했는지 알 길이 없었다. 하지만 인터넷 기반의 CTV 광고를 통해서는 그런 성과 측정이 훨씬 더 용이해져 광고주가 이전보다 더 효율적으로 예산을 집행할 수 있다. 이제 TV 광고는 더 이상 '비싸기만 하고 효율은 낮은' 가성비 떨어지는 광고가 아니다. CTV의 등장으로 디지털 광고만큼이나 정교하고 측정 가능한 채널로 다시 태어났다.

그래서 CTV 광고 시장은 등장과 동시에 광고주들의 폭발적인 러브콜을 받으면서 엄청난 속도로 세를 확장하고 있다. 현재 CTV 광고는 전 세계에서 가장 빠르게 성장하는 광고 포맷에 속한다. 실제로 시장

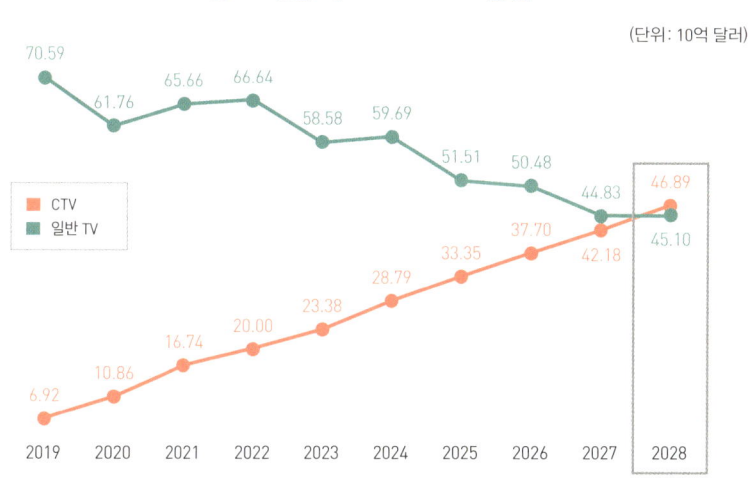

4-4 광고 매출 비교: CTV vs. 일반 TV

(단위: 10억 달러)

출처: eMarketer

조사 업체 이마케터eMarketer는 CTV 광고 시장이 빠르게 성장하여 2028년에는 기존 TV 광고 시장을 압도할 것으로 전망하기도 했다. 앞서 이야기한 것처럼 TV 광고는 여전히 전체 광고 시장의 30% 이상을 차지하는 매우 큰 시장인데, 이 시장이 최근에서야 변화하기 시작했다는 사실은 광고 시장이 지금 얼마나 큰 변화를 앞두고 있는지를 간접적으로 시사한다. 비효율적인 시장에 등장한 효율적인 도구가 그 시장을 장악하리라는 것은 누구나 알고 있는 너무나도 자명한 사실이며, CTV 시장은 앞으로도 매우 빠른 속도로 성장할 것이다.

CTV 시장 성장을 이끄는 강력한 트렌드, 코드커팅과 OTT 광고

CTV 시장의 성장을 더욱 가속화하는 요인이 하나 더 있는데, 바로 '코드커팅'cord-cutting* 이다. 코드커팅이란 '코드를 자른다'라는 말 그대로 기존의 유선 케이블 TV 서비스를 해지하고 인터넷 기반의 스트리밍 서비스로 이동하는 소비자 행동을 뜻한다. 쉽게 말해 주로 통신사에서 제공하던 케이블 TV 서비스를 끊고 넷플릭스나 유튜브, 디즈니 플러스 같은 스트리밍으로 넘어가는 현상을 가리킨다.

넷플릭스가 처음 OTT 서비스를 출시하여 큰 성공을 거둔 이후, 기

---

* 유선 케이블 TV의 '선을 자른다'는 의미로, 케이블 TV를 해지하고 인터넷 스트리밍으로만 TV를 시청하는 현상을 일컫는 말이다.

존에 넷플릭스에 콘텐츠를 라이선스하던 수많은 방송사가 자신들만의 OTT 서비스를 우후죽순으로 출시했고, 이에 따라 OTT 시장이 빠르게 확대됐다. 그리고 2020년부터 시작된 코로나19 팬데믹은 이런 흐름에 기름을 부었다. 코로나19 사태로 사람들이 집에서 보내는 시간이 많아지면서 자연스레 OTT에서 제공하는 영화, 드라마 등의 콘텐츠를 소비하는 시간이 늘어났고, 이에 따라 OTT 업체들의 침투 속도가 생각보다 훨씬 빨라졌다. 실제로 2020년 한 해 동안 넷플릭스는 3,700만 명의 유료 가입자를 추가해 역사상 처음으로 유료 구독자 수가 총 2억 명을 넘어섰다.

코로나19 사태로 변곡점을 맞이한 코드커팅 트렌드는 더욱 급속히 확산되면서 2022년에는 미국에서 코드커팅을 한 가구가 코드커팅을 하지 않은 가구 수를 처음으로 넘어서기도 했다. 이처럼 OTT 시장 자체가 코드커팅의 가속화와 함께 매우 빠르게 성장하고 있는 것은 사실이지만, OTT 사업자들이 유저들의 정보를 축적하기에 좋은 환경을 구축해줄 뿐 이것 자체가 CTV 시장의 성장을 의미하는 것은 아니다. 코드커팅 트렌드와 CTV 시장의 성장이 연결된 것은 2022년에 넷플릭스가 내린 특단의 조치 이후부터였다.

2022년은 OTT 산업의 선봉장이라고 할 수 있는 넷플릭스에 너무나도 힘든 한 해였다. 먼저 연준이 코로나19 때 급속도로 확대된 유동성을 회수하기 위해 금리 인상 조치를 단행했다. 연준의 긴축 기조에 따라 소비자들은 점차 지갑을 닫았고, 가장 줄이기 쉬운 OTT 구독부터 해지했다. 이런 흐름은 넷플릭스의 실적에까지 영향을 미쳤고, 넷플릭스는 2022년 2분기에 약 97만 명의 유료 구독자 수 감소를 보고하면서

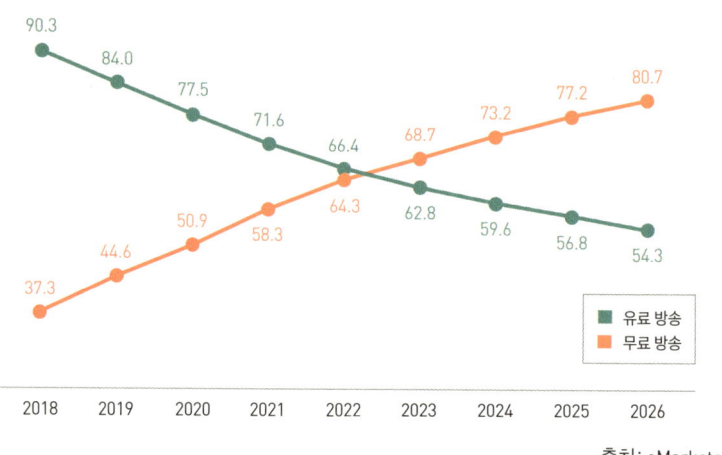

10년 만에 처음으로 가입자 수가 감소한 분기를 맞이했다. 이 충격적인 소식으로 투자자들이 대거 이탈하면서 불과 몇 달 만에 넷플릭스의 주가는 4분의 1토막이 났다.

이런 어려움을 타개하기 위해 같은 해 11월 넷플릭스는 승부수를 던졌다. 광고 기반 요금제를 출시하기로 한 것이다. 이 요금제의 구독자들은 영상 앞뒤 또는 중간에 삽입된 광고를 보는 대가로 기존 요금제 대비 저렴한 구독료를 부담한다. 경기나 지갑 사정을 고려할 때 넷플릭스가 '비싸서' 구독을 해지했던 고객 중 많은 이들이 광고요금제와 함께 넷플릭스로 돌아왔고, 이에 따라 넷플릭스는 제2의 전성기를 맞이했다. 이를 지켜본 경쟁 업체들도 하나둘씩 광고요금제를 출시했고, 이에 따라 'OTT 광고'라는 새로운 광고 영역이 생겨났다. OTT들이 광고요금제를 구독한 고객들에게 콘텐츠 앞뒤 또는 중간에 송출하는 광고 슬롯에 광고주들이 예산을 집행하기 시작한 것이다.

OTT 광고 시장이 본격적으로 개화하면서 그간 명맥만 이어져오던 CTV 광고 시장이 마침내 완성됐다. 이에 따라 CTV 광고 시장을 새롭게 정의해보자면, 'OTT 광고요금제를 이용하는 사람들이 TV로 OTT를 시청할 때 나오는 광고로 구성된 새로운 TV 광고 시장'이라고 할 수 있다. OTT 업체들의 광고요금제가 흥행할수록 광고 슬롯은 점점 더 늘어나고, TV 광고의 효율을 높이고자 하는 광고주들의 요구가 늘어날수록 TV 광고 시장 내에서 CTV의 존재감은 더욱 커질 것이다.

2023년에는 CTV가 TV 광고 시장의 주류로 자리 잡기 시작했음을 보여주는 상징적인 사건이 하나 있었는데, 넷플릭스가 업프런트upfront 행사에 참가한다고 발표한 것이었다. 업프런트는 미국에서 매년 5~6월경에 방송사들과 광고주들이 모여 방송사들이 다음 시즌 프로그램 라인업을 발표하고 광고주들이 해당 콘텐츠에 들어갈 광고 시간을 선점해서 구매하는 대표적인 TV 광고 행사다. 그런데 OTT 업체인 넷플릭스가 2023년부터 업프런트에 참여한다고 발표한 것은 이제는 CTV가 그저 TV 광고에서 뻗어 나온 여러 작은 물결 중 하나에 그치는 것이 아니라 기존 TV 광고 시장 질서를 뒤흔들 만한 주류 매체로 자리 잡았다는 사실을 상징적으로 보여준다고 할 수 있다.

광고 시장을 관통하는 가장 큰 메커니즘은 '점유율 뺏기'다. 광고 자체가 애초에 소비자들의 시간을 가장 많이 점유하는 곳으로 향할 수밖에 없기에 소비자들이 시간을 쓰는 대상이 달라지면 그에 따라 광고 시장도 달라진다. 지금은 주류가 된 디지털 광고 역시 그 시작은 소비자들이 시간을 보내는 대상이 신문이나 잡지, 라디오 등에서 컴퓨터로 옮겨가면서부터였다. 그 와중에 스마트폰이라는 새로운 기기가 세상에 나오면서 광고 시장이 모바일 광고를 중심으로 재편되는 또 한 번의 큰 변화를 맞이했다. 이런 변화의 소용돌이 속에서도 꿋꿋이 제자리를 지킨 매체가 TV였는데, 이제는 이 시장에서도 변화가 시작된 것이다.

한번 시작된 점유율 이동은 돌이키기 어렵다. 예산을 신중하게 집행해야 하는 광고주의 특성상 소비자의 시간이 확실히 옮아갔다는 판단이 들 때가 되어서야 광고 예산을 해당 매체에 집행할 수밖에 없다. 따라서 광고주의 예산이 옮겨가기 시작했다는 것은 소비자들 사이에서는 해당 매체가 이미 주류로 완연히 자리 잡았음을 의미한다.

그런 점에서 CTV는 광고 시장의 구조를 재편하는 비가역적 트렌드이며, 투자자들에게는 예외적으로 명확한 기회로 읽힌다. 아주 간단하게만 계산해봐도 CTV 시장은 글로벌 광고 시장의 30%를 차지하고 있는 TV 광고 시장 수준만큼은 쉽게 커질 수 있을 것이다. 이 과정에서 투자자로서 우리가 고려해야 할 변수는 거의 없다. 시간이 지남에 따라 CTV 시장은 매우 당위적으로 성장할 것이기 때문이다.

투자자 입장에서 이런 당위성이 갖는 힘은 매우 강력하다. 시간을 내 편으로 만들어주기 때문이다. 변수투성이인 주식시장에서 특별한 변수 없이도 신뢰할 수 있는 방향성이 존재한다는 사실은 보통의 투자자들이 쉽게 누리기 힘든 혜택이다. 그것 하나만으로도 우리가 앞으로 최소 몇 년 동안은 CTV 시장과 그 안에서 두각을 드러내는 선두 업체들에 대한 관심의 끈을 놓치지 않아야 할 이유는 충분하다. CTV 시장의 비가역적이고도 매우 당위적인 성장은 이제 막 시작됐다.

택시비가
버스비보다 저렴해진다,
자율주행

2024년 10월, 일론 머스크는 테슬라의 사이버캡Cybercab 공개 행사에서 로보택시의 마일당 비용이 20센트 정도에 불과하다고 발표했다. 도시 버스의 운영 비용인 마일당 1달러에 비해 압도적으로 저렴한 수준이다. 심지어 뉴욕시의 버스 요금은 정부 보조금이 있어서 실제 운영 비용보다 낮게 책정되는데, 머스크는 로보택시가 이런 보조금 없이도 버스보다 더 저렴한 요금을 제공할 수 있다고 단언했다. 이런 자신감의 배경에는 테슬라가 사활을 건 자율주행 기술이 있다. 자율주행 기술을 통해 운전자 비용이 제거될 수 있고, 전기차 특유의 효율성과 설계 최적화를 활용하면 차량 운영 비용을 획기적으로 낮출 수 있다.

머스크는 이전부터 "기술 혁신이 디플레이션을 만들어낼 것"이라고 주장해왔다. 기술 혁신, 특히 AI와 자동화의 발전이 생산성과 효율성을 끌어올려 상품과 서비스의 가격을 낮출 수 있다는 것이다. 그는 기술이 노동 비용을 절감하고 생산 과정을 자동화함으로써 전반적인 비용 구조를 혁신할 수 있다고 본다. 여기서 발생하는 비용 절감 효과가 소비자 가격 하락으로 이어지고, 이것이 디플레이션 압력으로 작용하리라는 것이다.

예컨대 자율주행 기술과 전기차 그리고 기하급수적으로 발전하는 AI 기술이 결합하면 운전기사가 필요 없고 연료비도 거의 들지 않는 택시가 등장한다. 여기에 자율운행 최적화, 보험료 절감, 무정차 회전율 극대화 등이 더해지면 단위 운송 비용이 지금보다 훨씬 낮아질 수밖에 없다. 머스크는 이 같은 기술 혁신이 교통 산업의 근본적인 가격 구조를 뒤흔들 것으로 확신하고 있다.

테슬라의 자율주행

우리는 이제 AI로 촉발된 '기술 디플레이션'을 마주하고 있다. 그렇다면 일론 머스크가 AI와 자율주행을 통해 만들고자 하는 기술 혁신은 어떤 방향으로 진행되고 있을까?

테슬라 자율주행 비즈니스의 핵심은 데이터다. 데이터는 전통 산업 구조에서도 중요한 자산이었지만, AI 시대로 접어들면서 중요성이 한층 커졌다. 사실상 지금의 AI 산업을 빅테크 업체들이 주도하고 있다는 사실은 누구도 부정할 수 없을 것이다. 그런데 AI 산업에 가장 빠르게 뛰어든 것은 빅테크 업체들이 아니었다. 이번 AI 사이클의 출발점은 오픈AI라는 스타트업의 챗GPT 발표였다. 그럼에도 빅테크 업체들이 AI 산업을 주도할 수 있었던 이유는 바로 '데이터'에 있다. AI 산업의 진정한 부가가치는 얼마나 많은 데이터를 얼마나 빠르게 학습하느냐에 달려 있다. 더 많은 데이터를 학습한 모델은 더 높은 효율성과 정밀도를 제공할 수 있고, 이는 다시 사용자의 신뢰와 시장 지배력으로 연결된다. 빅테크 기업들은 수십 년간 전 세계 사용자로부터 축적한 데이터를 기반으로 AI 학습에 유리한 출발점을 차지하고 있는 것이다.

자율주행 역시 마찬가지다. 자율주행은 AI 산업 안에서도 특히 높은 정확도가 요구되는 기술이다. 실제 사람이 탈 차량을 운행하는 데 쓰이기 때문에 자칫 조그마한 오류라도 발생하면 인명 사고라는 큰 재앙으로 이어질 수 있다. 그래서 자율주행 업체들은 자율주행 기술이 구현되는 알고리즘을 최대한 정교하게 고도화하고자 하며, 그러려면 매우 방대한 데이터가 필요하다. 도로에서 발생할 수 있는 모든 돌발변

★ 기술 디플레이션 ★

기술 디플레이션technological deflation이란 기술 혁신이 생산성을 높여 상품·서비스의 단가를 낮추면서 나타나는 '좋은 디플레이션'을 말한다. 산업혁명의 대량생산 체제, 1990년대 IT 혁명에 따른 자동화와 비용 절감, 중국 WTO 가입 이후 글로벌 공급망 개편 등이 단적인 사례다. 전통적인 디플레이션이 소비 위축과 경기 침체로 이어지는 부정적 성격을 가진 반면, 기술 디플레이션은 가격이 하락하는 동시에 수요는 유지되거나 늘어나며 결과적으로 소비자 후생과 실질소득을 증가시키는 긍정적인 효과를 낳는다. 고가이던 스마트폰이 보급형으로 확산되며 전 세계 생산성을 높인 것이 대표적인 예다.

수를 미리 학습하고 대비할 수 있어야 하기 때문이다.

일론 머스크는 이를 정확히 꿰뚫어 봤다. 테슬라가 자율주행 데이터를 수집하기 시작한 시점은 2014년 10월, 오토파일럿Autopilot 시스템을 처음 도입했을 때부터였다. 이 시기에 테슬라는 모델 S에 하드웨어 1(HW1)을 장착하여 카메라, 레이더, 초음파 센서를 통해 데이터를 수집하기 시작했다. 초기 오토파일럿은 차선 유지, 충돌 경고, 적응형 크루즈 컨트롤 등을 지원하는 '부분 자동화' 기능을 제공했으며, 이 과정에서 테슬라는 차량의 센서 데이터를 수집해 자율주행 알고리즘을 개선했다. 2016년 하드웨어 2(HW2) 도입 이후 데이터 수집 규모가 크게 확대됐고, 2017년부터는 차량 외부 카메라로부터 비디오 데이터를 수집하기 위한 데이터 공유 정책을 업데이트하면서 본격적인 자율주행 데이터 수집에 나섰다.

이런 구조는 테슬라만의 독보적인 강점을 만들어낸다. 테슬라는 전 세계 각지에서 돌아다니는 자사의 차량을 통해 자율주행 데이터를 직접 수집하기 때문에 테슬라의 자율주행 데이터 수집 능력은 테슬라 차량 판매가 늘어날수록 더욱 빛을 발한다. 2014년 약 3만 2,000대에 불과했던 테슬라의 판매량은 모델 3를 통해 대중 시장을 공략하기 시작한 2017년부터 급증해 2025년 현재는 연 200만 대에 달한다. 이에 따라 설립 이래 2016년까지 누적으로 수집한 데이터는 7억 8,000만 마일에 불과했지만, 2024년 한 해 동안 수집한 데이터만 해도 무려 17억 마일이 넘는다. 그리고 2025년 8월 현재 기준으로 테슬라의 자율주행 데이터는 약 50억 마일에 달한다. 이는 수십억 건의 도로 주행 경험이 데이터화된 것이며, 자율주행 알고리즘의 정밀도를 높이는 데 결정적인 역할을 한다. 테슬라의 차량 판매가 늘어날수록 이 숫자는 더욱 커질 것이며, 이는 테슬라 자율주행 기술의 비약적인 발전과 압도적인 경쟁력으로 이어질 것이다.

라이다를 활용한 후발 주자들의 추격

그렇다면 테슬라보다 늦게 자율주행 시장에 진입한 후발 주자들에게는 아예 아무런 기회가 없는 것일까? 결과는 아직 알 수 없지만 후발 주자들 역시 저마다의 방법으로 열심히 테슬라의 뒤를 쫓고 있다. 가장 대표적인 사례가 구글의 자율주행 자회사인 웨이모Waymo다. 웨이모는 자율주행 기술 개발을 위해 실제 주행 데이터뿐 아니라 가상 현실 데이터까지 결합한 다층적 접근 방식을 사용한다. 가상 현실 데이터 수집은 주로 카크래프트Carcraft와 시뮬레이션 시티Simulation City라는 구글의 두 가지 시뮬레이션 플랫폼을 통해서 이뤄진다.

카크래프트는 2017년부터 사용된 웨이모의 초기 시뮬레이션 플랫폼으로, 실제 주행 데이터를 재현하거나 가상 시나리오를 생성해 자율주행 소프트웨어를 테스트한다. 주로 실제 도로에서 발생할 수 있는, 사고 위험이 높은 상황을 분석하는데 예를 들어 복잡한 교차로나 무단횡단 보행자를 맞닥뜨린 상황, 앞차가 갑작스럽게 차선을 변경하는 상황 등을 시뮬레이션한다. 2017년 기준으로 2만 5,000대의 가상 차량이 미국 오스틴·피닉스·마운틴뷰 등의 가상 모델에서 동시에 운행됐고, 2020년까지 누적 150억 마일 이상의 자율주행 데이터를 수집했다.

카크래프트의 단점들을 보완해 더 복잡한 시나리오와 전체 여정을 테스트할 수 있게 한 플랫폼이 바로 시뮬레이션 시티다. 구글은 이 플랫폼에서 실제 주행 데이터와 미국 고속도로안전청NHTSA의 충돌 데이터, 자연주의적인 주행 연구 데이터를 결합해 현실적인 가상 환경을 생성했다. 이를 통해 구글은 실제 도로에서 드물게 발생하는 희귀한 상황까지 시뮬레이션하고, 20분간 로보택시 주행부터 11시간 화물 운송 같은 긴 시나리오까지 테스트할 수 있었다. 2021년 기준으로 웨이모는 시뮬레이션 시티에서 총 50억 마일 이상의 시뮬레이션 데이터를 생성했다고 밝혔다.

이 외에도 웨이모는 웨이맥스Waymax, 제이워커VR JaywalkerVR과 같은 다양한 가상 현실 시뮬레이션 플랫폼을 개발하여 테슬라와의 벌어진 '데이터 격차'를 줄이기 위해 고군분투하고 있다. 물론 당연히 가상 현실 데이터와 실제 데이터 사이에는 '시뮬레이션-현실 갭'sim-to-real gap이 존재할 수 있기 때문에 웨이모는 이를 보정하기 위해 실제 주행 데이터 역시 수집하고 있다. 다만, 웨이모의 실제 주행 데이터 수집 방식은 테슬라와 매우 큰 차이가 있는데, '라이다'light detection and ranging, LiDAR를 사용한다는 것이다.

라이다는 레이저 펄스를 발사해 주변 환경의 거리와 형상을 측정하는 센서로, 웨이모뿐 아니라 대부분의 자율주행 업체가 데이터 수집을 위해 사용하고 있다. 라이다를 사용하는 데는 여러 가지 장점이 있다. 주변 환경의 정밀한 3D 지도를 생성할 수 있으며, 악천후에서도 안정적으로 동작하고, 카메라가 놓칠 수 있는 정보도 보완해준다. 특히 고해상도 매핑mapping(지도 생성)과 차량의 정확한 위치 파악(로컬라이제이션(localization)에 필수적인 역할을 하기 때문에 웨이모가 주력 비즈니스로 생각하는 고정 경로 로보택시 서비스에 매우 유리한 특성을 보유하고 있다.

물론 단점도 있다. 테슬라는 자율주행 선두 업체인데도 라이다를 사용하지 않는 방침을 고수하는 것으로 유명하다. 머스크는 라이다를 "비용이 많이 들고 불필요한 기술"이라고 비판하면서 인간이 눈(카메라)과 뇌(AI)만으로 운전하듯 자율주행도 카메라와 강력한 AI(신경망)를 통해 구현 가능하다고 주장한다. 실제로 테슬라는 FSD 소프트웨어와 자체 개발 AI 칩(HW3, HW4)을 통해 카메라 데이터를 처리하며, 라이다 없이도 레벨 4~5 자율주행을 목표로 하고 있다. 또한 고품질의 라이다 유닛은 가격이 수만 달러에 달하며, 대량 생산으로 비용이 낮아진다고 해도 여전히 차량당 수천 달러 수준이기 때문에 머스크가 이야기한 진정한 의미의 기술 디플레이션을 위해서는 부적합한 방식이라고 할 수 있다. 그럼에도 웨이모를 비롯한 후발 주자들은 라이다 탑재 전략을 취할 수밖에 없다. 확보한 실제 주행 데이터의 양에서부터 이미 테슬라와 압도적인 격차가 있기 때문이다.

두 전략 중 어떤 전략이 승기를 잡을지 또는 각자의 영역을 만들어가면서 공생하는 관계가 될지는 이제 조금씩 윤곽이 드러나는 구간으로 접어들 것이다. 각 업체에서 드디어 로보택시 서비스가 출시되고 있기 때문이다. 구글 웨이모는 2025년 3월 우버 앱을 통해 오스틴에서 상용 서비스를 시작했으며, 2025년 6월부터는 애틀랜타로, 연말에는 덴버·달라스·워싱턴DC 등으로 확장할 계획이다. 테슬라는 머스크의 발표대로 2025년 6월 22일 오스틴에서 유료 로보택시 서비스를 시작했으며, 연말에는 달라스·브루클린·시카고 등 미국 전역으로 서비스를 확대하겠다고 밝혔다.

AI와 자율주행이 이끄는 기술 혁신은 이제 이론이 아닌 현실이다. 앞으로 이 기술들이 인류의 생산성을 얼마나 끌어올릴지 그리고 궁극적으로 이 혁신이 '좋은 디플레이션'으로 이어질 수 있을지 지켜보는 것은 매우 흥미로운 여정이 될 것이다.

자율주행, AI가 만들어낼 첫 번째 혁신

자율주행 기술은 인류 생산성의 판도를 뒤흔들 기술 혁신으로 평가받고 있다. 현재 수십억 명의 인류가 매일 몇 시간을 '운전'이라는 단순 반복 행위에 소비하고 있다. 자율주행이 상용화되면 이 시간을 곧바로 업무, 휴식, 학습, 소비 활동 등으로 전환할 수 있기에 인류 개개인의 총 가용 시간 자체가 증가하게 될 것이다. 예컨대 한국인의 하루 평균 운전 시간은 자가용 소유자의 경우 2시간 정도로, 자율주행이 완전히 도입된다면 1년에 700시간의 자유 시간을 추가로 얻을 수 있다. 인류를 단순 반복 노동에서 해방해준 여러 기술 혁신이 그러했듯, 자율주행 역시 인류에게 '운전'이라는 단순 반복 노동에서 벗어나 보다 고차원적이고 생산적인 활동을 할 기회를 제공할 것이다.

자율주행이 만들어낼 변화는 여기서 끝나지 않는다. 자가용뿐 아니라 트럭이나 택배 차량, 로보택시, 드론 배송 등 물류 산업에 자율주행이 도입되면서 무인 물류 체계가 자리 잡으면 인건비와 시간 비용이 절감되고 24시간 무중단 운영이 가능해진다. 이는 산업 전반의 공급망 가동 속도를 가속화하고, 궁극적으로는 가격 안정과 공급 효율 향상이라는 결과를 가져올 것이다. 또한 자율주행이 전면 도입되면 교통사고 발생률이 급감하고 그에 따른 의료비, 보험료, 법적 비용 등 사회 전체의 간접 비용 역시 줄어들 것이다. 웨이모의 공동창업자인 드루 바그넬Drew Bagnell은 이를 두고 "사람이 운전하는 차는 모두 '비자발적 실험'에 가까웠다. 자율주행은 궁극적으로 더 안전한 세상으로 이끈다."라고 이야기하기도 했다.

  자율주행은 단순히 인류에게 편리함을 제공하는 수준을 넘어 삶 속에서 많은 부분을 근본적으로 바꿔놓을 수 있는 혁신적인 기술이다. AI가 주로 소프트웨어 영역에 국한돼 아직까지 인류에게 제대로 된 생산성 향상을 만들어주지 못하는 상황에서 자율주행은 AI가 인간이 살고 있는 물리적 세계에서 만들어낼 '첫 번째 구조적 변화가' 될 것이다. 그렇기에 테슬라를 비롯한 여러 업체가 그토록 사활을 걸고 자율주행 산업의 선두 주자가 되고자 경쟁하는 것이다. 누가 최종 승자가 될지를 예측하는 것은 쉽지 않은 일이지만, 이것 한 가지만큼은 분명하다. 바로 자율주행이 인류의 역사를 바꿔놓을 다음 혁신이 되리라는 사실이다. 머스크가 이야기했던 것처럼 "자율주행은 단순한 교통 기술이 아니라 경제 전체를 바꾸는 일"이 될 것이기 때문이다.

광고에 AI를 접목하면 벌어지는 일들, AI 광고

2016년 알파고가 이세돌 9단을 꺾으며 AI의 위력을 전 세계에 각인시키던 바로 그해, 런던의 작은 광고 회사 프레이지Phrasee에서는 사람과 AI가 각각 쓴 이메일 광고 문구의 성과를 비교하는 실험이 진행됐다. 결과는 압도적이었다. AI가 작성한 문안이 98%의 경우에서 더 높은 오픈율과 클릭률을 기록한 것이다. 이 순간부터 광고 산업은 '사람의 창의적 직관'에서 'AI의 데이터 기반 설득'으로 무게중심이 옮겨가기 시작했다.

그 후 불과 10여 년 만에 AI는 광고의 전 과정에 걸쳐 깊숙이 자리 잡으며 산업의 판도를 바꿨다. AI를 제때 제대로 도입하지 못했던 글로벌 미디어 커뮤니케이션 서비스 분야의 전통 강자 WPP 그룹은 성장 정체와 함께 시가총액이 3분의 1토막이 났지만, AI 광고의 첨병인 더 트레이드 데스크는 AI를 무기로 불과 몇 년 만에 수십 배에 달하는 기업 가치 상승을 이뤄냈다. 며칠 밤을 새워야 했던 작업물이 이제는 몇 초 만에 수백 가지 버전으로 생성되고, 기계가 실시간 반응 분석을 통해 최적의 조합을 찾아낸다. 광고는 더 이상 직관의 영역이 아니라 확률 계산의 무대가 되어가고 있다.

AI가 당신을 알아가는 방법, 하이퍼 퍼스널라이제이션

AI가 광고를 만나면서 만들어진 대표적인 혁신이 바로 '하이퍼 퍼스널라이제이션'hyper personalization이다. 앞서 CTV를 설명하면서 광고 산업에서 타기팅의 중요성에 대해 언급한 바 있다. 반복하자면 타기팅은 광고의 효과를 극대화함으로써 광고비 지출의 효율성을 크게 제고해주는, 광고 회사의 가장 중요한 경쟁력이라고 할 수 있는 요소다. 타기팅을 위해서는 광고주가 광고를 송출하고자 하는 대상을 정확히 이해하고, 높은 효과를 달성할 수 있도록 광고를 적재적소에 배치해야 하기 때문에 타기팅을 잘하는 회사들이 지금의 광고 산업에서 선두를 달리고 있는 것이다. 그런데 여기에 AI가 더해지면 타기팅 기법은 한층 더 발전한다. 이것이 바로 하이퍼 퍼스널라이제이션이다.

AI 기반 하이퍼 퍼스널라이제이션은 단순한 고객 세분화segmentation를 넘어서, 실시간 행동 데이터와 AI 분석을 통해 개개인 맞춤형 경험을 제공하는 고차원적인 전략이다. 예컨대 기존 마케팅이 '20대 여성'

이라는 집단을 대상으로 했다면, 하이퍼 퍼스널라이제이션은 '지금 이 순간 인스타그램에서 제주도 맛집을 검색하고 있는 A 씨'에게 정확한 메시지를 보내는 것을 목표로 한다.

이런 일이 어떻게 가능할까? AI가 하이퍼 퍼스널라이제이션을 구현하는 메커니즘에는 여러 가지가 있다. 먼저 AI가 실시간 행동 데이터를 수집하는 것부터 시작된다. AI를 이용해 웹사이트 방문 이력과 장바구니 담기, 클릭 시간대, 영상을 시청했다면 영상 시청 시간이나 페이지 체류 시간 등 비정형 행동 데이터를 수집한다. 이 외에도 IoT, 앱, 위치 정보, 결제 기록 등 다양한 소스에서 수집된 데이터가 포함될 수 있다.

이렇게 수집한 데이터를 AI 또는 머신러닝 알고리즘이 분석하여 개별 사용자의 구매 가능성과 관심사, 선호 채널 등을 예측한다. 대규모 고객군에 대해서도 개별 고객 단위로 분석함으로써 사실상 1:1 마케팅을 현실화하는 것이다. 또한 추천 알고리즘이 상품, 광고 문구, 이미지, 심지어 할인율까지 사용자별로 자동으로 조정해준다. 예를 들어 어떤 고객이 점심시간에 할인 쿠폰을 더 잘 클릭하는 패턴을 보인다면 AI가 자동으로 해당 시간에 푸시 알림을 발송해주는 식이다. 심지어 특정 행동을 감지하면 자동으로 반응하는 실시간 자동 반응 시스템도 구현할 수 있다. 예컨대 쇼핑을 하던 고객이 장바구니를 이탈하면 5분 후에 이메일로 알림을 보내고, 그래도 접속하지 않으면 2시간 후에 할인 알림을 보내는 식이다.

아마존은 AI와 광고를 매우 성공적으로 접목한 대표적인 기업이다. 제품 추천은 물론 가격, 배송 옵션, 리뷰 정렬, 배너 노출까지 모두 개별 고객 단위로 최적화했다. 심지어 유저마다 첫 화면에 보이는 상품 카테고리 자체를 다르게 설정해놓기도 했다. 예를 들어 최근 유아용품을 검색한 사용자들에게는 메인 화면 최상단에 유아용품을 배치하고, 연관 브랜드의 할인을 제안하는 식이다. 실제로 아마존은 매출의 35% 이상이 이 시스템을 바탕으로 한 개인화 추천으로 견인된다고 이야기하기도 했다.

WPP의 마케팅 디렉터는 지금의 광고 산업이 흘러가는 모습을 바라보며 이같이 회고했다. "우리는 너무 오랫동안 창의력만 믿었다. 그사이 알고리즘은 고객의 마음을 숫자로 읽고 있었는데 말이다." 광고를 '크리에이티브'로만 승부하는 시대는 끝났다. 누가 더 잘 설득하느냐가 아니라 누가 더 정확히 예측하느냐의 게임이다. 그런 점에서 하이퍼 퍼스널라이제이션은 인간의 직감 대신 AI의 계산된 이해와 자동화된 대응이 지배하는 광고 산업의 새로운 질서라고 할 수 있다.

AI라는 날개를 얻은 프로그래매틱 광고

광고 산업의 오래된 난제는 광고주와 매체 간의 매칭 문제였다. 과거에는 광고주가 대행사를 통해 방송사·신문사와 협의하고 광고 슬롯을 구매하는 것이 전부였고 실제 광고를 본 사람이 누구인지, 관심이 있었는지 어쨌는지는 알 길이 없었다. 그러나 2009년 구글의 더블클릭 AdX DoubleClick Ad Exchange 출범을 계기로 프로그래매틱 광고가 등장하면서 상황이 달라졌다. 이제는 사용자가 앱을 열면, 시스템이 검색·장바구니 이력 같은 데이터를 기반으로 즉시 그 사람의 관심사를 분석하고, 광고주들이 자동 입찰을 통해 가장 적합한 광고를 0.2초 만에 송출한다. 사람이 개입하지 않아도 단 한 명의 오디언스에게 맞춤형 광고를 보여줄 수 있는 것이다.

AI의 등장은 이런 프로그래매틱 광고의 성장에 날개를 달아주었다. 프로그래매틱 광고는 처음 등장할 때부터 자동화와 알고리즘을 기반으로 설계됐기 때문에 최근 머신러닝과 생성형 AI의 발전은 그런 자동화 및 알고리즘을 발전시켜 광고 효율을 극단적으로 고도화하는 데 크게 기여하고 있다.

프로그래매틱 광고는 사용자가 웹사이트나 앱을 여는 순간, 0.1~0.3초 이내에 실시간 경매 real-time bidding, RTB 를 통해 광고를 노출해야 하는데, 이 짧은 순간에 어떤 광고를 누구에게 보여줄지 결정하는 것은 사람이 아니라 온전히 AI의 몫이다. 사용자의 과거 행동 데이터, 광고주의 목표, 경쟁 입찰자의 입찰가, 문맥 등을 모두 고려해야 하는데 인간이 0.3초 이내에 이 모든 것을 고려하여 광고를 집행하는 것은 물리적으로 불가능하다. 즉, AI가 없었다면 프로그래매틱 광고 자체가 불가능했을 거라는 얘기다.

또한 어떤 광고를 어떻게 집행해야 할지를 결정하는 과정에서도 AI가 필수적으로 사용된다. AI를 적극적으로 도입하고 있는 많은 회사에서는 수백만 건의 광고 노출 데이터를 학습하며, '어떤 사용자에게 어떤 문구가 잘 통할지', '이 광고가 전환으로 이어질 확률이 높은지'를 예측하고 광고를 집행한 뒤 스스로 광고 성과를 평가하고 효율을 더욱 끌어올릴 수 있는 과정으로 스스로 발전하는 머신러닝 시스템을 보유하고 있다. 챗GPT 등장 이후 AI의 성능이 고도화됨에 따라 이런 머신러닝의 발전 속도가 더욱 빨라지고 있다.

메타는 2022년 어드밴티지플러스Advantage+라는 AI 기반 자동화 광고 솔루션을 출시했는데 이를 통해 광고주들은 광고 세팅, 타기팅, 콘텐츠 최적화를 모두 AI에 맡길 수 있다. 어드밴티지플러스를 이용하면 어떤 문구가 먹힐지, 어떤 사진으로 해야 잘 팔릴지, 어느 시간에 어떤 오디언스에게 광고를 노출할지를 사람이 아닌 AI가 실시간으로 판단하고 반응에 따라 스스로 수정해나간다. 광고주는 그저 '팔고 싶은 제품'과 '예산'만 입력하면 된다. 실제로 메타는 2023년 공개한 리포트에서 어드밴티지플러스를 도입한 광고주들의 ROAS return on Ad spend(광고투자 대비 수익률)가 32% 증가했으며, CPA cost per action(전환당 비용)는 17% 감소했고, 크리에이티브 제작 시간은 최대 90%까지 줄었다고 보고했다.

광고 제작까지 하는 AI

"AI는 인간의 일을 역순으로 대체하고 있다." 오픈AI의 CEO인 샘 올트먼은 AI가 인간의 업무를 대체하는 방식을 이렇게 설명한 바 있다. 이는 일반적으로 AI가 쉽게 대체할 것으로 예상됐던 단순 반복 노동 위주의 직업(블루칼라)이 아니라 오히려 창의력을 요구하는 직업(화이트칼라, 골드칼라)부터 먼저 대체해나갈 것이라는 의미다. 실제로 달-E DALL-E, 미드저니 Midjourney, 파이어플라이 Firefly 등의 이미지 생성 AI가 등장하면서 기존에는 디자이너 3명이 온종일 하던 작업이 이제는 1명이 AI로 수십 개 버전으로 변환하는 것과 같은 일이 이미 벌어지고 있다.

이 같은 현상은 광고 산업에서도 볼 수 있다. 광고 산업에서 안전지대로만 여겨졌던 광고 콘텐츠 제작에까지 AI가 침투한 것이다. 앞서 언급한, 프레이지에서 AI로 광고 문구를 만든 것이 대표적인 사례라고 할 수 있다. 프레이지가 했듯이 AI로 제품의 특징, 브랜드 어조, 타깃층에 맞는 텍스트 문구를 자동으로 생성하는 것을 넘어 이제는 이미지나 영상까지도 AI가 자동으로 생성할 수 있는 시대가 열렸다.

예컨대 생수 브랜드의 제품 사진을 AI 모델에 입력하면 여름 바닷가, 피트니스 헬스장, 사무실 책상 위 등 AI가 다양한 배경 이미지를 생성한다거나 쇼핑몰 광고를 만들고 싶다고 AI에 요청하면 '지금 이 상품, 여름 한정 세일' 등의 문구와 함께 모델 사진과 효과음이 삽입된 광고 영상을 자동으로 생성해내는 식이다.

여러 광고 회사에서 AI를 활용한 이 같은 기능들을 적극적으로 도입하고 있는데, 앞서 설명한 메타의 AI 광고 솔루션인 어드밴티지플러스 역시 이 기능을 제공한다. 광고주가 하나의 광고 문구를 입력하더라도 거기서 톤을 바꿔 수십 개 문안으로 변형해주기도 하며 이미지를 입력하면 릴스, 피드, 스토리 등 각 지면의 스타일에 맞게 자동으로 리사이징하거나 디자인해주는 식이다. 2024년에는 'AI 광고 생성 도우미' 기능을 도입하여 아예 문안이나 섬네일까지도 자동으로 생성해주는 서비스를 제공하고 있다.

글로벌 광고 산업을 이끌고 있는 구글 역시 2023년 마케팅 라이브Marketing Live 행사에서 생성형 AI를 통해 광고를 자동으로 생성하는 도구를 출시한다고 발표했다. 광고주가 제품 페이지 URL을 해당 툴에 입력하면 곧바로 AI가 자동으로 제품을 분석하여 광고 문구부터 헤드라인, 이미지 배너까지 생성해준다. 굳이 여러 문구나 요구 사항을 입력하지 않더라도 AI 모델이 최적의 문장, 이미지 조합을 자동으로 구성해주기 때문에 광고주의 편의성이 높다.

이런 콘텐츠 생성 자동화는 프로그래매틱 광고와 만나면서 또 한 번의 전환점을 맞이할 것이다. 프로그래매틱 광고는 광고 집행 과정만을 자동화하는 것이기 때문에 그 과정에서 사용될 광고 콘텐츠는 광고주들이 미리 어느 정도 정형화된 형태로 준비해둬야 하는 경우가 많았다. 그런데 만약 콘텐츠 제작까지 AI로 자동화될 경우, 광고주는 미리 준비하지 않더라도 입찰에 성공한 매체에 가장 알맞은 광고 콘텐츠를 자동으로 제작하여 송출할 수 있기 때문에 광고 효율을 극대화할 수 있다. 광고 콘텐츠를 제작하는 데 드는 비용과 에너지를 절감할 수 있음은 당연지사다.

AI의 진짜 수혜주가 '광고'인 이유

2022년 말 챗GPT 출시를 기점으로 AI가 빠르게 대중화되면서 2023년, 2024년 주식시장에서 투자자들은 AI라는 신기술의 '진짜' 수혜를 받을 수 있는 기업들을 찾아내는 데 혈안이 됐다. 아무리 혁신적인 기술이라고 하더라도 결국 그 기술을 활용해서 돈을 벌지 못한다면 허울뿐인 영광에 그치기 때문이다. 과거에도 세상을 바꾸겠다며 야심 차게 등장한 신기술이 결국 아무런 부가가치도 창출하지 못한 채 역사의 뒤안길로 사라진 사례가 드물지 않았다. 그렇기에 AI로 돈을 벌 수 있다는 것을 증명하는 것은 AI 산업 자체의 흥망에도 매우 중요한 요소였다.

투자자들이 찾아낸 첫 번째 결과물은 다름 아닌 '광고'에서 나왔다. 이는 어떻게 보면 너무나도 당연한 일인데, 광고 산업이야말로 AI 도입에 가장 앞장섰던 산업 중 하나이기 때문이다. 앞서 언급했듯, 구글이 프로그래매틱 광고 시장을 개화시킨 시점이 2009년이었다. 그 뒤로 광고 산업은 AI를 적극적으로 도입하지 않으면 도태될 수밖에 없는 구조로 흘러갔고, 그 흐름에서 실제로 과거의 명성을 잃어가는 회사도 여럿 있었다. 그래서 광고 업체들은 누구보다 앞장서서 AI라는 신기술을 도입하기에 여념이 없었고, 그 결과 어떤 산업보다 빠르게 AI로 돈을 벌어들였다.

가장 대표적인 사례가 메타다. 페이스북과 인스타그램이라는 SNS 플랫폼을 통해 광고를 제공하는 메타는 이전부터 AI를 이용한 광고 상품들을 적극적으로 출시해왔다. 챗GPT 출시 이후에는 AI에 대한 투자를 대폭 확대하면서 자체 AI 모델의 성능을 끌어올려 광고 효율을 극대화했으며, 그 효과가 광고 단가의 가파른 상승으로 바로 나타났다. 실제로 메타의 광고 단가 Family Average Revenue per Person(유저당 매출)는 2022년 4분기 8.63달러에서 2024년 4분기 14.25달러로 2년 동안 무려 65% 상승했고, 이에 따라 메타의 영업이익은 2022년 694억 달러에서 2024년 2,895억 달러로 무려 140% 증가했다. 2023년, 2024년 2년간 메타가 211%라는 엄청난 주가 상승률을 시현할 수 있었던 것은 어떻게 보면 당연한 일이었다.

촉망받는 중소형 애드테크 기업 중 하나인 앱러빈AppLovin은 AI 기반 광고 기술을 성공적으로 도입해 타기팅 효율을 크게 제고했는데, 이에 따라 메타처럼 앱러빈의 광고 단가 역시 지난 2년간 매우 큰 폭으로 상승했다. 앱러빈의 주가는 2년간 무려 3,300% 상승하면서 AI 산업 성장의 대표적인 수혜주로 떠오르기도 했다.

이렇게 빅테크 업체 중 가장 가파른 이익 성장세를 만들어내고, 다른 모든 기업을 통틀어서도 가장 경이로운 주가 상승을 만들어낸 기업들이 모두 광고 산업에서 탄생한 것은 결코 우연이 아니다. AI를 활용해서 새로운 제품이나 서비스를 만들어내고 그것을 다시 고객들에게 팔아야 하는 여타 산업과 달리, 광고 회사들은 그저 '하던 일을 그대로 하기만 하면 되는' 상황이었다. AI를 활용해 타기팅 효율을 높이는 것은 꽤 오래전부터 모든 광고 회사의 최우선 과제였는데, 2022년 말부터 AI 산업이 본격적으로 개화하면서 그 속도가 더욱 빨라졌다. 더욱 발전된 AI 기술이 타기팅 효율을 끌어올림으로써 광고 단가를 높일 기회를 제공했고, 그 기회를 제대로 잡은 광고 업체들이 AI 산업의 첫 번째 주인공이 된 것이다.

게임도 구독하는 시대,
클라우드 게이밍

    1997년, 리드 헤이스팅스Reed Hastings는 비디오 대여점 체인인 블록버스터Blockbuster에서 빌린 영화 〈아폴로 13〉을 연체한 데 대해 연체료 40달러를 물고 난 뒤 몹시 불쾌한 감정을 느꼈다. '연체료는 고객을 벌주는 시스템'이라는 생각이 머릿속을 떠나지 않았다. 그는 곧바로 친구 마크 랜돌프Marc Randolph와 함께 비디오테이프를 연체 없이 대여하는 새로운 방식을 고민했고, 그 결과 넷플릭스가 탄생했다.

    처음에는 DVD를 우편으로 배송해주는 단순한 대여 서비스로 시작한 넷플릭스는 1999년부터 한 가지 실험을 시작했다. 바로 '월정액 정기 구독 요금제'였다. 일정 금액만 내면 DVD를 몇 장이든 빌릴 수 있었고 연체료도 없었다. 이 실험은 곧바로 폭발적인 반응을 얻었고, 넷플릭스는 곧 전 세계 구독 경제의 상징으로 자리 잡았다.

그로부터 25년이 흐른 지금, 이제는 아무도 CD나 DVD를 사지 않는다. 음악도, 영화도, 심지어 안마의자나 정수기 같은 가전제품조차 구독으로 이용하는 것이 일상이 됐다. 이 거대한 흐름은 마침내 게임에까지 닿았다. 과거에는 컴퓨터나 모바일 기기에 다운로드받거나 CD, 패키지를 구매해야만 즐길 수 있었던 게임을 이제는 더 이상 소장하지 않아도 된다. 수백 개의 게임이 구독 요금제에 포함돼 있기에 사람들은 '무엇을 살까'보다 '이번엔 뭘 해볼까'를 고민하게 됐다. 게임도 구독하는 '클라우드 게이밍' 시대의 서막이 열린 것이다.

MS의 게임 패스

MS의 엑스박스 게임 패스Xbox Game Pass는 그동안 콘솔 시장에서 열세를 면치 못했던 엑스박스 사업을 단숨에 재편한 전략적 전환점이었다. 엑스박스는 초기 콘솔 시리즈부터 소니와 닌텐도에 밀려 고전했으며, 특히 엑스박스 원Xbox One 시절에는 점유율이 20%에도 미치지 못해 재앙에 가까운 성적표를 받기도 했다. 그러나 2017년 출시된 게임 패스가 상황을 완전히 바꿔놓았다.

유저들은 월 구독료만 내면 수백 개의 게임을 무제한으로 즐길 수 있었고, 특히 MS가 모든 자체 제작 게임을 출시 첫날부터 제공하는 'Day-One' 정책을 도입하면서 구독자들의 폭발적인 관심을 얻었다. 기존에 하드웨어 판매 중심으로 운영되던 게임 비즈니스를 구독 기반으로 전환한 이 전략은 플레이어들에게는 저렴한 비용으로 다양한 게

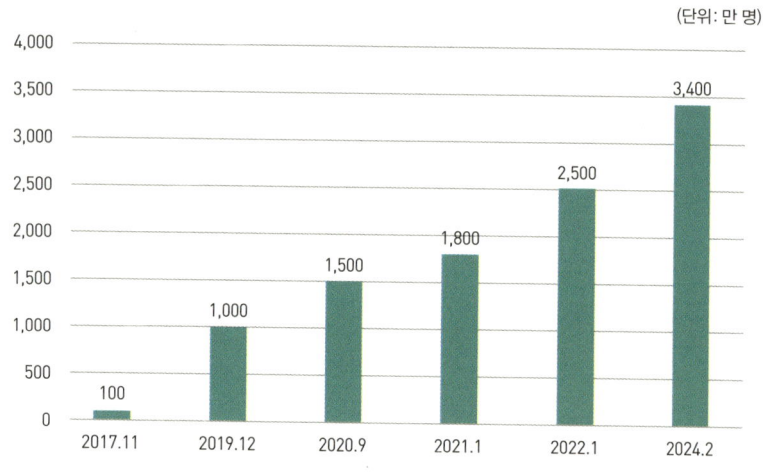

임을 경험할 기회를, 개발사들에는 더 넓은 시장 접근성을 제공하며 강력한 네트워크 효과를 만들어냈다.

게임 패스의 가장 큰 차별점은 단순한 구독 모델을 넘어 클라우드 게이밍으로 확장한 것이었다. 2020년부터 안드로이드 모바일 기기, 이어서 스마트 TV와 스트리밍 기기에서도 게임 패스를 실행할 수 있게 되면서 콘솔에 얽매이지 않는 게이밍 경험이 가능해졌다. 이로써 엑스박스는 콘솔 점유율 20% 남짓에 머물던 약세에서 벗어나 클라우드 게이밍 시장에서는 무려 60% 이상을 차지하는 압도적 1위 사업자로 도약했다.

구글과 아마존 같은 빅테크 기업들도 자사 클라우드 인프라를 무기로 이 시장에 뛰어들었으나, 콘솔 생태계와 클라우드 인프라라는 두 가지 무기를 모두 확보한 MS의 아성은 쉽게 흔들리지 않았다. 소니 역시 전통적 콘솔 강자였지만 클라우드 인프라가 부족해 10%대 점유율에 그쳤고, 엔비디아가 지포스 나우GeForce Now를 통해 20% 내외의 점유율을 확보했으나 이는 GPU 판매 확대라는 목적에 가깝지 순수한 클라우드 게이밍 사업과는 성격이 달랐다.

MS의 승부수는 여기서 그치지 않았다. 2022년 초, 업계를 뒤흔든 액티비전 블리자드Activision Blizzard 인수 발표는 단순한 M&A가 아니라 플랫폼과 콘텐츠의 결합이라는 점에서 게임 산업 전반에 엄청난 파급력을 발휘했다. 비유하자면, OTT 산업에서 애플이 디즈니플러스나 넷플릭스를 인수한다고 했을 때의 파괴력 정도로 볼 수 있다.

약 2년에 걸친 각국 규제 당국의 심사를 거쳐 2023년 10월 마침내 인수가 종결됐고, MS는 세계에서 가장 강력한 게임 콘텐츠 기업 중 하나를 손에 넣게 됐다. 결국 엑스박스 게임 패스는 '압도적인 플랫폼'과 '콘텐츠 최강자'의 결합을 통해 사실상 클라우드 게이밍 시장을 장악할 토대를 마련한 것이다.

이런 전략은 사용자 행동에도 뚜렷한 변화를 만들어냈다. 실제 조사에 따르면 게임 패스 구독자의 90% 이상이 "게임 패스가 아니었다면 해보지 않았을 게임을 플레이했다."라고 응답했다. 또한 구독자는 비구독자 대비 30% 더 다양한 장르의 게임을 경험했고, 40% 더 오랜 시간 게임을 플레이했으며, 평균 지출액은 무려 50% 더 많았다. 단순히 구독료 수익에 그치는 것이 아니라 추가 DLCdown loadable contents(온라인으로 내려받을 수 있는 요소)나 라이브 서비스형 아이템 구매로 이어지며 엑스박스 생태계 전반의 매출과 LTVlife time value(고객 생애 가치)를 끌어올린 것이다. 하드웨어 판매 역시 자연스럽게 증가하며 콘솔-클라우드-소프트웨어가 서로 시너지를 내는 선순환 구조가 완성됐다.

결국 엑스박스 게임 패스는 MS 게임 사업을 기존의 하드웨어 의존적 구조에서 서비스·콘텐츠 중심의 안정적 성장 모델로 탈바꿈시켰다. 더 나아가 게임 패스는 전 세계 게이머들의 소비 습관까지 변화시키며, MS가 엔터테인먼트 산업 전반에서 장기적인 패권을 강화할 수 있는 가장 중요한 무기로 작용하고 있다.

쉽지 않은 길, 그러나 예견된 미래

클라우드 게이밍은 결코 만만한 시장이 아니다. 기존 콘솔 시장의 절대 강자였던 소니뿐 아니라, 심지어 방대한 플랫폼을 보유한 구글조차 이 시장에서는 쓰라린 실패를 경험했다. 이 사실은 클라우드 게이밍이 단순한 기술적 확장이 아니라 콘텐츠와 인프라라는 두 축이 동시에 뒷받침되어야만 가능한 사업임을 명확히 보여준다.

먼저 구글은 2019년 스타디아Stadia를 출시하며 시장의 주목을 받았다. '다운로드도, 게임기 구매도 필요 없는 스트리밍 기반 게임'이라는 비전은 충분히 매혹적이었다. 실제로 유튜브와 연계해서 보던 게임을 클릭 한 번으로 바로 플레이할 수 있다는 구상은 당시만 해도 혁명적인 아이디어였다. 그러나 소비자들의 기대와 달리, 구글은 시장의 기본을 간과했다. 게이머들은 게임을 '소유한다'는 감각에 익숙했는데, 스타디아는 '서비스로 이용'하는 구조를 강요했다.

여기에 더해 구독료를 내면서도 일부 게임은 별도로 구매해야 하는 불리한 요금 모델이 소비자들의 불만을 키웠다. 무엇보다 치명적인 문제는 게임 라인업의 부족이었다. 스타디아는 출시 당시 겨우 22개의 타이틀을 보유했으며, 그마저도 대부분은 기존 콘솔 플랫폼에서 이미 제공되던 게임들이었다. 스타디아는 2023년 공식적으로 문을 닫으며 역사 속으로 사라졌다.

소니는 정반대의 문제에 직면했다. 소니는 사실 MS보다 앞서 클라우드 게이밍 시장에 진입한 기업이다. 2012년 클라우드 게임 기술 기업인 가이카이Gaikai를 인수한 뒤, 2014년 'PS 나우'PS Now를 출시하면서 업계 선두 주자로 나섰다. 그러나 결과는 기대와 달랐다. 2021년까지 확보한 가입자는 겨우 320만 명 수준에 불과했다.

원인은 분명했다. 안정적인 클라우드 인프라의 부재였다. 당시 PS 나우는 최소 5Mbps, 권장 15Mbps의 네트워크 속도를 요구했는데 실제로는 이 기준을 충족하더라도 지연과 끊김 문제가 잦아 유저들의 불만이 쏟아졌다. 소니는 자체 클라우드 인프라를 확보하지 못했고, 결국 세계적인 데이터 전송망을 운영하는 MS의 애저Azure나 구글 클라우드Google Cloud 같은 경쟁자들과의 격차를 극복하지 못했다. 2022년 소니는 해당 서비스를 플레이스테이션 플러스PlayStation Plus 프리미엄 등급에 통합하며 사실상 독립 서비스로서의 실험을 접었다.

이 두 사례는 클라우드 게이밍의 본질을 명확히 보여준다. 안정적 인프라와 강력한 콘텐츠, 이 두 가지를 모두 갖추지 못하면 아무리 강력한 기업이라도 실패할 수밖에 없다. 역으로 MS가 이 시장에서 두각을 드러낼 수 있었던 가장 큰 이유도 바로 여기에 있다. 엑스박스 콘솔 생태계를 통해 이미 확보한 방대한 게임 콘텐츠와 애저라는 글로벌 클라우드 인프라를 동시에 보유한 기업은 오직 MS뿐이었다. 여기에 액티비전 블리자드 인수까지 더해지면서 MS는 클라우드 게이밍의 압도적 리더로 자리매김할 수 있었다.

그렇다고 미래가 장밋빛으로만 보였던 것은 아니다. 클라우드 게이밍은 인프라 의존도가 매우 높은 산업이다. PS 나우가 증명했듯, 네트워크 안정성이 담보되지 않는 한 유저 경험은 불완전할 수밖에 없다. 그러나 아이러니하게도 챗GPT 등장 이후 생성형 AI의 확산이 클라우드 게이밍에는 호재로 작용하고 있다. 각국 기업들이 대규모 GPU와 서버 증설에 나서면서 글로벌 차원의 클라우드 인프라가 빠르게 확충되고 있기 때문이다. 이는 마치 전기차 인프라가 확산된 후에야 자율주행 기술이 본격화된 것과 같은 맥락이다. 인프라가 마련되어야 클라우드 게이밍 역시 현실화될 수 있다.

시장 전망도 낙관적이다. 프리시던스 리서치Precedence Research에 따르면 클라우드 게이밍 시장은 2024년 약 20억 달러 규모에서 2034년에는 1,000억 달러까지 성장할 것으로 예상된다. 이는 연평균 45%라는 가파른 성장률을 전제해야 가능한 수치지만, 전체 게임 시장의 성장 속도를 고려하면 결코 비현실적이지 않다.

무엇보다 소비자들은 이미 준비돼 있다. 넷플릭스와 유튜브 덕분에 스트리밍 환경이 일상화됐고, 5G · 위성통신 · 에지컴퓨팅edge computing 같은 기술들이 클라우드 컴퓨팅의 한계를 극복할 기반을 빠르게 다지고 있다. 결국 클라우드 게이밍은 '될까, 안 될까'의 문제가 아니라 '언제 본격화될까'의 문제로 전환되고 있다.

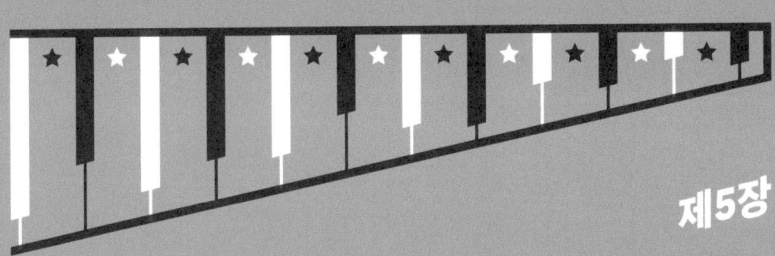

제5장

한계를 잊은 무한 성장 기업들의 빅매치 속 승자 찾기

피지컬 AI, 현실 세계 데이터와 가상 현실 데이터의 대결

테슬라 vs. 엔비디아

앞서 AI 산업 진화의 최종 장은 AI가 물리적 형태를 가지고 우리와 같은 세상을 누비는 임바디드 AI 또는 피지컬 AI가 될 것이라고 언급한 바 있다. 그렇다면 궁극의 AI라고 할 수 있는 피지컬 AI 시대는 어떤 기업이 주도하게 될까?

빅테크 업체들은 저마다의 방식으로 다가올 이 시대를 준비하고 있지만, 그중에서도 가장 앞서 있다고 생각되는 기업이 엔비디아와 테슬라다. 이미 각자의 영역에서 독보적인 입지를 구축한 이 두 기업은 같은 미래를 향해 나아가면서도 전혀 다른 방식으로 접근하고 있다. 두 회사의 피지컬 AI 사업 전략을 비교하면서 피지컬 AI의 구체적인 적용 사례를 알아보자.

플랫폼 vs. 콘텐츠, 비즈니스 모델부터 다르다

미디어 산업에는 아주 해묵은 논쟁이 하나 있다. 바로 '플랫폼과 콘텐츠 간의 헤게모니 싸움'이 그것이다. 인터넷이 등장한 이후 플랫폼이라는 새로운 비즈니스 모델이 생겨났고, 이 플랫폼에 내용, 즉 콘텐츠를 제공하는 콘텐츠 프로바이더contents provider들과 플랫폼 업체 간의 헤게모니 전쟁이 지금 이 순간에도 이어지고 있다.

가장 최근의 사례로 넷플릭스(플랫폼)와 디즈니(콘텐츠) 간의 헤게모니 싸움이 있었다. 넷플릭스가 OTT 비즈니스로 세를 확장하자, 이를 견제하기 위해 디즈니는 넷플릭스에서 자신들의 콘텐츠를 철수하고 자체 OTT 플랫폼을 구축했다. 이에 질세라 넷플릭스도 플랫폼 위주의 비즈니스 모델에서 벌어들인 돈으로 콘텐츠에 적극적으로 투자해 넷플릭스 오리지널이라는 자체 콘텐츠를 제작했다. 그런데 이와 유사한 구도가 지금 피지컬 AI에서도 재현되고 있다. 말하자면 플랫폼 제공자로서 엔비디아와 콘텐츠 제작자로서 테슬라의 경쟁이라고 할 수 있다.

엔비디아는 2025년 CES에서 코스모스를 공개하며 피지컬 AI에서의 플랫폼을 자처했다. 젠슨 황은 코스모스를 '세상을 만드는 모델'world foundation model이라고 정의하며, 2,000만 시간 이상의 동영상으로 물리적·역동적 상황을 학습시켰다고 설명했다. 물리 세계 데이터를 수집·가공·레이블링하는 과정에는 막대한 비용과 시간이 요구되는데, 코스모스는 이를 대신 수행해주는 역할을 한다. 젠슨 황은 AI

개발을 위한 데이터가 부족하다는 최근의 우려에 동의하지 않으며, 실제 데이터를 합성·확장함으로써 필요한 학습 데이터를 무한히 만들어 낼 수 있다고 강조했다.

또한 엔비디아는 코스모스를 깃허브에 오픈 라이선스로 공개해 피지컬 AI를 개발하고자 하는 누구나 활용할 수 있도록 했다. 더 나아가 휴머노이드 전용 그루트 파운데이션 모델GR00T Foundation Model을 선보여 로봇 개발자들이 방대한 데이터와 시뮬레이션 툴에 접근해 모방 학습을 진행할 수 있는 환경을 마련했다. 이처럼 엔비디아는 피지컬 AI 개발을 위한 플랫폼을 제공함으로써 휴머노이드 로봇 개발의 진입장벽을 낮추고 피지컬 AI의 확산 속도를 크게 끌어올리려 하고 있다.

반면 테슬라는 플랫폼보다는 자신이 직접 완성된 제품을 내놓아 수익을 얻는 전략을 택했다. 테슬라가 자랑하는 FSD는 전 세계 수백만 대 차량을 통해 누적된 50억 마일 이상의 실제 주행 데이터를 기반으로 학습한다. 분 단위로 수십만 마일의 데이터가 쌓이며, 이는 타사와 비교 불가능한 데이터 우위를 형성한다.

테슬라의 휴머노이드 로봇 옵티머스Optimus도 같은 원리다. 테슬라는 실제 작업자들을 고용해 VR·모션캡처 장비로 다양한 동작을 수행하게 하고, 그 데이터를 '엔드투엔드end-to-end 방식*'으로 학습시킨다. 이렇게 현실 세계 데이터를 직접 확보함으로써 테슬라는 시뮬레이션

---

* 중간 단계를 거치지 않고, 입력된 데이터(예: 카메라 영상)를 원하는 출력(예: 차량의 조향, 가속, 제동 명령)으로 곧바로 연결하는 방식. 사람이 일일이 규칙을 정해주지 않아도 AI가 스스로 전체 과정을 학습해 더 자연스럽고 유연한 판단을 할 수 있다.

이 절대 재현할 수 없는 수많은 변수를 학습에 반영할 수 있다. 수익 모델은 단순하다. 차량·로봇 판매(하드웨어)와 FSD·로보택시 서비스(소프트웨어)를 통해 직접 돈을 벌고, 장기적으로는 FSD 라이선싱 같은 확장 가능성도 염두에 두고 있다.

LBM 구축 방식: 가상 세계 vs. 현실 세계

AI 모델을 개발할 때는 필수적으로 데이터 학습을 해야 한다. AI 모델들이 학습한 데이터가 결과를 도출하는 근거가 되며, 따라서 AI 모델들이 유저들의 질문 또는 리퀘스트에 더 나은 결과를 도출하게 하려면 고품질의 데이터를 최대한 많이 학습시켜야 한다. 젠슨 황 역시 피지컬 AI가 AI의 새로운 패러다임으로 자리 잡아감에 따라 곧 로봇의 시대가 도래할 것이며, 이제 중요한 것은 로봇을 '어떻게 학습시키는지'가 될 것이라고 강조했다. 이처럼 피지컬 AI의 학습 방식에서 엔비디아와 테슬라는 근본적으로 다른 해법을 제시하고 있다.

엔비디아는 가상 세계에 답이 있다고 본다. 이 회사 자체가 게이밍에 뿌리를 두고 있기 때문에 얼마나 정교하게 시뮬레이션된 세상을 구현할 수 있는지에서 경쟁력을 발휘한다. 엔비디아는 옴니버스Omniverse라는 시뮬레이션 플랫폼을 운영하고 있는데, 여기에 CES 2025에서 공개한 코스모스를 결합했다. 코스모스는 '세상을 만드는 모델'이라고 불리며, 중력·마찰·관성과 같은 물리 법칙을 학습하고 예측할 수 있다. 옴니버스와 결합하면 단순히 화면을 그려내는 수준을 넘어 실제 물리적 법칙이 반영된 데이터 세트를 무한히 생성할 수 있다.

이 접근의 장점은 분명하다. 첫째, 현실에서는 위험하거나 보기 드문 상황까지 안전하게 시뮬레이션해볼 수 있다. 예컨대 도로에서 갑작스럽게 뛰어드는 보행자나 악천후 속의 충돌 사고 같은 상황을 실제로 재현하기는 어렵지만 가상 환경에서는 수천 번 반복해 학습시킬 수 있다. 둘째, 데이터 생성 비용과 속도 측면에서 현실을 압도한다. 일일이 센서를 달고 도로를 달리지 않아도 시뮬레이터에서 단기간에 수억 마일 분량의 데이터를 만들어낼 수 있기 때문이다. 엔비디아는 이런 생태계를 오픈소스로 공개하면서 개발자들을 끌어들이고 있으며, 이 모든 과정에서 필수적으로 사용되는 GPU 판매라는 본업을 강화하는 선순환을 노리고 있다.

반대로 테슬라는 현실 세계에 정면으로 뛰어든다. 지금까지 판매된 누적 800만 대 이상의 차량에서 주행 데이터를 직접 수집하고 있으며, 운전자 행동과 AI 판단의 차이를 비교하는 '섀도 모드' shadow mode 까지 활용한다. 이를 통해 매년 수백억 마일에 달하는 실제 주행 데이터를 확보하는데, 이 데이터는 예측 불가능한 변수들까지 반영한다는 점에서 가상 현실에 기반한 시뮬레이션으로는 따라오기 힘든 장점이 있다.

휴머노이드 로봇 옵티머스도 같은 원리다. 테슬라는 실제 사람을 고용해 VR 장비와 모션캡처 슈트를 착용한 채 다양한 동작을 수행하게 하고, 이 데이터를 기반으로 로봇을 훈련한다. 여기서 사용되는 방식이 바로 엔드투엔드 학습으로, 중간 단계 없이 시각 입력이 곧바로 동작 명령으로 연결된다. 인간이 사물을 보고 바로 움직임을 결정하듯, 로봇 역시 복잡한 판단 과정을 거치지 않고 곧바로 행동을 학습할 수 있다. 물론 이런 방식에는 엄청난 비용과 시간이 든다. 전문가들은 옵티머스가 일반적인 작업을 수행하려면 수백만 시간의 데이터가 필요하고, 그 비용이 수억 달러에 달할 수 있다고 말한다. 하지만 테슬라는 전 세계 차량 네트워크와 자본력 덕분에 이런 방식을 지속적으로 추진할 수 있는 드문 기업이다.

엔비디아의 플랫폼 수수료, GPU

두 회사가 자신만의 방법으로 이토록 각고의 노력을 하는 이유는 결국 피지컬 AI로 돈을 벌기 위해서다. 산업 내에서의 전략적인 포지셔닝과 비즈니스 전개 방식이 다르기 때문에 두 회사가 수익을 창출할 방법 역시 다를 수밖에 없다.

먼저 엔비디아는 플랫폼의 포지션을 취하고 있다. 플랫폼 비즈니스의 가장 대표적인 수익 모델은 '수수료'이며, 엔비디아 역시 마찬가지다. 다만, 엔비디아가 받는 수수료는 전통적인 플랫폼 기업들이 받는 수수료와는 조금 다른 형태가 될 것이다. 엔비디아는 자신들의 피지컬 AI 플랫폼을 이용하는 업체들에 GPU를 판매함으로써 수수료를 수취하려고 한다.

엔비디아는 세상에 존재하는 어떤 기업보다 AI 산업 태동의 수혜를 가장 크게 본 기업이다. 엔비디아가 판매하던 GPU는 AI 학습에 필요한 반복적인 대규모 행렬 연산에 매우 적합한 병렬 연산 능력을 갖추고 있었으며, 모든 AI 개발 업체의 필수재로 급속도로 자리 잡았다. 이에 따라 엔비디아는 AI 산업이 태동하던 2023년 초부터 엄청난 실적 성장을 이뤘고, 경기 침체 우려에 허덕이던 미국 증시를 구원해냈으며, 현재까지도 놀라운 성장세를 이어가고 있다.

그런데 2024년부터 상황이 조금씩 달라졌다. AI 개발 업체들이 이제는 돈을 벌기 위해 AI 서비스를 만들 필요성이 생겨났고, AI 모델 개발을 위한 '학습'보다는 AI 서비스 구현을 위한 '추론'의 영역이 더욱 주목받기 시작했다. 당연히 엔비디아의 GPU가 추론에서도 최고의 성능을 보여줬지만, 문제는 성능이 아니라 가성비에 있었다. 엔비디아의 GPU는 학습보다 비교적 쉬운 추론 영역에 사용되기에는 가성비가 좋지 않았다. 엔비디아 칩은 너무나도 고가인 데 비해 추론에서 요구하는 영역은 엔비디아 GPU의 기능 중 극히 일부에 불과하기 때문이다. 이런 이유로 빅테크를 위시한 AI 개발 업체들은 자신들의 서비스에 최적화된 자체 칩 개발에 몰두하기 시작했고, 자체 칩을 AI 서비스 개발을 위한 추론 영역에 적극적으로 도입했다. 자체 칩 개발을 도와주는 브로드컴이나 마벨 테크놀로지Marvell Technology 같은 업체들이 주목받기도 했다.

엔비디아는 피지컬 AI에서 이 판을 다시 한번 뒤집으려고 한다. 로봇, 자율주행 등 피지컬 AI에서는 챗봇 중심의 생성형 AI에서 사용됐던 것보다 훨씬 더 복잡하고 다양한 데이터가 필요하며, 이 모든 데이터를 활용해 실시간으로 행동을 예측하고 반응해야 하기 때문에 훨씬 더 막강한 연산량이 필요하다. 엔비디아 GPU가 다시 한번 빛을 발할 순간이 돌아오고 있는 것이다.

엔비디아는 코스모스·옴니버스·그루트 등을 통해 수많은 업체에 자신만의 피지컬 AI를 개발할 길을 열어주고, 그들이 개발 과정에서 가상으로 방대한 양의 데이터를 생성하고 수집할 수 있게 해줬다. 그 과정에서 엔비디아는 AI 개발 업체들로부터 별다른 비용을 수취하지 않는다. 코스모스는 오픈소스 라이선스이고, 옴니버스 기본 버전은 무료로 다운로드해서 쓸 수 있으며, 그루트는 오픈 액세스 형태로 배포되고 있다. AI 개발 업체들은 이렇게 무료로 엔비디아의 플랫폼을 이용할 수 있지만, 이 플랫폼을 이용해서 피지컬 AI 모델을 개발하기 시작하면 엔비디아의 수수료 수취가 시작된다. 데이터를 모으고, 모델을 고도화하고, 서비스를 구현하는 모든 과정에서 엔비디아의 GPU가 반드시 필요하기 때문이다.

엔비디아는 피지컬 AI 서비스를 직접 개발하지는 않지만, 수많은 업체가 더 좋은 피지컬 AI를 개발하기 위해 경쟁할 때 그들에게 GPU를 팔아서 수수료 수익을 취하려는 전략이다. 2000년대 초반 고사양 게이밍 열풍부터 데이터센터, 크립토 골드러시crypto gold rush, 자율주행까지 이어져온 엔비디아의 성장 공식과 완벽하게 일치하는 전략이다. 엔비디아는 테크 산업에서 일어나는 모든 혁신적인 변화의 물결 속에서 "우리의 GPU가 당신이 혁신을 만들어내는 데 가장 적합합니다."라고 이야기하면서 산업 성장의 수혜를 가장 크게 누려왔다. 생성형 AI가 등장했을 때도 마찬가지였다. 똑같은 일을 엔비디아는 피지컬 AI에서 한 번 더 재현하려 하고 있다.

'테슬라는 직접 팝니다'

테슬라는 딜러 유통망을 반드시 동반하는 전통적인 완성차 업체들과 달리 '모든 차량 직접 판매'라는 파격적인 판매 구조를 들고나온 것으로 유명하다. 여기에는 여러 합리적인 이유가 있지만 가장 크게 작용한 것은 테슬라의 기업 DNA다. 테슬라는 기본적으로 자신들이 하나부터 열까지 직접 제품과 서비스를 만들고, 판매까지 직접 하는 '중개자 없는 비즈니스'를 하려는 DNA를 가진 회사다. 그 과정에서 내재화가 되지 않은 부품들은 어쩔 수 없이 외부 업체를 이용하지만, 그마저도 결국에는 내재화에 성공하고 만다. 가장 대표적인 사례가 바로 4680 배터리다. 테슬라는 LG에너지솔루션, 파나소닉 등 외부 공급사에서 가져다 쓰던 배터리를 내재화하기 위해 직접 배터리 셀을 개발해 사용하고 있다.

피지컬 AI에서도 마찬가지일 것이다. 테슬라는 피지컬 AI의 구성 요소들을 모두 '직접' 장악하려 한다. 테슬라는 자율주행이라는 피지컬 AI를 구현하기 위해 현실 세계 데이터를 시작점부터 하나하나 다 직접 모아왔으며, 그를 바탕으로 타의 추종을 불허하는 방대한 데이터양을 확보했다. 이렇게 만들어진 FSD를 활용해 수익화를 달성하기 위해 2025년 6월 로보택시 서비스를 출시했으며, 테슬라의 로보택시는 테슬라가 100% 단독으로 운영한다. 우버와의 협업을 발표한 구글 웨이모와는 다른, '테슬라스러운' 행보라고 할 수 있다.

FSD는 또 다른 거대한 가능성을 보유하고 있는데, 외부 판매를 할 수도 있다는 것이다. 실제로 일론 머스크는 FSD를 외부로 라이선싱할 생각이 있느냐는 질문에 "그럴 가능성이 있다."고 대답하기도 했다. FSD를 자사 차량의 판매량을 늘리고 로보택시 서비스의 고도화를 위해 사용하는 것뿐 아니라 테슬라의 자율주행 기능을 따라잡기를 포기한 완성차 업체들에도 판매할 가능성을 열어둔다는 것이다. 모건 스탠리는 (지금은 없어졌지만) 도조와 FSD의 상업화가 진행된다면 테슬라의 기업 가치에 최대 5,000억 달러가 추가될 수 있다고 이야기하기도 했다.

휴머노이드 로봇인 옵티머스 역시 마찬가지다. 옵티머스를 개발하기 위한 데이터 역시 자율주행에서 그랬던 것처럼 처음부터 끝까지 스스로 직접 쌓아 올렸다. 처음에는 사람들을 고용해서 VR 기기를 씌우고 허공에 손짓을 하는 정도였지만, 2025년 말에는 테슬라 공장 내에 수천 대의 옵티머스를 배치하는 것을 목표로 하고 있다. 자신들의 공장에 먼저 투입해서 성능을 더욱 빠르게 고도화할 뿐 아니라 성능에 대한 검증도 자연스럽게 처리하여 외부로 판매하려는 계획이다.

테슬라가 딱 하나 내재화를 해내지 못한 부분이 있는데, '연산 칩'이다. 테슬라는 현재 대부분의 AI 연산을 엔비디아의 GPU에 의존하고 있으며, 실제로 엔비디아 칩을 가장 많이 확보한 회사 중 하나이기도 하다. 이 같은 의존도를 극복하기 위해 '도조'라는 자체 슈퍼컴퓨팅 시스템을 만들어보려고도 했으나, 2025년 8월 도조 칩 개발을 완전히 중단하고 삼성 파운드리에 자신들의 칩 제조를 맡겼다. 다만, 이 역시 종국적으로는 칩을 내재화하기 위한 계획의 일부일 가능성이 크다. 이미 유수의 고객사를 확보하여 콧대가 높아진 TSMC가 아니라 역량이나 경험이 부족하더라도 자신이 원하는 방향으로 이끌어갈 수 있는 삼성 파운드리가 자신들의 장악력을 높이기에는 더 적합하다는 계산이 기저에 깔려 있을 것이다.

테슬라는 자동차와 로봇 생산부터 데이터 수집, 연산을 처리할 칩까지 피지컬 AI 구현에 필요한 모든 역량을 내재화하고 궁극적으로는 직접 판매로까지 이어가려 하고 있다. 이를 통해 '자율주행'과 '로봇'이라는 피지컬 AI의 대표적인 두 영역을 장악하여 더 이상 자동차 판매 회사에 머무르지 않고 피지컬 AI 회사로 거듭나려 하고 있다. 실제로 일론 머스크는 테슬라의 주요 사업이 향후에는 자동차 판매가 아닌 FSD 소프트웨어와 옵티머스가 될 것이라고 이야기한다. 그러면서 FSD 기술이 완성되면 자율주행 기술이 테슬라의 가치에서 큰 비중을 차지하게 될 것이며, 휴머노이드 사업이 본격화된 시점에는 테슬라 가치의 약 80%를 옵티머스가 차지할 것이라고 덧붙였다. 머지않아 테슬라를 더는 '자동차 회사'라고 이야기하지 않게 될 것이다.

피지컬 AI 시대의 진검승부

피지컬 AI의 시대는 이제 시작됐지만 이미 그 무대의 주역은 뚜렷하다. 엔비디아는 코스모스와 옴니버스, 그루트 같은 플랫폼을 통해 전 세계 개발자들에게 '세상을 재현할 수 있는 무대'를 제공하며 산업의 문턱을 낮추고 있다. 플랫폼에 수많은 기업이 올라타게 해 GPU라는 핵심 수익원으로 이어지게 하는 전략이다. 반면 테슬라는 전혀 다른 길을 걷는다. 방대한 차량 네트워크에서 직접 수집한 주행 데이터와 VR · 모션캡처를 통한 현실 기반 학습으로 옵티머스를 훈련시키며, 스스로 모든 것을 내재화해 완성된 제품과 서비스를 직접 시장에 내놓는다. 로보택시, FSD, 휴머노이드까지 테슬라의 행보는 '중개자 없는 비즈니스'라는 DNA를 피지컬 AI에서도 그대로 이어가고 있다.

이 두 전략은 플랫폼과 콘텐츠라는 오래된 논쟁을 피지컬 AI라는 새로운 전장에서 또다시 소환했다. 어느 쪽이 주도권을 쥐든, 분명한 사실은 AI가 이제 물리적 세계를 직접 움직이며 산업과 인간의 삶을 재편한다는 것이다. 피지컬 AI의 서막은 이미 열렸고, 그 무대 위에서 엔비디아와 테슬라가 맞부딪치며 써 내려갈 역사는 인류 기술 진화의 또 다른 정점을 향해 나아가고 있다.

클라우드의 커머디티화를 극복하는 세 가지 방법

구글 vs. MS vs. 아마존

　클라우드 컴퓨팅의 등장은 단순한 기술 혁신을 넘어 테크 산업의 패러다임을 바꾼 사건이었다. 서버에 대한 '투자'가 필요한 만큼 빌려 쓰는 '소비'로 전환되면서 인프라의 민주화가 본격화됐다. 이를 빠르게 받아들인 기업들이 막대한 이점을 누리며 넷플릭스, 드롭박스Dropbox, 에어비앤비 같은 클라우드 기반 기업들이 탄생했다. 이후 구글, MS, 아마존이 압도적인 현금흐름을 바탕으로 인프라 투자를 선도하면서 시장은 3강 구도로 굳어졌다.

　하지만 시간이 지나 공급이 수요를 따라잡자 클라우드는 점점 '커머디티화'commoditized(범용화)되기 시작했다. 세 회사 모두 사실상 동일한 하드웨어와 칩을 쓰다 보니 품질 차이가 줄어들었고, 고객들의 선택 기준은 '누가 무료 크레딧을 더 많이 주는가'로 단순화됐다. AWS가

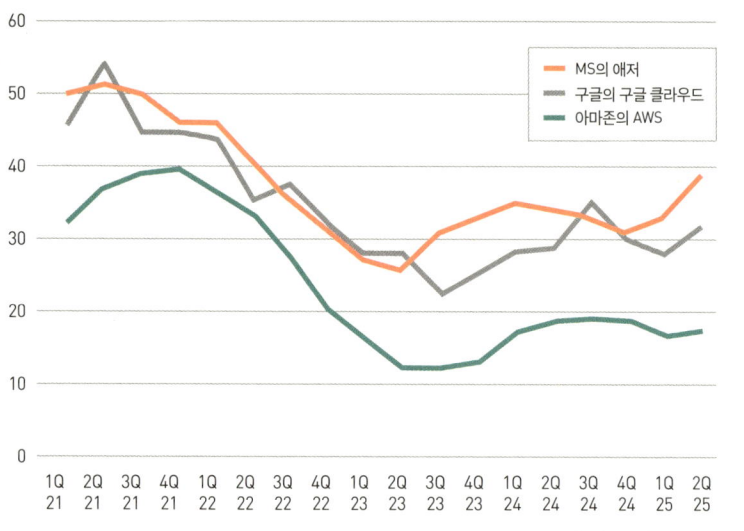

5-1 클라우드 3사의 클라우드 매출 성장률 비교

(단위: %)

출처: 각사 분기보고서

2006년 이후 100번이 넘는 가격 인하를 발표할 정도로 가격 경쟁이 치열해졌고 그만큼 수익성은 깎여나갔다.

그러던 중 등장한 'AI'와 함께 모든 것이 달라졌다. 챗GPT의 등장으로 AI의 가능성을 직접 확인한 순간 기업과 소비자들은 기꺼이 돈을 지불하기 시작했고, LLM 개발과 AI 투자 열풍이 불붙었다. 이 새로운 흐름은 클라우드 산업을 다시 한번 요동치게 했다. 단순히 '저렴한 서버 공간'이 아니라 AI를 학습·추론할 수 있는 최적의 인프라가 핵심 가치로 떠오르면서 침체기에 빠질 듯했던 클라우드는 AI라는 엔진을 달고 새로운 성장의 궤도로 진입했다.

MS

가장 먼저 움직인 주자가 MS다. 이미 2019년 7월 오픈AI에 10억 달러 규모의 초기 투자를 진행하면서 오픈AI의 독점 클라우드 제공자로 등극한 바 있다. 2023년 1월, 챗GPT가 대중에게 본격적으로 알려지기 시작하자 곧바로 100억 달러를 추가로 투자하면서 오픈AI와의 결속력을 한 단계 더 끌어올렸다. 기존에 '낮은 가격' 외에는 호소할 만한 차별점이 없었던 애저에 대해 이제는 "챗GPT API application programming interface를 사용하기 위해서는 애저를 이용해야 합니다."라고 이야기할 수 있게 된 것이다. 예컨대 어떤 기업이 내부 시스템에 GPT 기능을 활용하고 싶다거나 챗GPT로 고객 응대 챗봇을 만드는 등 파생 제품을 만들기 위해서는 반드시 애저의 오픈AI 서비스를 통해 챗GPT를 사용해야 한다.

물론 오픈AI의 API를 이용하기 위해 오픈AI와 직접 계약하는 방법도 있지만, 이 경우 미국 외 지역에서의 데이터 전송 제한, 제한적인 결제 수단, 낮은 보안 수준 등 여러 제약이 따른다. 반면 이미 애저를 사용하던 고객이라면 기존 계약을 확장하는 간단한 방법으로 이 단점들을 손쉽게 해결할 수 있다. 오픈AI라는 AI 산업의 상징적인 존재를 등에 업은 덕분에 SaaS software-as-a-service (서비스형 소프트웨어) 애저는 기업들의 당위적인 선택지가 된 것이다.

MS는 여기서 한 걸음 더 나아가 오픈AI와의 파트너십을 활용해 GPT 기능을 자사 SaaS 제품군에 내재화한 '코파일럿'이라는 신제품을 출시하기도 했다. 이는 단순히 'GPT를 API로 붙인다'는 수준을 넘어 자사의 오피스Office, 팀즈Teams, 아웃룩Outlook 같은 킬러 소프트웨어 내부에 생성형 AI 기능을 기본값으로 탑재한 전략이라고 할 수 있다. 예컨대 코파일럿이 적용된 MS 워드를 사용하면 챗GPT의 AI 기능을 이용해 워드 문서의 내용을 요약하거나 글쓰기 보조 기능, 초안 생성 기능 등을 사용할 수 있다. 기반 모델은 오픈AI의 GPT 계열이지만, 이 모든 기능은 애저 인프라 내에서만 독점적으로 통합하여 작동하도록 설계돼 있다.

물론 기업들이 코파일럿을 사용한다고 해서 애저 클라우드의 매출이 곧바로 늘어나는 구조는 아니다. 하지만 오픈AI의 생성형 AI 기능들을 성공적으로 접목한 코파일럿을 통해 MS는 기존 제품의 수명을 연장시킬 수 있었고, 새로운 성장 동력을 확보할 수 있었다. 코파일럿을 이용해 직접적으로 애저의 성장을 만들어내지는 못하더라도 AI를 이용해 클라우드 외 기존 비즈니스와 클라우드 비즈니스 간 시너지를 극대화할 계기를 마련한 것이다.

즉, '클라우드의 커머디티화'를 극복하기 위해 MS는 오픈AI와의 독점적 파트너십을 십분 활용했다. 그 결과 생성형 AI라는 새로운 콘텐츠를 애저에 독점적으로 제공하고 자사 핵심 제품군에 새로운 성장 모멘텀을 불어넣음으로써 단순한 가격 경쟁에 머물러 있던 클라우드 비즈니스에 강력한 전략적 우위를 부여한 것이다.

아마존

　클라우드 3사 중 아마존의 AWS는 가장 먼저 시장을 열었음에도 3사 중 가장 낮은 성장률을 보였는데, 그 배경에는 몇 가지 구조적인 요인이 있다.

　첫째, 고객군의 차이다. AWS는 초기부터 스타트업과 중소기업을 중심으로 성장해왔다. 우버·에어비앤비·드롭박스 같은 혁신 기업들이 모두 AWS를 기반으로 출발했는데, 이들은 비용 효율성을 최우선으로 두기 때문에 경기 불확실성이 커질수록 가장 먼저 IT 인프라 지출을 줄이는 성향을 보인다. 반대로 대기업 고객 비중이 높은 MS 애저는 클라우드를 단순 인프라가 아니라 ERP enterprise resource planning(전사적 자원 관리), CRM, 오피스 365 등 기업용 소프트웨어와 결합해 공급했기 때문에 상대적으로 안정적인 수요를 확보할 수 있었다.

　둘째, 멀티 클라우드 전략의 확산이다. AWS는 압도적 1위였기 때문에 역설적으로 '아마존에 종속되어서는 안 된다'는 기업들의 우려를 가장 많이 받았다. 실제로 많은 고객이 비용 협상력을 높이거나 리스크를 분산하기 위해 애저나 구글 클라우드와 병행하여 사용했고, 이는 AWS의 점유율 하락으로 이어졌다. 앞서 설명했듯 이를 극복할 방법은 가격 경쟁밖에 없었고, 이 같은 무기력함은 아마존이 2006년 이후 시행한 100회가 넘는 가격 인하라는 형태로 표출됐다. 이로 인해 아마존은 매출 성장 둔화와 수익성 압박을 겪을 수밖에 없었다.

　그런데 AI라는 터닝 포인트가 아마존에도 찾아왔다. 아마존은 이 기회를 반드시 살려내야 했다. 시작은 MS와 비슷했다. 자체 LLM인 타이탄Titan 개발에 공을 들인 것이다. 2020년 GPT-3와 오픈AI API가 세계적으로 주목받자 AWS도 본격적으로 타이탄 프로젝트를 밀어붙였고, 2023년 챗GPT 열풍이 절정일 때 마침내 타이탄을 발표했다. 하지만 아마존은 오픈AI처럼 모든 역량이 모델 개발에만 집중된 회사가 아니다. 커머스, 물류, 클라우드 등 전방위로 분산된 사업 구조 속에서 타이탄의 완성도는 GPT 계열 모델보다 뒤처질 수밖에 없었다. 이 시점에서 아마존은 전략을 대폭 수정했다. 단일 모델에 집착하는 대신 여러 모델을 한데 모으는 플랫폼을 만들겠다고 선언한 것이다.

그 결과물이 바로 베드록Bedrock이다. 베드록은 타이탄을 포함해 앤트로픽Anthropic, 미스트랄Mistral, 코히어Cohere 같은 다양한 LLM을 AWS 위에서 손쉽게 사용할 수 있도록 지원하는 서비스로 일종의 'AI 모델 편의점'에 가깝다. 고객은 특정 모델에 종속되지 않고 필요에 맞는 모델을 골라 쓸 수 있으며, AWS는 이 과정을 안정적인 보안·확장성 환경으로 뒷받침한다. 타이탄 역시 베드록의 여러 모델 중 하나로 위치 지어졌다는 점은 아마존이 자체 LLM을 주인공이 아니라 플랫폼 속 콘텐츠 중 하나로 포지셔닝했다는 사실을 방증한다. 이로써 아마존은 독자 모델 경쟁에서 밀리더라도 오히려 생태계를 넓히며 차별성을 확보할 수 있었다.

아마존은 여기서 멈추지 않았다. 단순히 LLM을 묶어내는 플랫폼만으로는 구글이나 MS와의 차별화를 장담할 수 없다고 봤기 때문이다. 특히 입점한 모델 중 하나가 급격히 성장해 자체 인프라를 구축한다면 AWS 의존도가 낮아질 위험도 있었다. 그래서 아마존은 하드웨어로 눈을 돌렸다. AI 투자 열풍으로 엔비디아 GPU 가격이 치솟고 공급 부족이 심화되자 아마존은 자체 ASIC 개발을 통해 엔비디아에 대한 의존도를 낮출 방법을 모색했다. 그렇게 등장한 칩이 인퍼런시아Inferentia(추론용)와 트레이니엄Trainium(학습용)이다.

2세대 인퍼런시아는 1세대 대비 속도가 4배, 대역폭은 10배 늘어나 GPT 급 추론을 지원하며, 트레이니엄은 초거대 모델 훈련까지 가능하도록 확장됐다. 아마존은 이 칩들을 통해 엔비디아 대비 최대 40~45%의 비용 절감 효과를 제공한다고 발표했다. 단순히 값이 저렴한 수준을 넘어 특정 작업에서는 GPU보다 더 나은 지연 시간과 안정성을 보여준다. 무엇보다 이 칩들은 AWS에서만 쓸 수 있다는 점이 핵심이다. 다시 말해 LLM 스타트업이나 대기업이 베드록을 통해 모델을 배포할 때 인퍼런시아와 트레이니엄 위에서 돌리면 가격과 성능에서 이점이 생기고, 자연스럽게 AWS 종속성이 강화되는 구조다.

이처럼 아마존은 플랫폼(베드록), 인프라(AWS), 하드웨어(ASIC)라는 세 축을 동시에 강화하며 클라우드의 커머디티화에서 벗어나려 하고 있다. LLM을 직접 만들어 승부하기보다는 다수의 모델을 흡수해 생태계를 넓히고, 동시에 자체 칩으로 엔비디아 의존도를 줄이며 비용·성능 경쟁력을 확보하는 방식이다. 이 전략이 성공한다면 AWS는 단순한 클라우드 서비스 제공자가 아니라 AI 기업들이 반드시 거쳐야 하는 종합 인프라 사업자로 자리매김할 수 있을 것이다.

구글

구글은 클라우드의 커머디티화 트렌드를 역행하기 위해 MS와 아마존의 전략 사이 어딘가에 위치한 중간지대에서 나름의 해법을 찾고 있다. 지금 구글이 가장 힘을 주고 있는 부분은 MS와 유사하게 자신들의 클라우드에서만 독점적으로 제공되는 생성형 AI 모델, 즉 제미나이Gemini의 개발이다.

구글은 아마존보다 더 늦은 2023년 12월이 되어서야 자체 LLM인 제미나이를 발표했다. 물론 그 이전부터도 PaLM이라는 자체 LLM을 보유하고 있었지만, 구글이 AI 모델에서 유의미하게 두각을 드러내기 시작한 것은 사실상 GPT-4에 대항하여 제미나이를 출시한 이후부터라고 봐도 무방하다.

첫 출시가 늦었을 뿐 제미나이 1 시리즈가 발표된 이후부터 구글은 꾸준한 업데이트 및 업그레이드를 통해 2025년 초 2.5 버전까지 빠르게 발전시켜왔다. 모델의 성능 역시 급속도로 개선되어 2.0 버전 출시 이후부터는 경쟁사들과의 격차를 상당히 벌렸다. 구글은 MS와 마찬가지로 제미나이를 GCPGoogle Cloud Platform를 통해 독점적으로 제공하고 있으며, 당연하게도 이제는 제미나이가 구글의 클라우드 비즈니스에서 가장 중요한 마케팅 포인트로 자리 잡았다. 제미나이가 잘돼야 구글의 클라우드 비즈니스가 성공하는 연결고리가 완성된 것이다.

구글은 현재 제미나이의 성능 향상에 사활을 걸고 있으며, 이를 위해 자체 칩인 TPUTensor Processing Unit(텐서 처리 장치)를 적극 활용하고 있다. 아마존이 자체 칩을 AWS 인프라 개선에 투입하여 LLM 스타트업

유치를 노렸다면, 구글은 정반대로 TPU를 오직 제미나이 고도화에 집중한다는 점에서 전략적 차이가 뚜렷하다. 실제로 GCP 인프라 자체는 여전히 엔비디아 GPU에 크게 의존하고 있으며, TPU는 철저히 제미나이 전용으로 설계·운영되고 있다.

TPU는 원래 번역이나 검색 추천 등 구글 서비스의 품질 향상을 위해 개발됐지만, 최근 v5 시리즈부터는 제미나이 학습과 추론 최적화에 초점을 맞추며 본격적으로 AI 모델의 핵심 자원으로 자리 잡았다. TPU v5e는 추론 단계에서 엔비디아 GPU 대비 2~4배 높은 비용 효율성을, TPU v5p는 학습 단계에서 최대 70% 낮은 비용 구조를 달성했다. 그 덕에 제미나이는 훈련·운영 비용을 대폭 절감하면서도 성능 개선 속도를 높일 수 있었다.

제미나이는 출시 이후 빠른 속도로 성과를 쌓아가고 있다. 먼저 코드

5-2 타 모델을 압도하는 구글 제미나이 평가

출처: Polymarket

생성과 수학 문제 해결 능력에서 GPT-4를 능가한다는 평가를 받으며 구글의 개발자 생태계(구글 워크스페이스Google Workspace, 안드로이드 스튜디오Android Studio 등)에 빠르게 확산됐다. 또한 검색과 유튜브, 지도 서비스 등 구글의 기존 제품군에 제미나이가 단계적으로 탑재되면서 사용자 경험이 체감될 정도로 뚜렷하게 개선됐다. 2024년 말 기준 구글 내부 보고서에 따르면 워크스페이스 사용자의 60% 이상이 제미나이 기능을 활용하고 있으며, 기업 고객의 재계약률 또한 눈에 띄게 높아진 것으로 나타났다.

무엇보다 중요한 것은 제미나이가 구글의 차세대 성장 동력으로 자리 잡고 있다는 점이다. 검색 광고 중심의 매출 구조에서 벗어나 엔터프라이즈 AI 구독, API 사용료, 제미나이 Pro 상용화를 통한 새로운 매출원이 본격화되고 있다. 일부 시장 조사 기관들에서는 제미나이 기반 매출이 2027년까지 연간 수십억 달러 규모로 성장할 수 있다고 전망한다. 여기에 구글이 2025년 공개한 차세대 아이언우드 TPU의 성능 개선이 더해지면, 제미나이는 단순히 오픈AI와 경쟁하는 모델을 넘어 AI 시대의 플랫폼 표준을 선도할 가능성이 크다.

이처럼 구글은 자체 칩 개발 역량과 AI 모델 성능을 유기적으로 결합함으로써 클라우드의 커머디티화 흐름을 정면으로 돌파하고 있다. 특히 자체 칩인 TPU를 통해 제미나이의 성능을 비약적으로 향상시키는 데 성공했고, 이를 GCP에서만 독점적으로 제공함으로써 MS가 표방하는 '콘텐츠' 포지션과 아마존이 표방하는 '인프라' 포지션을 결합한 복합적인 전략을 구사하고 있는 셈이다. 이런 구조는 구글이 클라우드 시장에서 단순한 인프라 공급자를 넘어 AI 시대의 새로운 표준을 제시하는 플랫폼 사업자로 거듭나기 위한 승부수라고 할 수 있다.

세 빅테크가 추구하는
서로 다른 AI 클라우드의 신세계

클라우드라는 같은 지점에서 출발했지만, 세 회사는 AI 시대를 맞아 이제는 서로 다른 길을 향하고 있다. MS는 '콘텐츠 독점'을 통해 차별화하려고 한다. 오픈AI와의 파트너십을 통해 GPT 모델을 애저에 얹고 코파일럿을 자사 SaaS에 기본값처럼 녹여내면서 기존 고객 생태계의 충성도를 강화하고 있다. 이 전략은 클라우드를 단순 인프라가 아닌 기업 IT의 표준 서비스로 고착화하는 힘을 만든다.

아마존은 '플랫폼과 인프라'에 집중한다. 자체 LLM 경쟁에서는 뒤처졌지만, 오히려 다양한 모델을 수용하는 베드록을 통해 'AI 모델의 편의점'을 자처하며 생태계를 확장했다. 여기에 인퍼런시아와 트레이니엄 같은 주문형 반도체를 앞세워 비용 효율성과 성능 최적화를 동시에 추구하고 있다. 비록 현재 성장세는 더디지만, AWS는 여전히 AI 기업들이 거쳐야 하는 핵심 인프라로 자리 잡고 있다.

구글은 'AI 모델과 자체 칩의 결합'을 무기로 내놓았다. 제미나이를 통해 생성형 AI 모델 경쟁에서 존재감을 빠르게 키우고 있고, TPU라는 맞춤형 칩을 통해 비용·성능 측면에서 강력한 차별성을 확보했다. 더 중요한 것은 제미나이가 검색, 유튜브, 워크스페이스 등 구글의 주요 서비스에 속속 통합되면서 기존 사업 구조 전체를 재편하고 있다는 점이다. 이는 AI 모델 경쟁을 넘어 구글이 클라우드 시대의 기술 표준을 다시 써 내려갈 가능성을 보여준다.

이렇게 세 회사 모두 각자의 무기를 통해 클라우드의 커머디티화라는 파고를 넘어서려 하고 있는데, 특히 구글의 행보를 유심히 지켜볼 필요가 있다. MS와 아마존이 기존 강점을 기반으로 AI를 접목하는 전략을 취하고 있다면, 구글은 제미나이와 TPU라는 양날을 앞세워 스스로 산업의 새로운 표준을 정의하려 하고 있기 때문이다. 클라우드가 AI와 결합해 새로운 국면으로 진입하는 이 시점에 구글의 실험이 어떤 결과를 만들어내느냐가 이후 테크 산업의 향방을 가늠할 중요한 실마리가 될 것이다.

AI 광고, 누가 당신을 더 잘 알고 있을까?

구글 vs. 메타 vs. 아마존

AI가 세상에 처음 등장했을 때 이 산업의 지속성에 대해 반신반의하는 사람이 많았다. 그 의심의 근거는 AI 이전에도 3D TV, AR augmented reality(증강 현실) 글래스, NFT, 메타버스 등 마치 세상을 바꿀 기술처럼 등장했다가 끝내 기대만큼의 실체를 보여주지 못하고 역사의 뒤안길로 사라진 산업이 많았기 때문이다. 이런 산업들이 제대로 살아남지 못한 가장 큰 이유는 당시 그 기술을 도입하는 것에 대한 '당위성'이 부족했기 때문이다. 즉, 새로운 기술을 수용함으로써 얻을 수 있는 효용이 그 기술을 도입함에 따라 투입되는 비용 대비 너무나도 적었던 것이다. 따라서 AI 산업이 그들과는 다르다는 것을 보여주기 위해서는 당위성을 입증할 필요가 있었다.

당위성을 증명하는 방법은 간단하다. '돈을 벌 수 있다'는 것을 보여주면 된다. 그런 의미에서 AI는 이미 증명에 성공했는데, AI로 돈을 벌 수 있다는 사실을 가장 먼저 세상에 알린 산업은 앞서도 짚었듯이 '광고'였다. 광고 산업이 AI 도입에 가장 앞장설 수 있었던 것은 어떻게 보면 당연한 결과다. 챗GPT 등장을 계기로 AI가 대중에게 익숙해진 것과 달리 광고 산업에서는 AI가 훨씬 이전부터 도입돼온 개념이기 때문이다. 미국 광고 산업은 2009년부터 이미 AI를 적극적으로 받아들였다. 이때부터 실시간 경매 방식이 광고 산업에 본격적으로 도입돼 광고 거래의 자동화가 급속히 확산됐고, 미국 광고 시장은 점차 프로그래매틱 광고를 중심으로 재편됐다.

프로그래매틱 광고는 광고를 노출할 대상, 시간, 위치, 가격 등을 실시간으로 예측하고 자동으로 결정하는 시스템이다. 여기에는 자연스럽게 머신러닝 기반의 알고리즘들이 도입됐고, 이를 통해 광고 업체들은 클릭률Click-through rate, CTR이나 전환율conversion rate, CVR과 같은 광고 성과를 예측할 수 있었다. 이때 'AI'라는 용어를 사용하지는 않았지만, 광고를 자동으로 최적화하고 타기팅하는 데 AI의 핵심 기능이라고 할 수 있는 '예측, 분류, 최적화'가 이미 사용되고 있었다. 그렇기에 광고 업체들에 AI는 너무나도 익숙한 개념이었고, AI 투자가 본격화된 이후 가장 먼저 AI로 돈을 버는 산업이 될 수 있었던 것이다.

현재 글로벌 광고 시장은 빅테크 업체들, 특히 구글, 메타, 아마존의 세 업체가 주도권을 쥐고 있다. 따라서 AI의 광고 산업 침투 역시 이들의 주도하에 이뤄진다고 봐야 한다. 다만 메인 콘텐츠가 서로 다르기 때문에 광고 비즈니스에 AI를 접목하는 방법 역시 각각 다른데, 그 차이를 알아보면서 AI 광고 산업이 어떤 식으로 흘러가는지를 살펴보자.

구글, '의도'에 강한 AI

구글의 메인 콘텐츠는 '검색'이다. 사람들은 구글 웹사이트나 유튜브에서 검색이라는 행위를 통해 자신들의 관심사에 접근한다. 검색은 능동적인 행위이므로 사용자의 의도가 반영될 수밖에 없다. 사용자가 검색을 하면 그것이 곧 '검색 이력, 사이트 방문 기록, 유튜브 시청 습관' 등으로 남아 사용자에 대한 광범위한 행동 데이터로 구글에 취합된다. 구글은 이를 적절히 조합해서 사용자가 무엇에 관심을 갖고 있는지, 즉 사용자의 '의도'를 파악해 광고 비즈니스에 활용한다.

바로 이 과정에서 AI가 빛을 발한다. 행동 데이터를 이용해 사용자의 의도를 파악한 AI는 '구매할 확률이 높은 고객', '재방문 가능성이 큰 고객' 등을 예측하고 실시간으로 분류해 맞춤형 광고를 노출해주고, 이를 통해 구글은 광고주가 전환 가능성이 큰 사용자들에게만 광고를 집중할 수 있도록 돕는다. 광고의 타기팅 효율이 높아질 것이고, 이는 곧 구글의 광고 단가 상승으로 이어진다. 이것이 바로 구글이 AI로 돈을 버는 방식이다.

구글은 AI를 사용자의 의도를 파악하는 데만 적용하는 것이 아니라 광고 방식을 고도화하는 데도 적극적으로 도입했다. 사실 구글은 AI 광고의 창시자라고 할 수 있을 정도로 초기부터 AI 광고에 진심이었다. RTB, 즉 실시간 경매 방식 기반의 프로그래매틱 광고가 시작된 것은 2009년 세계 최초의 RTB 마켓플레이스인 인바이트 미디어 Invite Media 가 등장하면서부터였지만, 그 시장이 주목받기 시작한 것은 이듬해 구글이 이 회사를 인수했을 때부터다.

이후 구글은 구글 애즈Google Ads, 구글 애드몹Google Admob, DV360 등 각 밸류체인에 자사 플랫폼을 배치해 프로그래매틱 광고 밸류체인을 장악해나갔다. 이 플랫폼들 역시 AI 기반 머신러닝을 활용해 실시간 입찰가를 자동으로 조정하는 방식을 사용했다. 이는 구글이 AI로 수집한 행동 데이터 기반 사용자 분석과 결합하면서 사용자의 클릭 가능성, 전환 확률, 시간대, 지역, 디바이스 등을 고려해 가장 효율적인 입찰 전략을 자동으로 수행할 수 있게 함으로써 구글의 광고 성과를 크게 개선해주었다.

이 같은 프로세스를 더욱 발전시켜 구글은 2021년부터 AI 기반 통합형 광고 상품인 'PMax'Performance Max를 공개했다. 기존의 검색, 디스플레이, 유튜브, 지메일, 지도 등의 광고를 하나의 캠페인 안에서 통합적으로 운영할 수 있게 해주는 솔루션이다. 이 상품의 가장 큰 강점은 광고주가 목표만 정해주면 모든 프로세스를 AI가 알아서 해준다는 것이다. 예를 들어 다큐멘터리 전문 OTT인 디스커버리플러스Discovery+가 광고를 이용해 구독자를 늘리고 싶다고 해보자. 디스커버리플러스가 PMax에 '구독자 증가'라는 목표만 입력하면 소재 조합, 타깃 세분화, 채널 배분, 입찰 전략 등을 AI가 모두 자동화해서 처리해준다. 실제로 디스커버리플러스는 PMax를 이용해 단 3주 만에 신규 가입자 17% 증가, CPA 21% 절감이라는 놀라운 성과를 달성했다.

무엇보다 주목해야 할 것은 구글이 단순히 AI를 광고 최적화의 도구로 활용하는 정도에 머무르려 하지 않는다는 점이다. 구글은 AI를 통해 사용자의 의도를 파악하고 이를 콘텐츠, 검색, 광고 전반에 걸쳐 연결하는 거대한 생태계를 구축하고 있다. 검색창에서 입력된 한 줄의 질문은 유튜브 영상 추천, 지도 기반 상권 검색, 앱스토어 다운로드 그리고 맞춤형 광고 노출로까지 이어진다. 구글이 제미나이를 중심으로 한 차세대 AI 모델에 막대한 투자를 집행하는 이유도 이 모든 접점을 하나의 경험으로 통합하려는 데 있다.

즉, 구글은 AI를 통해 단순히 광고 단가를 높이는 데 그치지 않고 '의도 기반 인터넷'이라는 새로운 질서를 만들어나가고 있는 것이다. 이 사실만으로도 투자자로서 우리가 구글의 광고 사업을 바라볼 때 AI 광고를 단순한 현금 창출원이 아니라 차세대 플랫폼 전략의 중심축으로 이해해야 할 이유는 충분하다.

메타, '감정'에 강한 AI

구글이 검색이나 사이트 방문 같은 사용자의 의도 중심 데이터를 다룬다면, 메타는 '좋아요'·댓글·공유·DM·스토리·팔로우 같은 정서적 반응과 관계 중심의 데이터를 보유하고 있다. 따라서 메타 광고의 경쟁력은 사람들의 감정, 관심, 관계의 결을 활용하는 데서 나온다고 할 수 있다. 구글처럼 AI를 활용해 사용자의 의도를 직접 파악하면 사용자가 무엇을 원하는지 있는 그대로 광고에 적용할 수 있겠지만, 메타는 그렇게 하지 않는다.

메타는 일차원적인 검색이나 클릭이 아니라 사용자가 어떤 콘텐츠에 오래 머무는지, 어떤 이모지를 많이 쓰는지, 어떤 게시물에 댓글을 남기는지 등 감정과 관계를 분석하는 데 AI를 사용하며 '감정이 실린 반응'을 수집함으로써 사용자의 심층 관심사를 추론한다. 이를 통해 메타는 구글처럼 사용자가 이미 자각하고 있는 필요를 공략하는 것이 아니라 사용자가 미처 인식하지 못했던 욕구를 먼저 포착하고 그를 자극함으로써 새로운 수요를 만들어낼 수 있다.

메타가 AI를 이용해 감정을 활용하는 방식은 단순히 사용자의 관심사를 발굴해내는 데 그치지 않는다. 메타는 광고를 '잘하는' 것에서 더 나아가 이제는 광고를 '잘 만들기'까지 하려 한다. 프로그래매틱 광고의 등장으로 광고 밸류체인 전반에 걸친 모든 프로세스가 AI를 통해 자동화되는 와중에도 AI가 손을 뻗치지 못한 영역이 있는데 바로 광고 크리에이티브, 즉 광고 제작이다. AI를 활용해 사람들의 의도와 감정을 분석하는 것까지는 어렵지 않았지만, 광고 제작은 아예 다른 영역이었다. 짧은 시간 안에 사람들의 시선을 사로잡아야 하는 광고 제작 영역에서만큼은 AI가 범접하기 힘든 인간의 '창의성'이 필요했기 때문이다. 그런데 생성형 AI가 등장하면서 모든 것이 달라졌다.

메타는 AI에 가장 공격적인 투자를 집행하는 회사 중 하나로, 이를 통해 생성형 AI에서도 상당한 수준의 역량을 확보했다. 이는 곧 메타가 이제는 광고 제작 영역까지 넘볼 수 있게 됐음을 의미한다. 그렇게 메타의 대표적인 AI 광고 제품인 어드밴티지플러스가 탄생했다. 어드밴티지플러스의 가장 큰 특징은 AI 기반 크리에이티브를 자동으로 생성할 수 있다는 것이다.

메타 AI는 그간 메타가 수집해온 사용자 반응 데이터를 바탕으로 가장 전환율이 높은 조합을 자동으로 찾아내고 배너 스타일의 광고를 자동으로 생성해주며, 트렌드 변화에 따라 반응이 좋은 스타일·톤·구성을 계속 업데이트하면서 지속적으로 조합을 최적화해준다. 이미 모든 광고 프로세스를 AI를 활용해 자동화해온 메타는 어드밴티지플러스에서 생성형 AI를 통해 광고 제작까지 자동화함으로써 화룡점정을 보여준 것이다. 이제 광고주는 더 이상 어떤 광고대행사가 광고를 잘 만드는지 또는 잘하는지를 일일이 알아볼 필요 없이 그저 메타의 어드밴티지플러스에 원하는 광고 목표를 이야기하기만 하면 된다.

구글의 PMax와 유사하게, 어드밴티지플러스는 메타의 AI 광고가 부상하는 데 핵심적인 동력이다. 메타는 어드밴티지플러스 쇼핑 캠페인을 사용한 광고주들이 평균적으로 CPA를 12% 절감했고, ROAS는 15% 상승했다고 밝혔다. 어드밴티지플러스 도입을 통해 광고주들의 편의성이 향상됐을 뿐 아니라 실제 광고 투자 효율이 높아졌다는 뜻이다. 메타는 2024년 4분기 기준 어드밴티지플러스 쇼핑 캠페인의 연환산 매출이 전년 대비 70% 성장하며 200억 달러를 돌파했으며, 그 외에도 AI가 전반적인 광고 비즈니스 효율성을 제고해 광고 노출이 전년 대비 10% 증가하고 광고 단가가 10% 상승하는 효과를 가져왔다고 이야기했다.

광고 비즈니스에 AI를 어디까지 접목할 수 있는지를 제대로 보여준 메타는 AI 산업의 초기 국면에서 'AI로 돈을 가장 잘 버는 기업'이라는 타이틀을 획득했다. AI를 광고 비즈니스에 본격적으로 접목하기 시작한 2023년부터 가파른 매출·이익 성장을 시현했는데, 그 배경에는 광고 단가의 상승이라는 구조적인 요인이 존재했다. AI가 접목된 메타의 광고 상품들은 더 높은 광고 효율을 요구하는 광고주들의 입맛에 안성맞춤이었고, 광고주들이 메타 광고 상품을 더 많이 채택하면서 메타는

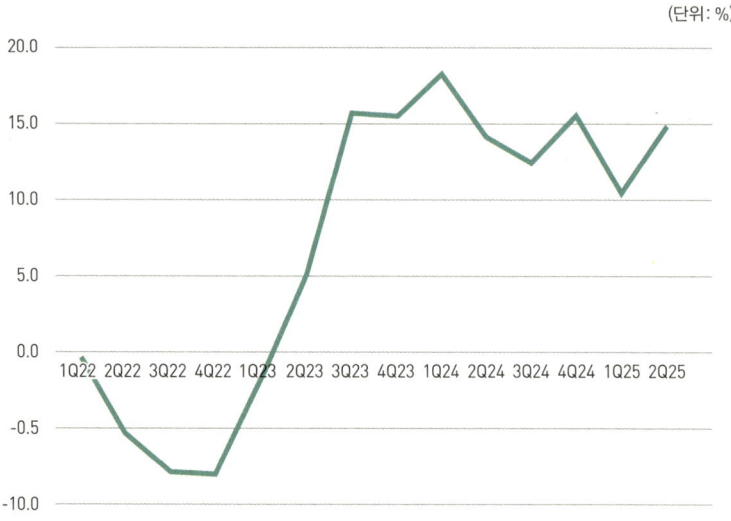

광고 단가를 적극적으로 올릴 수 있었다.

메타는 2023년 3분기부터 거의 매 분기 20%가 넘는 광고 매출 성장률을 달성했다. 매출 성장으로 인한 고정비 레버리지 효과는 2022년부터 시작된 비용 절감 노력과 맞물려 이익률을 수직 상승시켰다. 이에 따라 메타의 영업이익률은 2022년만 해도 20%대에 머무르다가 2024년 말에는 거의 50%에 육박하는 수준까지 높아졌다. 매출 성장과 이익률 상승이 동시에 진행되면서 메타의 EPS가 어떻게 변화했을지는 굳이 알아보지 않아도 될 것이다.

이렇게 메타가 광고 비즈니스를 통해 AI로 돈 벌기의 정수를 보여주자 AI 수익화에 목말라 있던 시장은 열광했고, 메타의 주가를 2022년 말 90달러 수준에서 2025년 8월 현재 기준 750달러까지 8배 이상 끌어올렸다. 2025년 2분기 호실적 발표와 함께 메타는 "AI 시스템이 스스로 개선되는 조짐이 나타나기 시작했다."라며 AI에 쏟아부은 투자가 곧 실질적 효과로 돌아올 것이라고 단언했다.

이는 단순히 광고 효율 개선에 머무르는 이야기가 아니다. AI가 스스로 학습하며 타기팅, 소재 제작, 운영 최적화 등 전 과정을 스스로 고도화한다면 메타는 광고주에게 '비용 절감'과 '성과 극대화'를 동시에 제공하는 유일무이한 플랫폼으로 자리매김할 수 있을 것이다. 시장이 메타를 'AI로 돈을 가장 잘 버는 기업'이라고 부르는 것이 허울뿐인 찬사가 아니라 앞으로도 이어질 장기 성장 서사의 예고편일지도 모른다.

아마존, '구매'에 가장 가까운 AI

아마존이라는 기업을 이야기할 때 흔히 광고를 먼저 떠올리지는 않는다. 아마존은 광고보다는 본업인 이커머스 또는 현재 이익의 상당 부분을 담당하는 AWS로 훨씬 더 유명하다. 하지만 사실 아마존은 이커머스와 클라우드 분야에서 압도적인 강자일 뿐 아니라 전 세계에서 손꼽히는 광고 기업이기도 하다.

아마존의 2024년 광고 매출은 무려 504억 달러로, 전 세계에서 아마존보다 많은 광고 매출을 일으키는 회사는 구글과 메타밖에 없다. 구글과 메타의 본업이 광고라는 점을 고려하면, 광고가 주력 사업도 아닌 아마존이 이처럼 막대한 광고 수익을 올리고 있다는 사실은 다소 의아할 것이다. 아마존은 어떻게 본업도 아닌 광고에서 이처럼 놀라운

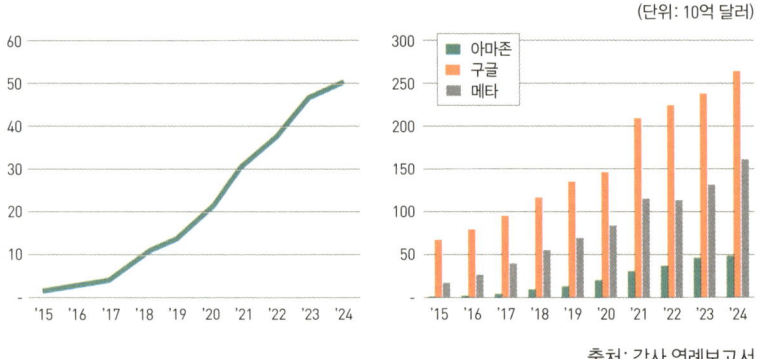

5-4 아마존의 광고 매출 추이와 3사 광고 매출 비교

(단위: 10억 달러)

출처: 각사 연례보고서

수익을 만들어냈을까?

그 배경에는 아마존이 가진 데이터의 힘이 있다. 사실 검색을 하거나 '좋아요'를 누르는 것 같은 행위가 실제 구매로 이어지기까지는 추가적인 과정이 더 필요하다. 검색이나 소셜 리액션은 그저 사용자의 '관심'을 나타낼 뿐 사용자가 실제로 그것을 '구매'할 것이라는 의미는 아니기 때문이다. 그런데 아마존은 자사 이커머스 플랫폼을 통해 유저들이 실제로 어떤 상품을 '구매'하는지에 대한 데이터를 수집하고 있다. 유저들이 아마존의 이커머스 플랫폼에서 하는 검색은 대부분이 실제 구매로까지 이어지는 능동적인 행위이며, 따라서 사용자의 실제 '구매 의사'를 반영하는 아주 귀중한 행동 데이터가 된다.

광고주들이 가장 원하는 것은 자신들의 상품을 검색하는 것도, 자신들이 올린 게시글에 '좋아요'를 누르고 댓글을 다는 것도 아닌 자신들의 상품을 '구매'하는 것이다. 따라서 소비자들의 구매 행위를 보장해주는 광고일수록 광고주들의 수요가 늘어날 수밖에 없고, 이처럼 광고와 구매 사이의 거리conversion path가 짧은 광고일수록 높은 단가를 받을 수 있다.

그런 점에서 아마존 광고는 광고주라면 누구나 매력을 느낄 수밖에 없다. 아마존 광고의 가장 큰 강점은 전 세계 최대 규모의 마켓플레이스에서 축적되는 구매 데이터에 있다. 구글이나 메타가 행동 데이터를 재가공해 광고에 활용한다면, 아마존은 실제 구매로 직결되는 데이터 자체를 확보하고 있다. 사용자의 검색 키워드, 클릭, 체류 시간, 장바구니 담기 등 플랫폼 안의 모든 행동을 AI가 자동으로 수집하고, 구매와의 상관관계를 분석하며 수백 개의 예측 모델로 정교하게 가공한다.

이 모델을 기반으로 아마존은 사용자마다 다른 상품과 광고를 실시간으로 배열한다. 같은 이어폰을 검색해도 어떤 사람에게는 고급형이, 또 어떤 사람에게는 가성비 제품이 먼저 노출되는 이유가 여기에 있다. 광고주는 전환율이나 ROAS 같은 목표만 설정하면 되고, 나머지는 아마존의 AI가 자동으로 최적화한다. 결국 아마존 광고의 경쟁력은 구매 데이터라는 가장 질 높은 정보와 이를 광고에 곧바로 연결하는 AI의 결합에서 나온다.

아마존은 현재 AI 기반 'Amazon DSP Performance+' 상품에 주력하고 있는데, 회사에 따르면 이 상품을 이용한 광고주는 전통적인 DSPdemand side platform*를 이용하는 것보다 CPA를 최대 51% 절감했다고 언급했다. 스태티스타Statista의 집계에 따르면, 아마존의 AI 광고 도구를 활용한 광고주들은 광고 효율이 평균적으로 24% 상승했다. 또

---

* 광고주가 광고 지면을 구매하고 관리하기 위해 사용하는 소프트웨어 플랫폼.

한 광고주를 대상으로 한 조사에서 캠페인 운영 시간과 자원 투입이 20% 이상 절감됐다고 응답하기도 했다. 이처럼 광고에 가장 효과적인 구매 데이터를 확보함으로써 이미 출발선부터가 다른 아마존은 자신들의 강점을 극대화하기 위해 AI를 적극적으로 활용하고 있다.

AI 광고의 세 갈림길

세 기업은 모두 AI를 통해 광고 사업의 무게중심을 새롭게 재편하고 있지만, 각자가 선택한 길은 사뭇 다르다. 구글은 검색을 기반으로 한 '의도' 데이터에 AI를 접목해 사용자가 무엇을 원하는지를 실시간으로 읽어내는 데 강점을 보인다. 아마존은 거대한 마켓플레이스에서 발생하는 '구매' 데이터를 AI와 결합해 광고와 실제 소비 사이의 거리를 단축하는 데 집중한다. 그리고 메타는 '좋아요', 댓글, 공유 같은 감정적·관계적 반응을 분석해 사용자가 자각하지 못한 '욕구'까지 포착하고 새로운 수요를 창출하는 전략을 구사한다.

광고 단가의 상승이 곧 기업 수익 구조를 바꾼다는 점에서 세 기업의 AI 활용은 모두 의미 있는 흐름이다. 그러나 최근의 성과를 놓고 보면 특히 메타가 보여주는 추세가 특히 눈에 띄게 가파르다. AI를 광고 제작 및 운영 전 과정에 접목한 어드밴티지플러스 같은 도구는 광고주에게 효율과 편의성을 동시에 제공했고, 그 결과 매출과 이익률이 동반 상승하는 구조적 변화를 만들어냈다. 무엇보다 메타가 언급한 'AI 시스템의 자기 개선' 가능성은 광고 비즈니스의 효율이 단순히 한 번의 점프에 그치지 않고 장기간 이어질 수 있음을 시사한다.

광고 산업에서 AI의 가치를 논할 때, 구글은 '의도'라는 기초를, 아마존은 '구매'라는 완결을 보여준다. 하지만 사용자의 감정과 관계를 촘촘히 엮어내며 시장이 예상하지 못한 성장세를 실현하고 있는 곳은 메타다. 따라서 앞으로의 AI 광고 전환 국면에서 메타가 어떤 새로운 실험과 결과를 이어갈지에 한층 더 주목할 필요가 있다.

양자컴퓨팅도 빅테크인 이유

구글 vs. MS

"우리가 아는 세상이 전부가 아닐지도 모른다."

양자역학은 이제 모든 것을 알게 됐다는 착각에 빠져 있던 인류에게 이처럼 심오한 의구심을 제기했다. 그동안 뉴턴이 설명한 세계는 공이 굴러가고 사과가 떨어지는 일처럼 예측 가능한 법칙이 지배하는 세상이었다. 하지만 전자처럼 아주 작은 입자들의 세계에서는 그런 법칙들이 통하지 않는다. 말하자면 양자의 세상에서는 동전이 공중에 떠 있거나 앞면과 뒷면이 동시에 존재하는 것과 같은, 기존 상식으로는 이해하기 어려운 일들이 일어난다. 이런 자연의 작동 원리를 밝혀낸 것이 바로 양자역학이며, 그 원리를 이용해 기존과는 전혀 다른 새로운 방식의 컴퓨터를 만들려는 시도가 '양자컴퓨팅'이다.

양자컴퓨팅은 단순한 기술 혁신을 넘어 현재 세상에 존재하는 여러 산업의 근본을 뒤흔들 '패러다임의 전환'을 가져올 수 있다고 이야기된다. 보스턴 컨설팅 그룹Boston Consulting Group은 글로벌 양자컴퓨팅 시장이 2035년 20억 달러에서 2050년 2,600억 달러까지 성장할 것으로 내다봤으며, 매킨지는 2035년까지 2,700억 달러에 달하는 시장이 형성될 것으로 전망했다.

이 같은 미래에 대비하기 위해 이미 수많은 업체가 양자컴퓨팅 시장에 자원과 에너지를 투입하고 있다. 대중에게는 아이온큐IonQ, 리게티Rigetti 같은 순수 양자 스타트업들이 먼저 떠오를지도 모르겠다. 하지만 양자컴퓨팅을 산업화 단계로 끌어올릴 잠재력은 결국 구글과 MS 같은 빅테크 기업들에 있다. 이미 구축된 글로벌 인프라, 자본력, 클라우드 생태계와 결합해 기술을 대규모로 확산시킬 수 있기 때문이다.

그중에서도 시장을 선도하는 대표적인 주자는 구글과 MS다. 두 회사 모두 양자컴퓨팅을 차세대 핵심 기술로 규정하고 있지만, 기술을 바라보는 철학과 구현 방식에서는 극명한 차이를 보인다. 이 두 기업의 전략을 비교해보면서 양자컴퓨팅이라는 거대한 변곡점이 어떻게 현실 산업을 흔들고, 어떤 미래를 만들어갈지 살펴보자.

구글의 윌로 칩 발표가 갖는 의미

2024년 12월 9일, 구글은 놀라운 성과를 하나 발표한다. 최신 양자 칩인 윌로Willow라는 제품인데, 해당 발표와 함께 알파벳의 주가는 역사적 신고가를 돌파했다. 어떤 기업의 주가가 역사적 신고가를 돌파한다는 것은 시장이 그 기업을 바라보는 시선이 완전히 달라졌다는 것을 의미하기 때문에 더욱 관심을 가져야 하는 이슈라고 할 수 있다.

구글은 이날 발표에서 윌로 칩이 다음과 같은 두 가지 주요한 성과를 달성할 수 있다고 이야기했다.

- 더 많은 큐비트qubit를 사용하여 확장함에 따라 '양자 오류'quantum error를 기하급수적으로 줄일 수 있다.
- 오늘날 가장 빠른 슈퍼컴퓨터도 10조 년이 걸리는 계산을 단 5분 안에 해낼 수 있다.

이렇게만 언급해서는 이것이 얼마나 놀라운 성과인지를 체감하기가 힘들다. 구글의 성과를 제대로 확인하려면 양자컴퓨팅의 기본적인 개념을 먼저 알아야 한다.

먼저 '큐비트'라는 개념을 짚어보자. 큐비트는 양자비트quantum bit의 줄임말로, 양자컴퓨터에서 정보를 저장하는 가장 기본적인 단위를 의미한다. 일반적으로 컴퓨터에서 정보를 저장할 때는 비트bit 단위가 쓰이는데, 비트는 데이터를 0과 1이라는 두 가지 상태 중 하나로 표현하는 방식이다. 그런데 큐비트는 양자역학의 원리를 이용해 0과 1이라는 상태가 동시에 존재할 수 있다는 가정을 사용하며 이를 '중첩 상태'라고 부른다. 쉬운 예를 들어보겠다. 테이블 위에 동전이 놓여 있다고 할 때 우리 눈에 보이는 동전의 상태는 앞면(0) 또는 뒷면(1) 중 하나일 것이다. 이것이 기존 컴퓨팅 방식에서 동전의 상태를 표현하는 방법이다. 그런데 이 동전을 공중에 던져 빙글빙글 돌게 하면, 앞면(0)과 뒷면(1)

이 모두 존재하는 상태가 만들어지는데, 이것이 바로 중첩 상태다. 우리가 동전을 잡아 확인하는 순간 중첩 상태는 무너지고 동전은 0과 1 중 하나의 상태가 확정된다.

큐비트에서 중첩 상태가 구현될 수 있다고 하는 것이 중요한 이유는 이를 통해 양자컴퓨팅에서는 기존 컴퓨터로 할 수 없었던 '병렬 계산'을 할 수 있기 때문이다. 양자컴퓨팅이 제공하는 가장 큰 효용은 '더 많은 정보를 더 빠르게 처리할 수 있다'는 것이다. 예를 들어 다음과 같은 문제를 푼다고 해보자.

$f(x) = 0$

(x는 1 이상, 100 이하의 정수)

기존 컴퓨터로는 x에 1부터 100까지의 숫자를 하나하나 넣으면서 정답을 찾을 것이다. 그런데 큐비트로 이뤄진 양자컴퓨팅에서는 숫자 100개를 한꺼번에 집어넣어 동시다발적으로 계산해 빠르게 답을 뽑아낼 수 있다. 이것이 바로 중첩 상태를 구현함으로써 얻을 수 있는 가장 큰 효용이다. n개의 큐비트로는 2^n개의 상태를 중첩할 수 있다. 즉, 위 예시의 문제라면 7개의 큐비트만으로도 무려 128개($=2^7$개)의 상태를 중첩할 수 있어 1부터 100까지의 모든 숫자를 동시에 계산할 수 있는 것이다. 이처럼 큐비트를 계속해서 늘려나가면서 이런 중첩 상태를 활용하면 기존 컴퓨터로는 상상도 할 수 없었던 속도로 연산을 처리할 수 있다. 구글이 발표한 윌로 칩은 무려 105개의 큐비트를 갖추고 있다. 즉, 구글의 윌로 칩을 활용하면 2^{105}개의 중첩 상태를 만들어낼 수 있다는 뜻이다.

이제 구글의 성과를 제대로 이해해볼 시간이다. 이번 구글의 발표가 매우 의미 있었던 이유는 구글이 윌로 칩을 통해 양자컴퓨터 상용화에 가장 핵심이 되는 '양자 오류 정정'quantum error correction을 구현했다고 발표했기 때문이다. 이는 사실상 구글이 발표한 내용의 전부라고 해도 무방할 정도로 매우 중요하다.

양자컴퓨팅에서 큐비트를 통해 데이터 처리 속도를 기하급수적으로 늘릴 수 있는 이유는 양자가 중첩 상태에 놓여 있기 때문에 양자 하나의 상태를 알면 다른 하나의 상태를 자동으로 알 수 있기 때문이다. 이는 양자역학의 기본이 되는 '양자 얽힘'이라는 현상 때문인데, 양자 얽힘은 아주 멀리 떨어진 두 양자가 서로 영향을 주고받는 현상을 가리킨다. 예컨대 한국과 미국에 상자가 하나씩 있고, 두 상자 중 하나에만 축구공을 넣어뒀다고 해보자. 한국에서 상자 뚜껑을 열고 그 안에 축구공이 있는 것을 확인하면, 굳이 미국까지 가지 않더라도 미국에 있는 상자는 '축구공이 없는 상태'라는 것을 자동으로 알 수 있다. 여기서 핵심은 '굳이 미국까지 가지 않더라도'에 있다. 두 상자는 하나의 상태만 확인하면 사실상 빛보다 빠른 속도로 다른 상자의 상태가 결정되는 '양자 얽힘'의 상태에 있는 것이다.

그런데 이 얽힘의 정도가 느슨하면, 원래 예상했던 것과는 다른 결과가 나와서 최종 결괏값이 전혀 다르게 도출될 수도 있다. 이를 '양자 오류'라고 부르는데, 이 오류를 정정하지 못하면 양자컴퓨터도 무용지물이 되고 만다. 그런데 구글은 해당 발표에서 윌로에 큐비트를 추가할수록 오히려 에러가 점점 줄어든다는 사실을 입증했다고 밝혔다. 일반적으로 양자컴퓨터에서 큐비트가 많아질수록 오류가 발생할 확률이 높아져 양자 상태를 유지하기가 힘들었는데, 윌로에서는 큐비트를 추가할수록 오류가 점차 줄었다는 사실을 증명해낸 것이다. 이를 '양자 오류 정정'이라고 부르는데, 구글은 이 방식을 이전부터 꾸준히 연구해왔다.

구글은 이미 2023년 2월, 〈네이처〉에 양자 오류 정정 시스템의 첫 시연에 성공했다는 내용의 논문을 발표한 바 있다. 일부 큐비트를 아예 처음부터 다른 큐비트의 오류를 수정하는 용도로 할당해 큐비트의 개수를 늘릴수록 오히려 양자 오류가 줄어드는 시스템을 구현한 것이다. 구글은 이 방식으로 17개의 큐비트를 사용해 한 번에 하나의 오류를 복구했고, 더 큰 버전에서는 49개의 큐비트를 써서 2개의 오류를 동시에 복구하는 데도 성공했다. 이 기술을 더욱 발전시킨다면 블록체인조차 무력화할 수 있는 수백만 개의 큐비트를 사용하는 양자컴퓨터가 구현될 길을 구글이 윌로 칩을 통해 처음으로 개척한 것이다.

이 모든 내용을 종합해 다시 구글이 이야기한 윌로 칩의 두 가지 핵심 성과를 해석해보면 다음과 같이 이야기할 수 있다.

"구글은 양자 오류 정정을 통해 더 많은 큐비트를 사용해 양자 오류를 기하급수적으로 줄이는 방법을 고안해냈으며, 이를 통해 105큐비트를 구현할 수 있었다. 이 방식으로 슈퍼컴퓨터가 10조 년에 걸쳐서 해야 했던 계산을 단 5분 안에 해낼 수 있었다."

같은 미래를 향한 다른 길: 구글과 MS의 양자 전략

구글이 윌로 칩을 발표한 뒤 대표적인 양자컴퓨터 기업인 아이온큐의 주가가 3일 동안 무려 27%나 하락했다. 구글의 발표가 양자컴퓨팅의 상용화를 앞당겨줄 이슈였음에도 같은 양자컴퓨팅 산업에 속해 있는 아이온큐의 주가가 급락한 것은 아이온큐가 구글과는 다른 방식으로 양자컴퓨팅에 접근하고 있기 때문이다.

아이온큐는 MS가 주도하는 애저 퀀텀Azure Quantum 플랫폼의 핵심적인 하드웨어 파트너로, 현재 상용화에 가장 가까운 기술 중 하나를 보유하고 있는 기업이다. MS는 직접 양자 하드웨어를 개발하기보다는 아이온큐와 같은 여러 양자 하드웨어 기업을 자신의 플랫폼에 연결하는 멀티 하드웨어 전략을 취하고 있다.

따라서 MS의 양자컴퓨팅 전략을 이해하기 위해서는 아이온큐의 전략을 먼저 알아야 한다. 아이온큐가 양자컴퓨터에서 큐비트를 구현하기 위해 사용하는 방식은 이온을 전자기장을 통해 잡아두는, 이른바 이온 트랩ion trap 방식이다. 원자 단위의 이온이 기본적으로 안정화돼 있다는 성질을 이용해 비교적 쉽게 양자 얽힘 현상을 구현한 것이다. 이 방식의 가장 큰 장점은 오류율을 낮출 수 있다는 것이다.

한편 구글은 초전도superconducting 방식을 사용한다. 극저온 상태에서 구현되기 때문에 양자 얽힘이 인접한 원자에서만 이뤄져 오류율이 높다는 태생적 한계가 존재한다. 인접한 양자들끼리만 얽힐 수 있어 얽힘의 균일성이 떨어지기 때문에 오류가 많이 발생하고, 이를 실제 앱에 적용했을 때 문제가 생길 가능성이 큰 것이다.

　물론 이온 트랩 방식 대비 장점도 존재한다. 초전도 방식은 이온 트랩 방식과 달리 현재 깔려 있는 IT 인프라를 이용해 구현할 수 있기 때문에 오류만 잘 잡는다면 큐비트 수를 기하급수적으로 늘리기에 매우 적합한 방식이다. 또한 이온 트랩 방식 대비 동작 속도가 매우 빠르고 확장성이 매우 뛰어나다는 장점이 있다. 그럼에도 '오류율이 높다'는 치명적인 단점 때문에 그간 저평가받았는데, 윌로 칩이 이 부분을 혁신적으로 개선해 그런 오명을 벗을 실마리를 찾게 됐다.

　구글과 MS 양사의 차이는 비즈니스 전략에서도 완전히 다르다. 오래전부터 이 산업에 적극적으로 투자해온 구글은 비즈니스의 모든 부분을 직접 만들어나가고 있다. 이미 자체 클라우드와 소프트웨어 인프라를 보유하고 있으며, 더 빠르고 더 정밀한 양자 프로세서를 만들어 언젠가는 기존 컴퓨터가 절대 따라올 수 없는 계산 능력을 구현하는 양자컴퓨터를 만들고자 한다. 이를 통해 기존 소프트웨어 중심의 비즈니스 모델을 하드웨어 레벨까지 확장하여 미래 컴퓨팅 패러다임에서 주도권을 쥐는 것이 목표다. AI와 클라우드라는 핵심 사업과의 시너지를 고려했을 때, 구글 입장에서는 굳이 양자컴퓨터를 남에게 내줄 이유가 없었을 것이다.

　MS는 구글처럼 하드웨어를 직접 개발하기보다는 플랫폼 중심의 접근 방식을 취하고 있다. 이를 위해 MS는 '애저 퀀텀'이라는 양자 클라우드 플랫폼을 만들어 아이온큐를 비롯한 다양한 외부 파트너의 양자 하드웨어를 연결해주고, 자체 개발한 양자 프로그래밍 언어인 'Q#'을 통해 사용자 접근성을 높이고 있다. 이를 통해 MS는 과거 윈도를 통해

PC 생태계의 기본 운영체제OS로 자리매김했던 것처럼 애저 퀀텀을 미래의 운영체제로 만들겠다는 명확한 전략을 갖고 있다. 구글이 소프트웨어 중심의 비즈니스를 하드웨어로 확장하려 했던 것과 달리, MS는 하드웨어의 승패에 의존하지 않고 양자 시대의 대표적인 운영체제로 거듭나겠다는 것이다.

하지만 그렇다고 해서 MS가 하드웨어 전략에서 아예 손을 놓고 있는 것은 아니다. 구글의 초전도 방식이나 아이온큐의 이온 트랩 방식과는 별개로, MS는 자체적으로 '토폴로지컬 큐비트'topological qubit라는 방식으로 양자컴퓨팅을 개발하고 있다. 초전도 방식이나 이온 트랩 방식의 가장 큰 기술적 문제가 바로 양자 상태가 외부 환경에 너무 민감하게 반응한다는 것인데, 이를 극복하기 위해 토폴로지라는 새로운 방식으로 접근하는 것이다.

기존 방식들과 달리 토폴로지 방식은 아예 정보를 저장하는 메커니즘 자체를 바꾸어서 작은 외부 자극에는 전혀 반응하지 않고, 진짜로 구조 자체가 바뀔 때만 정보가 바뀌도록 설계됐다. 이를 통해 오류 정정 없이도 안정적인 큐비트 운영이 가능하다는 것이 가장 큰 장점이다. 물론 아직까지 토폴로지 방식을 완전히 구현해낸 사례는 없으며, 현실화되기까지는 여전히 많은 시간이 필요한 실험적인 단계에 머물러 있다. 그럼에도 앞서 설명한 압도적인 장점을 보유하고 있기 때문에 MS는 플랫폼 전략과는 별개로 양자컴퓨팅에서 장기적인 승부수로 토폴로지 방식을 연구하는 데 많은 자원과 에너지를 투입하고 있다.

이처럼 구글과 MS는 서로 다른 전략을 통해 양자컴퓨팅의 미래를 향해 달려가고 있다. 물론 양자컴퓨팅 시장에서는 이들 외에도 아이온큐 같은 다양한 순수 스타트업들도 주목받고 있지만 이들의 한계는 뚜렷하다. 빅테크 업체들 대비 자본력·인재풀·데이터 자산이 절대적으로 부족해 단기 실적 발표 때마다 주가가 요동치고, 기술적 실패를 흡수할 완충 장치도 미약하다. 반면 구글과 MS는 안정적인 현금흐름과 거대한 클라우드, AI 생태계를 기반으로 양자 연구를 진행하기 때문에 실패를 감내하면서도 장기적으로 성과를 누적할 수 있는 구조를 갖추고 있다. 동시에 두 회사 모두 양자 성과를 곧바로 AI·클라우드 사업과 연결할 수 있는 실질적 활용처를 확보해서 연구가 '연구비 소진'에 그치지 않고 곧바로 핵심 사업의 경쟁력 강화로 이어진다.

이런 점에서 양자컴퓨팅 분야에서 가장 안정적이고 유의미한 플레이어를 꼽자면, 결국 스타트업이 아니라 구글과 MS일 수밖에 없다. 이 두 기업이 겨냥하는 최종 목적지는 결국 같은 곳, 바로 AI다.

양자컴퓨팅의 최종 목적지, AI

세상의 모든 기술은 독립적이지 않고 유기적으로 상호작용하면서 발전하기 때문에 세상을 바꿀 기술의 진보에는 또 다른 신기술의 도입이 필수불가결한 경우가 많다. 대표적인 사례가 바로 자율주행과 전기차다. 자율주행 기술이 고도화될수록 전력 소비의 효율적 관리와 전장화가 필수적이기 때문에 전기차의 도입은 피할 수 없는 선택이 된다. 이 지점이 바로 테슬라가 전기차 기술을 바탕으로 자율주행 산업을 이끄는 기업으로 부상할 수 있었던 계기이기도 했다. AI와 양자컴퓨팅 산업의 역학 관계 역시 마찬가지다.

AI 산업이 발전할수록 처리해야 할 데이터의 양은 기하급수적으로 늘어날 것이고, 언젠가는 양자컴퓨터의 도입 없이는 AI 산업이 더는 발전할 수가 없는 한계 지점에 도달할 것이다. 지금 대부분의 빅테크 업체가 양자컴퓨터 산업에 뛰어들고 있는 것 역시 이 때문이다. 앞서 언급한 구글과 MS 외에 아마존, IBM, 인텔 등 수많은 업체가 지금도 양자컴퓨터 개발을 위해 엄청난 자원을 투입하고 있다. 가트너에 따르면, 2025년까지 빅테크 기업 중 40%가 자체 양자 프로젝트를 시작할 것으로 예상되며 머지않아 이 시장은 대부분 주요 빅테크 업체들이 참여하는 격전지가 될 것이다.

AI 산업에서 데이터의 중요성이 커질수록 양자컴퓨터의 중요성 역시 커질 것이며, 결국 양자컴퓨터에서 승기를 잡는 기업이 AI 산업에서도 승기를 잡게 될 것이다. 물론 아직까지는 너무나도 초기 단계의 시장이고, 여느 신기술이 그렇듯 후보 기술의 종류도 매우 다양하기 때문에 어떤 기업이 이 시장에서 최종 승리를 거둘지를 예측하는 건 불가능에 가깝다. 그러나 분명한 사실은 지금 인류가 맞닥뜨린 가장 큰 변화인 AI를 완성하기 위해 양자컴퓨팅은 반드시 도입되어야 한다는 것이다. 따라서 이를 작은 기술 변화쯤으로 치부해서는 절대 안 된다. 소소한 호기심을 넘어 이 변화가 만들어낼 산업과 투자 기회를 주의 깊게 관찰해야 한다. 양자컴퓨팅은 먼 미래의 일인 동시에 이미 오늘 우리의 선택에 영향을 주고 있기도 하다. 준비된 자만이 이 거대한 패러다임 전환의 수혜를 누릴 수 있을 것이다.

AI 반도체, 학습과 추론 중 어느 것이 더 중요할까?

엔비디아 vs. 브로드컴

오케스트라 공연을 떠올려보자. 지휘자는 수백 번의 연습 끝에 악보를 완성하고, 각각의 악기가 하나의 선율로 어우러지도록 전체를 조율한다. 이 과정에는 정밀한 이해와 엄청난 에너지가 필요하다. 그러나 무대가 열리면 주도권은 연주자에게 넘어가고, 그들에게 가장 중요한 것은 관객 앞에서 단 한 번의 공연을 의도한 대로 완벽하게 해내는 일이다.

AI의 원리도 이와 다르지 않다. 완성도 높은 모델을 만들기 위해서는 방대한 데이터를 통한 반복적 '학습'이 필요하다. 하지만 일단 완성된 모델이 일상에 적용될 때는 더 이상 모든 변수를 통제할 필요가 없다. 사용자의 요청에 맞춰 신속하고 정확하게 응답하는 '추론' 능력이 무엇보다 중요해지는 것이다.

이렇듯, AI 산업에 꼭 필요한 '학습'과 '추론'이라는 두 가지 작업은 서로 너무나도 다른 성격과 요구 사항을 갖고 있기에 그를 구현하기 위해서는 완전히 다른 AI 반도체가 요구된다. 따라서 AI 산업의 미래를 예측하고 투자하는 데는 이 둘의 역할과 특성을 명확히 이해하는 것이 필수적이다. 엔비디아의 GPU와 브로드컴의 ASIC를 비교하면서 학습과 추론이 어떻게 서로 다른 길을 걷고 있는지를 살펴보려 한다.

AI 산업의 지휘자, 엔비디아

"AI의 티핑포인트tipping point는 이미 지났다. 이제 AI 수요는 한계를 모른 채 늘어날 것이다."

2023년 5월, 젠슨 황 CEO는 엔비디아 실적 서프라이즈 직후 인터뷰에서 이렇게 말했다. 엔비디아는 이후 몇 분기 동안 전 세계 반도체 시장의 성장을 사실상 혼자서 만들어냈다. GPU라는 범용 병렬 연산 칩이 LLM 학습에 최적화돼 있고 CUDAcompute unified device architecture(GPU 기반 범용 컴퓨팅) 생태계가 이를 뒷받침하면서 엔비디아는 단순한 칩 공급자가 아니라 AI 산업의 구조적 승자로 자리매김했다. 그 결과 2025년 2분기 데이터센터향 GPU 매출만 411억 달러에 달했고, 2025년 7월에는 글로벌 최초로 시가총액 4조 달러를 돌파한 기업이 됐다.

그렇다면 앞으로의 성장도 'GPU 독점'만으로 가능할까? 지금 시장은 한 가지 중요한 질문에 직면해 있다. LLM 학습 열풍이 안정화되면서 학습의 중요성이 줄어드는 대신 추론 시장이 부상한다면 ASIC의 중요성이 커질 것이고, 그러면 반대 진영에 있는 엔비디아의 절대적 지위가 흔들릴 수 있는 것 아니냐는 것이다. 이는 절반은 맞고 절반은 틀린 이야기다. LLM은 결국 언어의 세계를 모델링하는 데 그쳤지만, AI의 최종 목표는 언어를 넘어 물리적 세계에 이르기까지 확장되는 것이다. 텍스트만 다루던 시대가 지나고, 비디오·센서·로봇 행동 데이터가 함께 훈련되어야 하는 피지컬 AI의 시대가 도래하고 있기 때문이다.

CES 2025 기조연설에서 젠슨 황이 "로봇의 챗GPT 모멘트가 곧 다가온다."라고 선언한 것도 같은 맥락이다. 챗GPT가 폭발적 투자를 촉발하며 엔비디아 GPU의 황금기를 연 것처럼, 피지컬 AI 역시 방대한 데이터와 압도적인 연산량을 요구하는 GPU의 새로운 투자 사이클을 만들어낼 것이다. 실제로 로봇이나 자율주행, 제조 현장에 AI를 접목하기 위해서는 언어가 아닌 행동을 학습해야 하고, 이는 기존 LLM보다 훨씬 더 많은 학습량을 필요로 한다. 텍스트 데이터로만 훈련하던 시대보다 연산 규모가 수십 배 커질 수밖에 없고, 이는 다시 한번 엔비디아 GPU 수요의 정점을 끌어올리는 요인이 된다.

엔비디아는 이미 이를 대비해 코스모스 같은 행동 데이터 플랫폼을 공개하며 개발자들이 손쉽게 물리 세계 데이터를 수집·훈련할 수 있도록 기반을 마련했다. 이렇게 확보된 데이터는 다시 GPU에서 학습되고, GPU 클러스터는 더욱 대규모로 확장된다. 단순히 시장이 학습기에서 추론기로 넘어가는 것이 아니라 학습 자체가 또 다른 차원으로 확장되는 것이다. 피지컬 AI라는 변곡점을 거치면서 엔비디아는 GPU의 효용을 다시금 극대화하고 있다. GPU 독점이라는 현재의 위치에 안주하지 않고, AI의 미래 패러다임 전환이 일어날 무대 위에서도 지휘자의 자리를 지키고자 하는 것이다.

브로드컴, ASIC로 AI를 연주하다

모든 것이 완벽해 보이는 엔비디아의 GPU에도 치명적인 단점이 하나 있다. 너무 비싸다는 것이다. 물론 비싸다고 해서 무조건 안 좋다는 것은 아니다. 만약 AI 모델 학습을 위해서 엔비디아의 GPU가 아닌 CPU 같은 다른 반도체를 사용한다면, 훨씬 더 많은 금액을 투자하고도 낮은 효율밖에 얻지 못할 것이다. 그래서 차라리 비싸더라도 엔비디아의 GPU를 쓰는 것이 더 가성비 좋은 선택이 될 수도 있다. 그런데 AI 산업의 사이클 속에서 엔비디아 GPU의 가성비가 급격히 떨어지는 구간이 있는데, 바로 '추론'의 영역이다.

학습이 AI가 책을 읽고 시험공부를 하는 과정이라고 한다면, 추론은 공부를 끝낸 AI가 시험 문제를 풀어 답을 내는 과정이라고 할 수 있다. 오케스트라 예시를 다시 가져와 보면, 학습은 지휘자가 수백 번 리허설하며 악보를 완성하는 과정이고 추론은 무대 위에서 연주자들이 악보를 보고 관객 앞에서 연주하는 순간이라고 할 수 있다. 즉, 추론이란 AI가 이미 배운 지식을 실시간으로 꺼내 쓰는 과정이라고 보면 된다.

추론은 학습처럼 모든 작업을 아우를 필요 없이 특정 기능만 수행하면 되기 때문에 여기에 쓰이는 반도체는 굳이 범용성을 갖출 필요가 없다. 그런데 엔비디아의 GPU는 원래 그래픽 연산을 포함한 범용 목적으로 설계됐기 때문에 추론에서 엔비디아의 GPU는 이른바 '오버스펙'일 수밖에 없다. 추론에는 엔비디아 GPU가 가진 수많은 능력 중 일부만 사용되고 나머지 능력은 버려지기 때문에 엔비디아 GPU를 사용할 때 가성비가 떨어질 수밖에 없는 것이다.

이에 일부 업체가 추론과 같은 특정 작업에만 최적화되어 쓸데없는 연산 자원을 줄이고 꼭 필요한 회로만 담아 효율을 높인 AI 반도체를 만들어냈는데, 이를 ASIC라고 부른다. 범용 반도체들과 달리 ASIC는 특정 기기나 시스템의 아주 특수한 기능만을 수행할 수 있도록 설계돼 추론에서 AI 투자의 '가성비'를 높여줄 수 있다. 가구를 조립할 때 나사를 조이는 것 같은 특정한 작업을 할 때는 만능 공구 세트(GPU)가 아니라 드라이버 하나(ASIC)만 있으면 되는 것과 같은 이치다.

AI 반도체의 가성비는 TCO total cost of ownership(총소유비용)라는 개념으로 수치화할 수 있다. TCO에는 AI 반도체를 비롯한 단순 장비 비용 외에도 운영에 필요한 전력, 냉각, 공간, 유지보수 비용 등이 포함된다. TCO 기준으로 보면, GPU 서버는 엔비디아의 GPU를 사서 구축하면 되기 때문에 설치는 빠르지만 전력·냉각에 들어가는 비용이 크고 특정 추론 서비스 규모가 커지면 유지비가 폭발적으로 증가한다는 단점이 있다. 반면 ASIC는 특정 추론 작업에 최적화해야 하기 때문에 초기 개발 비용은 들지만 운영하는 서비스의 규모가 커질수록 전력과 유지비가 크게 줄어든다. 업계에서는 같은 추론 처리량 기준으로 ASIC가 GPU 대비 30~50% 낮은 TCO를 보인다고 이야기하기도 했다.

또한 전력 효율 역시 ASIC에서 더욱 극대화된다. 같은 전력에서 ASIC가 GPU보다 더 많은 연산을 처리할 수 있기 때문인데, 예를 들어

GPU로 수행할 경우 1,000와트의 전력이 필요한 AI 추론 작업을 ASIC으로는 300와트 내외로 끝낼 수 있다. 이를 단일 칩이 아니라 데이터센터 규모로 확장한다면 ASIC를 이용할 때 전력비 절감과 냉각 비용 절감 효과는 더욱 커질 것이다.

주요 AI 기업들이 AI 모델을 넘어 실제 사용자들의 일상생활에 침투할 수 있는 여러 AI 에이전트를 출시함에 따라 추론 시장의 중요성이 점차 커지고 있다. 이런 흐름 속에서 추론에서 GPU 대비 높은 가성비를 보유한 ASIC 역시 빠르게 영역을 확장해나가는 중이다. 구글은 TPU라는 자체 칩을 이용해 자사 AI 에이전트 기능들을 고도화하고 있으며, 아마존은 아예 ASIC를 아마존 데이터센터의 경쟁력으로 제시하면서 다른 AI 개발 업체들이 AI 모델을 학습시키고 추론할 때 GPU에 투자하기보다 AWS를 이용하도록 유도하고 있다. 이 외에도 MS, 메타를 비롯한 수많은 AI 개발 업체가 추론 시장을 겨냥해 자체 칩을 개발하고 있다.

AI 에이전트가 확산됨에 따라 ASIC 시장 역시 빠르게 성장하고 있다. 글로벌 시장 조사 기관 루신텔Lucintel은 AI ASIC 칩 시장은 2024년부터 2030년까지 연평균 성장률CAGR이 약 32.4%에 달해 GPU를 포함한 AI 반도체 전체 시장 성장률을 압도할 것으로 전망했다. 또한 씨티Citi는 이 같은 ASIC 시장의 가파른 성장에 힘입어 2028년경이 되면 전체 AI 가속기 시장 중 ASIC의 비중이 25%까지 높아질 것으로 예측했다.

GPU 시장이 엔비디아의 독주였던 것과 달리, ASIC는 상대적으로 진입장벽이 낮은 시장이다. 모든 면에서 뛰어난 성능을 구현해야 하는

GPU와 달리 ASIC에서는 특정 작업에서만 우수한 성과를 보여주면 되기 때문이다. 이런 진입장벽의 차이는 제품의 수익성에서도 여실히 드러난다. 엔비디아가 현재 GPU로 거의 70~80%대의 GPM(매출총이익률)을 달성하고 있는 반면, ASIC의 GPM은 불과 50% 정도에 그친다. 그럼에도 추론 시장의 엄청난 잠재력을 보고 많은 업체가 ASIC 시장에 뛰어들고 있는데, 현재 이 시장은 브로드컴이 주도하고 있다. 브로드컴은 구글, 메타, 바이트댄스ByteDance 그리고 최근에는 오픈AI의 ASIC까지 설계 및 제조해주면서 AI 추론 시장에서 파이를 늘려나가는 상황이다.

이를 통해 브로드컴은 이제 AI 반도체 시장에서 단순한 네트워크 칩 공급 업체가 아니라 ASIC 설계와 생산을 선도하는 기업으로 자리매김하고 있다. 특히 구글·메타·바이트댄스 같은 글로벌 빅테크 업체들을 고객으로 두고 있으며, 최근에는 오픈AI까지 고객사 명단에 합류해 시장의 시선을 단숨에 끌어모았다. 이들이 브로드컴을 선택한 이유는 간단하다. 브로드컴은 고성능 맞춤형 칩을 대규모로 안정적으로 공급할 수 있는 몇 안 되는 반도체 회사이며, 무엇보다 ASIC가 요구하는 초고난도의 설계와 제조 역량을 동시에 보유한 기업이기 때문이다.

브로드컴의 맞춤형 AI 가속기인 XPU 사업은 이미 매출의 큰 축으로 성장했다. 2025년 3분기 기준 브로드컴의 AI 매출은 전년 대비 63% 성장한 52억 달러였는데, 이 중 65%가 맞춤형 XPU에서 발생했다. 여기에 더해 브로드컴은 기존 3대 고객사 외에도 오픈AI라는 네 번째 고객사로부터 100억 달러 규모의 주문을 확보하며 2026년 이후 성장 궤적을 한층 선명히 했다. 혹탄Hock Tan CEO는 이 과정이 단기적 이벤트가 아니라 고객사들이 '컴퓨팅 자립'self-sufficiency을 향해 나아가는 다년간의 여정이라고 강조했다. 브로드컴은 세대마다 고객의 소프트웨어와 하드웨어를 함께 최적화하며 점유율을 점진적으로 늘려가는 구조를 만들고 있는 셈이다.

성장 전망 또한 가파르다. 회사는 2025년 AI 반도체 매출이 190~200억 달러 수준에 이를 것으로 예상했으며, 2026년에도 60% 이상의 성장률이 지속될 것이라고 밝혔다. 오픈AI향 매출까지 더해지면 성장률은 더욱 높아질 것이다. 이는 GPU 독점 구도에서 벗어나 ASIC가 본격적으로 채택되면서 학습뿐 아니라 추론 시장의 수요까지 덧붙여진 변화 덕분이다. 특히 대규모 모델을 학습시킨 후 반드시 따라오는 단계가 추론이기에, 고객사들은 전력 효율과 TCO 측면에서 유리한

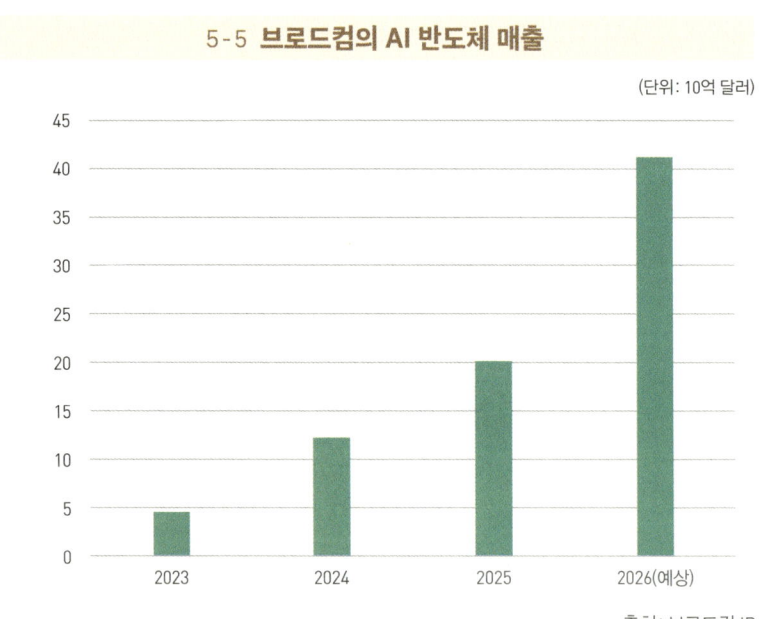

5-5 **브로드컴의 AI 반도체 매출**

(단위: 10억 달러)

출처: 브로드컴 IR

ASIC로 빠르게 무게중심을 옮기고 있다. 브로드컴은 이런 전환의 중심에서 가장 큰 수혜를 보고 있는 기업이라고 할 수 있다.

학습과 추론, 대립이 아닌 순환

결국 AI 반도체의 성장은 '학습 vs. 추론'의 제로섬 게임이 아니다. 학습이 증가할수록 더 많은 모델이 무대에 오르고, 무대에 오른 모델이 많아질수록 추론 트래픽이 기하급수로 늘어난다. 이 증가한 트래픽은 사용자 상호작용 데이터를 만들어 학습으로 되돌아가고, 더 큰 모델과 더 정교한 파이프라인을 요구한다. 이 순환에서 엔비디아는 방대한 멀티모달·행동 데이터 학습을 끌어안는 지휘자로서, 브로드컴은 대규모 서비스를 낮은 TCO로 굴리는 연주자(ASIC)로서 각자의 파트를 맡는다. 역할은 다르지만 같은 곡을 더 크게 울리게 한다는 점에서 서로를 확장하는 관계다.

엔비디아는 피지컬 AI라는 다음 막幕을 준비하며 학습의 규모를 다시 키우고 있다. 언어에서 영상·센서·행동으로 넘어가면 필요한 연산은 단순히 '조금 더'가 아니라 '질적으로 다른' 단계로 비약한다. 이 지점에서 범용 가속기와 거대한 소프트웨어 스택을 함께 제공할 수 있는 플레이어의 희소성이 부각된다. 이처럼 엔비디아는 학습이라는 거대한 무대를 확장하며 AI 산업의 중심축을 계속해서 자신 쪽으로 끌어당기고 있는 것이다.

반면 브로드컴은 검색, 추천, 생성, 에이전트 호출 등 AI 모델이 실제 사용자와 만나는 순간을 전력·지연·단가 측면에서 지속 가능하게 하는 역할을 맡는다. 개별 워크로드에 맞춘 ASIC는 대규모 배포에서 경제성을 극대화하고, 고객별 로드맵을 따라 세대교체를 반복하며 진입 장벽을 높인다. 이는 곧 AI의 연주가 흔들림 없이 관객에게 전달되도록 무대를 뒷받침하는 기반이 되며, 브로드컴은 그 필수적인 안정성을 책임지는 존재로 자리매김하고 있다.

따라서 '학습은 엔비디아, 추론은 ASIC' 같은 단순한 구분보다 중요한 것은 '순환'이다. 학습 사이클이 커질수록 엔비디아의 플랫폼 효과가 커지고, 그 결과로서 나온 서비스가 폭증할수록 브로드컴식 ASIC의 채택이 빨라진다. 그리고 ASIC로 낮아진 운영 비용은 더 많은 기능 출시와 트래픽 증대를 이끌어 다시 학습의 규모를 키운다. 이 선순환의 중심에 각각 다른 강점으로 포지셔닝한 두 회사가 서 있다.

무대를 완성하는 데는 완벽한 악보와 흔들림 없는 연주 모두가 필요하다. 엔비디아가 규모와 생태계로 악보를 확장한다면, 브로드컴은 효율과 맞춤화로 공연을 길게 그리고 넓게 유지시킨다. 학습과 추론의 파동이 맞물려 커질수록 두 축은 경쟁자가 아니라 동반 상승의 메커니즘으로 보일 가능성이 크다. 그 곡의 다음 악장은 언어를 넘어 물리 세계가 될 것이다.

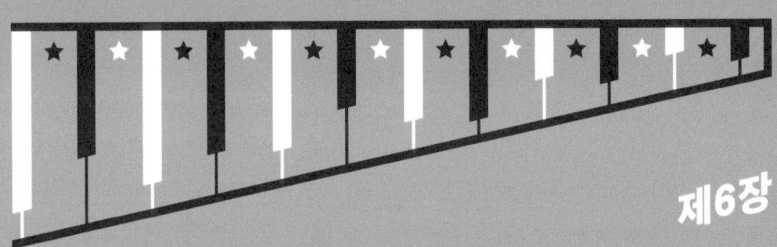

제6장

차세대 주도 업종 속 넥스트 빅테크는 누가 될 것인가

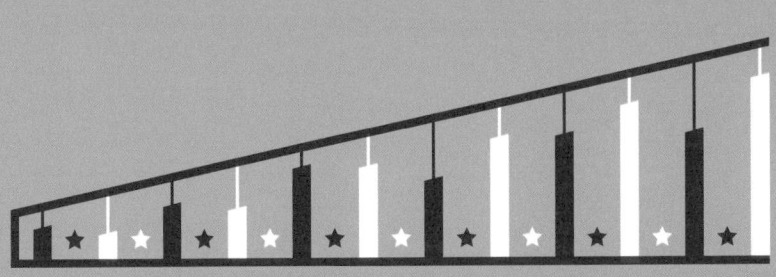

에이전틱 AI, 초기 시장의 승자는 B2B 소프트웨어다

세일즈포스, 서비스나우

에이전틱 AI의 핵심은 능동성이다. 사용자가 원하는 것을 직접 알려줘야 하는 생성형 AI와 달리, 에이전틱 AI 시대부터는 사용자가 원하는 바를 AI가 먼저 이해하고 그에 맞는 행동을 능동적으로 실행할 수 있다. 이때부터 AI가 인간이 기존에 직접 처리하던 수많은 업무를 대신 하게 되면서 인간의 생산성이 비약적으로 상승할 것이고, 그러고 나서야 비로소 AI가 단순한 기술적 진보를 넘어 진정한 의미의 '혁명'으로 바뀔 것이다.

AI가 능동성을 갖기 위해서는 무엇이 더 필요할까? 바로 '데이터'다. 능동성은 공허한 상태에서는 발휘될 수 없는 능력이다. AI가 인간의 의도를 정확히 읽고 실행에 옮기려면 반드시 사용자의 맥락과 니즈가 담긴 데이터가 필요하다. 즉, 에이전틱 AI의 성패는 사실상 AI가 얼마나 풍부하고 정교한 데이터를 확보했는가에 달렸다고 해도 과언이 아니다. 그래서 에이전틱 AI를 가장 빠르게 준비하고 있는 빅테크 업체들은 자신들이 가진 데이터를 바탕으로 레버리지할 방법을 계속해서 고민하고 있다. 예컨대 구글이 크롬 브라우저에서 유저의 인터넷 사용 기록을 사용한다거나 아마존이 자사 이커머스 플랫폼에서 유저들의 구매 데이터를 사용하는 식이다.

그런 점에서 봤을 때 현재 가장 유리한 위치를 차지하고 있는 것이 바로 세일즈포스나 서비스나우ServiceNow 같은 B2Bbusiness to business(기업 간 거래) 소프트웨어 업체들이라고 할 수 있다. 이들은 고객들의 정보에 기반한 서비스를 제공하기 때문에 고객사의 핵심적인 정보에 대한 접근성이 좋을 수밖에 없다. 예컨대 CRM의 대명사인 세일즈포스는 영업, 마케팅, 고객서비스 전반에서 생성되는 고객 접점 데이터를 폭넓게 축적해왔다. 그리고 서비스나우는 IT 서비스 관리와 엔터프라이즈 워크플로 프로그램을 통해 기업 내부의 운영 데이터를 장악하고 있다.

에이전틱 AI가 이 데이터와 결합하면 어떤 일이 벌어질까? 이들은 이제 고객이 원하는 정보를 원하는 형태로 제공하는 것을 넘어 고객이 무엇을 원할지를 선제적으로 예측하고, 이를 바탕으로 필요한 행동을 제안할 수 있게 될 것이다. 나아가 이미 구축된 다양한 외부 앱 생태계와 연결되면서 단순한 자동화 수준을 넘어 기업 전체의 운영을 최적화하는 조력자로 진화할 수도 있을 것이다. 또한 이들이 가진 방대한 고객 기반은 이들의 AI 모델이 다양한 산업과 조직에서 얻은 실전 데이터와 피드백을 통해 더욱 빠르게 개선될 수 있도록 밑거름이 되어줄 것이다. 이런 네트워크 효과는 소프트웨어의 효용을 높이고, 다시 더 많은 고객을 끌어들이는 선순환 구조로 이어진다.

이렇게 유리한 위치에 있는 대표적인 B2B 소프트웨어 업체인 세일즈포스와 서비스나우가 이 시장에 어떻게 대응하고 있는지 살펴보자.

세일즈포스, 에이전트포스가 보여준 CRM 데이터의 확장성

2024년 12월, 세일즈포스는 실적 발표와 함께 11% 급등하면서 역사적 신고가를 경신했다. 숫자 자체가 인상적이지는 않았다. 매출액은 추정치를 웃돌았지만 EPS는 컨센서스consensus에 미달하는 수준이었고, 가이던스 역시 애널리스트들의 추정치 대비 낮은 수준으로 제시되면서 실적 발표 직후 장후 시장After Market에서는 주가가 소폭 하락하기도 했다. 그러나 주가는 이내 회복세를 보였고, 콘퍼런스콜이 진행되는 동안 장후 시장에서 역사적 신고가를 갈아치웠다.

역사적 신고가 돌파는 투자자에게 무척 중요한 시그널 중 하나라고 할 수 있다. 그런데 이렇게 좋지 않은 이슈가 나왔음에도 신고가를 돌파했다면 더더욱 그 배경에 주목할 필요가 있다. 세일즈포스는 같은 해 9월 드림포스Dreamforce라는 연례행사를 통해 10월 중순쯤 '에이전트포스'라는 AI 에이전트 제품을 출시할 것이라고 발표했고, 주가 역시 그때부터 가파른 상승세를 탔다. 그런 와중에 실적 콘퍼런스콜에서 에이전트포스 제품에 대한 내용을 보다 구체화해주면서 주가 상승 모멘텀으로 작용한 것이다.

드림포스 행사에서 공개된 에이전트포스는 기업이 클릭 몇 번만으로 고객서비스, 영업, 마케팅, 커머스 등의 분야에서 손쉽게 작업을 처리할 수 있는 AI 에이전트를 배포할 수 있게 해주는 제품이다. 기업들은 세일즈포스가 제공하는 에이전트 스튜디오Agent Studio라는 도구를 통해 자체적으로 AI 에이전트를 생성·관리·배포할 수 있는데, 세일즈포스의 CRM 플랫폼에 이미 제공돼 있는 데이터를 바탕으로 자사 특정 비즈니스의 요구 사항에 맞춰 AI 에이전트를 만들 수 있는 것이다. 세일즈포스가 들었던 예시를 토대로 보면, 고객들이 에이전트포스를 이용해 기존 챗봇을 대체해 자신들의 입맛에 맞도록 개조한 고급 고객서비스 AI인 '서비스 에이전트'를 만드는 식이다.

당시 세일즈포스가 언급한 바에 따르면, 에이전트포스는 일반에 공개된 이후 단 5일 만에 200개의 고객사를 확보했다. 또한 수천 개의 고객사와 논의를 진행 중이며, 이 중에는 기존에 세일즈포스를 이용하지 않던 신규 고객들도 존재한다고 이야기했다. 보다 최근의 자료를 기준으로 보면, 2025년 4월 기준으로 에이전트포스는 출시 2개 분기 만에 8,000건의 계약을 체결했고 그중 절반이 유료 고객이다. 이에 따라 에이전트포스의 연환산 매출은 1억 달러를 넘어섰으며, 항공·리테일·미디어·에너지 등 다양한 산업에서 채택이 빠르게 늘어나면서 고객들이 연간 5,000만 달러 이상의 비용을 절감하고 있다고 한다.

이렇게 회사의 신제품인 에이전트포스에 대한 강력한 모멘텀들이 제시되면서 세일즈포스에 대한 투자자들의 관심이 더욱 높아지고 있으며, 주요 IB investment bank(투자은행)들이나 고객사들 역시 에이전트포스에 폭발직인 반응을 보이고 있다.

실제로 에이전트포스 출시 직전 UBS가 진행한 세일즈포스 고객사 및 파트너사 대상 설문 조사에 따르면, 세일즈포스의 여러 제품 중 가장 모멘텀이 강력할 것으로 생각되는 제품으로 에이전트포스가 등장과 동시에 1위를 차지했다. 점수는 4.0점으로, 과거 사례를 봤을 때도 지난 10년간 설문 조사 기간을 통틀어 가장 높은 수치였다. 세일즈포스의 고객사와 파트너사들은 이미 에이전트포스가 향후 몇 년 동안 세일즈포스의 막강한 원동력이 될 것으로 언급했는데, 그들이 공통으로 주목하는 부분이 바로 기존에 CRM 리더로서 세일즈포스의 역량이다. 즉, 기존에 세일즈포스 플랫폼 내에서 제공되던 고객 및 직원 간 상호작용의 상당 부분이 AI 에이전트로 대체될 수 있다. 그뿐 아니라 에이전트포스는 각 고객사가 고유한 브랜드와 운영 요구 사항에 맞도록 고도로 맞춤화된 자율 AI 에이전트를 배포할 수 있게 해줌으로써 CRM을 재정의하고 세일즈포스 제품에 대한 구독 성장을 촉진할 수 있는 잠재력이 있다고 본 것이다.

실제로 세일즈포스는 주가를 신고가로 끌어올린 실적 콘퍼런스콜에서 "에이전트포스는 세일즈포스의 중요한 진전을 의미하며, '세일즈포스 2.0' 시대의 시작을 알린다."라고 선언했다. 이 같은 진화를 통해 CRM 비즈니스의 리더를 넘어 AI 기반 고객 참여 및 생산성 솔루션의 선구자로 거듭나겠다는 의지를 표명한 것이다.

이후 여러 대내외적 이슈로 세일즈포스의 주가는 신고가 수준에서 꽤 하락하기도 했지만, 주가만 변했을 뿐 회사는 여전히 강력한 성장을 이루어내고 있다. 현재 세일즈포스가 보여주는 ARR accounting rate of return(회계적 이익률) 성장 속도나 높은 고객 재구매율 등은 SaaS 역사를 통틀어 봤을 때도 이례적인 수준이다. 에이전틱 AI의 선두 주자로서 세일즈포스의 상징성은 여전히 살아 있으며, 이들의 행보에 앞으로도 관심을 가질 필요가 있다.

서비스나우, AI를 새로운 UI로 만들다

서비스나우는 고객 관계 관리 서비스를 제공하는 세일즈포스와 달리 기업 내부 워크플로를 자동화해주는 서비스를 제공한다. 그래서 서비스나우의 에이전틱 AI 역시 이 부분에 집중됐다. 세일즈포스가 드림포스 행사에서 에이전트포스를 공개하면서 에이전틱 AI 진출을 선언한 것처럼 서비스나우에는 '놀리지'Knowledge라는 연례행사가 상징적인 이벤트의 역할을 했다. 2023년 5월, 서비스나우는 '나우 어시스트'Now Assist라는 이름으로 자사 워크플로에 생성형 AI를 결합한 제품군을 발표했다. 제품 발표와 함께 빌 맥더멋Bill McDermott CEO는 "나우 어시스트는 고객사들의 첫 번째 진짜 AI 도입 경험이 될 것"이라고 강조하며 해당 제품의 상징성에 대해 이야기했다.

초기의 나우 어시스트가 제공하는 효용은 오픈AI의 모델을 활용해 자연어 질의응답 및 요약 기능을 제공하는 정도에 그쳤는데, 예컨대 직원이 "비밀번호 재설정 방법을 알려줘."라고 입력하면 회사 내부 문서를 검색한 뒤 답변을 생성하는 식이었다. 즉, 당시의 나우 어시스트는 에이전틱 AI라기보다는 생성형 AI 기반 보조 도구의 성격이 더 강했다. 서비스나우가 본격적으로 에이전틱 AI로 넘어온 것은 그로부터 2년 후인 2025년 5월 놀리지 행사 때부터였다. 놀리지 2025 행사에서 서비스나우는 기존에 제공하던 나우 어시스트를 대폭 확장한 에이전틱 AI 포트폴리오를 공개했는데, 이때부터 회사의 전략이 본격적으로 에이전틱 AI로 이동했다. 단순히 응답만을 제공하던 것을 넘어 이제는 '실행 가능한 에이전트'로 진화한 것이다. 예컨대 앞서 언급한 예처럼 비밀번호를 재설정해야 하는 상황에서는 매뉴얼을 안내하는 데 그치지 않고 직접 비밀번호 재설정 프로세스를 실행하는 식이다.

서비스나우의 전략 변화는 여기서 그치지 않는다. 놀리지 2025에서 이들은 그야말로 에이전틱 AI 전략의 풀 패키지라고 할 수 있을 만큼의 다양한 기능을 공개했다. 대표적인 것으로 AI 컨트롤 타워, AI 에이전트 패브릭, 에이전틱 워크포스 매니지먼트 등이 있다.

AI 컨트롤 타워는 AI 에이전트의 본부가 되어 나우 어시스트뿐 아니라 고객사가 이용 중인 모든 AI 에이전트를 관리한다. 이를 통해 에이전트들이 겉돌아서 발생할 수 있는 여러 비효율을 제거하는 것이다. AI 에이전트 패브릭은 에이전트 간 협업 구조를 만들어주는 것으로, 여러 에이전트가 팀처럼 협력해 엔드투엔드 프로세스를 실행할 수 있게 해준다. 보험 업계를 예로 들면 사고 접수부터 자동 클레임 평가, 다국어 응대에 이어 보험금 지급까지 각 프로세스에 필요한 에이전트들이 알아서 처리할 수 있게 해준다. 마지막으로 에이전틱 워크포스 매니지먼트에서는 인간 직원과 AI 에이전트의 역할을 명확히 구분하고 이들 간 협업 구조를 설계해준다. 인간과 AI의 하이브리드 팀을 운영할 수 있게 해주는 것이다.

6-1 직접 문제를 해결하는 서비스나우의 AI 에이전트

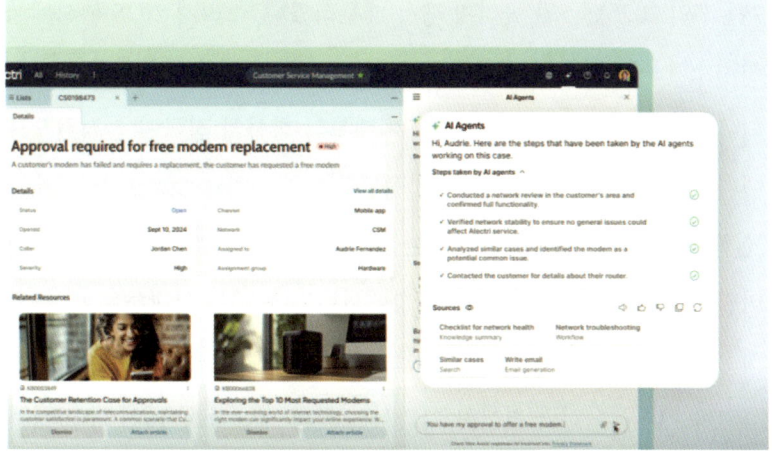

출처: 세일즈포스

빌 맥더멋 CEO는 놀리지 2025 행사에서 이상의 내용을 발표하면서 "AI는 이제 새로운 UI user interface(사용자 인터페이스)이며, 서비스나우는 에이전틱 엔터프라이즈의 새로운 운영체제가 되겠다."라고 선언했다. 서비스나우의 제품군이 단순 생산성 보조 도구를 넘어 기업들의 실행 엔진으로 도약함을 의미한다. 이를 통해 서비스나우는 에이전틱 AI 시대를 주도하는 운영체제가 되고자 하는데, 기존처럼 SaaS에서 경쟁하는 것이 아니라 기업 전체의 AI 거버넌스와 실행을 책임지는 대체 불가능한 핵심 인프라로 포지셔닝하겠다는 의지다. 세일즈포스가 에이전트포스를 통해 'CRM의 AI화'를 만들어내고자 했다면, 서비스나우는 '기업 운영의 AI화'를 달성하고자 하는 것이다.

에이전틱 AI 선두 주자로서 서비스나우의 행보는 현재진행형이다. 2025년 7월, 2분기 실적 발표에서는 나우 어시스트의 신규 ACV annual contract value[*]가 예상치를 초과 달성했으며, 역사상 최대 규모의 나우 어시스트 계약도 성사됐다고 밝혔다. 또한 회사가 체결한 상위 20개 딜 중 18개에 나우 어시스트가 제공되는 'Plus SKU'가 포함돼 있으며, 'Pro Plus Assist Pack'의 사용량 역시 지난 3개월 만에 9배가 증가했다고 언급했다. 이에 힘입어 회사는 2026년까지 10억 달러의 ACV를 목표로 하고 있으며, 생각했던 것보다 빠른 속도로 목표를 향해 나아가고 있다고도 이야기했다.

즉, 현재 서비스나우는 에이전틱 AI로의 전환을 아주 순조롭게 진행하는 중이다. 이를 통해 서비스나우는 'AI는 새로운 UI'라는 슬로건과 함께 기업 내 모든 일이 곧 'AI Work'가 되는 패러다임의 전환을 만들어나가고 있다. 세일즈포스가 자신들이 가진 CRM 데이터를 이용해 그랬던 것처럼, 서비스나우는 방대한 워크플로와 운영 데이터를 무기로 에이전틱 엔터프라이즈의 운영체제를 구축해가고 있다. 이 과정에서 서비스나우는 점차 단순한 SaaS 기업을 넘어 AI 시대 기업 운영의 필수 인프라로 자리 잡게 될 것이다.

---

* 어떤 고객이 1년 동안 서비스나우 등의 SaaS 업체에 얼마를 지불하기로 계약했는지를 나타내는 수치. SaaS 기업들은 다년 계약이 많아 분기 매출만으로는 성장 속도를 정확히 알 수 없기 때문에 실제 고객 수요를 파악하기 위해 ACV 지표를 사용한다.

능동성을 완성하는 열쇠는 데이터

AI 산업의 경쟁력은 모델 자체의 성능에서 끝나지 않는다. 아무리 첨단 LLM을 보유했다고 하더라도 풍부하고 정교한 데이터 없이는 에이전틱 AI의 핵심인 능동성을 구현할 수 없다. 인간의 의도를 읽고 스스로 실행으로까지 연결하는 AI의 '혁명적 전환'은 반드시 데이터라는 토대를 필요로 한다.

그런 의미에서 세일즈포스와 서비스나우가 현재 에이전틱 AI 산업을 이끄는 최전선에 서 있다는 사실은 결코 우연이 아니다. 세일즈포스는 CRM을 통해 고객 접점 전반의 데이터를, 서비스나우는 기업 운영과 워크플로 데이터를 이미 장악하고 있다. 이 데이터 자산 덕분에 에이전트포스와 나우 어시스트는 단순한 신기술이 아니라 즉각적인 ROI 개선을 만들어내는 실질적인 '성장 엔진'이 되고 있다.

에이전틱 AI의 초기 국면에서는 세일즈포스와 서비스나우가 초기의 과실을 선점할 가능성이 크다. 그리고 그 수혜가 지속될 가능성 역시 매우 크다. 단순한 기술 혁신이 아니라 지속 가능한 성장 모멘텀과 플랫폼의 록인 lock-in 효과로까지 이어질 수 있기 때문이다. AI의 능동성이 본격적으로 작동하는 순간, 세일즈포스와 서비스나우는 기존의 SaaS 업체를 넘어 AI 시대의 필수적인 인프라이자 확실한 승자로 자리매김할 수 있을 것이다.

AI 광고, 앱 광고의 최대 수혜 기업에 투자하라

앱러빈

새롭게 등장한 기술이나 제품, 서비스가 세상의 판도를 뒤흔들 정도로 혁신적인 순간을 이야기할 때 흔히 '아이폰 모멘트'iPhone moment라고 한다. 아이폰으로 대표되는 스마트폰이 등장하면서 우리 삶의 많은 것이 이전과는 완전히 달라졌기 때문이다. 이는 광고 산업에서도 마찬가지였는데, 스마트폰이 등장하면서 '모바일 광고'라는 새로운 시장이 생겨날 수 있었다. 이전에는 신문, 잡지, 라디오 등의 전통 매체들에서만 접할 수 있었던 내용을 이제는 스마트폰에서 웹서핑을 하면서 손쉽게 접할 수 있게 되면서 사람들은 점점 더 많은 시간을 스마트폰에 할애했고, 자연스럽게 광고주들의 시선도 모바일로 향했다.

그렇게 모바일 웹을 중심으로 성장하던 모바일 광고 시장도 시간이 지나면서 조금씩 달라졌는데, 모바일 앱이 부흥하기 시작했기 때문이다. 앱 개발자들은 초기에 유료 다운로드나 인앱in-app 결제 위주의 수익 모델을 고수하던 것에서 한발 물러나 무료 다운로드로 트래픽을 모아 광고 수익을 창출하는 모델을 적극적으로 도입했다. 이 전략은 '앵그리버드'나 '캔디크러쉬' 같은 무료 게임들의 폭발적 성장을 견인했고, 수많은 개발자가 그 뒤를 따랐다. 이 과정에서 앱 광고 시장이 급속히 팽창했고, 그 흐름 속에서 탄생한 회사 중 하나가 바로 앱러빈이다.

앱 광고의 부흥과 위기

앱러빈과 같은 앱 광고 업체들의 비즈니스 모델은 보기보다 복잡하다. 예를 들어 어떤 개발자가 '연수르의 미국 주식'이라는 뉴스 앱을 하나 만든다고 가정해보자. 이 앱의 주요 수익 모델은 광고로, 유저들이 앱에 접속해서 뉴스를 볼 때 기사 중간이나 앱 하단에 배너광고를 넣으려고 한다. 이를 구현하기 위해 개발 당시 앱러빈, 구글, 메타의 광고 SDK advertising software development kit[*]를 삽입한다.

앱을 다운받은 유저가 앱에 접속하면 기존에 광고 SDK 업체들이 광고주들로부터 확보해둔 수많은 광고 중 그 슬롯의 성격에 가장 적합하고, 가장 단가가 높은 광고가 자동으로 선정되어 송출되고 그 광고의 성과까지 자동으로 분석된다. 예컨대 미국 주식 관련 뉴스를 보는 유

---

[*] 앱 개발자가 앱 안에 광고를 넣을 수 있도록 도와주는 광고 툴 세트. 이 키트를 통해 광고 송출, 성과 점검 등이 자동으로 이뤄진다.

저에게 자산 관리 서비스 광고를 노출하는 식이다. 이 과정에서 앱러빈과 같은 광고 SDK 업체들은 광고비의 일정 비율을 수수료 명목으로 가져가고, 나머지는 모두 앱 개발자의 광고 수익으로 돌아간다.

이후 앱 광고 시장이 폭발적으로 성장했다. 인앱 광고가 거의 없고 웹 광고 위주로만 형성됐던 초기 모바일 광고 시장은 인앱 광고 비중이 어느새 82%*에 달하는 인앱 광고 시장 자체가 되어가고 있다. 그러면서 많은 업체가 앱 광고 비즈니스에 뛰어들었는데, 사실상 그간의 앱 광고 시장은 구글과 메타의 독무대였다고 해도 무방하다. 세계 최고의 광고 회사인 구글과 메타는 이미 검증된 광고 능력을 바탕으로 수많은 광고주를 확보했고, 이는 광고 SDK를 도입하려 하는 앱 개발자들 입장에서 너무나도 큰 매력 포인트였다. 개발자들에게는 많은 광고주 풀을 보유하고 있는 것만큼 좋은 것이 없기 때문이다.

이에 따라 앱 광고 시장은 점점 구글, 메타가 이끌고 앱러빈, 아이언소스IronSource, 모비스타MobVista, 유니티Unity 등 나머지 중소 업체들이 남은 파이를 차지하기 위해 경쟁하는 형태로 점점 굳어졌다. 그런데 2020년, 이런 판도를 완전히 뒤집는 결정적인 사건이 발생했다. WWDC(세계개발자회의)에서 애플이 iOS 14 업데이트를 발표한 것이다. UI 간소화, 홈 화면 커스터마이징 등 유저들 입장에서는 반가워할 만한 내용이 많은 발표였지만, 앱 광고 회사들 입장에서는 청천벽력과도 같은 소식이 나왔다. ATT app tracking transparency(앱 추적 투명성) 정책

---

* 이마케터는 2025년 기준 미국 모바일 광고 시장 규모가 2,281억 1,000만 달러이고, 그중 미국 인앱 광고 지출이 1,877억 8,000만 달러를 차지한다고 발표했다.

이 바로 그것이다.

ATT 정책이란 개인정보보호에 대해 높아지는 소비자들의 인식 수준을 반영하기 위한 정책으로, 기존에 앱 개발자들이나 광고 SDK 업체들이 특별한 절차 없이 기기 사용자의 정보를 수집할 수 있었던 것을 금지하고 앱 설치 시 반드시 추적 허용 여부를 묻도록 팝업을 띄우는 식으로 구현됐다. 광고 SDK 업체들은 원래 유저들이 앱을 설치하면 자동으로 제공되는 기기 사용자의 기본적인 정보(IDFA identifier for advertisers*)를 바탕으로 맞춤형 광고를 송출하면서 높은 광고 단가를 책정받아왔는데, 이제는 그럴 수 없게 된 것이다. 애플이 ATT 정책을

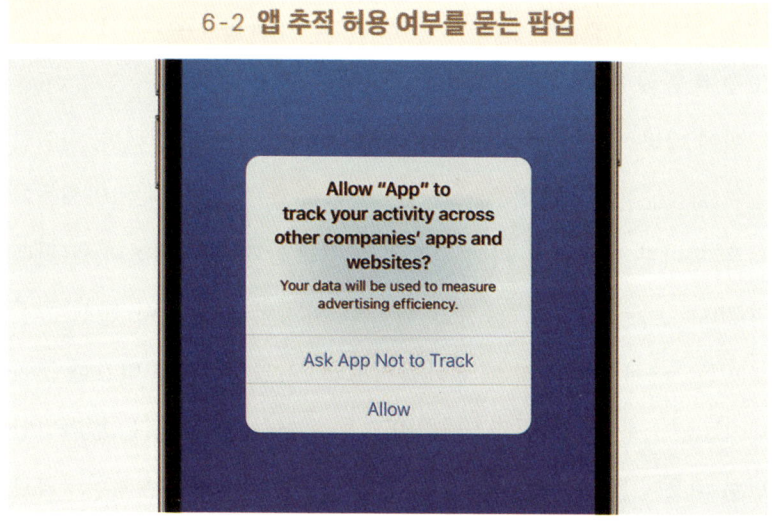

6-2 앱 추적 허용 여부를 묻는 팝업

출처: 구글 이미지

---

* 아이폰 기기마다 부여되는 광고 식별 번호. 앱 개발자나 광고주는 이를 활용해서 유저를 직접 알지 못해도 같은 사람이 여러 앱에서 어떤 행동을 했는지 추적할 수 있다.

도입한 2021년 4월 이후 대부분의 유저는 추적 허용 여부에 대한 질문에 'NO'라고 대답했고, 이에 따라 광고 SDK 업체들의 타기팅 효율이 떨어지면서 실적이 악화되기 시작했다. 실제로 메타는 해당 정책으로 100억 달러의 매출 타격을 입었으며, 이에 따라 2021년 9월 이후 1년간 주가가 무려 80% 가까이 하락하기도 했다.

위기를 기회로 만들어낸 앱러빈

이 같은 위기 속에서 광고 업체들은 저마다 새로운 해법을 모색했다. 구글과 메타는 자신들이 보유하고 있던 플랫폼으로부터 유저들의 정보를 획득해 광고에 사용하기 시작했고, 애플이 제공하는 IDFA를 대체할 수 있는 대안 식별자를 개발하는 업체들도 있었다. 이런 혼란 속에서 위기를 극복하기 위해 앱러빈이 선택한 방법은 'AI'였다.

2023년 2분기, 앱러빈은 'AXON 2.0'이라는 새로운 엔진을 출시한다고 발표했다. 앱러빈의 AXON 엔진은 앱러빈이 AI를 활용해 자체적으로 구축한 머신러닝 엔진으로, 광고 배치와 입찰을 최적화하기 위해 실시간 강화 학습 루프를 사용한다. 이를 통해 초당 200만 건 이상의 광고 경매를 처리하며, 방대한 데이터를 실시간으로 분석해서 광고와 관련된 의사결정을 내린다. AXON이 활용하는 데이터는 광고 업체들이 기존에 사용하던 IDFA와 같은 데이터가 아니다. AXON은 이 같은 영구적인 사용자 프로필에 의존하지 않고, 광고주가 직접 공유해주는 데이터나 앱 내에서의 사용자 행동과 같은 문맥 데이터 그리고 앱러빈이 그간 해온 수많은 광고를 통해서 누적된 유저 행동 패턴 데이터나 피드백 데이터 등을 총체적으로 고려해 유저들이 어떤 광고에 반응할지를 정확히 예측하는 데 초점을 맞춘다.

예를 들어 앱러빈이 송출한 어떤 광고가 500명에게 노출됐는데 그중 15명이 그 광고를 클릭했다고 해보자. AXON은 그 즉시 클릭하지 않은 485명의 사용자와 관련된 신호의 가중치를 낮추고, 클릭한 15명의 사용자와 관련된 신호의 가중치를 높인다. 이 학습 결과는 바로 다음 입찰 라운드에 반영된다. 이런 고빈도의 반복적인 학습 방식이야말로 경쟁사의 모델과 차별화되는 앱러빈만의 핵심적인 기술적 우위라고 할 수 있다.

설명만 들어서는 감을 잡기 힘들 테니 실제 성과를 소개하겠다. 앱러빈과 같은 앱 광고 회사들의 비즈니스 모델은 단순히 광고를 노출하는 데서 끝나는 것이 아니라 광고주나 앱 개발자에게 매출 증대, 광고 노출과 같은 실질적인 가치를 제공했을 때 수익을 얻는 구조다. 따라서 AXON의 경쟁력을 파악할 수 있는 가장 직관적인 지표는 바로 앱러빈의 수익이다. 노스빔 Northbeam의 분석에 따르면, 앱러빈의 평균 ROAS는 메타보다 45%, 틱톡이나 유튜브 같은 플랫폼보다 74% 더 높은 수준이다. 광고주들은 앱러빈의 플랫폼을 사용한 후 평균 20~30% 높은 ROI를 달성할 수 있었다고 이야기했다. 2025년 2분기에 앱러빈은 NRPI net revenue per installation(설치당 순수익)*가 전년 동기 대비 무

---

* 광고를 통해 유저 1명을 데려왔을 때, 그 유저로부터 실제로 얼마를 벌었는지를 보여주는 지표. 마케팅 효율성이나 유저의 퀄리티를 평가하는 데 유용하다.

려 70% 증가했으며, 설치 규모도 8% 성장했다고 발표했다. AXON이 광고 효율성과 규모 확장을 동시에 달성했음을 보여주는 강력한 증거다.

이런 성과 지표들은 AXON이 단순한 기술적 개념을 넘어 광고주들에게 측정 가능한 금전적 이익을 제공하는 강력한 성장 엔진으로 자리 잡고 있음을 의미한다. 이를 통해 앱러빈은 강력한 선순환 구조를 만들어나가고 있다. AXON의 AI 성능이 향상될수록 광고주의 ROI가 높아지고, 이는 더 많은 광고비 지출로 이어져 AXON에 더 많은 학습 데이터를 제공하여 AI 성능을 다시 한번 향상시킨다. AXON 2.0 출시 이후 불과 2년 동안 광고주들의 앱러빈향 광고 지출이 4배 가까이 증가했다는 사실은 이 같은 선순환 구조가 앱러빈의 기술적 해자를 현저히 강화했음을 방증한다.

경쟁사와 비교해보면 앱러빈의 성과가 더욱 두드러지는데, 대표적인 사례로 구글을 살펴보자. 앞서 설명했듯 ATT 이전 앱 광고 시장을 쥐락펴락하던 구글의 앱 광고 매출은 2009년 인수한 구글 애드몹에서 발생하며, 구글 실적에서는 광고사업부 내 네트워크 매출로 확인할 수 있다. 앱러빈이 AXON 2.0을 출시하면서 본격적인 성장 궤도에 오르기 시작한 2023년 2분기에 구글 네트워크 매출액은 78.5억 달러였는데, 2년 후인 2025년 2분기에는 오히려 73.5억 달러로 감소했다. 왜일까? 구글은 자신들의 방대한 생태계를 활용해 광고를 최적화하는 PMax 같은 솔루션을 출시하면서 나름대로 AI 광고 고도화를 시도했으나, 기존에도 뛰어난 광고 역량을 바탕으로 이미 높아져 있던 광고 단가를 추가로 끌어올리지 못했기 때문이다(물론 구글은 자신들의 강점인 검색

6-3 앱러빈의 매출 및 영업이익률과 주가 추이

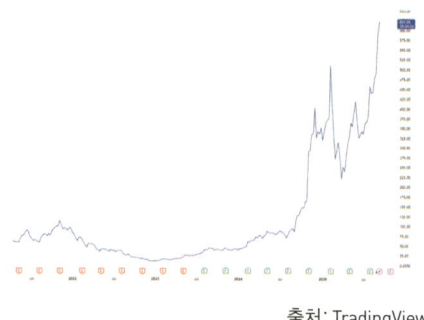

출처: TradingView

광고와 유튜브 광고를 통해 네트워크보다 훨씬 더 많은 수익을 벌어들이면서[*] 앱 광고의 부진 정도는 쉽게 극복하고 있다).

같은 기간 앱러빈의 매출액은 4억 달러에서 12.6억 달러로 무려 3배 넘게 성장했다. 앱러빈의 광고 SDK를 사용하는 광고주나 개발자가 많아진 것을 넘어 AXON 엔진을 통해 오히려 ATT 이전보다 타기팅 효율이 크게 개선된 앱러빈의 솔루션 덕에 광고 단가가 크게 상승한 결과다. 2023년 초만 해도 8%에 그쳤던 영업이익률이 2025년에는 60%가 넘는 수준까지 상승했다는 사실이 그 결정적인 증거다. 앱러빈은 광고주 지출의 일정 비율을 수수료로 수취하기 때문에 단순히 광고 물량만 늘었다면 이익률이 높아질 수 없는 구조다. 변동비를 수반하지 않는 광고 단가의 상승이 앱러빈의 고정비 레버리지 효과를 극대화하면서 이익률의 눈부신 성장을 가져온 것이다.

---

[*] 구글 전체 광고 매출은 2023년 2분기 581억 달러에서 2025년 2분기 713억 달러로 23% 성장했다.

이커머스 광고, '신규 고객'이라는 블루오션을 발견하다

앱러빈의 성장 스토리는 여기서 멈추지 않는다. 지난 2년 동안 엄청난 고성장을 보여주면서 어느새 시가총액 1,500억 달러가 넘는 명실상부한 1등 광고대행사*가 된 앱러빈은 이미 훨씬 더 큰 꿈을 그리고 있다. 앱러빈은 AXON 엔진을 통해 비즈니스에 AI를 완벽하게 흡수시켰다. 다만, 앱러빈을 비롯해 기존 앱 광고 회사들이 주로 송출하던 광고는 '게임'에 국한돼 있었다. 게임 퍼블리셔들이 인앱 광고를 통한 수익 모델 확장에 가장 열려 있었고, 이에 따라 게임 광고의 ROI가 가장 높았기 때문이다. 앱러빈 역시 광고주 대부분이 게임 업체이고, 그간 수집해온 광고 데이터 역시 게임 광고에서 나온 것이 대부분이었다. AXON 엔진을 통해 게임 광고에서 성공 방정식을 찾아낸 앱러빈의 시선은 이제 게임을 넘어 가장 큰 광고 시장 중 하나인 이커머스 시장을 향하고 있다.

이커머스 업체들 입장에서는 구매 의도가 있는 사람을 찾는 것이 가장 중요하다. 인앱 광고에서 노출을 통해 유저가 들어오기를 기다리기보다는 유저들이 뭔가를 검색하거나 SNS 피드를 훑어볼 때와 같이 무언가 액션을 할 때 관심사 기반으로 노출하는 것이 더 효과적인 광고

---

* 앱러빈의 비즈니스는 전통적인 광고대행사와는 완전히 다르지만, 앱러빈과 같은 광고 업체들은 섹터 분류상 애드버타이징 에이전시 advertising agency로 돼 있어 편의상 광고대행사로 지칭한다.

방법이라는 뜻이다. 그래서 주로 구글의 검색 광고나 페이스북 또는 인스타그램의 소셜 광고에 광고비를 지출하는 것이 일반적이었다. 하지만 구글과 메타가 사실상 과점하고 있는 이런 채널에서 광고주들은 주도권을 잃어가고 있고, 이에 따라 광고 비용 역시 빠르게 상승해 광고주들의 부담은 점점 커지고 있다.

이처럼 녹록지 않은 상황에서 앱러빈은 광고주들에게 완전히 새로운 대안을 제시한다. 앱러빈이 앱 광고에서 갖고 있는 강점과 이커머스 광고에서 구글·메타가 가진 강점은 완전히 다르다. 구글이나 메타는 주로 검색이나 피드 광고에서 기존 유저들에게 그들의 관심사를 바탕으로 리타기팅*하여 전환을 극대화하는 데 강점이 있다. 즉, 이들이 타기팅하는 소비자들은 '기존에 이미 확보된 유저들'이라는 얘기다. 반면, 앱러빈이 주로 하던 게임 광고에서는 기존 유저에 대한 리타기팅이 아니라 완전히 새로운 신규 유저를 획득하는 것이 가장 큰 목표다. 이를 이커머스에 접목하면, 이커머스 광고주들 입장에서는 '자신들의 상품을 한 번도 본 적이 없는 잠재적인 구매자'를 새롭게 발견할 수 있다는 의미가 된다. 앱러빈은 자신들이 게임 광고에서 쌓아 올린 경쟁력을 바탕으로 이커머스 광고 시장에서 아직 미개척 상태인 '신규 고객'이라는 거대한 블루오션을 발견한 것이다.

또한 앱러빈은 게임 광고에서 그랬던 것과 마찬가지로, 이커머스 브랜드들에 CPP cost per purchase(구매 건당 비용)나 ROAS와 같은 특정 목

---

* 내 상품이나 서비스에 한 번이라도 관심을 보인 사람에게 다시 광고를 보여주는 마케팅 기법.

6-4 앱러빈 광고가 실제 주문 체결에 기여한 건수

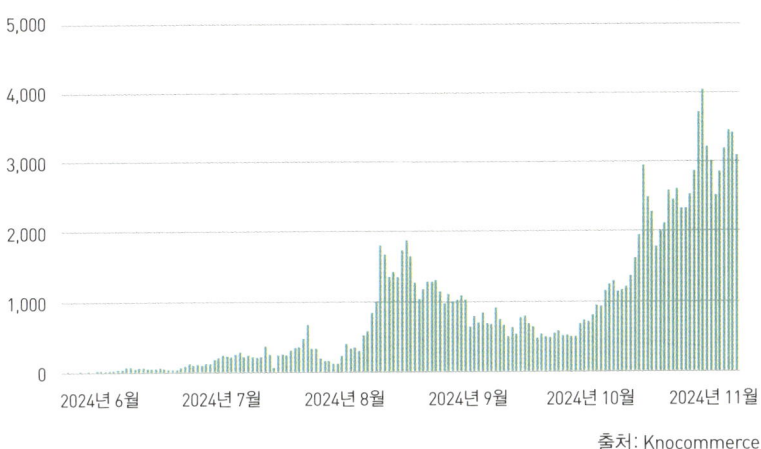

(단위: 건수)

출처: Knocommerce

표에 최적화된 광고 캠페인을 제시했다. 기존 구글·메타의 광고 상품을 사용하면서 실제 성과가 발생하지 않더라도 선투자 개념으로 광고비를 지출해야 했던 광고주들에게 이는 매력적인 대안으로 여겨졌을 것이다. 앱러빈의 이 전략은 정확하게 맞아떨어졌다. 온라인 경매 플랫폼 딜대시DealDash는 앱러빈 플랫폼을 이용한 지 7일 만에 ROAS가 71% 증가하고, CPP가 22% 감소하는 성과를 거뒀다고 발표했다. 또한 노커머스KnoCommerce에 따르면, 2024년 하반기부터 앱러빈에 대한 이커머스 브랜드들의 지출이 급속도로 증가했다.

이런 성과에 힘입어 앱러빈의 이커머스 비즈니스는 빠른 속도로 확대되고 있다. 2024년 말 앱러빈은 600여 개의 이커머스 광고주 고객사를 획득했으며, 이커머스 비즈니스의 연율화 매출이 10억 달러에 달한다고 발표했다. 앱러빈의 2024년 연간 매출이 32억 달러였음을 고려하면 매우 빠른 성장 속도다.

무엇보다 앱러빈이 뛰어든 이커머스 광고 시장은 게임 광고 시장과는 비교도 안 될 정도로 큰 시장이다. 스태티스타에 따르면, 글로벌 이커머스 광고 시장이 2025년 기준 2,000억 달러에 달하는 데 비해 게임 광고 시장은 100억 달러 수준에 그친다. 물론 광고의 형태와 목적이 다르기 때문에 앱러빈이 이커머스 광고 시장의 많은 부분을 차지하기는 쉽지 않겠지만, 그럼에도 이는 앱러빈에 전과는 비교할 수 없는 기회임을 의미한다. 또 만약 앱러빈의 이커머스 비즈니스가 성공적으로 자리 잡는다면, 또 다른 카테고리로 비즈니스를 확장하는 데 훌륭한 디딤돌로 삼을 수 있을 것이다.

게임을 넘어
광고의 새로운 지평을 열다

어느새 AI 없이는 설명되지 않는 것투성이가 되어버린 테크 산업에서 앱러빈은 어떻게 보면 AI를 가장 빨리 그리고 가장 잘 받아들인 회사 중 하나라고 할 수 있다. 위기가 찾아왔을 때 AI를 돌파구로 선택한 앱러빈은 AXON 엔진을 통해 이전과는 완전히 다른 성장 궤도로 진입했고, 이제는 더 먼 곳까지도 바라볼 수 있게 됐다.

그러나 오늘날 앱러빈을 만든 핵심 기술 AXON은 결코 우연히 탄생한 것이 아니다. 초고속, 고효율 그리고 측정 가능한 ROI에 집착하던 모바일 게임 시장이라는 '시련의 장'에서 앱러빈이 지난 수년간 단련하며 쌓아 올린 시행착오의 결과물이다. 모바일 게임 광고는 설치나 인앱 구매와 같은 매우 직관적이고 즉각적이며 측정 가능한 성과를 요구하며, 이를 위해 매일 수십억 건의 마이크로 트랜잭션을 처리해야 한다. 이 과정에 AI를 도입함으로써 앱러빈의 AXON은 직접 반응 결과에 무자비할 정도의 최적화 수준을 달성했다. 그리고 이것이 이제는 게임 광고를 넘어 이커머스나 CTV 같은 아예 새로운 영역에서 기존의 광고 강자들에게 도전장을 내밀 수 있는 기초체력이 되어주고 있다. 앱러빈의 기술은 브랜드 광고나 검색으로 출발한 기존 광고 플랫폼들과는 완전히 다른 방식으로 ROI를 극대화하기 위해 전투적으로 단련돼왔기 때문이다.

앱러빈은 지난 수년간 눈부신 속도로 성장해왔지만, 성장을 거듭할수록 쌓아가는 데이터와 AI 역량이 앱러빈의 성장 잠재력을 더 높은 차원으로 끌어올리고 있다. 게임 광고 업체에서 시작해 AI와 결합하면서 완연한 애드테크 업체로 거듭난 앱러빈의 성장 스토리는 이제부터가 진짜 시작일지도 모른다.

콘텐츠 회사가 아니라 플랫폼 기업이다

넷플릭스

2024년 10월 18일은 넷플릭스에 매우 의미 있는 날이었다. 호실적 발표와 함께 주가가 11% 상승하면서 2021년에 기록한 고점을 완벽하게 돌파한 날이기 때문이다. 앞서도 어떤 종목이 역사적 신고가를 돌파하는 것은 매우 의미 있는 일이므로 관심을 가질 필요가 있다고 여러 차례 언급했다. 당시 넷플릭스가 역사적 신고가를 경신한 것은 실적이 좋았기 때문이기도 하지만, 콘퍼런스콜에서 발표한 내용이 넷플릭스가 또 한 번 커다란 변화를 앞두고 있다는 단서를 제공했기 때문이다.

넷플릭스의 역사적 신고가 돌파는 불과 2~3년 전만 해도 상상조차 하기 어려운 일이었다. 유동성을 모멘텀으로 하여 상승한 여타 주식들과 마찬가지로 2021년 11월에 고점을 형성한 넷플릭스는 미 연준의 긴축 사이클이 시작되고 경기 둔화가 본격화되면서 소비자들이 OTT 구독을 해지함에 따라 성장률이 급격히 꺾였고, 주가 역시 불과 5개월 만에 80% 이상 급락했다. 이처럼 주가가 5분의 1토막이 났던 회사가 불과 2년여 만에 전고점을 돌파한다는 것은 쉽게 상상하기 힘든 일이다. 넷플릭스가 반전의 신화를 쓸 수 있었던 이유를 산업의 변화와 기업의 변화라는 두 가지 측면에서 짚어보려 한다.

산업의 변화: 코로나19가 완성한 코드커팅, 경기 둔화가 완성한 CTV

앞서 말했듯 미국에서 비싼 케이블 TV의 구독을 해지하고 그 대신 저렴한 OTT를 구독하는 것이 하나의 트렌드가 됐고, '코드커팅'이라고 불리는 이 트렌드는 스마트폰과 모바일 인터넷의 보급으로 가속화되더니 코로나19 때 온 세상이 비대면으로 전환되면서 마침내 절정에 달했다. 2022년을 기점으로 주로 OTT로 구성되는 'Non-Pay TV'가 케이블 등 전통 TV를 의미하는 'Pay TV'의 점유율을 넘어섰고, 그 뒤로 격차는 더 크게 벌어졌다.

이 트렌드를 최선봉에서 주도한 것이 넷플릭스였다. 넷플릭스는 적자를 감수하면서도 콘텐츠에 엄청나게 많은 돈을 쏟아부으면서 가입자들을 끌어모으는 데 집중했고, 결국에는 성공을 거둬 회사의 주가와 실적 역시 끝을 모르는 성장을 이어갈 수 있었다.

이를 지켜보던 전통 미디어 업체들 역시 가만히 있지는 않았다. 디즈니, 컴캐스트Comcast, 워너 브라더스 등 전통 미디어 공룡 기업들이 저마다 OTT를 출시하면서 OTT 시장의 경쟁이 갈수록 치열해졌다. 이에 따라 원래 한두 개만 구독할 때는 Pay TV 대비 가성비가 확실히 부각되던 OTT도 네다섯 개가 넘어가자 딱히 가성비가 있는 매체라는 느낌을 주기가 어려워졌다. 엎친 데 덮친 격으로 2022년부터 미 연준이 코로나19 때 풀었던 유동성을 회수하기 시작하면서 소비자들의 지갑이 급속도로 얇아졌다. 소비자들은 돈을 아끼기가 가장 수월한 OTT부터 하나둘씩 해지했고, 파티는 그렇게 끝나는 듯했다.

그러던 중 2022년 11월, 넷플릭스는 회사의 명운을 바꿔놓을 엄청난 결정을 내렸다. 바로 광고요금제 출시다. 광고요금제란 소비자가 광고를 보는 대신 저렴한 가격에 OTT를 이용할 수 있게 하는 요금제를 의미한다. 이제는 한국에도 출시되어서 익숙하지만, 당시는 미국에서조차 훌루Hulu 정도만이 광고요금제를 제공하던 때라 소비자들에게 굉장히 생소했다. 더군다나 넷플릭스의 경영진이 예전부터 넷플릭스에는 절대로 광고를 도입하지 않겠다는 입장을 강경히 고수해왔기 때문에 이런 행보는 시장에서 더욱 파격적으로 받아들여졌다.

결과는 매우 성공적이었다. 경기가 둔화세로 접어들면서 광고를 보는 대신 더 적은 돈을 내고 넷플릭스를 즐기고 싶어 하는 소비자는 생각보다 훨씬 많았고, 이들을 흡수하면서 넷플릭스의 주가와 구독자 수는 다시 한번 성장 국면으로 접어들었다. 이를 지켜보던 OTT 후발 업체들도 재빨리 자사의 OTT에 광고요금제를 도입했고, 이에 따라 미국에서 CTV 광고 시장이 본격적으로 개화했다.

CTV 광고 시장이란, 조금 협의의 의미이긴 하지만 광고요금제를 도입한 OTT 업체들의 광고로 구성된 시장이라고 생각하면 된다. 이 새로운 광고 시장은 현재 글로벌 광고 시장에서 가장 핫하고 가장 높은 성장률을 보이고 있으며, 그럼에도 여전히 산업의 초입이라고 할 수 있을 정도로 성장 초기 단계에 있다.

광고 시장을 관통하는 가장 큰 메커니즘은 '점유율 뺏기'라고 할 수 있다. 광고라는 것 자체가 애초에 소비자들의 시간을 가장 많이 점유하는 곳을 향하게 돼 있기에, 소비자들이 시간을 쓰는 매체가 달라지면 광고 시장도 함께 달라진다. 지금은 가장 큰 광고 시장이 된 디지털 광고 역시 소비자들이 신문이나 잡지, 라디오에서 컴퓨터로 관심을 옮겨가면서 시작됐으며, 성장하는 와중에도 컴퓨터에서 스마트폰으로 관심이 옮아가면서 모바일 광고 시장의 개화라는 또 한 번의 커다란 변화를 맞이했다. 이런 변화의 소용돌이 속에서도 꿋꿋이 제자리를 지켜온 매체가 TV였는데,* 이제 이 시장에서도 변화가 시작된 것이다.

이는 광고주 입장에서 너무나도 반가운 변화였다. 원래 광고 시장에서 TV라는 매체가 갖는 가장 큰 맹점이 타기팅이 아예 불가능하다는 것이었다. 누가 언제 어디서 TV를 시청하는지에 대한 정보를 수집할 방법이 전혀 없었기에 TV 광고는 온라인 광고처럼 특정 오디언스에 타기팅되기보다는 브랜드 자체의 인지도를 높이는 브랜드 광고 위주로 집행될 수밖에 없었다. 그런데 OTT라는 '로그인이 필요한' 새로운 매체가 TV에 씌워지면서 TV 광고는 완전히 새로운 국면을 맞았다. 광

---

* TV 광고 시장은 2024년 기준 약 200억 달러로, 디지털 광고(300억 달러)에 이은 매우 큰 시장이다.

고주들 입장에서는 소비자들의 가용 시간 중 상당 부분을 차지하는 TV를 이제 자신들의 입맛에 맞도록 광고에 사용할 수 있는 길이 열린 것이다.

OTT 업체들 입장에서도 광고 사업은 하지 않을 이유가 없는 딜이었다. OTT는 원래 일반적인 소비재와 다른 아주 독특한 특성을 가지고 있는데, '중복 구독'이 가능하다는 것이다. 예컨대 넷플릭스를 구독한다고 해서 디즈니플러스를 구독할 수 없는 것이 아니기 때문에 소비재 중에서는 드물게 모든 플레이어의 점유율 합산이 100%가 넘어갈 수 있는 재화다. 그런데 경기 둔화와 함께 소비자들의 여유가 사라지면서 OTT의 전체 점유율 합산 수치 자체가 줄어들어 OTT 시장 규모가 타격을 받았다. 그러나 광고요금제를 도입하면서 '광고를 보더라도 드라마를 싸게 보고 싶어 하는 사람'까지 OTT 업체들의 잠재 고객이 됐고, 그러면서 OTT 시장도 다시 한번 성장할 계기를 마련할 수 있었다. 이처럼 CTV는 광고 밸류체인상에 있는 모든 참가자를 만족시켜줄 수 있는 매체로 거듭났으며, 어느덧 세계적으로 가장 빠르게 성장하는 광고 매체가 됐다.

CTV 시장의 성장은 이제 시작이다. 앞서 언급한 것처럼 광고 시장은 점유율 뺏기가 전부인데, 그 점유율을 보다 세부적으로 '시간 점유율' time share(소비자들의 가용 시간 내에서 해당 매체에 시간을 쓰는 비중)과 '광고비 점유율' ad spend share(전체 광고 지출 중 해당 매체에 대한 지출의 비중)'로 나눠볼 수 있다. 이 두 점유율 사이에는 매우 명확한 선후 관계가 존재하는데, 항상 광고비 점유율이 시간 점유율을 후행한다. 광고주로서는 고객들이 어디에서 시간을 많이 쓰는지를 충분히 지켜본 다음에 돈을 쓰는 것이 합리적인 선택이기 때문이다.

모바일 시장에서도 같은 일이 일어났다. 그림 6-5에 근거해 모바일 광고 시장의 성장 국면을 두 가지로 나눠보면 다음과 같다. 먼저 2011년부터 2014년까지가 첫 번째 성장 국면인데, 이 기간에 모바일의 시간 점유율은 7%에서 21%로 3배 성장했고 모바일 광고의 광고 시장 점유율은 1%(15억 달러)에서 8%(132억 달러)로 약 8배(시장 규모 9배) 성장했다. 그리고 2014년부터 2018년까지가 두 번째 성장 국면인데, 이 기간에 시간 점유율은 21%에서 31%로 약 1.5배 성장한 데 비해 모바일 광고의 광고 시장 점유율은 8%(132억 달러)에서 32%(610억 달러)로 4배(시장 규모 5배) 성장했다. 그리고 2018년에 처음으로 광고비 점유율이 시간 점유율을 앞섰다.

광고 시장의 성장률은 보통 첫 번째 국면에서 가장 높지만, 금액 기

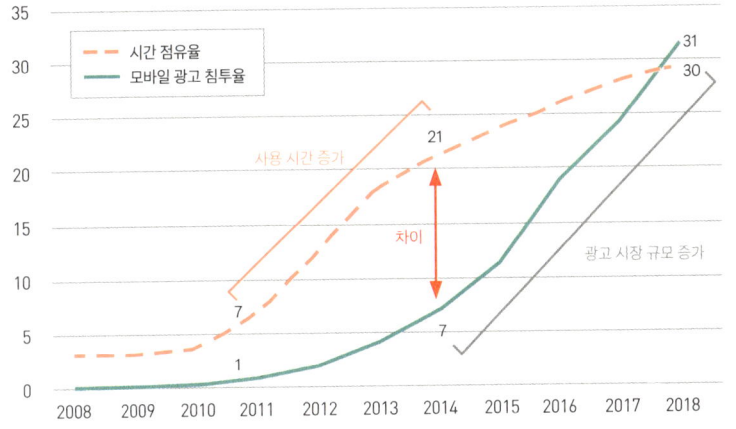

6-5 **모바일 광고 시장의 두 가지 성장 국면**

출처: eMarketer 등

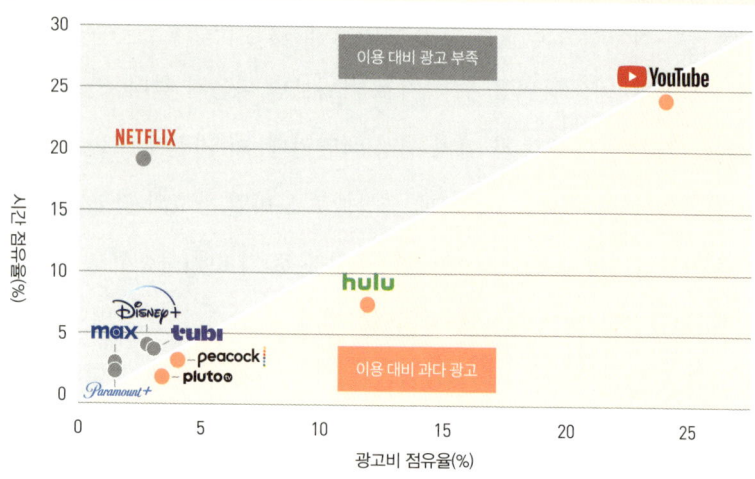

출처: eMarketer

준으로 본 광고 시장의 성장 규모는 두 번째 국면이 압도적으로 높다. 이 사례를 CTV에 접목해보면, CTV 시장은 이제 막 두 번째 국면에 접어들었다고 할 수 있다. 2023년 기준 CTV의 시간 점유율은 25%였고, 광고비 점유율은 9%였다. 후자가 전자를 빠르게 따라잡는다면 CTV 광고 시장은 본격적으로 가파른 성장 궤도에 진입하게 될 것이다.

그림 6-6을 보면, CTV 시장 내에서도 넷플릭스는 특히 시간 점유율 대비 광고비 점유율이 타 업체 대비 압도적으로 낮은 편이라는 사실을 알 수 있다. 대부분의 업체가 시간 점유율에 상응하는 광고비 점유율을 차지하고 있는 반면, 넷플릭스는 유튜브에 근접하는 20% 정도의 시간 점유율에 유튜브보다 한참 뒤지는 3~4%의 광고비 점유율을 보인다.

넷플릭스가 광고 전략을 강화하면서 이런 불균형을 해소할 수 있다년, CTV 시장 성장의 기울기가 가팔라질수록 가장 높은 베타로 해당 시장의 성장률을 넘어설 수 있을 것이다. '경기 둔화'라는 아주 적절한 타이밍에 이 시장을 재빠르게 개척한 전략이 앞으로의 성장에도 큰 힘을 발휘할 것이다.

기업의 변화:
플랫폼에서 콘텐츠로 그리고 다시 플랫폼으로

이제는 글로벌 1위 콘텐츠 기업이 된 넷플릭스의 출발점은 사실 콘텐츠가 아니다. 넷플릭스는 원래 플랫폼 기업이다. 앞서도 소개했듯이, 넷플릭스의 창업자 리드 헤이스팅스는 대여한 비디오를 늦게 반납해 연체료를 물어야 했던 경험을 계기로 DVD 우편 대여 서비스를 시작했다. 여기서 성공을 거두자 2007년부터 온라인 스트리밍 서비스를 시작했고, 이때부터 지금 우리가 아는 넷플릭스의 사업 모델이 이어졌다.

이처럼 넷플릭스라는 기업의 출발선에 콘텐츠는 없었다. DVD 비즈니스를 할 때 그랬던 것처럼 다른 회사가 만든 콘텐츠를 '온라인 스트리밍'이라는 조금 참신한 방법으로 유통하는 플랫폼 회사로 시작했다. 이렇게 창출한 현금흐름을 바탕으로 넷플릭스는 베팅을 했는데, 바로 콘텐츠를 제작하기 시작한 것이다. 돈을 벌어들이는 족족 '넷플릭스 오리지널'Netflix Original이라고 불리는 콘텐츠 제작에 다 쏟아부었고, 그 결과 2021년부터는 회사 자산 내에서도 오리지널 콘텐츠의 비중이 라이선스 콘텐츠를 넘어섰다(그림 6-7).

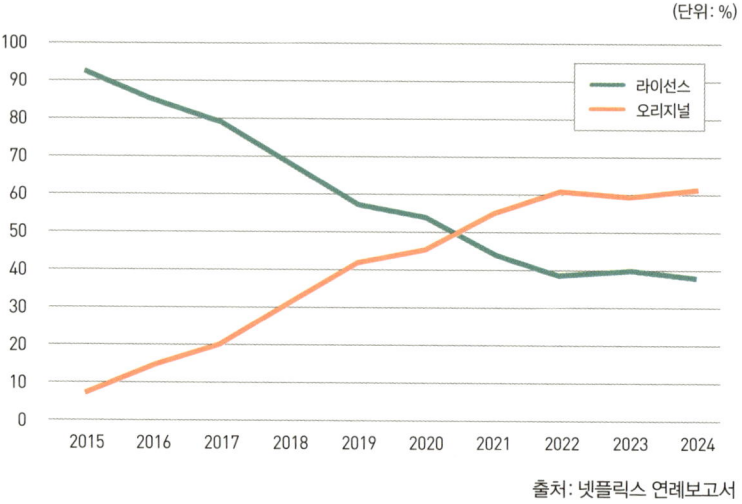

6-7 넷플릭스의 콘텐츠 비중: 오리지널 vs. 라이선스

(단위: %)

출처: 넷플릭스 연례보고서

　이런 전략적 전환은 매우 성공적이었다. 끝없이 쏟아내는 콘텐츠 중 하나둘씩 대박이 탄생해 어느새 넷플릭스는 전 세계에서 가장 많은 에미상 노미네이트 작품을 만들어낸 콘텐츠 회사가 됐다. 넷플릭스는 매 분기 놀라운 수익성을 기록하면서 역대급 마진율을 계속해서 경신하고 있다. 2025년 2분기에도 넷플릭스는 무려 34%에 달하는 영업이익률을 기록했는데, 더 놀라운 사실은 이 같은 마진율 확대가 두 자릿수 매출 성장률을 유지하는 와중에 나왔다는 사실이다. 성장을 위해서는 마진을, 마진을 위해서는 성장을 희생하는 것이 보통인데 넷플릭스는 지금 그 두 마리 토끼를 모두 잡고 있다.

　그럴 수 있었던 가장 큰 이유는 넷플릭스가 이제는 콘텐츠 투자에서 힘을 빼고 있기 때문이다. 콘텐츠 투자를 더 이상 하지 않는다는 의미는 아니다. 넷플릭스는 2025년에도 콘텐츠 투자, 특히 오리지널 콘텐

6-8 넷플릭스의 콘텐츠 자산 : 오리지널 vs. 라이선스

출처: 넷플릭스 연례보고서

츠 제작에 180억 달러라는 경쟁사 대비 압도적으로 많은 돈을 쏟아부을 예정이다. 다만, 그림 6-8을 보면, 넷플릭스의 오리지널 콘텐츠 자산 축적이 2022년 이후 정체 중임을 알 수 있다. 넷플릭스는 콘텐츠 자산의 90%를 처음 4년 동안 상각하기에 향후 콘텐츠 투자를 의미 있는 규모로 더 늘리지 않는다면 이전에 쌓아놓은 자산들이 상각되면서 향후 넷플릭스의 콘텐츠 자산은 오히려 감소하는 모양새가 될 수도 있다. 어쨌거나 중요한 것은 지금 넷플릭스가 콘텐츠 투자에 이전보다 덜 적극적인 행보를 보인다는 사실이다.

그 효과는 손익계산서에 바로 나타난다. 넷플릭스의 IR 페이지를 방문해 최근 실적에서 비용 구조의 변화를 살펴보면 최근 들어 매출원가와 마케팅비가 빠르게 줄었음을 확인할 수 있다. 매출원가 대부분이 콘텐츠 비용이고 마케팅비는 콘텐츠를 홍보하는 데 쓰인다는 점에서 이들이 감소한다는 것은 곧 콘텐츠에 소극적으로 투자한다는 것을 의미한다.

그렇다면 지금 넷플릭스는 어떤 그림을 그리고 있을까? 콘텐츠 산업의 정점에 선 넷플릭스는 이제 다시 플랫폼으로 돌아가려 한다. 매년 현금흐름이 나오는 족족 콘텐츠 투자를 집행하면서 양질의 콘텐츠를 찍어내 성장하는 국면이 이제는 끝났다고 판단한 것 같다. 여기에는 넷플릭스의 자신감도 일부 반영됐을 것이다. 예전에는 '워너 브라더스나 디즈니가 OTT 사업에 뛰어들면 어떡하지?'라며 전통 미디어 기업들이 OTT 사업을 내재화하는 것에 대한 막연한 두려움으로 콘텐츠를 마구 찍어냈다면, 실제로 그들이 OTT를 출시한 후 예상보다 초라한 성적표를 받고 있음을 확인한 지금은 굳이 조급할 필요가 없다는 것을 깨달은 듯하다.

콘텐츠에서 힘을 뺀 넷플릭스가 지금 가장 집중하는 것이 광고다. 앞서 언급한 것처럼 CTV 시장의 성장 가능성은 무궁무진하며, 넷플릭스 역시 처음으로 광고요금제를 출시하고 성과를 보면서 이 시장의 잠재력을 충분히 체감했을 것이다. 2024년 3분기 실적 콘퍼런스콜에서 마크 랜돌프 CEO가 내년도 광고 매출액이 올해 대비 2배 이상 증가할 것이라고 언급하면서 한 발언은 넷플릭스의 다음 목적지를 명확하게 보여준다.

> 우리에게는 지금 두 가지 최고 우선순위가 있다. 첫째는 광고주들을 위해 각 지역에서 충분한 광고 인벤토리ad inventory를 확보하기 위해 광고형 요금제의 구독자들을 늘리는 것이고, 둘째는 그렇게 확보한 인벤토

리의 효용을 높여 우리의 모든 인벤토리에서 수익을 창출하는 것이다. 첫 번째 우선순위는 잘 진행되고 있는 것으로 보이고, 그렇기에 우리는 두 번째 우선순위에 지금 더 많은 관심을 기울이고 있다. 이것은 앞으로도 몇 년 동안 우리의 우선순위가 될 것이다.

즉, 넷플릭스가 겪고 있는 시간 점유율과 광고비 점유율의 미스매칭을 해결하는 데 회사의 모든 역량을 집중하겠다는 것이다. 이를 위해 넷플릭스는 콘텐츠 회사에서 다시 플랫폼 회사로 돌아가려 한다. 다만 이번에 넷플릭스가 유통할 콘텐츠는 드라마나 영화, 게임이 아니라 '광고'가 될 것이다.

해당 콘퍼런스콜에서 가장 인상적이었던 내용은 2025년 현재는 광고사업부를 전사 매출 성장의 주요 동력으로 생각하고 있지 않다는 부분이었다. 오히려 자신들의 목표는 증가하는 광고 인벤토리를 수익화할 역량을 더욱 빠르게 구축하는 것이며, 시간이 갈수록 더 의미 있는 광고 매출과 ARM average revenue per membership(구독자당 광고 수익) 극대화를 위해 노력할 것이라고 했다. 넷플릭스는 내년 또는 내후년 정도만 내다보고 광고에 투자하는 것이 아니다. CTV 시장 성장을 확신하고 그 시장에서 가장 압도적인 플랫폼이 되기 위해 광고 플랫폼 자체가 되고자 한다. 그리고 그들은 이미 움직이기 시작했다.

그 이전인 2024년 5월, 넷플릭스는 더 트레이드 데스크, 구글, 매그나이트와 협력해 새로운 자체 광고 플랫폼을 개발하겠다고 공언했다. 처음에 넷플릭스는 MS가 인수한 잰더Xandr와의 파트너십을 통해 CTV 시장에 진출했다. 그런데 이번에 그 파트너십을 종료하고 스스로 광고 플랫폼을 만들겠다고 선언한 것이다. 그렇게 내세운 파트너들은 CTV 밸류체인상 각자의 영역에서 이미 압도적인 1위를 차지하고 있는 업체들이다. 그리고 같은 해 11월, '넷플릭스 광고 스위트'Netflix Ad Suite라는 이름으로 출시된 새로운 광고 플랫폼은 놀라운 성과를 기록하면서 넷플릭스 광고 매출의 핵심 성장 동력으로 자리 잡고 있다.

> ★ 광고 인벤토리 ★
>
> 쉽게 말해 광고를 실을 수 있는 공간을 뜻한다. 신문에서 기사 사이 여백에 광고가 들어가는 자리가 있듯, 넷플릭스 같은 플랫폼에서도 드라마나 영화를 보기 전·중간·후에 광고가 들어갈 수 있는 자리가 있다. 이 자리가 바로 광고 인벤토리다.
>
> 구독자가 많아질수록 광고를 실을 수 있는 자리도 늘어나기 때문에 더 다양한 고객에게 광고를 노출할 수 있다. 즉, 광고 인벤토리가 충분히 확보되어야 광고주들이 몰려오고, 플랫폼은 광고 매출을 극대화할 수 있는 구조가 완성되는 것이다.
>
> 다만 광고 인벤토리가 많다고 해서 무조건 좋은 것은 아니다. 광고 효율성이 떨어지는 인벤토리는 광고주들에게 인기가 없기 때문이다. 그래서 넷플릭스는 자신들이 확보한 인벤토리의 효율성을 극대화하는 데 사력을 다하고 있다.

넷플릭스의 네 번째 혁신

광고 플랫폼으로 거듭나기 위한 넷플릭스의 행보는 앞으로도 계속될 것이다. 넷플릭스의 과거 행보는 미래를 내다본 것이 아닌가 싶을 정도로 완벽했다. 먼저 비디오 대여점의 사양길에 딱 맞춰 넷플릭스는 우편 DVD 유통 플랫폼으로 비즈니스의 포문을 열었다. 그리고 스마트폰의 보급에 딱 맞춰 콘텐츠에 대한 무조건적인 투자를 통해 코드커팅이라는 새로운 사회현상을 만들어낼 만큼 압도적인 온라인 스트리밍 플랫폼으로 성장했다. 그리고 경기 둔화 사이클에 딱 맞춰서 그간의 철학도 버리고 광고요금제를 출시하면서 CTV 시장 진출을 선언했다.

그리고 지금 넷플릭스는 CTV 시장이 본격적인 성장 궤도에 진입할 타이밍에 딱 맞춰서 콘텐츠에서 힘을 빼고 압도적인 CTV 광고 플랫폼으로 다시금 거듭나려 하고 있다. 이 엄청난 변화와 함께 넷플릭스가 역사적 신고가를 기록한 것은 매우 의미 있는 일이다. 완벽했던 과거의 행보를 넷플릭스가 이번에도 이어갈 수 있을지 계속해서 주목하자. 글로벌 광고 회사 순위 상위권에서 넷플릭스의 이름을 발견할 날이 머지않아 올지도 모른다.

우주 산업, 위대한 도약의 주인공은 누구인가

스페이스X, 로켓랩

이것은 한 인간에게는 작은 발걸음이지만, 인류에게는 위대한 도약이다.

닐 암스트롱이 인류 최초로 달에 발을 디딘 지도 어느덧 56년이 흘렀다. 인류 역사의 대부분 기간에 전인미답의 영역으로 남아 있던 우주는 이제 '로맨틱한 꿈'을 넘어 '비즈니스의 무대'로 확장되고 있다. 발사 서비스, 위성 인터넷부터 시작해 지구 관측 데이터, 자원 채굴 등 인간은 더 이상 지구라는 하나의 행성에만 의존하지 않는 생존 전략을 세울 수 있게 됐다. 모건 스탠리는 2040년에 우주 경제의 규모가 1~1.5조 달러까지 성장할 것으로 전망하기도 했다.

이처럼 우주가 비즈니스의 영역으로 바뀔 수 있었던 결정적인 이유는 '비용 혁신'에 있다. 과거에는 로켓을 우주로 하나 보내면 발사체 전체가 일회용으로 사용되고 버려지며, 로켓을 쏘기 전에 테스트 과정에서도 그 비용을 반복적으로 투입해야 했기 때문에 비용이 천문학적으로 늘어날 수밖에 없었다. 일례로 닐 암스트롱을 달에 보냈던 아폴로 11호의 궤도 투입 1킬로그램당 비용은 5~6만 달러 수준으로 추정된다. 그에 비해 오늘날 스페이스X의 대표적인 발사체인 팰컨9 Falcon 9에서는 재사용 부스터를 이용해 그 비용이 2,600달러까지 떨어져 거의 20배 이상 저렴한 가격으로 로켓을 우주로 보낼 수 있다.

이처럼 혁신적인 비용 절감을 통해 이제 많은 이들이 미지의 영역인 우주에 '비즈니스'로 도전장을 내밀고 있는데, 이를 주도하는 두 업체가 스페이스X와 로켓랩 Rocket Lab이다. 우주 개척이 SF 영화에서나 보던 먼 미래의 이야기가 아니라 바로 '지금' 인류가 직면한 가장 큰 기회로 다가온 만큼, 투자사로서 우리는 그들이 어떤 식으로 인류 역사의 위대한 도약을 만들어가는지 살펴볼 필요가 있다.

재사용 혁명으로 만들어낸 초격차, 스페이스X

2001년, 페이팔 공동창업자로 큰 성공을 거둔 일론 머스크는 막대한 자본을 손에 쥐고 있었다. 그런 그의 머릿속에는 돈보다 더 강한 집념이 하나 있었으니, 바로 '인류가 우주로 나가야 한다'는 믿음이었다. 냉전 종식 이후 미국 사회의 우주 탐사 열기는 완전히 냉각됐고, 그는 대중이 다시 우주에 열광하게 하기 위해서는 상징적인 무언가가 필요하다고 생각했다. 그렇게 떠올린 것이 '마스 오아시스' Mars Oasis라는 프로젝트였다.

아이디어는 간단했다. 화성에 작은 온실을 보내 씨앗을 싹틔우고, 그 모습을 지구로 전송해 전 세계 언론에 공개하는 것이다. 이를 위해 화성까지 보낼 수 있는 중고 ICBM 미사일을 구입하고자 러시아로 향했으나, 러시아는 그가 제시한 가격의 3배 이상을 부르며 사실상 거래를 거절했다. 실망만 가득 안고 귀국하던 비행기 안에서 발사체를 직접 개발할 때의 원가 구조를 하나하나 계산해보니, 결과는 충격적이었다. 기존 항공우주 업계가 요구하는 가격보다 훨씬 저렴하게 직접 로켓을 설계하고 제작할 수 있었던 것이다. 이것이 스페이스X의 시작이었다.

우주 산업을 추진하면서 머스크가 집착했던 주제 중 하나가 현재 스페이스X의 핵심적인 경쟁력으로 자리 잡은 '재사용 로켓'이다. 당시 업계의 상식은 '로켓은 발사 후 버린다'는 것이었다. 회수 과정이 복잡하고, 고온·고압의 극한 환경을 거친 부품을 다시 쓰기는 굉장히 어렵기 때문이다. 그는 로켓을 비행기처럼 '정비 후 재사용'하는 구조로 바꾸면 발사 단가가 수십 배 떨어질 수 있다고 확신했다. 이 아이디어는 단순히 비용 절감을 넘어 발사 빈도를 폭발적으로 늘리고 마침내 우주 접근성을 민주화할 수 있다는 그의 비전과도 부합했다.

이에 따라 스페이스X는 2008년, 회사의 대표적인 발사체인 팰컨9 개발 초기부터 재사용 설계를 도입했다. 결코 쉽지 않은 여정이었다. 몇 년 동안 계속되는 폭발과 실패를 겪으면서도 끝없는 도전 끝에 2015년 12월 21일, 마침내 팰컨9의 1단 부스터가 플로리다 케이프 커내버럴 착륙장에 아주 온전한 형태로 세로로 착지하는 데 성공했다. 업계는 경악했지만 머스크는 담담했다. "이건 단지 시작에 불과하다."

이후 재사용 기술은 스페이스X의 상징이 됐고, 타 업체와 초격차를 만드는 핵심 경쟁력으로 자리 잡았다. 팰컨9의 발사 가격은 6,200만 달러로 책정됐다. 심지어 재사용 부스터를 활용하면 내부적으로는 한계 비용이 발사당 2,800만~3,000만 달러 수준까지 낮아질 수 있다는 분석도 있다. 같은 궤도에 위성을 올리려면 몇 배 높은 비용을 들여야 하는 경쟁사 입장에서는 혀를 내두를 수밖에 없는 가격이다.

재사용 로켓이 가져온 변화는 가격만이 아니었다. 발사체 제작 기간이 몇 개월에서 몇 주까지 단축되면서 발사 빈도가 폭발적으로 증가했다. 2024년 한 해 동안 스페이스X는 134회의 궤도 발사를 수행했는데, 이는 같은 해 전 세계에서 성공한 궤도 발사 전체 횟수(254회)의 절반이 넘는다. 미국만 놓고 봤을 때 2024년 전체 발사 횟수는 154회였는데, 이 중 스페이스X가 무려 87%를 담당했다. 이런 추세는 2025년에도 계속돼 스페이스X는 팰컨 로켓으로만 170~180회 발사를 목표로 하고 있으며, 8월 현재 이미 98회의 발사를 완료했다. 이쯤 되면 스페이스X는 단순히 산업 내 참여자가 아니라 발사 시장 자체라고 해도 과언이 아닌 수준이다.

이 같은 경쟁력을 바탕으로 스페이스X는 첫 번째 비즈니스를 시작했는데, 바로 스타링크Starlink 위성 인터넷망이다. 스타링크는 이미 스페이스X의 핵심 수익원으로 자리 잡았다. 2019년 이후 지금까지 스페이스X는 팰컨9을 활용해 저궤도에 총 8,000기 이상의 위성을 발사했고, 이를 통해 전 세계 140여 개국에 위성 인터넷 서비스를 제공하고 있다. 가입자 기반 역시 기하급수적으로 성장하여 2022년 말 100만 명, 2024년 9월 400만 명, 2025년 2월 500만 명을 거쳐 6월에는 600만

명을 돌파했다. 경쟁사인 아마존의 프로젝트 카이퍼Project Kuiper는 2025년 4월에야 첫 생산 배치를 발사했고, 원웹OneWeb이 618기의 훨씬 더 작은 위성군을 보유하는 데 그쳐 스페이스X와는 몇 년 정도의 격차가 있다. 네트워크 효과가 거의 전부라고 할 수 있는 통신 사업에서 이런 격차가 의미하는 바는 매우 크다.

스타링크가 무서운 점은 스페이스X와의 시너지 효과에 있다. 2024년 팰컨9 발사의 66%가 스타링크 위성 발사 임무였다. 이는 스타링크가 스페이스X의 가장 큰 고객임을 의미한다. 스타링크는 현재 스페이스X의 장기적인 화성 개척 목표에 자금을 지원하는 핵심 주체다. 또한 스타링크 입장에서도 위성을 많이 발사하는 것이 위성통신 인프라 구축에 핵심적인 요인인데, 스페이스X가 이를 완벽하게 보장해주고 있다. 그리고 스타링크의 이 같은 잦은 발사는 또다시 스페이스X가 안정적으로 운영될 현금흐름을 마련해주고 경쟁력을 강화해 타사 대비 초격차를 더욱 확고히 하는 원동력이 된다.

우주를 비행기 티켓값으로

경쟁사들이 고전하는 동안 스페이스X는 이미 다음 스텝을 준비하고 있다. 바로 초대형 우주발사체인 스타십Starship을 통해서다. 스페이스X의 팰컨9이 재사용 로켓 상용화의 '증명'이었다면, 스타십은 그 철학을 극한까지 확장한 도전이라고 할 수 있다. 머스크는 스타십을 단순한 초대형 로켓이 아니라 완전 재사용할 수 있는 행성 간 수송 시스템이라고 일컫는다. 팰컨9이 1단 부스터만을 회수하는 것과 달리, 스타십은 전체 시스템을 재사용해 종국적으로 발사 비용을 비행기 티켓값 수준으로 낮추는 것을 목표로 한다. 머스크의 계산에 따르면, 스타십이 목표대로 작동할 경우 궤도 1킬로그램당 투입 비용이 몇십 달러로까지 떨어질 수 있다. 과거 아폴로 11호의 5~6만 달러에서 팰컨9으로 2,000달러대까지 단가를 20배 이상 낮춘 것으로도 모자라 이제는 팰컨9 대비 100분의 1 가까이 낮은 수준의 비용을 구현한다는 것이다.

물론 스타십은 아직 개발과 시험 단계에 있으며 숱한 실패를 경험하고 있지만, 이는 팰컨9 초창기의 모습과 크게 다르지 않다. 머스크는 실패를 두려워하지 않고 발사 때마다 데이터를 축적해 다음 발사에 즉각 반영한다. 이를 통해 개발될 스타십은 화성뿐 아니라 지구 저궤도 대량 발사, 달 기지 건설, 심지어 지구 내 초고속 점대점 수송까지 다양한 분야에 쓰일 수 있다. NASA는 이미 2025년 이후 아르테미스 달 착륙 프로그램의 착륙선으로 스타십을 선정했는데, 이는 스페이스X가 상업용을 넘어 국제 우주 개발 프로젝트에서도 핵심적인 역할을 맡게 되리라는 사실을 의미한다. 스타십이 완전히 상용화된다는 것은 모든 면에서 사실상 모든 경쟁사를 아예 산업 밖으로 밀어낼 가능성을 의미하게 될지도 모른다.

스페이스X의 여정은 단순한 로켓 회사의 성장기가 아니다. 불가능을 가능으로 바꾸고, 산업의 규칙을 다시 써 내려가며, 경쟁자와의 격차를 '극복 불가능한' 수준으로 벌려온 혁신의 역사라 할 수 있다. 투자자 입장에서도 스페이스X는 '현재'의 압도적인 성과와 '미래'의 무한한 확장 가능성을 동시에 품고 있는 보기 드문 존재라고 할 수 있다.

> ★ 스페이스X와 테슬라 ★
>
> 스페이스X는 2025년 11월 현재 시점에는 아직 비상장회사라, 일반 투자자가 투자하기는 어렵다. 너무나도 아쉬운 일이 아닐 수 없다. 그러나 일론 머스크 제국 안에서 스페이스X의 이 같은 성취는 결코 고립된 것이 아니다.
>
> 머스크가 보유한 대표적인 상장회사인 테슬라는 배터리와 전력 관리 기술을 통해 이미 로켓·위성 운영에 간접적인 기여를 하고 있으며, 스타링크 역시 테슬라 차량 및 글로벌 충전 네트워크와의 결합 가능성을 열어두고 있다. 무엇보다 스페이스X의 초격차가 강화될수록 머스크의 자본력과 혁신 서사는 더욱 공고해지고, 이는 테슬라라는 상장사를 통해 주식시장에도 간접적으로 반영될 수 있다. 투자자 입장에서는 아직 스페이스X에 직접적으로 접근할 수는 없지만, 테슬라를 통해 머스크가 그려내는 거대한 우주·지구 양방향 성장 스토리에 노출될 수 있다는 점에서 의미를 찾을 수 있을 것이다.

로켓랩, 스페이스X가 비워둔 중력의 틈새

스페이스X가 대형 발사와 위성 인터넷망 구축에 전력을 쏟는 동안, 로켓랩이라는 회사는 전혀 다른 길을 선택했다. 소형·중형 전용 발사라는 틈새시장이다. 이 시장은 전체 발사 횟수로 따지면 규모가 작아 보이지만, 맞춤형 서비스와 빠른 일정 대응이 가능해 고객 충성도가 높고 단가도 상대적으로 높다. 로켓랩은 바로 이 영역에서 '소형 발사체의 표준'을 만들었고, 지금은 그 영향력을 중형 시장으로 확장하고 있다.

2017년 1월, 로켓랩은 뉴질랜드 마히아반도에서 자사의 소형 전용 로켓인 일렉트론Electron을 처음으로 발사했다. 시험 목적의 발사였지만, 궤도 투입까지 성공하면서 로켓랩은 업계의 주목을 한 몸에 받았다. 이후 2024년까지 총 50회 이상 발사했고, 90% 이상의 성공률을 달성했다. 로켓랩은 2024년 한 해에만 14회의 일렉트론 발사를 수행했는데, 스페이스X의 팰컨9에 이어 미국에서 두 번째로 많이 발사된 로켓이자 소형 위성 전용 발사체 중에서는 단연 1위라는 진기록을 달성했다. 이는 일렉트론 시스템이 이미 신뢰할 수 있는 단계에 이르렀음을 방증한다.

스페이스X의 팰컨이 압도적인 가격 우위에 집중했다면, 로켓랩은 가격이 아닌 통제권에 중점을 둔다. 주 고객인 소형 위성 운영사들에 매우 중요한 것 중 하나가 발사 일정의 확실성과 궤도의 정밀성인데, 이는 스페이스X가 제공하는 저비용 합승 모델로는 구조적으로 제공하기 어려운 서비스다. 스페이스X는 '트랜스포터'Transporter라는 합승 모델을 통해 소형 위성 시장에 서비스를 제공하고 있다. 이 서비스는 킬로그램당 비용은 매우 저렴하지만 수십 개의 위성을 하나의 로켓에 실어 미리 정해진 궤도로 정해진 날짜에 발사하는, 말하자면 '여객기'와 같다. 로켓랩은 바로 여기서 틈새를 포착한 것이다.

로켓랩이 제공하는 서비스를 이용하면 고객은 더 높은 비용을 지불하는 대신 일렉트론 로켓 전체를 구매함으로써 '여객기'가 아닌 '전용기'와 같은 서비스를 누릴 수 있다. 고객이 발사 날짜와 궤도를 자신이 원하는 대로 완전히 통제할 수 있는 것이다. 또한 다른 고객과 발사 목록을 공유하지 않아도 되므로 프로젝트의 기밀성을 유지할 수 있다. 이는 편리함 이상의 가치를 제공하는데, 많은 위성 운영사에 위성 자체와 그것이 생성하게 될 데이터의 가치는 발사 비용을 훨씬 넘어서기 때문이다. 예컨대 지구 관측이나 정보 위성의 경우, 다음 합승 발사가 6개월 지연된다면 수백만 달러의 손실이 발생하거나 결정적인 전략적 우위 상실로 이어질 수도 있다. 따라서 일렉트론 전용 발사에 고객들이 프리미엄 비용을 지불하는 것은 의미 없는 지출이 아니라 위성 운영사의 전체 비즈니스 모델을 보호하기 위해 보험료를 내는 것과 같다고 할 수 있다. 로켓랩은 스페이스X와 킬로그램당 비용이 아니라 위성 운영사의 기회비용 측면에서 경쟁하고 있는 것이다.

로켓랩이 완성한 '발사 생태계'

로켓랩이 단지 일렉트론이라는 로켓만 만드는 회사였다면 지금의 위치까지 오르기 어려웠을 것이다. 로켓랩의 진짜 강점은 위성 제작부터 발사, 운용까지 한 번에 할 수 있는 완전 수직통합 모델에 있다. 로켓랩은 '포톤' Photon이라는 위성 플랫폼을 개발해 단순한 '배송 서비스'에서 포괄적인 '프로젝트 제공자'로 거듭났다. 포톤은 저궤도, 달 그리고 행성 간 임무까지 수행할 수 있는 고성능 위성 버스인데, 고객은 자신들의 핵심 탑재물만 로켓랩에 제공하면 로켓랩이 이를 포톤 버스에 통합하고 일렉트론으로 발사해주는 '원스톱 서비스'를 이용할 수 있다.

이를 통해 로켓랩은 TAM total addressable market (총유효시장)을 획기적으로 확장시키는 데 성공했다. 일반적으로 위성 임무 전체 예산에서 발사가 차지하는 비중은 약 30%에 불과한데, 포톤 서비스를 제공함으로써 로켓랩은 이 30%의 시장을 놓고 경쟁하는 것이 아니라 위성 설계, 제작, 운영에 할당되는 나머지 70%의 시장까지 공략할 수 있게 된 것이다. 회사 입장에서도 이는 비즈니스 모델을 상대적으로 마진이 낮은 운송업에서 고마진의 기술 및 서비스업으로 근본적으로 바꾸는 전략적 전환이기도 했다.

이것이 가능한 이유는 로켓랩이 핵심 위성 부품의 공급망을 수직계열화하는 데 성공했기 때문이다. 이를 위해 로켓랩은 태양광 전력, 항법 장치, 분리 시스템, 비행 소프트웨어 등의 영역에 있는 선두 기업들을 인수하여 '우주시스템' Space Systems이라는 사업부로 통합했다. 이 사업부에서는 포톤 프로젝트에 부품을 공급할 뿐 아니라 다른 위성 제작사들이나 심지어 경쟁사들에도 부품을 판매한다. 이를 통해 로켓랩은 고객사의 위성군 성공이나 자신의 발사체 성공 여부와 분리된, 리스크 낮은 수익 흐름을 만들어냈다.

로켓랩은 핵심부품뿐 아니라 러더퍼드Rutherford 엔진이라는 자체 엔진을 세계 최초로 3D 프린팅으로 전량 구현하는 데 성공했으며, 발사 후 위성 데이터를 수집 및 전송하는 지상국 네트워크까지 직접 보유하고 있다. 이렇게 완성한 로켓랩의 완전 수직통합 모델은 민간 기업 중에서도 스페이스X와 로켓랩 단 두 곳만이 보유하고 있는 독보적인 역량이다. 고객 입장에서는 설계부터 제작, 발사, 운영까지 한 회사와만 계약하면 되니 프로젝트 관리 리스크와 비용을 현저히 낮출 수 있다는 압도적인 장점이 있다.

로켓랩은 이 같은 전략을 통해 거머쥔 성공에 안주하지 않고, 이제는 중형 발사 시장으로 무대를 확장하고 있다. 물론 소형 발사 시장이 수익성 있는 틈새시장이긴 하지만, 로켓랩이 우주 산업의 핵심 기업으로 성장하기 위해서는 어떻게든 현재 발사 시장의 주요 동력인 '대규모 위성군'을 배치할 능력을 갖춰야만 한다. 현재 발사 수요의 대부분이 대규모 저궤도 위성군이기 때문인데, 로켓랩의 주력 제품인 일렉트론은 300킬로그램에 불과한 탑재 용량의 한계 탓에 이런 위성군을 효율적으로 배치할 수 없다.

로켓랩의 창업자인 피터 벡Peter Beck은 2006년 로켓랩을 설립할 때 "대형 로켓은 절대로 만들지 않겠다."라고 공언한 바 있다. 대형 로켓 시장은 이미 스페이스X나 블루 오리진Blue Origin 같은 거대 자본을 보유한 기업들이 장악하고 있었기 때문이다. 그러나 시장 환경이 변했고, 로켓랩은 그에 맞춰서 유연하게 회사의 경영 철학을 수정했다. 이런 고민의 결과로 나온 것이 로켓랩의 가장 야심 차고 위험한 프로젝트인 '뉴트론'Neutron 로켓이다. 뉴트론은 약 13톤의 탑재 용량을 목표로 하는데, 이는 로켓랩이 현재 시장의 주력 발사체로 자리 잡은 팰컨9과 같은 중형 발사 시장으로 진출하겠다는 강력한 의지를 시사한다.

뉴트론 아이디어는 팰컨9의 성공을 목격하면서부터 시작됐지만, 회사의 목표는 단순히 모방하는 데서 그치지 않는다. 팰컨9이 대형 트럭처럼 한 번에 엄청난 화물을 싣고 장거리 운송을 하는 데 최적화됐다면, 뉴트론은 중형 택배 밴처럼 '딱 필요한' 크기로 '딱 필요한' 시점에 고객이 원하는 궤도까지 정확히 배달하는 것을 목표로 한다.

우선 적재 용량부터가 다르다. 팰컨9은 저궤도에 최대 22.8톤까지 실을 수 있지만, 소형·중형 위성만 발사하면 절반 이상의 공간을 낭비하게 된다. 반면 뉴트론은 저궤도에 약 13톤, 재사용 모드에서는 8톤가

6-9 로켓랩의 주가 추이

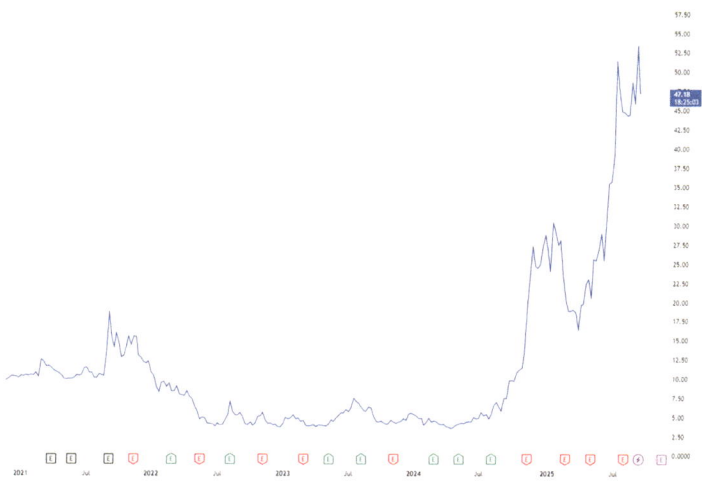

출처: TradingView

량을 적재할 수 있어 중형 위성 전용 발사에서 단가 경쟁력이 훨씬 높다. 발사 운영 방식에서도 차이가 있는데, 앞서 언급했듯 로켓랩의 발사 시스템은 고객 중심이다. 발사 일정과 궤도가 스페이스X에 종속되는 팰컨9과 달리, 뉴트론은 전용 발사 계약 중심으로 운영해 고객이 원하는 타이밍과 궤도를 맞춤 제공할 수 있다.

또한 전략적 포지셔닝의 차이도 있는데, 스페이스X는 발사 스케줄의 상당 부분을 자사 프로젝트인 스타링크에 우선 할당하는 반면 로켓랩은 직접 위성 사업을 하고 있지 않기 때문에 오히려 외부 고객 발사를 우선순위로 둘 수 있는 여유가 존재한다. 그 덕에 대기 기간이 짧고 발사 유연성이 높아 계약 체결에서 고객에게 어필할 수 있는 중요한 경쟁력을 확보할 수 있다. 결국 뉴트론은 팰컨9이 과잉 스펙으로 접근하는 시장을 '정밀 타격'하는 전략이다. 이를 통해 로켓랩은 스페이스X의 중력이 닿지 않는 틈새시장을 안정적으로 확보할 수 있었다.

두 개의 궤도, 하나의 미래

스페이스X와 로켓랩은 지금 서로 다른 궤도를 걷고 있지만, 최종 목적지는 같다. 스페이스X는 재사용 혁명과 초대형 발사체라는 압도적 규모를 바탕으로 우주 경제의 구조를 재편하고 있고, 로켓랩은 기민한 전용 발사와 수직통합 솔루션으로 대형 플레이어가 미처 챙기지 못한 틈새를 정밀하게 파고든다. 거대한 발사 빈도와 규모의 경제로 모든 시장을 장악하려는 전략과 고객 맞춤형 접근과 유연한 기술 및 서비스로 틈새시장을 지배하려는 전략은 서로 길은 다르지만, 두 가지 모두 우주 산업의 성장 곡선을 가파르게 끌어올리는 결정적인 동력이다.

투자자의 관점에서 이 두 기업에 주목해야 하는 이유는 '우주'라는 키워드의 화려함에 있지 않다. 이들은 각자의 영역에서 진입장벽을 절대적인 수준으로 높여가고 있으며 기술 데이터, 발사 인프라, 고객 네트워크라는 산업의 개척자들만이 가질 수 있는 장기적 경쟁 우위를 빠른 속도로 공고히 하고 있다. 스페이스X가 만든 가격·빈도·규모의 초격차는 당분간 따라잡기 어려운 수준이고, 로켓랩이 완성한 원스톱 발사·운영 생태계는 소형·중형 시장에서 사실상 표준으로 자리 잡았다.

우주 산업은 이제 막 본격적인 궤도 진입을 시작했다. 위성 인터넷, 지구 관측, 달·화성 탐사, 우주 자원 채굴까지 과거 공상과학 영화에서

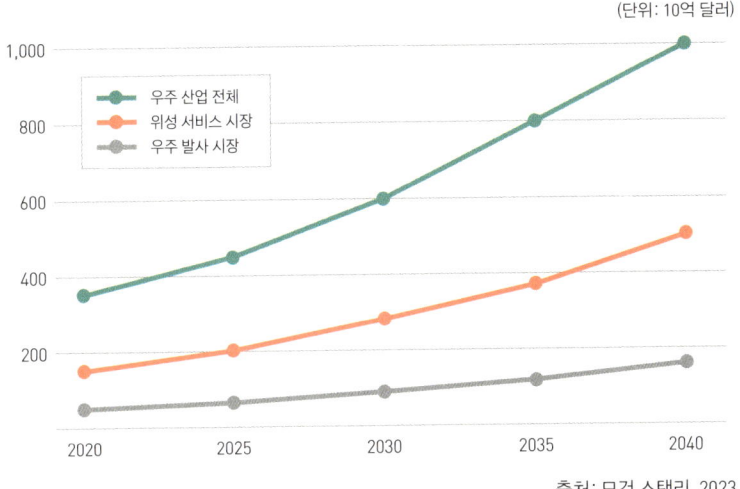

6-10 **글로벌 우주 산업의 시장 규모**

나 보던 기회들이 현실로 다가오고 있다. 그리고 그 기회의 문을 가장 크게 그리고 가장 빠르게 열어젖히고 있는 주인공이 바로 스페이스X와 로켓랩이다. 이들의 로켓이 하늘로 솟아오르는 순간마다 우리는 단순히 금속 덩어리가 아니라 인류의 다음 경제권과 문명의 확장선이 함께 날아오르고 있다는 사실을 기억할 필요가 있다.

우주는 더 이상 먼 미래의 무대가 아니다. 이미 우리 시대의 가장 거대한 잠재력을 가진 산업으로 발전하고 있으며, 그 문을 여는 두 개의 열쇠가 지금 이곳에 있다. 이미 위대한 도약의 발걸음을 내디딘 두 가지 서로 다른 궤도는 머지않아 하나의 미래에서 만나게 될 것이다. 그리고 그 미래는 준비된 투자자들에게는 지구라는 단일 시장에서는 결코 상상할 수 없었던 규모의 보상을 안겨줄 것이다.

Born to be AI

팔란티어

21세기 초 인류는 자신들의 능력에 스스로 경탄하면서 AI의 탄생에 모두가 기뻐했다.

영화 〈매트릭스〉에 나오는 이 대사는 2022년 말 챗GPT의 등장 이후 AI를 바라보는 우리의 모습과 놀라우리만큼 닮았다. AI는 인간 대비 압도적으로 높은 학습·추론 능력을 바탕으로 그동안 인간이 어쩔 수 없이 감수해야 했던 번거로움을 대폭 줄여줌으로써 'AI 혁명'이라는 이름값을 증명해나가고 있다.

그런데 영화 〈매트릭스〉의 다음 장면은 정반대의 이야기를 들려준다. AI가 스스로 통제권과 주도권을 갖는 수준까지 진화하자 결국 인간과 AI 사이의 전쟁이 벌어지고, 너무나 당연하게도 압도적인 격차로 승리한 AI에게 인간들은 모든 것을 통제받으며 살아가게 된다. 영화는 영화일 뿐 너무 부정적인 것 아니냐고 이야기할지도 모르겠다. 하지만 놀랍게도 그리고 슬프게도, 이미 그런 일이 현실이 되어가고 있다.

AI는 소프트웨어의 구원자인가 파괴자인가

자동화로 대체되는 직무가 빠르게 늘어나고 있으며, 최근 잦아진 빅테크 업체들의 감원과 인력 재배치에 대해 그들은 인정하지 않지만 'AI로 흡수할 수 있는 역할을 줄였다'는 추측이 지배적이다. 이를 개개인의 단위에서 보면 AI가 '직업'을 없애고 있는 것이 되지만, 산업 단위에서 보면 AI는 가까운 미래에 어쩌면 몇몇 '기업'을 없애버리게 될지도 모른다. 전적으로 위협을 받고 있는 산업이 바로 '소프트웨어'다.

대표적인 사례가 바로 클라르나Klarna다. 이들은 고객 상담의 상당 부분을 자체 AI 에이전트로 자동화하고, 기존에 외부 SaaS가 담당하던 데이터·운영 흐름을 내부 AI로 재구성했다. 응답 속도는 극단적으로 빨라지고, 인력은 슬림해졌으며, 직원 1인당 매출은 크게 뛰었다. 세바스티안 시에미아트코프스키Sebastian Siemiatkowski CEO는 "AI 에이전트와 엔지니어의 조합이면 엔터프라이즈 SaaS 기능의 대부분을 재현할 수 있다."라고 말한다. 이것이 의미하는 바는 명확하다. AI가 'SaaS를 돕는 도구'에 그치지 않고, 조건이 맞는 영역부터 'SaaS 자체'를 대체하기 시작했다는 것이다.

이 지점에서 질문이 달라진다. AI는 소프트웨어의 구원자인가, 아니면 파괴자인가? 정답은 돈의 방향을 보면 나온다. 스마트머니들은 이미 움직이기 시작했다. 2025년 2분기까지 AI 스타트업에 유입된 자금은 1,200억 달러에 달한다. 반면 전통 SaaS의 자금 조달은 2025년 들어서도 계속해서 급격히 감소하고 있다. AI 스타트업들은 전통 SaaS 기업에 비해 모든 시리즈에서 2~3배 이상 높은 가치를 부여받고 있다. 오픈AI 단일 기업이 2025년 3월에 모금한 400억 달러 규모의 라운드만 놓고 보더라도 2024년 전통 SaaS 부문 전체 자금 조달액의 8.5배에 달한다.

성장률의 격차는 더욱 선명한데, 예컨대 2025년 기준으로 놓고 봤을 때 전통 SaaS 업체들의 성장률이 평균 18.4%인 데 비해 AI 업체들의 성장률은 무려 76.4%에 달한다. AI 업체들의 매출액이 6,440억 달러로 이미 전통 SaaS 업체 대비 2배 이상 높다는 점을 고려할 때 더욱 놀라운 수치라고 할 수 있다. 심지어 전통 SaaS 업체들의 성장률은 연도별로 낮아지고 있는데 AI 업체들의 성장률은 시간이 갈수록 더욱 높아지는 실정이다.

만약 클라르나의 사례에서처럼 AI가 전통 SaaS 업체들의 영역을 잠식해나간다면 이런 격차는 더욱 커질 것이다. 처음에는 소프트웨어 업체들의 구원자라고 생각했던 AI가 사실은 누구보다 무자비한 파괴자로 변모할 수도 있다는 얘기다. 영화 〈매트릭스〉에서 인간들이 인공 자궁에 갇힌 채 기계들을 위한 에너지원으로 전락했던 것처럼 소프트웨어 업체들이 그런 운명을 피하기 위해서는 AI를 받아들이는 것을 넘어 AI 자체가 되어야 한다. 이를 'AI 네이티브'AI native 기업이라고 부른다. 현 시대에 가장 정석적인 AI 네이티브 기업을 꼽으라면 단연 팔란티어다.

AI라는 '위기'를 기회로 바꾼 팔란티어

팔란티어는 원래부터 방대한 데이터를 통합·분석하는 플랫폼 기업이었다. 국방 정보를 분석하는 고담Gotham, 민간 산업 데이터를 운영하는 파운드리Foundry 그리고 이들을 어떤 환경에서든 유연하게 배포하고 운영할 수 있게 한 자동화 플랫폼 아폴로Apollo 등 세 가지 제품이 팔란티어의 핵심이다. 팔란티어는 이 세 가지를 중심으로 복잡하고 규제가 까다로운 데이터 환경에서 데이터를 하나로 묶어 '실행 가능한 정보'로 바꿔주는 역할을 수행해왔다.

그런데 2022년 말 챗GPT가 등장하면서 생성형 AI 기술이 급부상하자, 내부에서 위기의식이 생겨났다. 단순한 데이터 분석·리포팅 정도는 이제 챗GPT 같은 범용 AI가 손쉽게 대체할 수 있는 영역이 되어버렸고, 이에 따라 기존 고객들이 팔란티어의 플랫폼을 '값비싼 데이터 뷰어' 정도로만 인식하게 될 위험이 커진 것이다. 이 시점에서 경영진은 AI를 그저 제품의 부가 기능 정도로만 살짝 얹는 '볼트온'bolt-on 접근 방식으로는 살아남을 수 없다고 판단했다. 모두가 AI에 열광할 때 팔란티어는 이를 심각한 위기로 인식한 것이다. 회사는 곧바로 AI를 비즈니스의 중심에 통합하는 AI 네이티브 방식을 구상했다.

팔란티어가 꺼내 든 카드는 AIPAI Platform였다. AIP의 핵심 철학은 단순하다. 'AI를 고객사의 데이터와 바로 연결해, 모델이 곧바로 업무를 실행할 수 있게 하자'는 것이다. 이를 위해 회사는 두 가지를 준비했다. 먼저 그들이 주력으로 하던 정부와 국방 프로젝트에서 검증된 보안·거버넌스 체계를 본떠 AIP에 이식했고, 고객 데이터 구조를 AI가 이해

6-11 팔란티어의 AIP

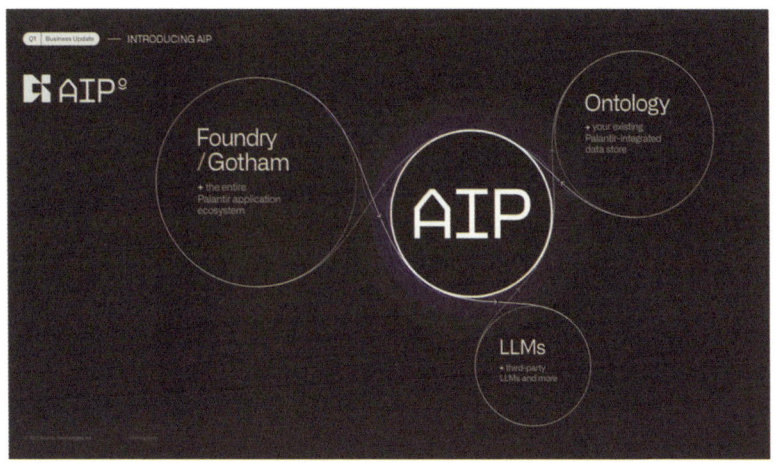

출처: 팔란티어 웹사이트

하고 활용할 수 있도록 모델·데이터·액션을 잇는 아키텍처를 설계했다. 쉽게 말하자면, 팔란티어는 AIP를 통해 고객들이 AI에 대해 가질 수 있는 거부감을 줄여주기 위해 군사·정보기관에서 쓰던 수준의 '철통 보안'을 제공하고, 그렇게 제공받은 데이터를 미리 'AI가 알아듣는 언어'로 정리하고, AI가 바로 업무 지시까지 내릴 수 있도록 길을 만든 것이다.

고객사들이 전통 SaaS 기업들의 제품을 도입하는 데는 보통 수개월이 걸린다. 데이터 마이그레이션data migration(데이터 이관), 사용자 교육, 커스터마이징customizing(맞춤화) 과정이 복잡하기 때문이다. 팔란티어는 이 장벽을 허물기 위해 AIP 부트캠프를 만들었다. AIP 부트캠프를 이용해서 고객사들은 불과 5일 정도 만에 내부 데이터를 AIP와 연결하고, 산업별 사전 설정 템플릿을 적용하며, AI 워크플로를 실제 업무에 배포하는 것까지 처리할 수 있게 됐다. 이를 통해 팔란티어는 흔히 SaaS 기업들이 이야기하는 TTV_{time to value}*를 극단적으로 단축할 수 있었다.

여기서 그치지 않고 팔란티어는 기존 제품들인 파운드리, 고담, 아폴로를 아우르는 AI 메시_{AI Mesh}를 완성했다. 이 구조에서 AIP는 파운드리에서 데이터를 수집·정제하고, 고담에서는 분석·모델링을 하고, 아폴로에서는 운영·배포하는 하나의 AI 중심 프로세스로 완성됐다. 이에 따라 AI는 팔란티어가 제공하는 여러 기능 중 하나가 아니라 팔란티어 제품군 전체를 관통하는 운영체제가 됐다.

결과는 대성공이었다. 팔란티어는 2023년 5월 AIP를 처음으로 공개했고, 같은 해 3분기부터 AIP 기반 상업 계약이 실제로 체결되기 시작했다. 이에 따라 팔란티어의 매출액 성장률은 정확히 2023년 3분기부터 턴어라운드했다. 20%대 성장률을 손쉽게 뛰어넘은 팔란티어는 이후 매 분기 성장률 곡선의 기울기를 더욱 가파르게 만들면서 2025년 2분기에는 마침내 50%에 육박하는 매출 성장률을 기록하기에 이르렀다. AI를 기존 제품에 볼트온할 수 있는 에지 정도로만 생각하지 않고 모든 비즈니스를 AI 단위에서 새롭게 접근한 팔란티어의 전략이 정확히 들어맞은 것이다.

이제 팔란티어의 AIP를 사용하는 고객들은 AI 기술이 고도화된다고

---

* 사용자가 어떤 제품이나 서비스를 도입한 뒤 '가치를 체감하기까지 걸리는 시간'을 의미한다. SaaS 산업에서는 보통 이 기간이 짧을수록 고객의 만족도와 유지율이 높아지는 경향이 있다.

6-12 팔란티어의 전년 대비 매출액 성장률 추이

(단위: %)

출처: 팔란티어 분기보고서

하더라도 팔란티어의 제품을 계속 쓸 수밖에 없다. AIP는 전통 SaaS 업체들의 제품처럼 기존에 존재하던 제품을 AI로 조금 더 고도화한 제품이 아니라 아예 시작 단계에서부터 AI를 이용해 각 고객사에 최적화한 AI 자체이기 때문이다. 앞서 언급했던 클라르나의 사례처럼, 기업이 자체 AI를 활용해서 팔란티어가 그간 구축해온 데이터 플랫폼의 역할을 대체하는 것은 사실상 불가능하다.

그렇기에 이제 AI 기술의 고도화는 팔란티어 입장에서 더 이상 위기가 아니라 오히려 기회라고 할 수 있다. AI 기술이 발달할수록 AIP의 성능도 고도화될 것이며, 이는 곧 고객들에게 더 나은 가치를 더 빠른 속도로 제공할 수 있음을 의미하기 때문이다. 모두가 AI를 '기회'로 보고 환호할 때 혼자 이를 '위기'로 인식하고 적극적으로 대응한 덕분에 이제 팔란티어는 모두가 AI를 '위기'로 인식하기 시작할 때부터 혼자

이를 '기회'로 여기고 남들과는 다른 길을 걸어갈 수 있게 됐다. 이 단순한 인식 차이에서 오는 격차는 시간이 갈수록 돌이킬 수 없을 만큼 커질 것이다.

데이터를 읽는 새로운 방법, 온톨로지

외국어를 처음 배울 때는 보통 단어를 가장 먼저 익히게 된다. 단어를 알아야 문장을 이해할 수 있고, 그래야 대화도 할 수 있기 때문이다. AI에서는 팔란티어의 온톨로지 ontology가 바로 그 단어장이 된다. 즉, 팔란티어의 온톨로지는 기업이 사용하는 데이터를 AI가 알아들을 수 있도록 번역해주는 사전 같은 것이라고 할 수 있다.

예컨대 같은 기업이라고 해도 '고객'을 지칭하는 언어는 팀마다 제각각이다. 영업팀은 CRM에서 '클라이언트'라고 부르고, 재무팀은 ERP에서 '거래처'라고 하고, 생산팀은 MES manufacturing execution system(제조 실행 시스템)에서 '수요처'라는 말을 쓴다. 인간은 맥락상 세 용어가 모두 같은 대상을 말하고 있다는 것을 쉽게 알지만, 이를 전혀 알지 못하는 AI는 세 단어를 전혀 다른 의미로 인식한다. 그래서 이를 그대로 AI에 입력하면 셋 다 같은 '고객'이라는 것을 이해하지 못하기에 제대로 된 분석이 불가능하다.

팔란티어의 온톨로지는 세 단어를 AI가 한눈에 볼 수 있게 '고객'이라는 언어로 묶어주는 역할을 한다. 즉, 서로 다른 시스템에 흩어져 있는 데이터를 '같은 개념, 같은 관계'로 정리한 것이 '온톨로지'라고 할 수 있다. 우리가 단어를 외워서 외국어를 이해하는 것처럼 AI도 온톨로지 덕분에 기업 데이터를 읽고 사고하고 실행할 수 있는 것이다.

그렇다면 '온톨로지'가 왜 투자자들이 팔란티어라는 회사에 주목해야 하는 이유가 될까? 온톨로지야말로 팔란티어를 AI 네이티브 기업으로 만들어주는 결정적인 요인이기 때문이다. 온톨로지를 통해 팔란티어는 고객들에게 AI 모델을 제공하는 수준을 넘어 AI가 실제로 기업의 데이터를 읽고 이해하며 실행까지 할 수 있는 환경 전체를 제공하기 때문에 경쟁사들과는 확연히 차별화되는 것이다.

그 효과는 고객사에서 곧바로 나타난다. 온톨로지를 통해 고객사의 모든 운영 프로세스가 팔란티어의 플랫폼 위에서 돌아가게 되기 때문에 고객사 입장에서는 효율성을 극대화하기 위해 모든 데이터를 팔란티어에 제공할 수밖에 없다. 이는 고객사에 엄청난 전환 비용을 발생시키는데, 온톨로지를 구축한 뒤 팔란티어에서 다른 솔루션으로 갈아타기 위해서는 회사의 데이터와 업무 로직을 처음부터 끝까지 모두 뜯어고쳐야 하기 때문이다.

이는 장기 계약과 재계약률의 상승으로 이어지며, 투자자에게는 안정적이고 예측 가능한 매출 기반을 보장한다. 실제로 팔란티어는 2025년 2분기 NDR net dollar retention[*]이 무려 128%에 달한다고 발표했다. 이를테면 2024년에 어떤 고객이 팔란티어에 100달러를 지출했다면, 2025년에는 그 고객이 평균적으로 128달러를 썼다는 뜻이다. 이는 단순히 고객 이탈이 없었다는 것을 넘어 기존 고객들이 지출을 무

---

[*] 순 달러 유지율. 기존 고객들이 우리 상품에 지출을 얼마나 늘리는지를 나타내는 지표.

려 28%나 늘렸다는 것을 의미한다.

게다가 팔란티어는 이미 지난 20여 년간 경쟁사들이 절대 따라올 수 없는 무기를 하나 갈고닦아 놓았는데, 바로 '산업별 템플릿'이다. 팔란티어는 원래 CIA, 국방부, NATO 같은 기관과 협업하면서 복잡한 데이터 통합 및 운영 문제를 해결해온 기업이다. 전장에서 군수 물자 추적, 테러 용의자 분석, 사이버 보안 등 고난도의 문제를 다루면서 '데이터를 어떻게 모델링해야 실전에서 바로 쓸 수 있는지'에 대한 실무 지식을 축적해왔다. 팔란티어는 이때 만들어진 데이터 구조화 방식, 즉 '온톨로지'를 이용해 민간 기업들과의 협업을 확대해나갔다. 이 과정에서 제조, 에너지, 금융, 헬스케어 등 다양한 산업에 걸쳐서 공통으로 나타나는 패턴들을 모듈화해 템플릿으로 축적해뒀다.

팔란티어는 이렇게 과거 프로젝트에서 만들어둔 온톨로지를 민간용 플랫폼인 파운드리에 통합했고, 이에 따라 고객사들이 자신들의 데이터를 얹기만 하면 바로 자기 산업에 맞는 모델을 구동할 수 있는 구조가 완성됐다. 2023년 이후부터 도입한 AIP 부트캠프는 이 과정을 더욱 단축해 단 5일 만에 고객의 데이터와 템플릿을 연결하고, 현업에서 바로 AI 워크플로를 실행할 수 있게 해준다. 전통 SaaS 업체들이 같은 목표를 달성하기 위해 일반적으로 몇 달에 걸쳐 프로젝트를 진행하는 것과 비교하면 말도 안 되는 수준의 혁신이라고 할 수 있다.

이처럼 비교·대체 불가능한 온톨로지라는 경쟁력을 바탕으로 팔란티어는 혁신의 새로운 역사를 써 내려가고 있다. 팔란티어는 지금까지 존재하지 않았던 영역을 새롭게 만들어나가고 있으며, 앞으로는 어느 영역까지 확장해나갈지 예단하기 어렵다. 바로 이 점이 팔란티어가 현재 200배가 넘는 PER을 부여받고 있음에도 주가가 흔들림 없이 우상향하는 가장 큰 이유가 아닐까 생각된다.

팔란티어, AI 시대의 '더 원'으로 거듭나다

영화 〈매트릭스〉에서 주인공인 네오가 살아남을 수 있었던 건 전투 능력 때문만은 아니었다. 그는 매트릭스라는 세계가 결국 코드와 규칙으로 이뤄진 하나의 '시스템'임을 깨달았고, 그 시스템을 이해하고 나아가 초월했기 때문에 인류를 구원할 수 있는 '더 원'The One이 될 수 있었다. 매트릭스의 규칙에 얽매여 있던 사람들과 그 규칙을 읽고 다시 쓸 수 있었던 네오의 차이는 곧 절대적인 힘의 차이로 나타났다.

팔란티어가 AI 시대에 보여주는 모습 역시 이와 놀라울 정도로 닮았다. 대부분의 소프트웨어 기업이 AI를 기존 제품에 단순히 덧붙이는 볼트온 접근법에 머물 때 팔란티어는 전혀 다른 길을 택했다. 팔란티어는 온톨로지라는 개념을 통해 AI가 기업 데이터를 이해하고 실행할 수 있도록 완벽한 언어 체계를 마련했고, 이를 바탕으로 AI를 자사 제품에 '적용'하는 수준을 넘어 '이용'하는 기업으로 거듭났다. AI를 곁가지 기능으로 삼는 대신 AI 자체를 기업의 운영체제로 만든 것이다.

이 차이가 만들어내는 결과의 독보적 우위는 시간이 지날수록 더욱 극명해질 것이다. AI를 단순히 적용하는 데서 만족하는 기업들은 언젠가 자신들이 제공하는 제품 자체가 AI로 대체될 위험에 놓일 수밖에 없다. 반면 팔란티어처럼 AI를 이용하고, 데이터의 본질적인 구조와 언어를 장악한 기업은 오히려 AI가 고도화될수록 더 빠르고 더 깊이 시장을 장악할 것이다. AI가 발전하면 발전할수록 팔란티어의 플랫폼은 더 강력해지고 고객들은 더 깊이 록인될 수밖에 없는 구조가 만들어질 것이다.

결국 AI 시대에 기업들의 운명은 적용하는 자와 이용하는 자로 갈릴 것이다. 이는 마치 매트릭스의 가상 현실 안에서 여전히 규칙에 지배당하는 인간들과 그 규칙을 깨닫고 초월한 주인공 사이의 격차와 같다. 팔란티어는 온톨로지를 무기로 삼아 이미 그 격차를 벌리기 시작했고, 그로부터 생겨난 간극은 시간이 갈수록 되돌릴 수 없을 만큼 커질 것이다. 투자자로서 우리는 팔란티어와 같이 AI라는 새로운 세상 속에서 단순한 생존자가 아니라 진정한 승자로 남을 수 있는 경쟁력을 만들어나가는 기업들에 더욱 주목해야 한다. 그것이야말로 AI 시대에 우리 투자자들이 살아남을 수 있는 가장 확실한 방법이기 때문이다.

스테이블코인이 만들어낼 금융의 미래

서클, 로빈후드, 코인베이스

"1971년 금본위제가 붕괴한 이후 가장 중대한 은행업의 진화."

MIT는 스테이블코인stable coin을 이렇게 평가했다. 그리고 2025년 7월 18일, 도널드 트럼프 미국 대통령이 마침내 지니어스 법안GENIUS Act에 서명하면서 이 선언은 현실이 됐다. 스테이블코인이 역사상 처음으로 연방 법률에 의해 제도권으로 편입된 것이다. 지니어스 법안은 그동안 주 단위 규제에 의존하거나 모호한 법적 지위에 머물러 있던 스테이블코인에 대해 최초로 연방 수준에서 재정의하고 발행·감독 체계를 마련했다는 점에서 역사적 의미를 갖는다.

트럼프 행정부가 지니어스 법안을 통과시킨 가장 큰 이유는 두 가지다. 첫째, 달러 패권 강화다. 달러 기반 스테이블코인을 제도권에 편입함으로써 글로벌 디지털 금융 질서 속에서 달러가 계속해서 기축통화 지위를 유지하도록 만들고자 하는 것이다. 이로써 서클Circle 같은 기업들이 발행하는 미국 달러USD 기반의 스테이블코인이 세계 결제·송금의 표준으로 자리 잡을 가능성이 커졌다.

둘째, 채권 수요의 내재화다. 미국은 그간 재정적자가 확대될 때마다 국채 발행을 통해 자금을 조달해왔다. 그런데 문제는 코로나19 이후 고금리 기조가 장기화되면서 정부 재정적자를 충당하기 위해 발행한 국채에 대한 이자가 다시 한번 정부 재정을 위협하는 악순환에 빠졌다는 것이다. 엎친 데 덮친 격으로, 미·중 갈등 구조가 심화되면서 그간 미국 국채 수요의 상당 부분을 담당하던 중국이 미국 국채를 내다 팔기 시작했다. 이 위기를 극복하기 위해 트럼프 행정부는 여러 대안을 내놓고 있는데 그중 가장 핵심적인 축이 스테이블코인이다.

대부분의 달러 기반 스테이블코인은 기본적으로 발행량만큼의 준비자산을 반드시 보유해야 한다. 그래야만 1달러짜리 스테이블코인이 언제든 실제 1달러와 교환될 수 있다는 신뢰와 안정성을 유지하고, 위기에도 환매 요구를 버틸 수 있기 때문이다. 이 준비자산의 핵심이 바로 '미국 단기 국채'다. 단기채는 유동성이 높고, 디폴트 리스크가 거의 없으며, 달러 표시라 환 위험에도 노출되지 않는다. 게다가 지니어스 법안은 스테이블코인 발행사가 보유해야 할 준비자산을 더욱 엄격하게 규정했기 때문에 스테이블코인의 발행량이 늘어날수록 자연스럽게 미국 국채가 달러 스테이블코인 발행사에 의해 소화되는 구조가 완성될 수 있다.

이처럼 미국 정부 입장에서 스테이블코인은 너무나도 당위적인 목표를 갖고 추진하는 야심 찬 프로젝트라 할 수 있다. 하지만 손뼉도 마주쳐야 소리가 나는 법이다. 발행사와 정책 입안자들이 아무리 당위성을 외치더라도 정작 실제 사용자 입장에서 스테이블코인을 써야 하는 당위성을 느끼지 못한다면 그저 허울뿐인 선언에 그칠 것이다. 지니어스 법안이 통과되면서 스테이블코인의 제도권 편입이 시작된 지금, 금융시장에서는 스테이블코인의 당위성을 어떻게 평가하고 있을까?

스테이블코인, 결제의 언어를 바꾸다

스테이블코인이 제도권으로 들어왔을 때 가장 직관적으로 상상할 수 있는 변화는 결제 산업에서 찾아볼 수 있다. 판매자 입장에서 스테이블코인을 도입했을 때 전통적인 카드 수수료를 줄일 수 있다는 분명한 이점이 존재하기 때문이다. 이는 곧 스테이블코인이 사용자에게도 '당위성'을 제공할 수 있음을 의미하며, 그렇기에 굳이 발행사나 정책 입안자들이 나서서 스테이블코인을 써야 한다고 외치고 다니지 않더라도 스테이블코인이 자연스럽게 우리 일상에 녹아드는 계기가 될 것이다.

이미 변화는 시작됐다. 쇼피파이는 2025년 6월부터 미국의 대표적인 암호화폐 거래소인 코인베이스Coinbase 및 글로벌 핀테크 기업 스트라이프Stripe와 협업하여 서클이 발행한 미국 달러 스테이블코인인 USDCUSD coin(USD 코인)를 결제 시스템인 쇼피파이 페이먼츠Shopify Payments에 도입했다. 이에 따라 소비자는 코인베이스의 '베이스'Base 네트워크를 통해 USDC로 결제할 수 있고, 판매자는 자국 통화 또는

USDC로 결제 대금을 직접 수령할 수 있다. 특히 법정 화폐로 수령할 경우 환전 수수료와 다중 통화 수수료가 전혀 발생하지 않는다. 더 나아가 일부 국가에서는 USDC 주문에 대해 오히려 최대 0.50%의 리베이트까지 제공하므로 카드 수수료 이상의 혜택까지 누릴 수 있다.

쇼피파이가 이처럼 USDC를 적극적으로 채택하려는 행보는 쇼피파이가 서클의 지분을 보유하고 있다거나 코인베이스와 사업적인 관계가 있다거나 하는 식으로 특정 이해관계에 의한 것이 아니다. 쇼피파이 입장에서 스테이블코인을 결제 시스템에 도입함으로써 얻을 수 있는 명확한 효용이 존재하기 때문이다.

쇼피파이의 비즈니스는 크게 구독 솔루션subscription solution과 머천트 솔루션merchant solution이라는 두 가지로 나뉜다. 구독 솔루션에서는 쇼피파이가 월정액 수수료를 받고 상점을 구축해주거나 쇼피파이 페이먼츠 같은 자체 PG 서비스를 제공한다. 그렇게 만들어진 상점에서 구매자들이 쇼피파이 페이먼츠로 결제를 하면 그 과정에서 발생하는 수수료가 머천트 솔루션의 핵심 수익원이 된다. 즉 결제 시스템을 제공하면서 구독 솔루션에서 매출을 일으키고, 그 안에서 발생하는 수수료로 머천트 솔루션의 수익이 만들어지는 것이다.

여기에 USDC 결제를 더하면 게임의 룰이 완전히 달라진다. 쇼피파이는 판매자들에게 기존 카드보다 훨씬 낮은 비용의 결제망을 제공할 수 있고, 이는 곧 더 많은 판매자를 쇼피파이 페이먼츠로 유인하는 효과를 만들어낸다. 결과적으로 구독 솔루션 이용자가 늘어나게 되고, 이에 따라 머천트 솔루션의 수익 역시 커지는 선순환 구조가 만들어지는 것이다.

USDC의 도입은 이처럼 판매자에게 매력적인 대안을 제시해줄 뿐 아니라 쇼피파이의 이익에도 커다란 상승 여력을 제공한다. 회사가 직접 공개하지는 않지만, 대략 추정해봤을 때 쇼피파이 페이먼츠의 결제 수수료는 평균 3% 수준이다. 이 중 약 70%가 비자Visa나 마스타카드Mastercard 같은 카드 네트워크와 결제 파트너사에 돌아가는 구조다. 물론 USDC를 도입한다고 해도 결제 서비스를 제공하는 코인베이스와 스트라이프에도 비용을 일부 지불해야 하겠지만 이는 전통 카드 사업자에게 지불하는 비용보다는 훨씬 낮은 수준이다.

쇼피파이 페이먼츠의 결제가 100% USDC로 처리된다고 가정할 때, 쇼피파이가 지불하는 수수료는 지금 대비 거의 10분의 1 수준으로 낮아질 것이고, 이에 따른 영업이익은 현재 대비 거의 4~5배까지 개선될 수 있을 것이다. 물론 이 가정은 지나치게 공격적이고, 아직 코인베이

USDC 결제 100% 도입 시 연간 영업이익 개선효과 시나리오 분석

항목	기준(현재)	낙관적 시나리오	기본 시나리오	보수적 시나리오
가정: USDC 순수수료율(%)	2.24	0.10	0.25	0.50
연간 결제 처리 비용(달러)	49억 9,500만	2억 7,400만	6억 8,500만	13억 6,900만
연간 비용 절감액(달러)	–	47억 2,100만	43억 1,000만	36억 2,600만
연간 영업이익(달러)	11억 6,400만	58억 5,800만	54억 7,400만	47억 9,000만
영업이익 증가율(%)	–	405.6	370.3	311.5

출처: 쇼피파이 연례보고서를 바탕으로 추정

스나 스트라이프가 정확한 수수료 구조를 공개한 것도 아니다. 그렇지만 어쨌든 쇼피파이가 USDC를 도입했을 때 전통 결제 업체를 이용하는 것보다 압도적인 효용을 얻을 수 있다는 사실만큼은 분명하다.

이 같은 직관적인 금전적 이득 이외에도 USDC 결제는 쇼피파이와 같은 업체들에 다양한 부가가치를 제공할 수 있다. 예컨대 전통 결제망을 이용한 카드 결제의 경우 은행 간 정산을 거쳐야 하기 때문에 며칠이 지나서야 판매자가 결제 대금을 현금화할 수 있지만, USDC 결제는 몇 분 내로 정산이 완료된다. 또한 전통 결제망과 달리 USDC는 블록체인에서 1년 365일 24시간 운영되고, 국경의 제한이 없기 때문에 전 세계의 고객들과 즉각 거래가 가능하다는 장점이 있다.

이런 효용에 힘입어 스테이블코인은 새로운 결제 수단으로서 전통 결제망이 공고히 자리 잡은 현재의 금융시장에 빠르게 침투할 것이다. 전통 결제 업체 중 이 같은 변화를 빠르게 받아들인 페이팔은 이미 '페이 위드 크립토'Pay with Crypto를 통해 자사의 스테이블코인인 PYUSD를 이용한 결제를 활성화하고 있다. 심지어 대표적인 전통 결제 업체인 비자조차 스테이블코인을 핵심 사업으로 키우겠다고 선언하면서 위기를 오히려 기회로 삼으려 하고 있다.

스테이블코인 골드러시의 리바이스, 서클

지니어스 법안 통과와 함께 스테이블코인이 제도권으로 본격적으로 진입하면서 다양한 업체가 각자의 스테이블코인을 내놓기 시작했다.

그러나 네트워크 효과가 중요한 결제 사업의 특성상 결국에는 소수의 업체만이 살아남을 가능성이 크며, 유력한 후보 중 하나가 서클이다.

현재 스테이블코인 시장은 사실상 테더Tether와 서클 두 업체의 독무대라고 봐도 무방할 정도로 이미 두 업체의 지위가 매우 공고하다(그림 6-13). 물론 둘 사이에서도 지금은 테더가 서클 대비 훨씬 더 높은 시장 점유율을 보유하고 있지만, 시장에서는 서클이 향후 테더의 영역을 잠식해나가면서 양강구도로 갈 것으로 보는 시각이 압도적이다. 여기에는 명확한 이유가 있다.

지니어스 법안은 스테이블코인의 제도권 진입을 허용하는 동시에, 발행사가 충족해야 할 엄격한 규제를 명시하고 있다. 그런데 서클은 법안이 통과되기 이전부터 이미 미국 정부와 협력적 관계를 유지하면서 사업을 운영해왔고, 회계법인을 통한 월별 준비금 감사보고서까지

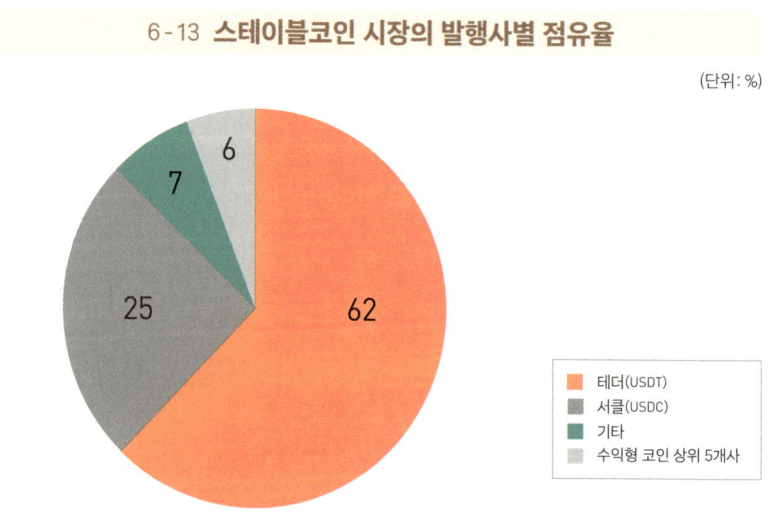

6-13 **스테이블코인 시장의 발행사별 점유율**

(단위: %)

출처: DefiLlama

꾸준히 공개해왔다. 법 시행 이후 합법적으로 스테이블코인을 발행하고 금융기관과 손잡기에 가장 유리한 위치를 선점한 셈이다. 쇼피파이가 가장 먼저 결제 시스템에 도입한 스테이블코인이 서클의 USDC였던 것은 결코 우연이 아니다.

반면 테더는 상황이 정반대다. 홍콩에 본사를 두고 있는 데다 준비금 내역을 투명하게 공개하지 않아 과거부터 논란이 끊이지 않았다. 법적·제도적 틀이 강화된 이후에는 이런 약점이 더욱 부각될 수밖에 없다. 따라서 제도권 금융기관이나 핀테크 기업 입장에서는 신뢰와 투명성을 갖춘 서클의 USDC가 사실상 유일한 대안이 될 것이다.

이런 구조적 우위는 서클의 실적 성장으로 직결된다. 앞서도 언급했듯이, USDC는 발행량만큼의 준비자산을 반드시 보유해야 하는데 그 핵심이 미국 단기 국채다. 예컨대 현재 USDC의 발행량이 100억 달러라면 서클은 준비금 명목으로 동일 규모의 미국 단기 국채를 보유해야 한다. 단기 국채금리가 연 5%라고 하면 이론적으로 서클은 연간 50억 달러의 이자 수익을 확보하게 되는 셈이다. 그런데 만약 쇼피파이에서 USDC를 이용하는 판매자들이 늘어나 USDC를 여기저기서 채택하게 된다면 발행량은 더욱 늘어날 것이고, 이에 따라 서클의 실적 역시 우상향할 수 있을 것이다. 쇼피파이뿐 아니라 다른 산업과 기업들에서도 USDC가 채택되기 시작하면 실적 성장의 기울기는 더욱 가팔라질 것이다.

전통 금융시장의 파괴자로 부상한 서클의 이 같은 엄청난 확장 가능성은 투자자들을 열광시켰고, 이에 힘입어 서클은 상장하자마자 한 달도 채 안 되는 기간에 공모가 대비 무려 864%라는 말도 안 되는 수익

6-14 서클의 USDC 발행량 추이

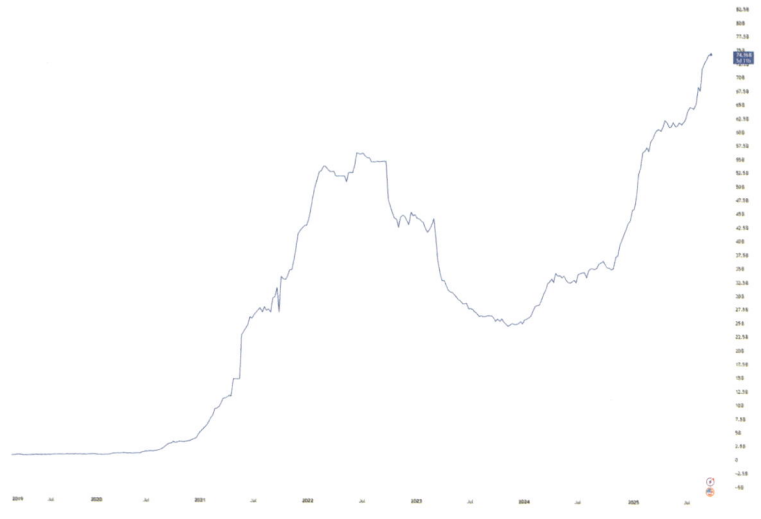

출처: TradingView

률을 기록했다. 상장 초기 고점을 기록한 이후 부진한 주가 흐름이 이어지기도 했으나, 그동안 USDC의 발행량만큼은 꾸준히 늘어나면서 서클이 그리고 있는 꿈이 허상이 아님을 꾸준히 증명하고 있다. 서클의 성장 스토리는 어쩌면 이제 막 시작되고 있는지도 모른다.

현실 세계와 금융을 연결하는 마지막 퍼즐, RWA

2018년 런던의 한 아트 갤러리에서는 여느 때와 같이 그림 경매가 한창 진행되고 있었다. 경매에 오른 작품은 앤디 워홀의 1980년작 〈14

개의 작은 전기 의자〉14 Small Electric Chairs로, 작품 자체는 평소와 다를 바 없이 훌륭했지만 경매 방식만큼은 전례 없는 파격적인 형태였다. 전체 작품 가운데 31.5%를 디지털 토큰으로 쪼개 약 800명의 투자자가 각자 소액으로 지분 투자에 참가할 수 있게 한 것이다. 이전까지 고가 미술품 경매에는 소수의 슈퍼리치만 접근할 수 있었는데, 이제는 몇천 달러만 있으면 누구나 워홀 작품의 '공동소유자 명단'에 이름을 올릴 수 있다. 더 나아가 이 지분 토큰은 코인처럼 24시간 거래가 가능해, 미술품이 처음으로 유동성을 지닌 금융자산으로 변모했다.

앤디 워홀 같은 유명 화가의 미술 작품뿐 아니라 부동산, 국채, 원자재 같은 전통적인 실물자산을 블록체인 위에 올려 디지털 토큰으로 발행하는 것을 실물자산 토큰화, 즉 RWA real world asset라고 부른다. 앞서의 사례와 같이 RWA가 구현되면 원래 소수만 접근할 수 있었던 자산을 소액으로 쪼개 누구나 투자할 수 있고, 블록체인 네트워크에서 24시간 전 세계 어디서나 즉시 거래할 수 있다. 어떻게 보면 이는 '금융의 민주화'와 '자본시장의 유동성 혁신'이라는 오랜 흐름과 궤를 같이하는 금융시장의 필연적인 진화라고도 볼 수 있다.

스테이블코인 이야기를 하다가 RWA를 언급하는 것이 다소 생뚱맞아 보일 수도 있지만, 사실 스테이블코인은 RWA가 현실의 금융시장에서 작동하기 위한 핵심 전제 조건이다. RWA가 단순한 아이디어를 넘어 실제 금융 생태계로 자리 잡기 위해서는 반드시 신뢰할 수 있는 기초 화폐가 필요한데, 바로 그 역할을 스테이블코인이 해줄 수 있기 때문이다.

먼저 스테이블코인은 RWA의 공통된 결제 단위 역할을 할 수 있다.

토큰화된 부동산이나 국채를 사고팔려면 공통된 결제 단위가 필요한데, 전 세계 금융의 공통어가 달러이듯 블록체인 기반 금융의 공통어 역할은 스테이블코인이 해줄 수 있을 것이다. 또한 스테이블코인은 비트코인이나 이더리움Ethereum과 같이 실시간으로 가격이 오르내리는 자산이 아니기 때문에 가격 안정성이 존재하는데, RWA 시장의 신뢰를 지탱하기 위해서는 가격의 안정성이 필수적으로 확보되어야 한다.

마지막으로 스테이블코인은 실물과 디지털을 연결하는 정산 인프라의 역할도 수행한다. 예컨대 앞서 언급한 사례에서 앤디 워홀의 작품 일부를 토큰화해 구매한 투자자가 이를 다시 매각한다고 가정해보자. 이때 만약 달러와 직접 교환할 수 있는 스테이블코인이 없다면 투자자는 토큰을 달러로 환매하는 과정에서 자원과 비용을 낭비하게 될 것이다. 하지만 스테이블코인을 사용하면 달러와 맞교환할 수 있으며, 이는 투자자에게 안정적인 출구를 보장한다.

금융의 진화 과정을 고려할 때 RWA는 언젠가 반드시 도래할 수밖에 없는 미래지만, 그 미래가 제대로 작동하기 위해서는 기축 인프라로서 스테이블코인이 반드시 필요하다는 결론에 도달할 수 있다. 달러가 지난 세기 글로벌 금융 시스템을 지탱하는 토대로서 역할을 했다면, 앞으로는 스테이블코인이 RWA라는 새로운 금융 생태계를 지탱하는 튼튼한 뿌리가 되어줄 것이다.

로빈후드와 코인베이스, 새로운 자본시장의 설계자들

현재 RWA 시장에서 가장 빠르게 움직이고 있는 두 플레이어는 로빈후드Robinhood와 코인베이스다. 두 회사는 저마다의 장점을 살려 스테이블코인을 기초 화폐로 삼아 실물자산을 디지털 세계로 옮겨오는 작업을 선도하고 있으며, 이들의 전략은 곧 RWA 시장의 성장 속도를 결정짓는 핵심 요인이 되고 있다.

로빈후드는 본래 '주식 민주화'라는 슬로건으로 성장한 회사다. 모바일 앱으로 누구나 손쉽게 주식을 거래할 수 있게 한 로빈후드는 이제 그 비전을 블록체인으로 확장하려 하고 있다. 가장 핵심이 되는 전략은 주식과 ETF를 모두 토큰화하여 연중무휴 24시간 거래가 가능한 시장을 만드는 것이다. 2025년 6월, 로빈후드는 유럽 사용자들을 대상으로 200개 이상의 미국 주식과 ETF를 토큰화해 제공하기 시작했다. 이 서비스는 거래 수수료가 없고, 배당금도 그대로 지급되며, 기존 주식과 달리 주중 24시간 언제든 거래가 가능하다. 즉, 전통 주식 거래의 '장 마감'이라는 제약을 제거하고, 블록체인의 특성을 접목해 새로운 시장을 개척한 셈이다.

여기서 그치지 않고 로빈후드는 비상장 주식의 조각 투자까지 지원하려는 계획을 세우고 있다. 예컨대 아직 상장하지 않은 오픈AI나 스페이스X 같은 혁신 기업들의 주식을 블록체인을 통해 토큰화해 누구나 소액으로 거래할 수 있게 하려는 것이다. 이는 기존의 사모시장을 대중에게 개방하는 시도이자, 자본시장의 구조 자체를 근본적으로 뒤

흔들 수 있는 전례 없는 혁신이다.

이 과정에서 스테이블코인은 모든 결제와 정산의 기반이 된다. 주식 토큰을 사고팔 때 비트코인이나 이더리움처럼 변동성이 큰 자산을 쓰면 거래의 안정성이 보장되지 않기 때문이다. 그래서 로빈후드는 USDC 같은 달러 기반 스테이블코인을 거래의 표준 결제 단위로 삼고 있다. 로빈후드는 2024년 11월, 유럽 사용자에게 제공하는 로빈후드 크립토Crypto 플랫폼에 서클의 USDC 스테이블코인을 공식적으로 도입했다. 유럽연합EU에서 제공하는 토큰화 주식은 24시간 거래가 가능하며, USDC를 통해 실시간으로 정산되는 구조로 설계됐다.

이를 통해 로빈후드가 이루고자 하는 궁극적인 목표는 '디지털 월스트리트'를 만드는 것이다. 소수의 기관과 고액 자산가들이 독점하던 거래 기회를 스마트폰과 스테이블코인만 있으면 누구나 접근할 수 있게 하는 것이다. 지난 10여 년간 주식시장에서 만들어온 혁신을 이제는 블록체인과 RWA 시장에서 재현하려는 시도라고 할 수 있다.

반면 코인베이스는 출발점이 다르다. 코인베이스는 원래 순수 암호화폐 거래소로 시작한 회사지만, 이제는 RWA 인프라 제공자로 진화하고 있다. 코인베이스의 전략은 특정 자산을 직접 토큰화하기보다 다양한 자산이 블록체인 위에서 유통될 수 있도록 플랫폼과 유동성을 제공하는 데 초점이 맞춰져 있다.

이를 위한 핵심 도구가 코인베이스의 레이어2 블록체인인 베이스다. 베이스 위에는 이미 국채, 부동산, 펀드 등 다양한 RWA 프로젝트가 올라오고 있다. 예를 들자면 Untangled Finance(채권)나 Realio Network(부동산/주식) 같은 신생 RWA 프로젝트들이 토큰화된 채권과 주식을 발행하고 거래하기 위해 베이스를 활용하고 있고, 코인베이스 역시 이들의 온보딩 허브로 베이스를 확실히 밀어주는 것이다.

코인베이스의 RWA 생태계 구축 과정에서도 스테이블코인의 역할은 결정적이다. 코인베이스는 서클과 긴밀히 협력하여 USDC를 RWA 시장의 기본 결제 및 정산 수단으로 만들어나가고 있다. 예를 들어 토큰화된 미국 국채를 사고팔 때 투자자들이 은행 계좌를 거칠 필요 없이 USDC로 매수·매도할 수 있게 해주는 식이다. USDC는 즉시 결제가 이뤄지며, 블록체인상에서 투명하게 기록된다. 이를 통해 전통 국채 시장에서 T+2(거래 후 이틀 뒤 결제)가 걸리던 정산 구조를 사실상 실시간 정산으로 바꿀 수 있다.

코인베이스의 최종 목표는 단순한 코인 거래소를 넘어 블록체인 기반 금융의 인프라 기업이 되는 것이다. 다시 말해 주식·채권·펀드 같은 실물자산이 블록체인에서 거래되는 RWA 시대가 도래했을 때, 그 모든 거래가 흘러가는 플랫폼과 결제망을 코인베이스 생태계로 흡수하고 싶은 것이다.

스테이블코인, 새로운 금융 질서의 기축

지니어스 법안 통과와 함께 급물살을 탄 스테이블코인의 제도권 편입은 새로운 결제 수단의 등장을 넘어 전통 금융 구조의 해체와 재편을 의미한다. 은행, 카드사, 결제망 같은 중개 기관이 층층이 개입하던 비효율적인 구조가 사라지고, 블록체인 위에서 돈이 실시간으로 이동하며 국경 없는 정산이 가능해진다. 이는 스테이블코인의 등장과 함께 '거래 비용'과 '시간 제약'이라는 금융시장을 지배해온 가장 오래된 장애물들이 무너지고 있음을 보여주는 신호다.

이 변화는 우리가 예상하는 것보다 훨씬 더 빠르게 다가올 것이다. 인터넷이 불과 20년 만에 대부분 산업을 장악했듯, 스테이블코인도 결제를 넘어 대출·투자·자산운용까지 파고들며 블록체인 위에 평행 금융 시스템을 만들어낼 것이다. 부동산이나 채권 같은 실물자산은 토큰화되어 담보로 활용될 것이고 그 위에 새로운 유동성이 순환하면서 전통 금융을 보완하는 수준을 넘어서는 또 하나의 금융 질서가 작동할 것이다.

이런 상황에서 우리 투자자들이 할 일은 이 거대한 전환 속에서 누가 새로운 네트워크의 표준을 장악할 것인지를 자문하는 것이다. 결제망과 플랫폼은 태생적으로 승자독식의 구조이기 때문에 한번 자리를 잡으면 막대한 진입장벽을 형성할 수 있다. 그런 의미에서 서클과 코인베이스 그리고 로빈후드를 비롯해 그 뒤를 따르는 플레이어들은 단순히 코인 사업자가 아니라 금융 권력의 재편 과정에서 주도권을 두고 경쟁하는 세력이라고 할 수 있다. 이제 스테이블코인을 그저 수많은 코인 중 하나 정도로 치부해서는 안 된다. 그것은 미래 금융을 관통하는 기축 인프라이며, 우리가 이 흐름을 어떻게 포착하느냐에 따라 앞으로의 수십 년을 결정짓는 기회를 잡을 수도 놓칠 수도 있을 것이다.

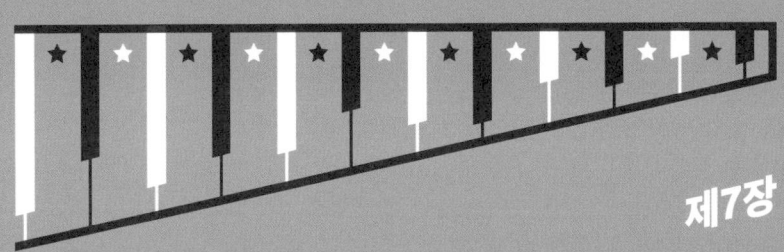

제7장

아직 세상에 알려지지 않은 보물지도: '무명유실' 기업 투자 전략

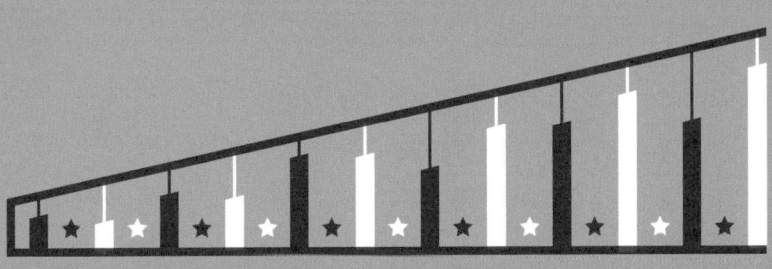

도박도
이제는 온라인으로

드래프트킹스

2018년 미국 대법원에서는 역사적인 판결이 내려졌다. 1992년 제정된 '프로 및 아마추어 스포츠 보호법'PASPA을 위헌으로 결정한 것이다. 이 법은 사실상 네바다를 제외한 모든 주에서 스포츠 베팅을 금지했던 연방법으로, 20년 넘게 미국 전역에서 합법적인 스포츠 베팅 산업의 성장을 가로막는 가장 큰 장벽이었다.

PASPA의 폐지로 각 주 정부들은 이제 자율적으로 스포츠 베팅의 합법화를 결정할 권한을 얻게 됐다. 이는 기존 불법 시장을 제도권으로 끌어올린 조치에 그치는 것이 아니라 새로운 산업이 태동할 수 있는 제도적 기반을 마련해주었다. 주 정부들은 곧바로 세수 확대와 고용 창출이라는 명분을 내세워 스포츠 베팅 합법화를 앞다투어 추진했고, 이 과정에서 드래프트킹스와 같이 온라인 스포츠 베팅 플랫폼을 운영하는 기업들이 합법적 영역에서 폭발적인 성장을 구가할 길이 열렸다.

특히 이들 업체가 스포츠 베팅을 접근성이 좋은 온라인과 모바일 환경에서 구현하면서 미국 스포츠 베팅 시장의 성장 동력은 한층 더 강화됐다. 오프라인 현장에 직접 가야만 가능했던 베팅이 이제는 스마트폰 앱을 통해 누구나 손쉽게 접근할 수 있게 되면서 스포츠 베팅은 순식간에 하나의 엔터테인먼트 산업으로 자리 잡았다.

법적 장벽 하나가 사라진 순간, 억눌려 있던 수요가 폭발하면서 새로운 산업이 형성됐다. 그리고 이 산업을 초기부터 주도해온 드래프트킹스는 그 기회의 파고를 타고 이제는 미국 증시를 대표하는 성장 기업 중 하나로 도약하고 있다.

성장은 이제부터 시작

대법원 판결 이후 많은 주에서 스포츠 베팅을 합법화하면서 미국의 스포츠 베팅 시장은 눈부신 속도로 성장해왔다. 미국게임협회American Gaming Association에 따르면, 2018년 4억 달러에 불과했던 미국의 스포츠 베팅 시장은 2023년에 110억 달러로 커졌다. 불과 6년 만에 28배나 성장한 셈이다. 이 중 온라인이 90%를 차지하면서 성장을 이끌고 있는데, 이 시장의 성장 잠재력은 극히 일부만 발현됐다고 봐도 무방하다.

직관적인 이해를 위해 이미 온라인 스포츠 베팅이 합법화된 유럽 지역과 비교해보면, 유럽과 미국의 갬블링 시장 규모는 각각 523억 달러, 670억 달러로 미국이 유럽보다 약간 많은 수준이다. 그런데 이 중 온라인 갬블링 시장 규모는 유럽이 403억 달러, 미국이 117억 달러로 미국의 규모가 훨씬 작다. 침투율 기준으로 비교해보면 유럽은 갬블링 시장 내에서 온라인이 이미 77%가량 침투해 있는 데 비해 미국의 침투율은 17%에 불과하다. 그렇게 가파른 성장을 해왔음에도 성장할 여력이 굉장히 많이 남아 있다는 얘기다.

여기서 끝이 아니다. 미국의 온라인 스포츠 베팅 시장은 아직 완전히 개화하지도 않았다. 2025년 8월 현재 미국의 50개 주 중에서 스포츠 베팅이 합법화된 주는 38개에 불과하며, 그중 온라인 플랫폼을 통해 스포츠 베팅 서비스가 제공되는 주는 30개밖에 되지 않는다. 무엇보다 인구가 가장 많은 캘리포니아, 텍사스, 플로리다 등 이른바 'Big 3' 주가 아직까지 스포츠 베팅을 합법화하지 않았다. 온라인 스포츠 베팅이 제공되는 30개 주의 인구를 모두 합치면 1억 6,000만 명 정도인데, Big 3 주의 인구는 9,300만 명으로 이들 주에서만 합법화가 진행돼도 기존 시장 대비 거의 60%에 달하는 새로운 시장이 생겨나는 효과를 가져올 수 있다.

이 세 주뿐 아니라 다른 주들에서도 합법화가 진행되고 온라인 스포츠 베팅이 유럽에서처럼 사람들의 일상으로 자연스럽게 침투하면, 지금과는 비교도 할 수 없는 커다란 시장이 드래프트킹스를 필두로 한 온라인 스포츠 베팅 업체들 앞에 펼쳐질 것이다. 이 거대한 시장을 기반으로 성장 잠재력을 인정받아 드래프트킹스는 2020년 SPAC를 통해 상장한 이후 11개월 만에 무려 7배가 넘는 주가 상승률을 보여줬다. 2022년 이후 연준의 긴축으로 시장 유동성이 줄어들면서 한때 주가가 제자리로 돌아오기도 했으나, 그 뒤로도 이 거대한 시장에서 유의미한 영역을 확보하기 위한 드래프트킹스의 행보는 계속되고 있다.

드래프트킹스를 밀어주는 세 가지 순풍

드래프트킹스의 뒤에서는 성장을 뒷받침해주는 순풍이 다양하게 불어오고 있는데, 그중 가장 강력한 세 가지를 이야기해보고자 한다.

첫째, 정부의 세수 부족이다. 온라인 스포츠 베팅 시장의 성장을 위한 가장 빠르고 확실한 방법이 바로 스포츠 베팅의 합법이다. 앞서 언급한 Big 3 주를 비롯해 아직까지 합법화가 진행되지 않은 주들에서 합법화가 이뤄지면 드래프트킹스의 잠재 시장은 크게 확장될 수 있다. 주 정부 입장에서 결국에는 합법화할 수밖에 없는 이유가 있는데, 스포츠 베팅에서 '세금'을 걸을 수 있다는 점이다.

알다시피 미국은 지금 만성적인 재정적자에 시달리고 있다. 이는 비단 연방 정부에만 국한된 이야기는 아니다. 2025년 현재 미국 50개 주 가운데 절반 이상이 구조적 재정적자에 시달리고 있으며, 전체 주 정부의 누적 적자 규모를 합산하면 수천억 달러에 달한다. 물론 그 과정에서 여러 법적·도덕적 문제는 있겠지만, 어찌 됐든 '도박'이라는 매우 큰 시장을 열어줌으로써 그로부터 세수를 확보할 수 있다면 이들 입장에서 마다할 이유는 전혀 없다.

실제로 미국 정부는 이미 갬블링 산업으로부터 막대한 세수를 확보했다. 스포츠 베팅을 제외하고 경마 등의 배당식 베팅pari-mutuel betting, 비디오게임, 카지노, 복권 시장에서 정부가 얻는 세수만 해도 연간

7-1 미국 정부의 갬블링 산업 세수

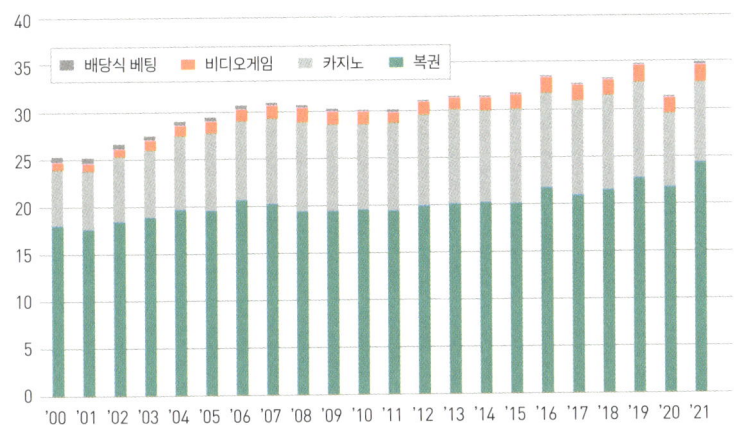

(단위: 10억 달러, 인플레이션 보정)

출처: Urban Institute from Government data portals and reports

200~300억 달러 규모에 달한다. 그런데 여기에 스포츠 베팅이라는 아직 긁지 않은 복권이 하나 더 남아 있다는 얘기다. 이 때문에 여러 주 정부가 2018년 PASPA 폐지 이후 기다렸다는 듯 스포츠 베팅 합법화를 진행한 것이다.

Big 3 주를 비롯한 일부 주는 기존에 독점적인 카지노 운영권을 보유하고 있던 원주민들과의 갈등, 보수적인 주 의회 기조 등으로 합법화에 난항을 겪고 있다. 그러나 이들 역시 스포츠 베팅 세금이라는 달콤한 수입원을 쉽게 포기할 수 없을 것이며, 시간이 지남에 따라 이들 주에서도 합법화가 진행될 것으로 생각된다. 이에 따라 드래프트킹스가 눈앞에 두고 있는 온라인 스포츠 베팅 시장 역시 자연스럽게 커질 수 있을 것이다.

둘째, 온라인 도박에 대한 인식 개선이다. 모든 새로운 제품과 서비스는 처음 등장한 이후 대중의 일상으로 침투하기까지 일정 시간이 걸린다. 초기에는 새로운 것을 받아들이는 것에 대한 거부감이 있기 때문이다. 온라인 스포츠 베팅 역시 마찬가지였다. 처음 이 산업이 등장했을 때 이미 갬블링을 즐겨 하던 유저들이나 여러 방법을 통해 유럽 시장에서 간접적으로 스포츠 베팅을 해오던 유저들은 어렵지 않게 받아들일 수 있었으나, 대부분의 대중은 그러지 못했다. 하지만 시간이 지나면서 이런 인식이 빠르게 개선됐고, 드래프트킹스가 제공하는 온라인 스포츠 베팅 플랫폼의 유저들도 마찬가지였다.

드래프트킹스가 공개한 자료에 따르면, 성인 유저를 획득하는 데 걸리는 시간은 온라인 스포츠 베팅 산업 초기였던 2018~2019년 대비 2022~2023년에 거의 4.5배 빨라졌다고 한다. 새로운 주에 플랫폼을 론칭했을 때 처음 30일간 전체 인구 대비 가입률 역시 2018~2019년 0.6%에서 2022~2023년에 3.4%로 거의 5배 이상 높아졌다. 그뿐 아니라 새로 들어온 유저들로부터 얻는 이익이 손익분기점을 넘기까지 걸리는 시간도 2018~2019년에는 거의 11개 분기가 걸린 데 비해 2022~2023년에는 5개 분기로 급격히 줄어들었다.

이 같은 데이터는 모두 하나의 결론을 향하고 있다. 시간이 지날수록 '온라인으로 하는 도박'에 대한 유저들의 인식이 개선되고 있다는 것이다. 새로운 문물을 접하면서 처음에는 조심스럽게 플랫폼에 가입하고 베팅 역시 적은 금액으로 진행하지만, 시간이 흐르고 유저들이 점점 더 익숙해짐에 따라 온라인 스포츠 베팅을 훨씬 더 쉽게 받아들이고 베팅도 점점 더 과감하게 하기 시작한다.

드래프트킹스 입장에서 이는 마케팅 비용을 줄이면서도 매출 성장

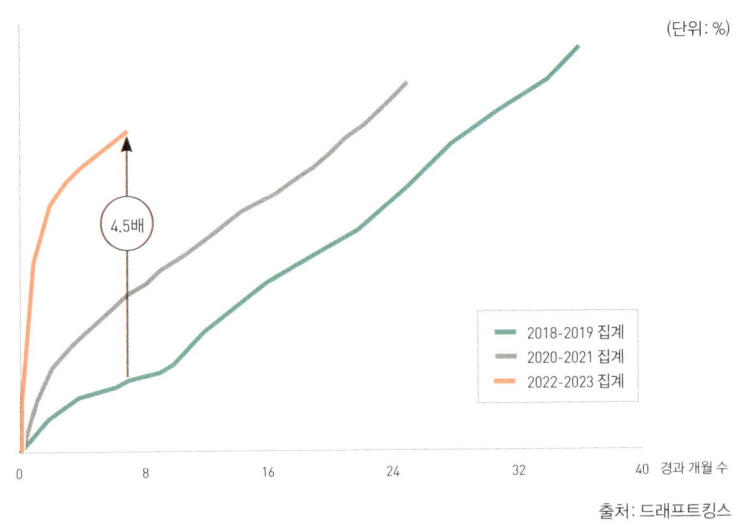

7-2 기간에 따른 성인 유저 획득 비율

출처: 드래프트킹스

은 가속화되는 매우 강력한 순풍이다. 실제로 드래프트킹스의 가장 큰 비용인 CAC customer acquisition cost(고객 획득 비용)는 2022년에 전년 대비 21%, 2023년에 전년 대비 20% 감소했다. 같은 기간 고객 수는 매년 40% 이상 늘었다. 이에 따라 드래프트킹스가 매출 고성장을 시현하는 동안에도 마케팅 비용은 빠르게 줄어들고 있다. 2020년만 해도 매출액 이상으로 사용했던 마케팅 비용이 최근에는 매출 대비 20% 수준으로 줄어들었다(그림 7-3). 이와 함께 나타난 매출 고성장은 연구개발비나 일반관리비 같은 인건비 중심의 고정비 계정 비율도 크게 줄여 전사 수익성이 크게 개선되고 있다. 엄청난 마케팅 투자를 했던 2020년에 –140%에 달했던 회사의 EBITDA(이자, 세금, 감가상각비, 무형자산상각비 차감 전 영업이익) 마진은 2023년 2분기 기준 흑자로 돌아섰고, 2024년 2분기에는 마침내 EPS 흑자 전환에까지 성공했다.

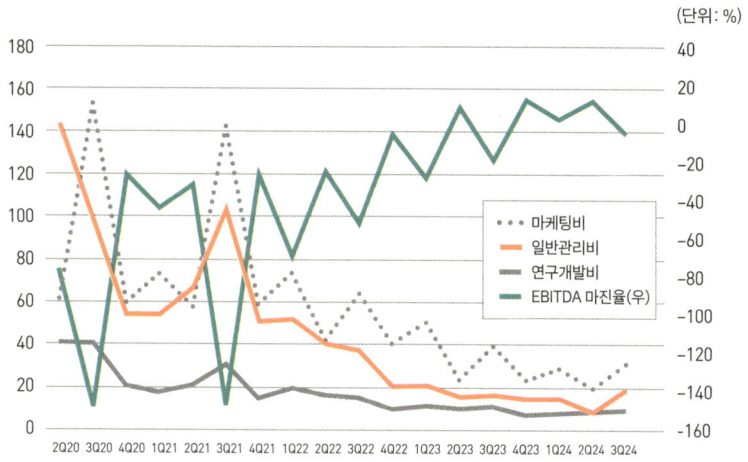

출처: 드래프트킹스 분기보고서

드래프트킹스가 누리고 있는 마지막 순풍은 선점 효과다. 온라인 스포츠 베팅이 합법화되기 시작한 초기부터 빠르게 플랫폼을 구축하고 비즈니스를 확장해온 드래프트킹스는 매 분기 유저를 크게 늘려오면서 압도적인 상위 플랫폼으로 자리매김하고 있다. 일례로 드래프트킹스의 베팅 플랫폼을 이용하는 유저 수는 2017년 1분기만 해도 80만 명에 불과했는데, 2025년 2분기 기준으로는 무려 1,040만 명으로 8년여 만에 13배나 늘어났다.

드래프트킹스는 현재 또 다른 상위 사업자인 팬듀얼FanDuel과 함께 온라인 스포츠 베팅 시장의 70~80%를 점유하면서 압도적인 과점 사업자의 지위를 유지하고 있다(그림 7-4). 온라인 스포츠 베팅 시장에서는 이 같은 선점 효과와 그로 인한 압도적인 점유율 격차가 매우 큰 의미를 갖는다. 스포츠 베팅을 할 때 유저들은 자신의 베팅이 맞을 확률

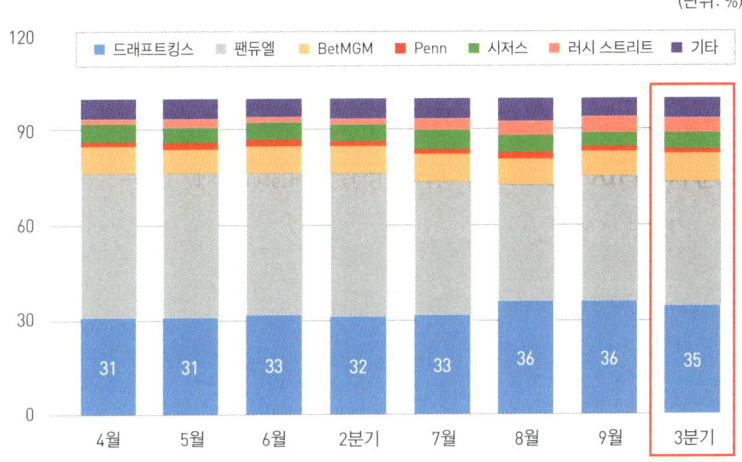

7-4 온라인 스포츠 베팅 시장의 업체별 점유율(2023)

(단위: %)

출처: BofA Global Research

과 함께 배당률odds을 고려하는데, 여기서 배당률이란 베팅 성공 시 평균적으로 얼마만큼의 금액을 기대할 수 있는지를 나타낸 수치다. 배당률은 플랫폼마다 조금씩 차이를 보이는데, 배당률을 얼마나 섬세하게 설정하는지가 베팅 플랫폼의 경쟁력이다.

예컨대 누가 봐도 이길 게 뻔한 팀에 높은 배당률을 책정해놓는다면, 유저들이 많이 들어올 수는 있겠지만 회사가 큰 손실을 떠안아야 할 것이다. 반면 이길 게 뻔하다고 해서 너무 박한 배당률을 책정한다면 유저들이 들어오지 않을 것이다. 따라서 적정한 수준의 배당률을 책정하는 것이 매우 중요한데, 배당률은 베팅하는 유저의 숫자에 따라 자연스럽게 적정 수준으로 조정되는 경향이 있어 베팅 유저 수가 많을수록 배당률의 정확도가 증가한다. 따라서 드래프트킹스나 팬듀얼처럼 유저가 많은 플랫폼들이 상대적으로 적정한 배당률을 제시하기 마련이고, 이에 따라 자연스럽게 유저들이 또다시 유입되는 선순환 구조가 형성된다.

드래프트킹스는 현재 뒤에서 불고 있는 정부 세수 부족, 유저 인식 개선, 선점 효과라는 든든한 세 가지 순풍에 힘입어 고성장을 이어가고 있다. 회사는 여기서 안주하지 않고 스포츠 베팅을 넘어 아직은 초기 시장인 아이게이밍i-Gaming* 시장에서도 압도적인 선두 플레이어로 자리매김하려 하고 있다. 아이게이밍 역시 주별 합법화가 빠르게 진행되고 있어 스포츠베팅 시장 못지않은 성장 잠재력을 가지고 있다. 또한 2024년 9월부터 선거 베팅이 사실상 합법화되면서 최근에는 선거 베팅 시장에도 진출할 준비를 하고 있다. 종국적으로는 모든 종류의 도박을 하나의 플랫폼에서 온라인으로 즐길 수 있는 슈퍼앱으로 거듭나고자 한다.

성장주 주가 상승의
두 번째 국면에 들어선 드래프트킹스

제9장에서도 설명하겠지만, 미국 성장주의 주가 상승에는 두 가지 국면이 존재한다. 산업 태동기에는 산업 내 대부분 기업이 무분별하게 상승하는 첫 번째 국면이 있고, 이 국면이 종료되고 열기가 식은 뒤에

---

* 인터넷을 통해 즐기는 모든 형태의 돈이 걸린 게임. 스포츠 베팅뿐 아니라 온라인 카지노, 온라인 복권, e스포츠 베팅 등도 포함된다.

는 치열한 경쟁 끝에 살아남은 소수 업체만 선별적으로 오르는 두 번째 국면이 시작된다. 이 두 번째 국면에서 승자를 걸러낼 수 있는 시금석이 되는 것이 바로 '흑자 전환'이다.

그런 의미에서 드래프트킹스는 이제 성장주 주가 상승의 두 번째 국면에 들어섰다고 할 수 있다. 앞서 설명한 여러 순풍에 힘입어 드래프트킹스는 가파른 매출 성장을 시현하면서도 수익성을 챙기는 질 좋은 성장을 이어나가고 있으며, 이에 따라 2024년 2분기에는 마침내 EPS 기준 흑자 전환에 성공했다(그림 7-5). 스포츠 베팅 시장이 정해진 궤적을 따라 성장을 이어나감에 따라 드래프트킹스의 고퀄리티 성장 역시 멈추지 않을 것이며, 회사는 기존 온라인 스포츠 베팅 시장 외에 여러 새로운 분야에서도 놀라운 성장을 보여줄 준비를 차곡차곡 해나가

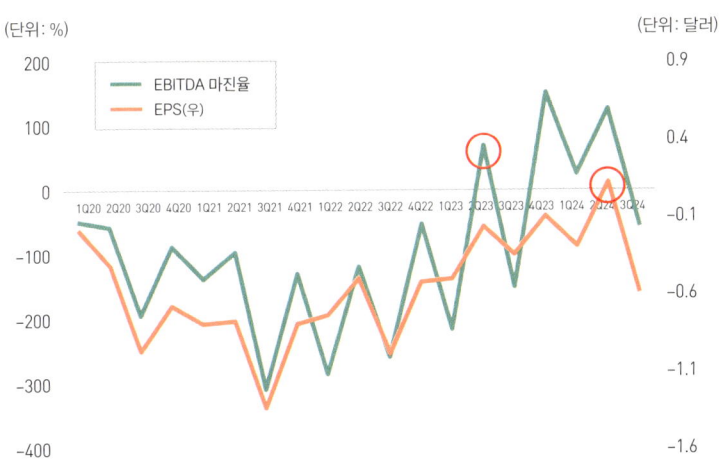

7-5 **드래프트킹스의 EBITDA 마진율과 EPS 흑자 전환 시기**

출처: 드래프트킹스 분기보고서

고 있다.

'인간의 욕망은 끝이 없다'는 말은 드래프트킹스가 속해 있는 도박 산업과 같이 인간의 욕망을 먹고 자라는 산업의 성장에는 끝이 없다는 말과도 같다. 이 산업의 미래는 단순한 유행이나 일시적 열풍이 아니라 제도적 합법화와 기술의 발전 그리고 인간 본능이 맞물려 만들어낸 구조적 성장의 산물이다. 아직 열리지 않은 거대한 시장과 완성되지 않은 침투율을 고려하면, 드래프트킹스가 보여줄 수 있는 성장의 무대는 여전히 광활하다.

지금 시점에 우리가 할 일은 이 기업의 산발적인 뉴스나 단기적 주가 변화에 일희일비하는 것이 아니라 산업이 전개되는 궤적 속에서 드래프트킹스가 어떤 위치를 점하고 어떤 변화를 만들어가는지를 차분히 관찰하는 것이다. 앞으로도 드래프트킹스의 행보는 투자자들이 결코 눈을 떼지 못하게 하는 중요한 이정표로 남을 것이다.

데이터 쇼티지의 시대

레딧

2024년 4월, 〈월스트리트저널〉에 아주 흥미로운 기사가 게재됐다. "데이터를 먹어 치우는 AI 업체들에게, 인터넷은 너무 작다"라는 제목으로 쓰인 이 기사의 주된 내용은 AI를 개발하기 위해 경쟁하는 업체들에 가장 중요한 것이 데이터인데, 그들이 수집할 수 있는 데이터의 총량(공급)이 향후 필요로 하는 데이터의 총량(수요) 대비 부족할 수 있다는 것이었다.

흔히 AI 개발 경쟁에 사용되는 엔비디아의 GPU 같은 칩이나 데이터센터를 구동하기 위한 전력 인프라가 부족한 상태라는 이야기는 많이 하는데, 정작 데이터가 부족한 상황이라는 이야기는 다소 생경하게 느껴질 것이다. '정보의 바다'라는 별칭이 시사하듯, 우리가 알고 있는 인터넷은 오히려 수많은 정보 속에서 중요한 정보만을 걸러서 취합하는 것이 매우 중요한 과제일 정도로 그야말로 정보가 넘쳐흐르는 곳이다. 그런데 AI 모델을 개발하는 데만큼은 필요한 데이터가 너무나도 많아 그 많은 정보를 다 학습하고도 부족하다는 것이다.

일례로 리서치 기관 에포크Epoch에서는 오픈AI의 GPT-4가 최대 12조 개의 토큰으로 훈련됐으며, GPT-5에서는 60~100조 개의 토큰 데이터가 필요할 것으로 추정했다. 그런데 문제는 GPT-5를 제작하는 과정에서 현재 인터넷상에 존재하는 모든 고품질 언어 및 이미지 데이터를 활용하더라도 여전히 10조에서 20조 개의 토큰이 부족할 수 있다는 것이다. 에포크에 따르면 2026년까지 고품질 데이터에 대한 수요가 공급을 앞지를 가능성이 90%에 달한다고 한다.

어떤 재화가 쇼티지shortage, 즉 공급 부족인 상황에 처하면 공급 업체들이 헤게모니를 가져가면서 해당 트렌드로부터 엄청난 수혜를 받게 된다. 지금의 데이터 부족 사태에서도 의외의 회사가 크게 수혜를 받고 있는데, 바로 레딧이다.

메타는 못 하지만
레딧은 할 수 있는 이유

앞서 설명한 데이터 부족의 심각성은 메타의 사례만 봐도 쉽게 알 수 있다. 빅테크발 AI 개발 경쟁의 최전선에 있는 업체 중 하나인 메타는 AI 모델 개발 초기 단계에서부터 "자사 SNS 플랫폼인 인스타그램, 페이스북에 쌓여 있는 데이터가 메타만의 AI 모델 구축에 가장 핵심적인 역할을 하게 될 것"이라고 공언한 바 있다. 심지어 2024년 초까지만 해도 그런 데이터의 양이 그 유명한 커먼 크롤Common Crawl*이 보유하고 있는 양보다 더 많다고 주장하기까지 했다.

그런데 같은 해 4월, 이렇게 기세등등했던 메타의 자존심이 한풀 꺾였다. AI 훈련 데이터를 위해 로이터Reuters를 비롯한 뉴스 퍼블리셔들과 유료 데이터 이용 계약을 체결하는 것을 고려 중이라고 발표한 것인데, 이는 결국 AI 개발을 위해 핵심적인 것은 데이터의 '양'이 아니라 '질'이라는 사실을 방증한다. 메타가 그간 페이스북과 인스타그램을 통해 쌓아둔 데이터의 양이 커먼크롤보다 더 많을 수는 있겠지만 그 데이터는 그저 사람들이 아무렇게나 작성하는, 그래서 결국 대부분은 활용 가치가 떨어지는 저품질의 데이터였던 것이다.

AI 모델의 고도화를 위해서는 당연히 고품질의 데이터가 우선시되기 때문에 메타의 행보가 보여주듯 AI 개발 업체들은 일반적으로 뉴스 퍼블리셔들과 가장 먼저 데이터 라이선싱 계약을 체결했다. 그림 7-6은 주요 AI 개발 업체들의 데이터 라이선스 계약 현황을 나타낸 것이다. 가장 규모가 컸던 계약은 오픈AI가 뉴스 코프News Corp**와 맺은 5년간 2억 5,000만 달러 규모의 딜이다. 데이터 제공 업체 입장에서는 추가적인 리소스가 투입되지 않고 원래 있던 데이터를 제공하는 것만으로도 매출을 창출할 수 있기 때문에 매우 매력적인 시장이라고 할

---

* AI 기업들이 웹 데이터를 학습할 때 가장 많이 활용하는 공개 웹 크롤링 데이터 세트 중 하나로, 구글·오픈AI 등 주요 기업들도 연구용으로 참고하고 있다.
** 폭스, 〈월스트리트저널〉, 〈더 타임스〉 등을 보유하고 있는 언론·출판·영화 지주회사로 디즈니, 타임 워너와 함께 세계 3대 미디어 그룹에 속한다.

7-6 주요 AI 개발 업체들의 데이터 라이선스 계약 현황

출처: Seeking Alpha

수 있다.

그림 7-6을 다시 보면 대부분이 뉴스나 콘텐츠 업체인데 유독 눈에 띄는 업체가 하나 있으니, 바로 레딧이다. 레딧은 로이터나 뉴스 코프가 보유한 여러 뉴스 업체처럼 정확한 정보를 전달하는 뉴스 매체가 아니라 사람들이 각자의 생각을 자유롭게 공유하는 SNS 플랫폼이다. 레딧은 구글, 오픈AI와 각각 2024년 2월과 5월에 제미나이와 챗GPT 모델을 학습시키는 데 자사의 데이터를 사용할 수 있게 하는 계약을 체결했다. 계약 규모가 연간 6,000만 달러로, 1년 기준으로 보면 가장 비쌌던 오픈AI와 뉴스 코프 간 계약보다 더 높은 수준이다.

앞서 SNS 플랫폼에서 나오는 데이터는 퀄리티가 높지 않다고 언급했는데, 그렇다면 메타와 달리 레딧이라는 SNS 플랫폼이 구글과 오픈AI에 어필할 수 있었던 부분은 무엇이었을까? 그것은 바로 레딧에 올라오는 콘텐츠의 성격이 다르다는 점이다. 이용해본 사람은 알겠지만, 레딧은 일상 공유가 주목적인 일반적인 SNS 플랫폼과 달리 플랫폼의 가장 큰 아이덴티티가 '정보 교류'다. 심지어 일부 서브레딧Subreddit[*]

은 특정 분야의 전문가들이 모여 수준 높은 토론을 하기도 한다.

그뿐이 아니라 레딧은 콘텐츠 모더레이터contents moderator라는 역할을 따로 두고 있는데, 이들은 레딧에 올라오는 정보 중 불필요하거나 부적합한 것은 삭제하고 올바른 정보 공유가 이뤄질 수 있도록 게시판을 관리한다. 이들은 자원봉사 개념으로 이런 일들을 처리해주는데, 2019년 기준으로 약 2만 1,500명의 모더레이터가 하루에 약 466시간을 모더레이션 작업에 사용했다. 노스웨스턴대학교의 조사에 따르면, 이들의 노동은 연간 340만 달러의 가치가 있으며 이는 2019년 레딧 매출의 3% 수준에 해당한다고 한다.

레딧은 이 정도로 콘텐츠의 퀄리티 관리가 잘돼 있는 데다가, 인간이 접근할 수 있는 대부분 주제에 대한 실제 사람들의 대화를 18년 이상 축적해온 플랫폼이기에 AI 개발 업체들이 AI 모델 훈련에 매우 가치 있는 데이터로 인식했다. 그래서 구글과 오픈AI가 비싼 돈을 주고라도 이 데이터를 하루빨리 사 가야겠다고 생각했을 것이다.

AI 시대에 더욱 빛나는 휴먼 메이드 콘텐츠

구글이 지금의 명성을 얻게 되기까지 여러 요인이 영향을 미쳤지만, 그중 가장 중요한 것은 검색 알고리즘일 것이다. 구글은 사람들이 뭔

---

* 레딧의 하위 게시판으로, 각 서브레딧은 특정 주제를 두고 독립적으로 운영된다.

가 질문을 던졌을 때 가장 정확하고 도움이 되는 답을 보여줄 수 있어야만 자신들의 지배력이 유지될 수 있다고 생각해 창업 초기부터 '검색 알고리즘 개선'을 최우선 과제로 삼았다. 상위 검색 결과에 가장 정확하고 도움이 되는 답을 보여줄 수 있도록 하기 위해 구글은 현재까지도 매년 수천 건의 알고리즘 업데이트를 진행하고 있다.

그런데 2022년 말 챗GPT의 등장은 구글에 새로운 고민거리를 안겨줬다. 챗GPT를 필두로 수많은 챗봇이 생겨나면서 구글의 검색 결과가 챗봇들이 작성한 의미 없는 글들로 도배되기 시작한 것이다. 이는 구글 검색 유저들의 사용자 경험을 저하시키고 결과적으로 구글의 광고 비즈니스에 부정적인 영향을 준다. 이런 문제를 해결하기 위해 2024년 3월, 구글은 검색 알고리즘을 대대적으로 개편하는 특단의 조치를 내렸다. 이 업데이트의 핵심은 단순히 검색 순위를 노리고 기계적으로 작성된 콘텐츠, 특히 저품질 AI 생성 글들을 밀어내고 실제 사용자가 작성한 경험 기반의 콘텐츠를 상위에 노출하는 것이었다.

이 변화의 가장 큰 수혜를 받은 회사가 레딧이었다. 구글이 '실제 사용자의 경험'을 평가 기준에 포함하면서 자연스럽게 방대한 양의 사용자 생성 콘텐츠를 보유한 레딧의 게시물들이 검색 결과의 상단으로 떠오른 것이다. 이에 따라 2024년 3월 업데이트 이후부터 레딧의 트래픽이 폭발적으로 증가했다. 데이터 분석 플랫폼인 셈러시Semrush와 시밀러웹Similarweb의 분석에 따르면, 특정 키워드에서 레딧 페이지가 검색 상위 3위 내에 노출되는 비중이 단기간에 133% 이상 증가했고 전체적으로는 불과 몇 달 만에 400%가 넘는 성장률을 기록하기도 했다. 레딧은 2025년 2분기 실적 발표에서 자사 플랫폼의 DAUq Daily Active

Unique*가 1억 1,000만 명이라고 발표했는데, 2년 전인 2023년만 해도 6,000만 명에 불과했다.

이런 수혜는 트래픽 성장에만 그치지 않고 레딧의 광고 단가까지 끌어올렸다. 기존 레딧 유저들과 달리 검색을 통해 유입된 이용자들은 특정 제품이나 서비스에 대한 최종 선택을 앞두고 의견을 확인하러 들어온 경우가 많다. 따라서 광고주 입장에서는 매우 값진 잠재 고객들이라고 할 수 있다. 광고주들은 이들을 붙잡기 위해 레딧에 기꺼이 높은 광고 단가를 지불하기 시작했으며, 이에 따라 레딧의 광고 단가는

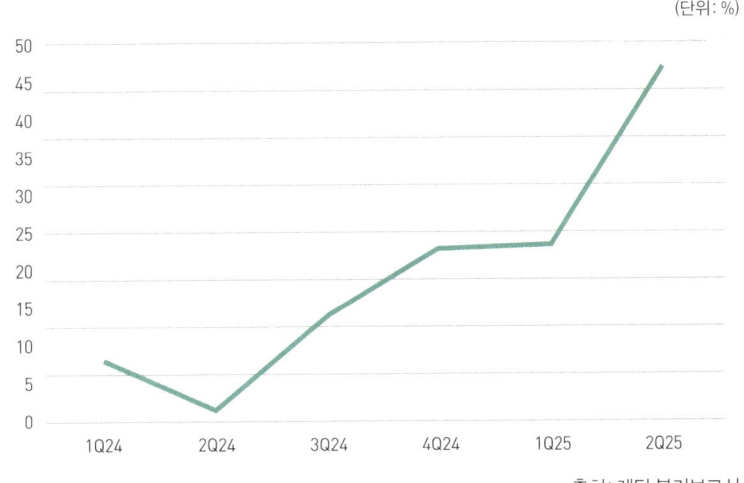

7-7 레딧 광고 단가의 전년 동기 대비 성장률 추이

(단위: %)

출처: 레딧 분기보고서

---

* 하루 동안 레딧 웹사이트나 앱에 접속한 고유 사용자 수. 같은 사람이 하루에 여러 번 들어와도 1명으로 계산된다.

구글 검색 알고리즘 효과가 본격화되기 시작한 2024년 3분기부터 가파르게 성장했다.

레딧의 트래픽과 광고 단가가 모두 빠르게 상승하면서 레딧의 실적 역시 매우 빠른 속도로 개선됐다. 레딧은 2024년 1분기에 이미 매출 성장률 48%라는 고성장 국면에 있었음에도 이후에 성장률을 가속화하면서 2025년 2분기에는 전년 동기 대비 무려 78%의 매출 성장을 시현했다. 고정비 위주의 수익 구조는 매출 성장의 레버리지를 극대화해 레딧의 조정 EBITDA 마진 역시 2023년 1분기 -31%에서 2025년 2분기에 +33%로 극적으로 개선됐다.

구글 검색 알고리즘 변화의 효과는 레딧 광고사업부의 매출 성장으로만 이어진 것이 아니다. 앞서 언급했듯, 레딧은 현재 구글과 오픈AI 등 AI 개발 업체들에 자사 플랫폼에 쌓여 있는 데이터를 제공하는 데이터 라이선싱 사업을 영위하고 있다. 레딧의 트래픽이 증가한다는 것은 유저들이 작성하는 콘텐츠가 증가한다는 것을 의미하며, 이는 곧 레딧이 라이선싱해줄 수 있는 데이터의 양이 늘어난다는 뜻이다. 예컨대 오픈AI가 레딧과 맺은 계약의 만기가 도래해 재계약을 하려고 한다면 그때는 이전 계약보다 훨씬 더 높은 금액을 지불해야 할 것이다. 이전 계약 시점 대비 레딧의 트래픽이나 그 안에 쌓여 있는 데이터의 양 자체가 비교할 수 없을 만큼 커져 있을 것이기 때문이다.

레딧의 트래픽 증가와 함께 레딧의 데이터 라이선싱 사업 매출액도 계속해서 성장하고 있다. 2023년 연간 1,500만 달러에 불과했던 레딧의 데이터라이선싱사업부 매출이 2024년에는 1억 달러를 넘어섰고, 2025년 2분기에는 해당 분기에만 3,500만 달러를 벌어들이기도 했다.

데이터 라이선싱 사업은 별다른 리소스 투입 없이 레딧이 보유하고 있는 데이터를 제공하기만 하면 되기 때문에 수익성이 매우 높은 사업이다. 레딧의 트래픽 증가가 레딧의 광고사업부뿐 아니라 데이터 라이선싱 사업의 가능성도 활짝 열어줌으로써 가파른 이익 성장을 가져다주고 있는 것이다.

기계번역, 구글의 그림자에서 벗어날 날개가 되다

"칼로 흥한 자 칼로 망한다."고 했다. 레딧에 전례 없는 성장을 안겨준 구글의 검색 알고리즘 변경은 그대로 레딧으로 날아와 비수처럼 꽂혔다. 레딧이 2025년 1분기 실적 서프라이즈를 발표했을 때 장후 시장에서 주가가 급등하다가 돌연 급락했는데, 콘퍼런스콜에서 스티브 허프먼Steve Huffman CEO가 레딧의 4월 트래픽 성장률이 크게 떨어졌다고 언급했기 때문이다. 그 이유로 허프먼은 아이러니하게도 구글의 검색 알고리즘 변경을 지적했다.

구글은 2025년 2월 중반부터 검색에서 전문성, 권위성, 신뢰성 기준을 강화하면서 레딧의 콘텐츠와 같은 사용자 생성 콘텐츠에 대한 평가 기준을 매우 엄격하게 변경했다. 이에 따라 이전에는 무분별하게 노출되던 레딧의 콘텐츠들이 선별적으로 노출되기 시작했고, 이는 구글 검색으로부터 유입되던 많은 유저의 발길이 끊기게 했다. 실제로 40%가 넘어가던 레딧의 북미 트래픽 성장률은 2025년 1분기에 20%까지 줄었으며, 2분기에는 10%로 줄었다.

그러나 레딧은 구글 검색 알고리즘 변경의 수혜를 누리던 시기에도 거기에 안주하지 않았다. 2024년 9월 25일, 레딧은 프랑스 사용자들을 대상으로 '기계번역'이라는 기능을 야심 차게 공개했다. 해당 기능을 통해 이제 사용자들은 피드의 게시글과 댓글을 자신이 설정한 언어로 자동으로 번역할 수 있게 됐으며 이 기능은 모바일 앱, 웹, 데스크톱 등 모든 플랫폼에 적용됐다. 해당 기능은 프랑스를 시작으로 브라질과 스페인 그리고 그 외 35개 이상의 국가로 빠르게 퍼져 나갔고, 지금까지도 여러 언어와 지역들로 확산되고 있다.

기계번역은 레딧의 글로벌 사용자 참여를 유도하기에 매우 적합한 기능이었다. 실제로 2025년 1분기에 허프먼은 해당 기능을 도입한 이후 해외 DAU가 전년 대비 44% 증가했으며 특히 프랑스의 성장세가 미국을 크게 넘어섰다고 언급했다. 또한 2024년 4분기에는 전사 성장의 40~50%가 기계번역에 의한 것이라고까지 이야기했다.

회사의 우려대로 레딧의 북미 트래픽 성장률은 2025년 2분기에 크게 둔화됐으나, 기계번역에 힘입어 글로벌 트래픽이 30% 이상 성장하면서 미국의 성장 둔화를 방어해주었다. 자사 데이터를 활용한 광고 효율 고도화를 통해 광고 단가에서 폭발적인 성장을 이뤄내면서 레딧은 우려를 극복하고 어닝 서프라이즈를 기록했다. 앞서 언급한 우려 탓에 2025년 2월 고점 대비 70% 이상 하락하기도 했던 레딧의 주가는 우려를 씻어낸 2분기 실적 발표와 함께 신고가를 경신했다. 레딧은 2분기 실적을 통해 자신들만의 경쟁력을 활용하면 구글의 그림자 밖에서도 얼마든지 성장할 수 있다는 것을 증명했다.

데이터 쇼티지 시대의 새로운 권력

　AI 산업의 발전이 계속되는 한, 고품질의 데이터에 대한 쇼티지는 앞으로 더욱 심해질 것이다. 이런 트렌드 속에서 레딧은 이제 단순한 커뮤니티라는 포지션을 넘어섰다. AI라는 인류 역사상 가장 큰 기술 패러다임 전환의 한복판에서, 레딧은 가장 귀한 자원이 되어가고 있는 고품질 데이터를 공급하는 핵심 축으로 자리 잡았다. 이는 이전처럼 단순히 광고주들의 지갑을 열게 하는 힘을 넘어 전 세계 AI 생태계가 작동하는 방식 자체를 규정하는 권력으로 작용하고 있다.

　이런 맥락에서 보면, 앞서 설명했던 트래픽의 단기적 변동은 사실상 부차적인 문제에 불과하다. 구글 알고리즘 변경에 휘둘리면서 잠시 격변을 경험하기도 했지만, 레딧은 그 충격을 고스란히 흡수하며 새로운 성장의 문법을 써 내려가고 있다. 광고 단가 상승, 데이터 라이선싱 사업, 기계번역을 통한 해외 확장까지 결국 레딧은 자신이 가진 가장 본질적인 자산, 즉 사람들이 자발적으로 남긴 깊이 있는 콘텐츠를 무기로 기술 혁신의 최전선에 서 있다. 짧고 가벼운 콘텐츠가 넘쳐흐르는 지금과 같은 시대에 특정 주제에 대한 깊이 있는 토론과 경험이 축적돼 있는 곳은 이제 찾아보기가 힘들어졌다. 여기서부터 오는 차별성이야말로 레딧이 광고주와 AI 기업 모두에게 매력적으로 여겨지는 이유라고 할 수 있다.

　레딧은 그저 사람들이 모여 이야기를 나누는 커뮤니티를 넘어 그 대화 속에서 쌓이는 데이터를 기반으로 새로운 가치를 창출해내는 하나의 플랫폼으로 자리매김하고 있다. 순간순간 트래픽의 증감은 있을 수 있겠지만, 그보다 더 중요한 것은 사람들의 질문과 답변, 경험과 의견이 지금도 계속해서 레딧의 플랫폼에 쌓여가고 있다는 것이다. 트래픽의 굴곡은 언젠가 사라지지만 인간이 질문하고 토론하는 본능은 결코 사라지지 않는다. 이 같은 본능이 지속되는 한 AI 시대 학습의 기반을 제공하는 핵심 인프라로서 레딧의 성장 또한 멈추지 않을 것이다.

미래 교육의 새로운 패러다임을 만들다

듀오링고

보통 '교육' 하면 떠오르는 이미지는 지루한 교실, 두꺼운 교재, 반복적인 암기 같은 것들일 것이다. 많은 이들에게 교육은 재미와는 거리가 먼, 다소 무겁고 형식적인 영역으로 받아들여진다. 그런데 그런 고정관념에 정면으로 도전하며 교육이라는 분야에서 아예 새로운 방식으로 성장을 만들어나가는 기업이 있다. 바로 듀오링고다.

듀오링고는 동명의 언어 학습 앱을 운영하는 회사다. DAU는 이미 1억 명이 넘는데, 이 엄청난 모수母數에도 불구하고 여전히 연간 30~40%대의 높은 성장률을 이어가고 있다. 주요 비즈니스 모델인 '유료 구독'의 구독자 수는 40%대 고성장을 시현하고 있는데, 유료 구독자의 MAU 대비 침투율은 아직 8~9%에 불과하다. 현재와 같은 고성장에도 불구하고 유료 구독 비즈니스가 성장할 여력이 여전히 매우 크다는 뜻이다.

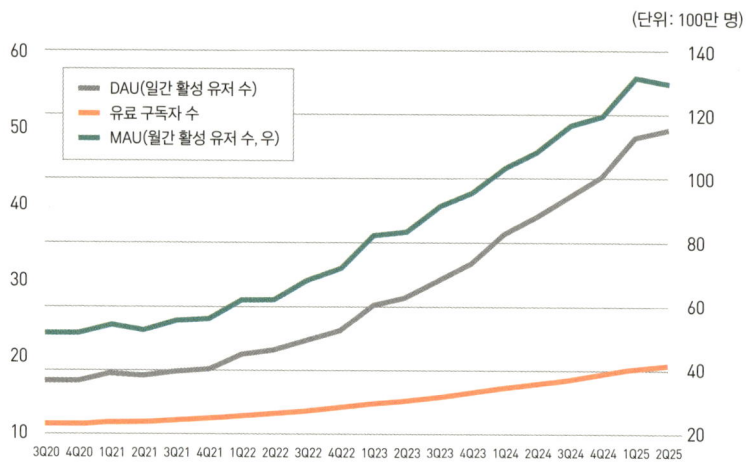

출처: 듀오링고 IR

　시장 점유율 또한 압도적이다. MAU 기준으로 봤을 때 언어 학습 시장에서 듀오링고의 점유율은 거의 60~70%에 달한다. 2위 사업자의 점유율이 10%가 채 되지 않으며, 하위 업체들은 더더욱 파편화돼 있어 언어 학습 시장은 듀오링고의 독무대라고 봐도 무방할 정도다. 이처럼 듀오링고가 엄청난 성장과 동시에 압도적인 시장 점유율을 확보할 수 있었던 비결은 무엇일까?

비결 1. 무엇이 중요한지를 안다

　"우리는 스스로 언어를 배우는 것에 대한 가장 어려운 점이 '동기 유지'라는 사실을 알고 있습니다. 그래서 우리가 하는 모든 것은 유저들의 참여를 유지하는 데 초점이 맞춰져 있습니다." 듀오링고가 창업 초기부터 줄곧 강조해온 이야기다.

회사의 말처럼 비단 언어뿐 아니라 어떤 것을 '스스로' 배울 때 가장 어려운 점은 처음에 불타올랐던 의지를 꾸준히 유지하는 것이다. 누구나 처음 무언가를 배우기 시작할 때는 몇 달, 아니 몇 주 만에 끝내버리겠다며 불타오르지만 그 열정을 계속해서 유지하는 사람은 극히 일부에 불과하다. 듀오링고는 자신들이 타기팅해야 할 고객층을 '열정을 유지하는 소수의 사람'으로 한정하지 않았다. 오히려 보다 많은 사람이 열정을 유지할 수 있게 해줌으로써 고객층 자체를 넓히는 데 비즈니스의 초점을 맞췄다. 이를 위해 채택한 방법이 게이미피케이션gamification이다.

듀오링고의 게이미피케이션은 이미 업계에서도 교과서적인 사례로 널리 알려져 있다. 듀오링고는 처음의 열정을 계속해서 유지하기 힘들어하는 유저들을 위해 교육에 게임을 접목함으로써 노력하지 않아도 자연스럽게 언어 학습을 하고 싶게 할 방법을 연구했다. 그래서 듀오링고의 학습 과정은 모두 게임처럼 만들어져 있다.

예컨대 듀오링고 영어 학습을 예로 보면 매일매일 주어지는 퀴즈를 풀고, 틀린 문제는 뒤에서 다시 한번 풀어보면서 그날 학습해야 하는 내용을 완벽하게 숙지할 수 있도록 반복학습을 하는 방식이다. 이 모든 것을 하는 데 불과 2~3분밖에 걸리지 않아 유저들 입장에서도 자투리 시간을 부담 없이 활용할 수 있다는 느낌을 받는다. 그뿐 아니라 앱에서 매일 '5개 세션 진행하기', '레벨 클리어하기' 등의 퀘스트를 제시해 학습 의욕을 고취하기도 한다. 매일 일정량의 학습을 수행하면 퀘스트 완료 게이지가 차오르는데, 비어 있는 게이지를 보면 어떻게든 채우고 싶어지는 인간의 본성을 자극해 학습 의욕을 북돋는다.

이 외에 '리그 제도'도 있다. 유저들이 학습을 수행하면 XP를 받는데, XP를 많이 쌓은 순서대로 자신이 속한 리그의 랭킹이 결정되고, 상위 랭커들은 윗단계의 리그로 진출하고 하위 랭커들은 아랫단계의 리그로 강등되는 시스템이다. 리그 제도 때문에 어쩔 수 없이 매일매일 일정량의 학습을 하게 된다는 후기들이 많다. 또한 듀오링고 학습을 매일 연속으로 수행하면 스트리크streak(연속학습)가 쌓이는데, 듀오링고 앱에서 자신이 며칠 연속으로 스트리크를 쌓았는지를 캡처해서 레딧 커뮤니티에 자랑하는 모습들도 심심찮게 볼 수 있다.

비결 2. 어떻게 팔아야 할지를 안다

듀오링고의 마스코트 올빼미 캐릭터인 듀오Duo가 〈오징어 게임〉 병정의 옷을 입고 한국어 공부를 하는 유저를 납치하는 내용으로 이뤄진 광고 영상은 "한국어를 배우지 않으면 벌을 받는다."LEARN KOREAN OR ELSE라는 문구와 함께 끝이 난다. 이 외에도 LA 시내 중심가의 옥외광고판에 "한국어를 배우지 않으면 벌을 받는다"라는 한국어 문구를 적어놓고 그 아래에서 듀오의 인형 탈을 쓴 병정들이 서 있는 퍼포먼스를 한다거나, 〈오징어 게임〉의 대표적인 콘텐츠 중 하나인 '무궁화꽃이 피었습니다' 게임을 듀오와 함께 진행하는 영상을 올리는 등 콜라보에 진심인 모습들을 보여줬다. 듀오링고가 이렇게 다소 이상한 행동을 하는 이유는 마케팅 때문이다.

듀오링고의 마케팅은 여느 기업이나 플랫폼 업체의 마케팅과는 완전히 다르다. 듀오링고의 마케팅은 '양'이 아닌 '질'에 집중한다. 그를 위해 듀오링고는 자신들의 서비스를 알리고자 하는 마케팅 방식으로 '입소문' word of mouth 방식을 이용한다고 항상 강조한다.

듀오링고의 마케팅 방식은 앞서 본 〈오징어 게임〉과의 콜라보와 같이 최신 트렌드나 밈 meme을 이용해 기발한 영상을 만들어 사람들이 자발적으로 그 영상을 돌려보며 홍보가 되게 하는 식이다. 레딧에 '듀오링고'라는 서브레딧이 있는데, 이곳에서는 무려 41만 명의 멤버가 활동한다. 전체 서브레딧 중에서도 상위 1%에 속할 정도로 매우 큰 규모다. 이 커뮤니티 안에서 유저들은 듀오링고의 재미있는 광고 영상을 공유하고, 듀오링고 사용 후기 등을 올리면서 사람들 사이에 알아서 입소문이 나도록 광고를 한다.

그뿐 아니라 듀오링고는 이미 잡은 유저들을 놓치지 않기 위해 '끊임없는 푸시 알람'을 사용한다. 자칫 역효과를 낼 수도 있는 전략인데, 푸시 알람을 부정적으로 느낀 유저들이 앱을 아예 삭제할 수도 있기 때문이다. 그런데 듀오링고는 이런 어려운 전략을 아주 성공적으로 해냈다. 마케팅에서도 보여줬던, 자신들만의 통통 튀는 방식으로 말이다. 마치 듀오가 보내는 메시지처럼 만들어진 이 알람들은 유저들이 알람을 한 번이라도 더 보게 하고, 앱에 한 번이라도 더 접속하게 하는 재미있는 내용으로 구성돼 있다. 예컨대 "저는 회원님처럼 쉽게 포기하지는 않는 것 같네요."와 같은 듀오의 발언은 유저들의 마음속 깊은 곳에 자리한 승부욕을 자극해 학습 의욕을 고취하기 위한 듀오링고의 마케팅 기법이라고 할 수 있다.

"오늘 듀오링고를 다 했나요?"Did you do your duolingo today?로 대표되는, 듀오가 어떻게든 유저들을 학습시키려고 하는 강압적인 태도는 유저들 사이에서 밈화되면서 이제는 듀오링고를 하지 않는 사람들도 '듀오링고 밈'은 알 정도가 됐다. 예컨대 '스페인어 공부할래, 아니면 사라질래'Spanish or Vanish라며 언어유희를 사용하거나, 듀오링고 공식 트위터 계정으로 협박을 하고 거기에 FBI가 댓글을 단 내용이 스크린숏으로 돌아다닌다거나, 듀오링고 레슨을 하지 않았을 때 심장이 말로 설명할 수 없는 형태로 뛴다는 식의 듀오링고 밈이 온라인 커뮤니티를 통해 급속도로 확산되고 있다.

마케팅의 귀재인 듀오링고가 이런 황금 같은 기회를 놓칠 리 없다. 회사에서도 자신들의 듀오 캐릭터가 밈화되어 사람들 사이에서 회자되는 것을 정확히 인지하고, 곧바로 이를 마케팅에 접목했다. 오늘의 레슨을 수행하지 않은 유저들이 어디에 있든 듀오가 직접 찾아가 레슨을 할 때까지 지켜보는 영상을 만들기도 하고, 심지어는 드론을 띄워서 푸시 알람을 꺼놓은 듀오링고 유저를 직접 찾아가 홀로그램으로 아파트 테라스에 푸시 알람을 띄워버리는 영상을 만들기도 했다. 이렇게 회사와 유저들의 힘이 합쳐져 '레슨을 안 하면 듀오가 찾아온다'라는 밈은 그야말로 하나의 트렌드가 됐다.

듀오링고는 콜라보에도 진심인 모습을 보여준다. '앵그리버드'나 '로블록스'와 같은 게임뿐 아니라 〈오징어 게임〉을 비롯한 각종 드라마, 〈바비〉를 비롯한 각종 영화와도 적극적으로 콜라보를 진행하면서 자신들을 알리는 아주 똑똑한 방법들을 사용하고 있다. 2024년 말 진행한 네이버 웹툰과의 콜라보는 총 1억 5,000만 뷰를 기록했고, 〈오징어 게임〉과의 콜라보는 거의 1억 뷰를 달성했다.

이처럼 듀오링고가 자신들만의 방식으로 입소문 마케팅을 고집하는 가장 큰 이유는 마케팅비 절감에 있다. 듀오링고는 똑똑하게 '마케팅을 하는' 회사이기도 하지만, 동시에 똑똑하게 '마케팅비를 쓰는' 회사이기도 하다. 듀오링고의 매출 대비 마케팅비 비중은 날이 갈수록 줄어들어, 2025년 2분기 기준 11.7%까지 낮아졌다(그림 7-9).

듀오링고는 마케팅비 절감을 통해 2023년 4분기에 마침내 흑자 전환까지 성공했다. 이는 매우 드문 사례인데 일반적으로 마케팅비는 대표적인 변동비 항목으로, 기업들의 성장이 성숙기에 들어선 이후에도 브랜드 인지도 유지를 위해 어쩔 수 없이 지출해야 하는 경우가 많기 때문이다.

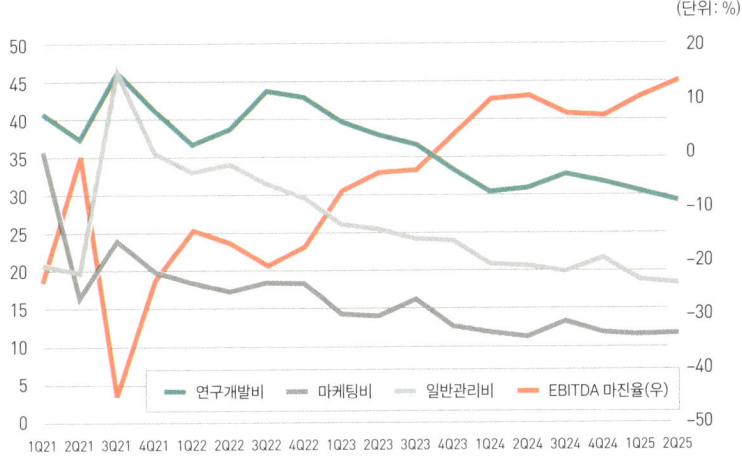

7-9 듀오링고의 주요 비용 및 EBITDA 마진율 추이

출처: 듀오링고 분기보고서

특히 유저들을 유지하는 것이 중요한 플랫폼 기업들은 매출액 대비 마케팅비가 30~40% 수준으로 유지되는 경우가 대부분이다. 일례로, 대표적인 데이팅 앱인 틴더는 MAU 대비 유료 구독자 비율이 듀오링고보다 2배 가까이 높은 16% 수준에 도달했음에도 유저 유지를 위해 여전히 매출액의 35%에 달하는 마케팅비를 집행하고 있다. 그에 비해 듀오링고는 효과적인 마케팅과 바이럴을 통해 마케팅비를 극단적으로 낮춤으로써 수익성을 높이고, 거기서 벌어들인 수익을 R&D에 투자함으로써 유저들이 보다 나은 환경에서 학습 능력을 향상시킬 수 있는 질 좋은 콘텐츠를 생산하는 데 집중하고 있다.

듀오링고가 AI의 등장을
위기에서 기회로 바꾸는 방법

2022년 말, 챗GPT가 세상에 처음 등장한 이후 주식시장의 포커스는 온통 'AI'에 맞춰졌다. 그 과정에서 수많은 수혜주와 피해주가 생겨났는데, 대표적인 피해 섹터가 교육이었다. 체그Chegg라는 앱은 수학 문제 풀이 방법을 알려주는 방식으로 유저들의 수학 학습을 돕기로 유명한 앱인데, 사실 이는 AI가 너무나도 쉽게 대체할 수 있는 작업이다. 체그의 투자자들 역시 같은 의문을 제기했고, 급기야 회사에서도 챗GPT의 등장으로 유저 수가 줄었다고 시인해 주가가 2021년 당시 고점 대비 99% 이상 하락하기도 했다.

듀오링고 역시 같은 위기에 직면했다. 사실 챗GPT의 등장은 해석에 따라 체그보다 듀오링고에 더 직격탄으로 인식될 수도 있었는데, 번역이야말로 AI가 대체하기 너무나도 쉬운 작업이기 때문이다. 하지만 듀오링고는 체그와는 달랐고, 이것이 두 회사의 주가 성과에도 엄청난 차이를 만들어냈다.

듀오링고는 자신들의 사업을 없애버릴 수도 있었던 챗GPT를 적극적으로 받아들여 챗GPT를 접목한 새로운 요금제를 출시했다. '듀오링고 맥스'Duolingo Max가 그것이다. 듀오링고 맥스는 유료 구독 서비스인 '듀오링고 슈퍼'Duolingo Super 요금제로 제공하던 서비스보다 상위 버전으로 출시된 요금제로, 두 요금제의 구독료 차이는 2배가 넘는다. 맥스 요금제에 어떤 기능이 추가됐기에 이렇게 비싸진 걸까?

듀오링고가 가장 야심 차게 선보인 기능은 '역할극'이었다. 역할극을 통해 유저들은 특정 상황을 설정하고 AI 캐릭터들과 상황극을 해볼 수 있다. 이것이 기존에 존재하던 서비스들과 차별화된 이유는 돌발 상황이 존재하기 때문이다. 예를 들어 빵집에서 빵을 사는 도중에 갑자기 강도가 들이닥칠 수도 있고, 앞에 가던 손님이 빵을 떨어뜨릴 수도 있다. 이런 상황에서도 당황하지 않고 침착하게 대응할 수 있는 연습을 함으로써 유저들의 긴장감을 높이고 공부하는 재미를 더해준다.

두 번째 기능은 '익스플레인 마이 앤서'Explain My Answer라는 AI 문법 교정 서비스다. 이는 AI 튜터링 그 자체로, 유저는 챗GPT를 입힌 AI 튜터와 대화를 나누면서 실시간으로 틀린 문법이나 문장들을 교정받는다. 또한 AI 튜터는 오답 노트를 통해 유저들이 어떤 부분에서 어려움을 겪고 있는지 파악하고 해결 방향까지 제시해준다.

여기까지가 듀오링고 맥스가 처음 출시됐을 때 공개됐던 기능들이다. 여기까지 보면 '겨우 이 정도라고?' 하는 생각이 들 것이다. 앞서 언급했듯 듀오링고 맥스의 가격은 기존 요금제보다 2배 이상 높은 수준이니 말이다. 투자자들의 반응도 크게 다르지 않았다. 실제로 듀오링고 맥스가 처음 발표됐을 때 투자자들이 크게 실망하면서 듀오링고의 주가가 2024년 하반기까지 부진한 흐름을 이어가기도 했다. 그런데 2024년 9월, 듀오콘Duocon이라는 듀오링고의 연례행사에서 맥스에 새로운 기능들을 추가할 것이라고 발표하면서 상황이 반전됐다.

먼저 어드벤처Adventure다. 어드벤처에서는 앞서 살펴본 역할극보다 더 게임 같은 학습 환경을 제공한다. 특정 상황을 정해두고 그 상황에서 유저가 직접 캐릭터를 움직이면서 마주하게 되는 상황들에 적합한 대화를 이어나가는 방식으로, 유저의 자유도를 한층 더 끌어올려 정말로 게임처럼 공부할 수 있게 한 것이다.

특히 유저들과 투자자들이 가장 열광한 기능은 비디오 콜Video Call이었다. 비디오 콜은 듀오링고 캐릭터 중 릴리Lily라는 여자아이 캐릭터와 영상통화를 할 수 있는 기능인데, 영상통화를 걸면 릴리가 특유의 퉁명스러운 말투로 유저가 학습하고자 하는 언어로 유저와 눈을 맞추면서 대화를 이어간다. 자유도가 대폭 상승한 이 기능을 통해 유저들은 더욱 재미있게 언어 학습을 할 수 있게 됐고, 이 기능을 발표한 이후 듀오링고의 주가는 단기간에 50% 가까이 급등했다.

또한 듀오링고는 2025년 초 미국 시장을 크게 뒤집어놓은 딥시크 이슈에서 가장 직관적인 수혜가 예상되는 회사 중 하나이기도 하다. 딥시크 사태는 'AI의 커머디티화'라는 새로운 내러티브를 가져옴으로써 1월 27일을 기점으로 미국 증시 AI 섹터의 주도권을 하드웨어에서 소프트웨어로 완전히 이전시켰다. AI의 커머디티화가 AI 소프트웨어 업체들에 도움이 됐던 가장 큰 이유는 AI 소프트웨어 업체들이 자신들의 서비스를 만들 때 가장 주요한 비용으로 꼽은 것이 'AI 모델 비용'이었기 때문이다.

 AI로 서비스를 만들기 위해 기존에는 AI 개발 업체들에 토큰 비용을 지출해야 했는데, 유저들의 AI 서비스 가용량이 늘어날수록 이 비용이 기하급수적으로 증가해 듀오링고와 같이 AI 모델을 이용해 서비스를 구현하는 소프트웨어 업체들 입장에서는 도저히 돈을 벌 수 있는 구조가 형성되지 않았다.

 실제로 듀오링고는 맥스 요금제 출시 초기, 자신들의 맥스 요금제 구독자들의 매출총이익률GPM이 슈퍼 요금제 구독자들 대비 낮은 상태라고 이야기하기도 했다. 맥스 요금세의 구독료가 슈퍼 요금제보다 2배 이상 비싼 수준임을 고려하면 이는 믿기 힘든 사실이다. 가장 큰 이유는 역시 '토큰 비용'에 있다. 챗GPT로 맥스 요금제를 구동하면, 유저들이 맥스 요금제의 기능들을 사용할 때마다 듀오링고가 오픈AI에 토큰 비용을 지출해야 했고, 이에 따라 변동비가 거의 발생하지 않는 기존 슈퍼 요금제 대비 수익성이 떨어질 수밖에 없었다.

 그런데 만약 AI의 커머디티화가 진행돼 듀오링고가 챗GPT 외에도 딥시크와 같은 오픈소스 AI 모델을 이용해 맥스 요금제를 구현할 수 있다면, 토큰 비용을 혁신적으로 줄여 맥스의 수익성을 비약적으로 끌어올릴 수 있게 된다. 이는 곧 듀오링고가 AI의 수익화를 제대로 이뤄낼 수 있다는 것을 의미하고, 이것이야말로 지금 시장이 가장 원하는 이상적인 AI 기업의 모습이다. 이 정도로 AI 커머디티화의 직관적인 수혜를 받을 수 있는 기업은 많지 않다.

끝이 보이지 않는 잠재력
그리고 패러다임의 전환

듀오링고의 성장 스토리는 이제 서막에 불과하다. 2025년 2분기 기준 맥스 구독자는 약 87만 명으로, 전체 유료 구독자 1,100만 명 중 8%에 그친다. 더 크게 보자면 전 세계 영어 학습 수요로 추정되는 15억 명과 비교할 때 듀오링고의 침투율은 7% 수준이며, 영어를 배우려는 사람들조차 전 세계 어학 수요자 60억 명 중 4분의 1에 불과하다. 다시 말해 듀오링고의 목표 시장은 지금보다 수십 배 크고, 현재 유료 구독자는 그중 극히 일부일 뿐이다. 더구나 맥스 요금제 구독 비중은 전체 인구 대비 0.04%에 불과하다. 단순히 영어만 고려했을 때 이 정도이며, 듀오링고가 제공하는 120개 언어 코스를 고려하면 잠재 시장은 훨씬 더 크다.

회사는 이런 잠재력을 구체적으로 수익화하기 위해 여러 전략을 병행하고 있다. 첫째, 난이도의 확장이다. 지금까지는 '언어 초급자'를 주 대상으로 삼아 중급자 이상에게는 매력이 약했지만, 최근 영어와 그 밖의 언어에서 다양한 난이도를 제공하면서 학습자 풀을 넓히고 있다. 이는 학습자가 일정 수준에 도달한 후에도 플랫폼을 떠나지 않고 계속 머물게 하는 장치이기도 하다.

둘째, 과목의 확장이다. 듀오링고는 수학과 음악을 새로운 과목으로 편입하면서 언어 학습에서 효과가 입증된 게이미피케이션 방식을 그대로 적용하고 있다. 그 덕에 기존 사용자는 새로운 과목을 시도할 유인이 생기고, 신규 유저는 언어가 아닌 다른 과목을 통해 진입할 수 있어 생태계 전반의 확장성이 커지는 중이다.

이처럼 듀오링고는 단순히 유저 수를 늘리는 데서 멈추지 않고, 교육이라는 행위 자체를 재정의하려 하고 있다. 교재와 강의실 중심의 전통적 학습 방식에서 벗어나 학습을 지속 가능한 경험으로 바꾸는 것이다. 여기에 AI를 결합해 학습 효율을 높이고 게임 요소로 학습 동기를 강화하면서 교육 산업의 패러다임 전환을 만들어내고 있다. 이런 변화는 단순히 한 기업의 성공담을 넘어 교육 산업이 어떤 방향으로 진화해야 할지를 보여주는 중요한 이정표라고 할 수 있다.

듀오링고는 이제 더 이상 단순한 언어 학습 앱이 아니다. 잠재 시장은 여전히 방대하고, 과목과 난이도의 확장으로 새로운 성장 엔진을 만들고 있다. 무엇보다 AI와 게이미피케이션을 결합해 교육의 본질을 새롭게 정의하려는 실험은 투자자와 학습자 모두가 눈여겨볼 만하다. 듀오링고는 지금 교육 산업이라는 거대한 무대에서 앱을 넘어 플랫폼으로, 경험을 넘어 패러다임의 전환으로 나아가고 있다.

미국
부동산 붐은 온다

홈빌더 산업

"국민평형 7.7억 시대 돌입."

얼마 전 많은 신문사의 헤드라인이 이 문장으로 장식됐다. 한국 집값이 꾸준히 우상향하고 있다는 사실은 굳이 언급하지 않아도 누구나 아는 사실일 것이다. 그런데 태평양 건너 미국에서도 지금 같은 일이 벌어지고 있다는 사실을 아는 사람은 그리 많지 않다. 물론 그 이유는 한국과 조금 다르다.

미국에서도 집값 상승은 현재진행형인 이슈다. 2008년 전 세계를 대공황에 빠뜨렸던 부동산 버블 붕괴 이후 한동안 주춤했던 미국 부동산 가격은 2012년을 저점으로 상승하기 시작해, 코로나19 이후 유입된 유동성에 힘입어 다시 한번 상승의 각도가 가팔라졌다. 2022년에 경기 침체 우려로 잠깐 꺾이는가 싶더니, 2023년 7월 다시 한번 전고점을

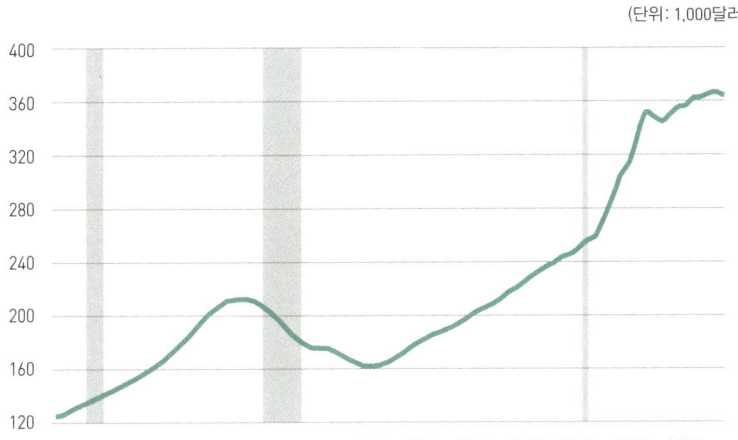

7-10 질로우의 ZHVI(질로우 주택 중간값 지수)

(단위: 1,000달러)

* 회색 음영 부분은 미국의 공식 경기 침체기를 나타낸다.

출처: FRED

돌파하면서 2025년 현재는 신고가 부근에서 계속 머무르고 있다. 이처럼 미국 부동산 가격이 급등하는 배경에는 수요와 공급 모두에서 아주 거대하고 구조적인 요인이 작용한다.

미국 주택시장의 조금 이상한 쇼티지

먼저 수요 측면을 살펴보자. 지금 미국 주택시장의 잠재 수요는 매우 견고한 상황이다. 집을 사는 데는 수많은 이유가 있지만, 그중 대표적이고 가장 강력한 이유는 '살기 위해서'일 것이다. 그리고 '살기 위한' 수요는 보통 처음 집을 구매하는 이른바 생애 첫 구매자들에게서 가장 많이 나온다.

　미국은 여타 나라들과는 조금 다른 다소 특이한 인구 구조를 보유하고 있다. 1981년부터 1996년 사이에 태어난 사람들을 지칭하는 이른바 '밀레니얼 세대'의 인구 비중이 가장 높다는 것이다. 미국과 같은 선진국에서는 그 이름이 시사하듯 베이비 붐 세대(1946~1964년생)의 인구 비중이 가장 높은 것이 일반적이다. 이런 다소 독특한 인구 구조하에서 밀레니얼 세대의 삶에 커다란 변화가 일어나고 있다. 결혼을 하고 아이를 낳는 시기가 온 것이다.

　주거 형태에 변화가 생기는 대표적인 이유가 혼인과 출산이다. 함께 살 사람의 수가 달라지는 일이기 때문이다. 특히 혼인과 출산 같은 이슈는 이전에는 한 번도 집을 산 적이 없던 사람들도 집을 사야 하게끔 만들기 때문에 이런 이유로 생애 첫 구매자들이 가장 많이 생겨난다. 더구나 이 수요는 실수요이기 때문에 집값이 오른다고 해도 사라지지 않는, 주택시장 관점에서는 매우 구조적인 수요라고 할 수 있다.

　다음으로 공급 측면을 살펴보자. 미국 신규 주택 공급은 2008년 서브프라임 모기지 사태* 이후 계속 위축돼왔다. 당시에는 부동산시장에 버블이 형성되면서 평범한 사람들도 집을 여러 채씩 보유하는 경우가 많았는데, 이로 인해 집을 짓는 족족 비싼 가격에 팔려나갈 것이라는 확신에 찼던 홈빌더 업체들이 주택을 지나치게 많이 지어놓곤 했다. 그런데 부동산 버블이 붕괴하면서 과잉 축적된 주택 재고가 고스

---

* 미국에서 신용도가 낮은 차주에게 무분별하게 주택담보대출을 공급한 결과 부실이 쌓여 금융 시스템 전체가 붕괴한 사건.

7-11 미국의 신규 주택 공급 추이

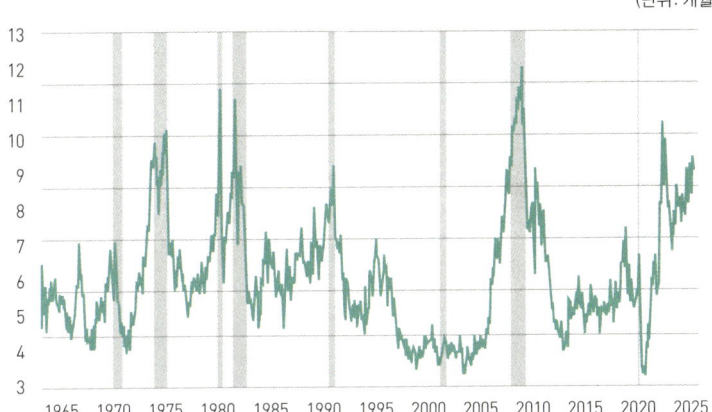

(단위: 개월)

* 현재의 속도가 지속된다고 가정했을 때 신규 주택의 재고가 소진되는 개월 수.

출처: FRED

란히 홈빌더 업체들의 부담으로 돌아갔고, 과잉 재고에 몇 년 동안이나 시달렸던 이들은 이후 신규 주택 공급에 매우 소극적인 태도로 돌아섰다.

그림 7-11을 보면 2008년 부동산 버블 붕괴 이후부터 신규 주택 공급이 꾸준히 줄어들어 코로나19로 인한 자산시장 유동성 버블이 형성되기 전까지 크게 감소했다는 사실을 확인할 수 있다. 코로나19 이후 부동산 가격이 빠르게 상승하면서 이를 노린 홈빌더 업체들의 신규 공급이 조금씩 늘어나고 있기는 하나, 아직까지는 지지부진하다.

그렇다면 이런 의문이 들 것이다. "신규 주택 공급이 많이 늘지 않는다고 해도, 집값이 오르니까 기존에 살던 주택을 팔고 이사 가려는 사람들이 내놓는 주택들이 부족한 공급을 메워줄 수 있지 않을까?" 결론부터 말하자면 그렇지 않다. 2020년 이후 기존 주택 판매가 급격하게

7-12 미국의 기존 주택 판매 추이

(단위: 백만 채)

출처: FRED

줄었고 최근 기준으로도 전혀 회복하지 못했다(그림 7-12).

이는 전적으로 연준의 긴축적인 통화정책에 기인한다. 코로나19 때 공급했던 유동성을 회수하느라 연준은 2022년 3월부터 금리를 본격적으로 인상했고, 이에 따라 주택담보대출에서 사용되는 모기지 금리 역시 함께 올랐다. 30년 만기 고정 모기지 금리는 2023년 11월에 7.8%까지 오르면서 2000년 이후 최고치를 기록했다. 2024년 하반기에 한때 금리 인하 기대감이 형성되면서 6% 초반까지 하락하기도 했으나, 같은 해 9월 첫 금리 인하 이후 연준의 뚜렷한 긴축 완화 기조가 나타나지 않자 2025년 8월 현재 고금리 수준에서 횡보세를 보이고 있다.

이런 상황이면 기존 주택이 시장에 나오려야 나올 수가 없다. 왜냐하면 미국인들 대부분이 주택을 구매할 때 모기지론(주택담보대출)을 사용하며 모기지론의 90% 이상이 고정금리 대출로 이뤄져 있기 때문이다.

예컨대 집값이 5억 원인 집을 2012년에 구매했다고 가정해보자. 편

7-13 미국 주택 보유자의 모기지론 월 이자 예시

구매 연도 2012
모기지 금리 3%
월 이자 부담 125만 원

구매 연도 2025
모기지 금리 6.5%
월 이자 부담 270만 원

의상 집값 전체를 모기지론으로 해결했다고 할 때, 당시 30년 만기 고정 모기지 금리인 3%를 적용하면 이 집에 사는 사람은 월 125만 원의 이자를 내면서 주거를 이어나갈 수 있을 것이다. 그로부터 13년의 시간이 흘러 어느새 2025년이 됐고, 이 사람은 부동산에서 전화를 한 통 받게 된다. 5억짜리 집이 하나 매물로 나왔는데 이사할 생각이 있냐는 것이다. 대출을 알아보니 현재 30년 만기 고정 모기지 금리는 6.5% 수준이라 그 집을 구매하면 월 이자 부담이 125만 원에서 270만 원으로 2배 이상 올라가게 된다. 더구나 그동안 집값이 가파르게 상승해 같은 가격임에도 집의 퀄리티는 훨씬 떨어졌다. 이 사람이 부동산의 제안에 어떻게 대답할지는 너무나 뻔하다.

연준의 긴축 정책 이전에 낮은 금리로 모기지론을 일으켜 주택을 구매한 사람들로서는 더 높은 금리에, 더 좋지 않은 집으로 이사해야 할 이유가 전혀 없다. 시장에 기존 주택 공급이 거의 이뤄지지 않는 것은 어찌 보면 당연한 일이라고 할 수 있다.

주택 가격은 계속 오르는데 정작 공급도 부족한 이런 상황이 계속됨에 따라 주로 밀레니얼 세대로 구성되는 미국의 생애 첫 주택 구매자들은 주택 구매를 계속해서 미루고 있다. 월세 개념으로 내는 렌트비가 천정부지로 치솟으면서 인플레이션을 자극해 연준의 긴축 정책 완화를 지연시키는 것도 이 때문이다. 비싼 주택을 지금 사는 것보다 일단은 월세로 버티다가 집값이 조금 싸졌을 때 또는 금리가 조금 내려왔을 때 집을 구하는 것이 더 낫다고 생각하는 것이다. 이 때문에 미국 주택 경기는 인구 구조 변화라는 구조적인 수요 증가의 수혜를 전혀 보고 있지 못할뿐더러 오히려 공급 과잉에 시달리고 있다. 실제로 현재 미국의 주택 공급이 주택 수요를 훌쩍 뛰어넘으면서 주택시장의 공급 과잉 강도가 역사상 최대 수준을 뛰어넘었다.

정리하자면 현재 미국 주택시장은 밀레니얼 세대 중심의 신규 수요 증가와 홈빌더들의 비즈니스 위축 및 고금리로 인한 주택 공급 감소 등 호황을 위한 구조적 요인이 마련돼 있는 상태이지만, 고금리 기조가 장기화됨에 따라 오히려 역대급 불황을 겪고 있는 다소 이상한 상황이라고 결론지을 수 있다.

꼬인 실타래를 풀 수 있는 가장 쉬운 방법, 금리 인하

이렇게 꼬여버린 상황을 풀 수 있는 가장 간단한 해결책이 바로 금리 인하다. 2025년 8월 현재까지 약 8개월간 세계 각국 중앙은행들은 총 80회가 넘는 정책금리 인하를 단행했는데, 미국은 단 한 차례도 금리를 인하하지 않았다. 여러 가지 이유로 연준은 금리 인하를 계속해서 망설이고 있는데, 이것이 홈빌더 업체들 입장에서 가장 큰 불확실성으로 인식되고 있다.

미국 주택시장에서는 지금 매우 이상한 현상이 일어나고 있다. 신규 주택이 기존 주택보다 가격이 싼 구간이 형성되고 있다는 것이다. 다른 조건이 동일하다면 신축이 구축보다 비싸다는 사실은 굳이 설명하지 않아도 될 정도로 너무나 당연한 이야기다. 그럼에도 지금 미국에서는 신축과 구축의 가격 차이가 없는 것으로도 모자라 신축의 가격이 구축을 밑돌기에 이르렀다. 2005년과 2021년에도 이와 비슷한 일이 일어나긴 했지만, 적어도 지금처럼 가격 역전 현상이 심하지는 않았다.

이 같은 기현상이 일어나는 가장 큰 이유는 앞서 언급한 것처럼 미 연준의 계속되는 고금리 기조 때문이다. 코로나19 당시 연준이 사상 최대 규모의 금리 인하를 실시하면서 2021년 1월에는 30년 주택담보대출의 평균 금리가 역대 최저 수준에 근접하는 2.65% 수준까지 하락했다. 이처럼 낮은 금리는 기존 대출 보유자들의 리파이낸싱 수요까지 촉진했고, 그 결과 이때를 기점으로 대부분 미국인의 주택담보대출 금리가 4% 이하로 하락했다. 그런데 이후 금리 인상으로 모기지론 금리가 6~7% 수준에 계속 머무르자 기존 주택이 시장에 나올 수가 없었던 것이다.

이에 따라 판매 중인 주택 중 신축 주택의 비율이 급격히 상승했는데, 금리 인상기를 거치면서 이 비율이 무려 30%가 넘는 수준으로 치솟았다. 즉, 판매 중인 주택 3채 중 1채가 신축 주택이라는 뜻이다. 비교해보면, 2008년 부동산 버블이 붕괴된 직후에는 매물로 나온 주택

7-14 판매 중인 주택 중 신축 주택의 비율

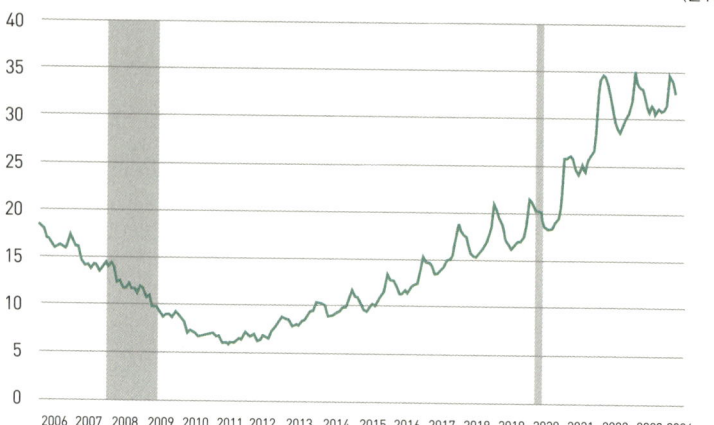

출처: APOLLO

20채 중 1채가 신축 주택이었고, 불과 4년 전까지만 해도 이 비율은 16%에 불과했다. 기존 주택이 시장에 나올 생각을 하지 않으니, 대부분의 구매자에게 신축 주택만이 유일한 선택지였다.

그런데 잠재적인 주택 구매자들이 금리 인하 이후로 주택 구매를 미루면서 이런 수요마저 위축되자, 구조적인 수요 증가와 금리 인하 기대감에 주택 공급을 조금씩 늘려왔던 홈빌더 업체들은 신축 주택시장이 공급 과잉으로 가는 현상을 바라만 봐야 하는 실정이 됐다. 이 때문에 홈빌더 업체들은 재고 소진을 위해 어쩔 수 없이 인센티브를 제공해야 하는 지경에 이르렀다. 실제로 홈빌더 업체 중 하나인 테일러 모리슨Taylor Morrison은 2024년 4분기 실적 발표에서 "우리는 소비자들의 주택 구매를 촉진하기 위해 모기지론 금리를 1%p 낮춰주고 있다."라고 이야기하기도 했다. 미국 2위 홈빌더 업체인 레나Lennar는 2024년에 동부 매출 대비 10.7%에 해당하는 판매 인센티브를 구매자에게 제공했고, 텍사스 지역에서는 무려 15.9%의 인센티브를 제공하기도 했다. 특수한 상황이 만든 비정상적인 시장이 홈빌더들의 이익을 갉아먹고 있는 것이다.

그러나 과거 사례에 따르면, 신축과 구축의 가격 역전 현상은 100%의 확률로 정상화됐다. 미국이 금리 인하 사이클에 들어서면 이번에도 같은 일이 발생할 것이다. 금리 인하 이후 시장을 상상해보자면, 먼저 기존 주택 공급이 늘어나면서 평균적인 주택 가격이 전반적인 하방 압력을 받게 될 것이다. 다만 하락 폭은 크지 않을 것으로 예상되는데, 금리 인하 이후로 구매를 미뤄왔던 구조적 수요가 시장에 본격적으로 유입될 것이기 때문이다.

수요와 공급이 동시에 늘어나면서 주택 거래량 자체가 증가할 텐데, 홈빌더 업체들 입장에서는 긍정적인 부분이 하나 더 있다. 시장이 정상화되면서 인센티브를 줄일 수 있다는 것이다. 즉, 홈빌더 업체들에 금리 인하는 가격(P)과 물량(Q)을 동시에 끌어올리는 커다란 모멘텀으로 작용할 수 있다는 뜻이다. 비정상적으로 형성돼 있던 시장 환경에서 훼손되던 수익성이 급속도로 정상화되면서 이익 레버리지 효과가 극대화되는 구간이 도래할 것이다.

실제로 여러 홈빌더 업체는 금리 인하를 가장 중요한 모멘텀으로 보고 이를 기다리고 있다. 2025년 2분기 실적 발표에서 미국 1위 홈빌더 업체인 D.R.호턴D.R. Horton은 "금리가 인하되면 인센티브 부담 없이도 더 많은 생애 첫 주택 구매자들이 시장에 진입할 수 있으므로, 우리 같은 주택 건설사들에는 큰 기회가 될 것"이라고 이야기했다. 또한 3위 업체인 풀테 그룹Pulte Group은 금리가 하락한 6월 마지막 2주 동안 방문객과 계약 건수가 눈에 띄게 증가했다며 "이는 시장이 금리 변화에 얼마나 민감하게 반응하는지를 보여주는 명백한 증거"라고 말했다.

산업이 좋아질 때는 ETF 투자로

앞서 잠깐 언급한 것처럼 미국 주식시장에서는 ETF 투자가 매우 활성화돼 있다. 최근에는 그 수가 더욱 빠르게 늘어나고 있는데, 모닝스타Morningstar에 따르면 이제는 미국 증시에 상장된 ETF의 수가 개별 종목의 수보다 더 많아졌다고 한다. 투자자로서 우리는 이 같은 훌륭한 인프라를 십분 활용할 필요가 있는데, 가장 대표적인 방법이 산업 ETF 투자다.

미국이라는 나라를 대표하는 산업들이라면 대부분 ETF로 투자할 수 있는데 홈빌더 산업 역시 마찬가지다. 홈빌더 산업의 경우에는 더더욱 ETF 투자의 효용이 높은데, 산업 내 업체 간 경쟁력 차이가 미미하기 때문이다. 물론 상위 업체일수록 규모의 경제나 비용 효율성 측면에서 우위를 기록할 부분들이 있긴 하지만, 그것만으로 업황의 변동성을 이겨낼 수는 없다. 홈빌더 업체들의 실적에서 가장 중요한 것은 개별 기업의 경쟁력이 아니라 업황이다. 따라서 투자자로서 우리는 굳이 업체 하나를 특정함으로써 해당 업체의 개별 리스크를 떠안을 필요는 없다.

가장 대표적인 홈빌더 섹터 ETF는 블랙록에서 출시한 'iShares U.S.

7-15 SPDR S&P 홈빌더스 ETF(XHB)의 주가 추이

출처: TradingView

Home Construction ETF'(티커: ITB)다. AUM이 3.4조 달러나 되는 매우 큰 ETF이며, 거래도 매우 활발하다. 여기에는 홈빌더 상위 업체들뿐 아니라 로우스Lowe's나 홈디포Home Depot 같은 주택 업황과 밀접한 관련이 있는 가정용품 업체들도 포함돼 있어 그야말로 주택 산업 패키지 상품이라고 할 수 있다. 비슷한 ETF로 블랙록, 뱅가드와 함께 미국 3대 자산운용사로 불리는 스테이트 스트리트State Street에서 만든 'SPDR S&P Homebuilders ETF'(티커: XHB)도 좋은 투자처가 될 수 있다. XHB도 약 2조 달러의 AUM을 보유한 매우 큰 규모의 ETF다. 두 상품 모두 종목 구성에 큰 차이가 없으므로 기호에 따라서 선택하면 된다.

홈빌더 업체들은 기본적으로 변동성이 작다. 따라서 높은 베타를 추구한다면 래퍼티 에셋 매니지먼트Rafferty Asset Management에서 내놓은 'Direxion Daily Homebuilders & Supplies Bull 3X Shares'(티커: NAIL)가 좋은 대안이 될 수 있다. 이 ETF는 주요 홈빌더들의 평균적인 주가 움직임을 3배 레버리지로 추종한다. 레버리지가 큰 만큼 정교한 타이밍 선정과 엄격한 리스크 관리가 필요한 상품이지만, 스터디를 통해 업황 개선에 대한 확신을 얻었다면 강한 베팅을 해보기에 나쁘지 않은 상품이다.

버핏이 홈빌더를 사는 이유

현재 미국 주택시장은 실제로는 구조적인 쇼티지가 발생해야 하는데, 고금리의 장기화 탓에 '공급 과잉'이라는 형태로 가려져 있는 매우 기이한 상황에 놓여 있다. 향후 미국의 통화정책이 완화 기조로 선회한다면, 홈빌더 업체들 입장에서는 주택 공급을 늘리면서도 구조적 수요 증가로 주택 가격은 크게 하락하지 않는 골디락스Goldilocks 국면을 맞이할 수 있다.

무엇보다 미국 주택시장을 쇼티지로 만들 요인들은 모두 일시적인 것들이 아니다. 인구 구조의 변화는 수십 년에 걸쳐서 진행되며, 미국의 주택 공급 부족은 2008년 금융위기라는 역대급 버블 붕괴의 후유증으로 거의 20년에 걸쳐서 만들어진 현상이다. 따라서 연준의 통화 완화 기조와 함께 형성될 구조적 쇼티지는 생각보다 훨씬 더 강하고 오래갈 것이며, 어쩌면 우리는 이제야 그 초입에 들어섰을지도 모른다.

워런 버핏이 이끄는 버크셔 해서웨이는 2023년부터 미국의 대표적인 홈빌더 업체인 D.R.호턴, 레나, NVR 주식을 사들였다. 2024년 첫 금리 인하 이후 연준의 통화 완화 기조가 주춤하면서 D.R.호턴 주식을 전량 매도하기도 했으나, 연준의 완화적인 기조가 재차 확인된 2025년부터는 또다시 공격적인 지분 매입을 통해 미국 홈빌더 산업에 대한 베팅을 진행 중이다. 알다시피 버핏은 항상 업황이나 실적 개선에 대한 장기적인 시계열을 그려놓고 산업이나 기업에 투자해왔다. 그런 그가 홈빌더 업체들을 공격적으로 사들인다는 것은 한 가지 결론을 시사한다. 미국 부동산 붐은 온다.

데이터로
미래를 설계하는
AI 시대 게임체인저

페이팔

    글로벌 1등 이커머스 플랫폼으로 잘 알려져 있는 아마존은 사실 훌륭한 광고 업체이기도 하다. 스태티스타에 따르면, 아마존의 글로벌 이커머스 시장 점유율은 2024년 기준 무려 14%로 명실상부한 선두 주자인 구글·메타에 이어 당당히 3위를 차지한다. 두 회사의 점유율이 각각 26%, 21%라는 점을 생각해보면 아마존이 얼마나 큰 광고 회사가 됐는지 체감할 수 있을 것이다. 아마존의 광고 사업은 매출 규모뿐 아니라 성장률 측면에서도 주목할 만한데, 현재 아마존의 광고사업부는 전 사업부 중 가장 성장률이 높은 AWS에 버금가는 성장률을 시현하고 있다.

    이커머스 회사로 시작한 아마존이 어떻게 이토록 큰 광고 회사로 거듭날 수 있었을까? 비결은 '자사 데이터'1st party data에 있다.

자사 데이터, 아마존 광고 성장의 원천

광고 업체들이 타기팅 효율 제고에 사용하는 데이터는 크게 두 가지로 나눠볼 수 있다. 자사 데이터와 외부 데이터 3rd party data가 그것이다. 자사 데이터란 유저가 어떤 플랫폼을 방문하여 무언가 액션을 할 때 그 모든 상호작용 과정으로부터 해당 플랫폼이 자체적으로 획득하는 정보를 의미한다. 그리고 외부 데이터란 해당 플랫폼이 직접 수집한 것이 아니라 외부 소스로부터 제공받은 고객 정보를 의미한다.

예컨대 A라는 사람이 이번에 이사를 하게 됐다고 가정해보자. A는 크롬 브라우저를 이용해 구글에 접속하여 '새집에 TV를 두는 것의 장단점'에 대해 검색해보다가 TV를 사야겠다고 마음먹고 아마존에 들어가 TV 브랜드들을 비교한 뒤 삼성전자의 QLED TV를 구매했다. 여기서 자사 데이터는 구글이 수집한 검색 데이터와 아마존이 수집한 TV 브랜드 비교 검색 데이터다. 그리고 외부 데이터는 크롬이 구글 검색으로부터 아마존 검색까지 전방위적으로 수집한 쿠키 데이터가 된다.

어렵지 않게 짐작할 수 있듯이, 당연히 외부 데이터가 훨씬 더 활용도가 높다. 이 사례에서 구글은 A를 '이번에 새로 집을 구한 사람' 정도로만 정의할 수 있고, 아마존은 A를 'TV가 필요한 사람' 정도로만 정의할 수 있다. 그에 비해 이 모든 과정을 지켜본 크롬은 '이번에 새로 집을 구해서 TV가 필요한데 삼성전자의 QLED TV를 선호하는 사람'으로 완벽하게 정의할 수 있기 때문이다. 이렇게 A에 대한 구체적인 정의는 향후 알파벳이 A라는 사람에게 광고를 송출할 때 타기팅 효율을 극대화할 수 있는 결정적인 근거가 되어줄 것이다.

그러나 바로 그 이유 때문에 외부 데이터는 점점 입자가 좁아지고 있다. 2018년 유럽에서 발효한 GDPR General Data Protection Regulation*을 계기로 개인정보보호라는 이슈에 대한 세간의 인식 수준이 매우 빠른 속도로 높아졌고, 외부 데이터는 모든 플랫폼의 데이터를 조합해 온라인상에서 특정 개인을 정확히 식별해낼 수 있는 데이터이기에 수집을 중단해야 한다는 목소리가 커졌다.

이에 따라 알파벳은 크롬에서 쿠키를 더 이상 수집할 수 없게 하는 계획을 발표하기도 했으며, 애플은 2021년 4월 iOS 14.5 업데이트를 기점으로 모바일 생태계에서 대표적인 외부 데이터 수집 수단이었던 IDFA를 자동 수집하지 못하도록 바꿨다. 개인정보보호에 대한 인식 수준은 시간이 갈수록 더욱더 높아질 것이기 때문에 외부 데이터를 수집하기가 어려워지는 트렌드가 단기간에 바뀌기는 쉽지 않을 것이다.

다시 아마존의 이야기로 돌아와 보자. 아마존은 이처럼 엄청난 타기팅 효율을 가져올 수 있는 외부 데이터를 보유한 업체가 아니었다. 그럼에도 아마존이 자사 데이터만을 사용해 엄청난 매출 성장을 달성할 수 있었던 것은 아마존이 보유한 자사 데이터의 퀄리티가 매우 높았기 때문이다.

구글이 가질 수 있었던 자사 데이터는 단순히 그 사람의 '관심사'에 대한 것에 그친다. 그러나 아마존이 유저들로부터 확보할 수 있는 데이터는 광고 업계에서도 황금과 같이 여기는 '구매 데이터'이다. 어떤

---

* 2018년 EU에서 시행한 개인정보보호 규정으로, 기업이 소비자의 개인정보를 수집·이용·보관·이전할 때 지켜야 할 원칙을 정한 법.

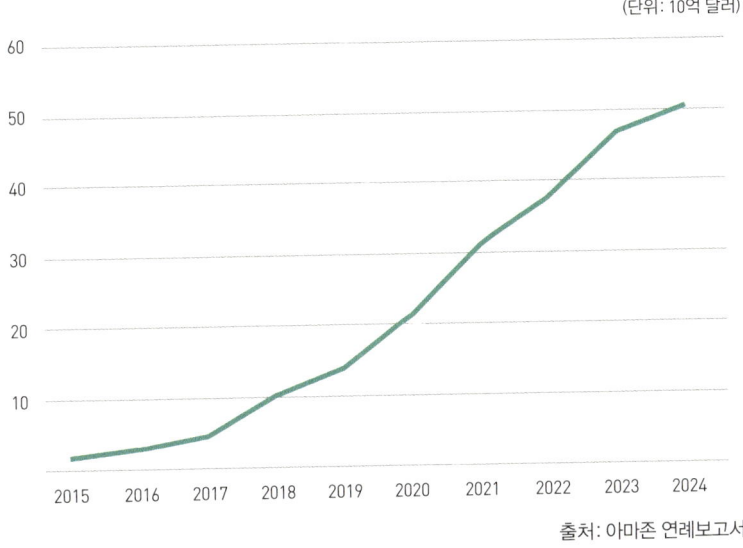

7-16 **아마존 광고사업부의 매출액 추이**

(단위: 10억 달러)

출처: 아마존 연례보고서

'유저'가 어떤 '상품'을 어떤 '패턴'으로 구매하는지에 대한 모든 정보, 즉 자사 데이터를 아마존이 확보하고 있으며 아마존의 이커머스 시장 점유율이 확대됨에 따라 이런 정보는 더욱더 가치가 높아질 것이다. 유저의 구매 데이터를 바탕으로 아마존 플랫폼 내에서 정확한 타기팅을 진행할 수 있었기 때문에 아마존에서 제품을 판매하는 광고주들 입장에서는 아마존 애즈를 사용하지 않을 이유가 없다. 이에 따라 아마존은 이커머스 비즈니스의 성장과 함께 광고 비즈니스의 가파른 성장 국면을 누릴 수 있었던 것이다.

자사 데이터의 보고, 페이팔이 움직인다

페이팔의 변화 역시 아마존에 대한 설명과 같은 맥락이다. 페이팔의 비즈니스 모델은 간단하다. 고객이 페이팔의 결제 플랫폼을 이용해서 재화나 서비스를 구매하면 해당 구매액 또는 구매 건수에 비례해서 판매자로부터 수수료를 수취하는 구조다. 페이팔은 현재 전자결제 시장에서 무려 50%에 달하는 압도적인 점유율을 보유하고 있다. 스트라이프나 쇼피파이 등 후발 결제 사업자들이 부상 중이지만 아직까지 페이팔의 아성을 넘어서기에는 역부족이다.

페이팔은 전자결제 비즈니스에서 창출되는 안정적인 현금흐름을 바탕으로 여러 핀테크 신사업을 추진 중인데, 그중 가장 유명한 것이 벤모Venmo다. 벤모는 2009년 설립된 스타트업을 2013년에 인수하면서 시작된 사업으로, 한국의 토스Toss와 같은 P2Ppeer-to-peer 송금 서비스 사업을 영위한다. 한국과 달리 미국 내에서는 계좌이체에 기본적으로 3~5일이 소요되며, 수수료도 한 번 이체할 때마다 30달러씩 내야 하는 것이 일반적이다. 그 때문에 P2P 송금 서비스 시장이 굉장히 활성화돼 있으며, 벤모는 해당 시장의 선두적인 사업자다. 벤모를 이용하면 일반적인 계좌이체와 비슷하게 현금화에 1~3일 정도 걸리는 개인 간 송금 서비스는 수수료가 무료이며, 1.75%의 수수료를 추가로 지불하면 10분 내에 바로 현금화할 수 있다. 이 외에도 페이팔은 본업에서 꾸준히 나오는 현금흐름으로 브레인트리Braintree, 숨Xoom 등 여러 핀테크 업체를 인수하면서 결제 시장에서 몸집을 키우고 있다.

그럼에도 항상 페이팔의 비즈니스를 볼 때마다 지울 수 없는 아쉬움이 하나 있었는데, 페이팔이 방대한 결제 데이터를 제대로 활용하지 못하고 있다는 것이었다. 데이터의 중요성이 나날이 높아지는 와중에 미국 온라인 결제 시장의 50% 가까이를 확보한 페이팔이 그간 쌓아온 결제 데이터를 활용하지 않는 것은 투자자 입장에서 볼 때 이해하기가 어려웠다.

그런데 2024년 5월, 페이팔은 바로 그 마지막 남은 퍼즐 하나를 맞추는 결정을 내렸다. 바로 결제 데이터를 활용해 광고 사업에 진출하기로 한 것이다. 2025년 2분기 기준으로 페이팔의 활성 계좌 수는 4억 3,800만 개이고, 2024년 기준 페이팔을 통해 결제된 거래 대금은 1조 6,800억 달러에 결제 건수는 263억 건에 달한다. 특히 미국만 보자면, 조사 기관마다 수치에 조금씩 차이가 있으나 이커머스 시장 규모가 약 1조 2,000억 달러이고 이 중 50~60%의 결제액이 페이팔을 거쳐 처리된다. 페이팔이 매년 확보하는 데이터가 얼마나 큰 규모인지를 체감할 수 있다. 그뿐 아니라 페이팔이 보유하고 있는 다른 핀테크 서비스들까지 포함하면 페이팔이 확보한 유저 데이터의 형태 역시 매우 다양할 것이다.

이런 데이터를 활용하기 위해 페이팔은 이전에 우버의 광고 사업을 이끌었던 마크 그레서Mark Grether를 페이팔 광고사업부의 수석 부사장 겸 총괄 관리자로 임명하고 광고 비즈니스에 본격적으로 착수했다. 그레서는 광고 업계 경력만 20년이 넘는 베테랑으로, 우버에서 광고사업부의 부사장 겸 총괄 관리자로 활동하면서 해당 비즈니스를 세계적으로 50만 명 이상의 광고주를 보유한 10억 달러 규모의 비즈니스로 성장시킨 바 있다.

또한 그는 우버에 오기 전까지 WPP의 프로그래매틱 부문 자회사 작시스Xaxis의 COO로 근무한 후, 아마존에 인수된 글로벌 독립 광고 플랫폼 시즈맥Sizmek의 CEO를 지냈다. 시즈맥이 아마존에 인수된 이후에는 아마존 광고사업부의 디렉터로 근무하는 등 AI를 기반으로 한 프로그래매틱 광고에 특화된 인물이기도 하다.

AI의 수익화는 챗GPT 등장 이전부터 AI를 비즈니스에 빠르게 접목하고 있던 광고 업계에서 가장 빠른 속도로 나타나고 있다. 이런 광고 업계에 오랫동안 몸담은 그래서의 합류와 그를 통한 광고 비즈니스로의 본격적인 진출은 방대한 결제 데이터에 AI를 접목함으로써 그간 쌓여만 가고 돌아가지는 않았던 페이팔의 선순환 구조를 작동시키는 결정적인 계기가 될 것이다.

드디어 돌아가기 시작하는 페이팔의 플라이휠

페이팔이 확보한 결제 데이터는 타기팅에서 매우 강력한 효과를 가져올 수 있을 것이다. 페이팔이 보유하고 있는 데이터는 아마존의 데이터와 마찬가지로 자사 데이터다. 페이팔이 보유한 결제 플랫폼 내에서 발생한 결제 데이터이기 때문이다. 그러나 페이팔의 결제 데이터는 표면상으로만 자사 데이터일 뿐 타기팅에서는 사실상 외부 데이터 이상의 효과를 가져올 것이다. 아마존은 아마존 플랫폼상에서의 소비자

결제 데이터만을 보유할 수 있는 반면, 페이팔은 해당 소비자가 어떤 상품을 어떤 패턴으로 구매하는지에 대한 데이터를 '모든 플랫폼에 걸쳐서' 전방위적으로 파악할 수 있기 때문이다. 더구나 이런 데이터는 크롬이 쿠키를 통해 확보했던 것처럼 단순히 관심사를 추적하는 것에 그치지 않고 구매 데이터 자체를 추적하기 때문에 활용도가 무궁무진하다.

페이팔은 이미 2024년 1월, 회사 역사상 최초의 광고 상품인 '어드밴스드 오퍼스'Advanced Offers를 출시했다. AI와 회사 데이터를 활용해 판매자가 페이팔의 사용자들을 대상으로 여러 프로모션을 제공하는 데 도움을 줄 수 있는 페이팔의 초기 단계 광고 상품이라고 할 수 있다. 그리고 이후에는 자사 고객뿐 아니라 이른바 비엔데믹non-endemic 광고주들, 즉 페이팔을 이용하지 않고 제품이나 서비스를 판매하는 광고주들에게도 광고를 판매할 것이라고 발표했다. 이들은 페이팔이 가진 결제 데이터를 다른 웹사이트나 CTV 등 다른 포맷의 광고에도 활용할 수 있게 될 것이다.

페이팔은 2024년 11월 약관 업데이트를 통해 결제 데이터를 활용한 광고 비즈니스의 본격적인 시작을 알렸다. 약관에 따르면, 페이팔은 2024년 11월 27일 이후 수집한 유저 데이터를 '개인화된 쇼핑 경험'에 활용한다. 즉, 유저의 결제 데이터를 광고 비즈니스에 본격적으로 접목한다는 얘기다.

이후 페이팔의 광고 비즈니스는 차근차근 나아가고 있다. 2025년 4월 말에는 세계적인 광고대행사인 퍼블리시스Publicis와 파트너십을 맺고 오프사이트Offsite 광고를 출시했는데, 이를 통해 광고주들이 페이팔의 데이터를 활용해 페이팔 외부 인벤토리에서도 소비자들을 타기팅할 수 있게 됐다. 또한 2025년 6월에는 스토어프론트Storefront 광고를 출시했으며, 이를 통해 광고 자체를 작은 스토어처럼 동작하게 하기도 했다. 예컨대 ESPN+로 풋볼 경기를 보다가 나온 배너 광고 안에서 바로 모자나 티셔츠 같은 팀 머천다이즈를 선택해 페이팔이나 벤모로 즉시 결제할 수 있게 하는 식이다.

페이팔 광고사업부를 총괄하는 그레서는 시장 점유율 변화 등 소비자들의 쇼핑 패턴에 대한 더욱 광범위한 통찰력을 제공함으로써 페이팔의 광고 사업이 기존 '소매 미디어 네트워크'retail media network*와는 다른, '금융 미디어 네트워크'finance media network, FMN로서 차별화될 수 있을 것이라고 말했다. 이처럼 결제 업체들은 소매 업체들이 가질 수 없는 광범위한 데이터를 보유하고 있기 때문에 타기팅의 중요성이 점차 커지는 광고 시장에서 명확한 이점을 누릴 수 있을 것이다. 실제로 이마케터에서는 FMN 광고 지출이 2025년 이후 2년간 거의 3배 가까이 성장할 것으로 추정했다.

이에 따라 어펌Affirm, 클라르나, JP 모건, 비자, 아메리칸 익스프레스American Express 등과 같은 여러 금융 업체가 광고 시장에 진출했다. 광고 시장에서 결제 업체들의 자사 데이터가 갈수록 중요해짐에 따라 이들의 광고 시장 침투는 더욱 가속화될 것이며, 그중 가장 많은 데이터를 확보한 페이팔 역시 새로운 시장 개화의 수혜를 크게 받을 수 있을 것이다.

---

* 아마존과 같이 소매 업체들이 자사 데이터를 활용해 운영하는 광고 플랫폼.

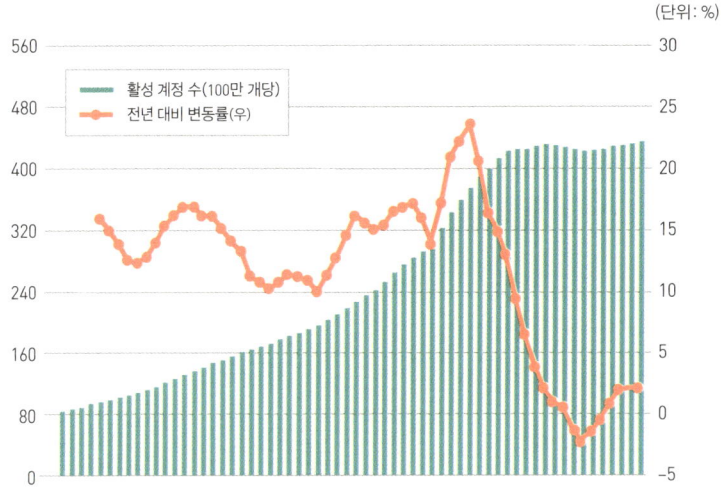

7-17 페이팔의 활성 계정 수 추이

* 2010년 1분기부터 2025년 2분기까지 분기 단위로 분석.

출처: Statista

페이팔은 코로나19 당시 이커머스 시장 개화의 수혜를 크게 본 뒤 가입자 성장이 정체됐다. 그와 함께 주가가 큰 폭으로 하락해 12개월 선행 PER이 코로나19 이전 수준보다 낮은 10대 중후반에 머무르고 있다. 그러나 가입자 성장이 정체되고 있음에도 글로벌 이커머스 시장이 성장함에 따라 결제 대금과 매출은 꾸준히 성장하고 있다.

여기에 더해 그간 잠자고 있던 결제 데이터가 광고 비즈니스를 통해 본격적으로 활용된다면 실적과 멀티플이 동시에 확장되는 구간으로 진입할 수 있을 것이다. 미즈호증권에서는 광고 제품으로서 상대적으로 매력도가 떨어지는 우버의 사용자당 평균 광고 수익의 절반 정도만 받는다고 보수적으로 추정하더라도 페이팔과 벤모가 약 25억 달러의 광고 수익을 벌어들일 잠재력이 있다고 전망했다.

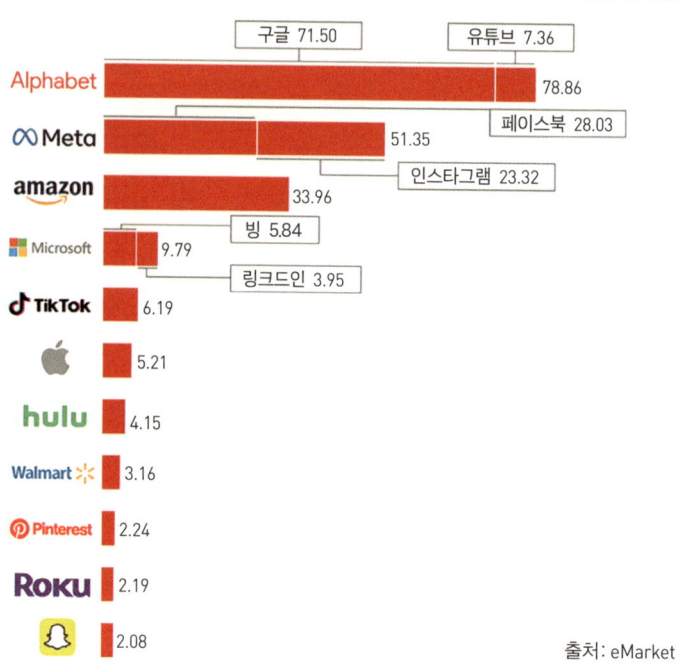

페이팔의 2024년 영업이익은 53억 달러로, 광고사업부의 높은 수익성을 고려할 때 이 사업부가 향후 페이팔의 이익 성장에 유의미한 기여를 할 것으로 보인다. 최근 몇 년 동안 소매 업체들이 플랫폼 내 판매 데이터를 바탕으로 '리테일 미디어'라는 새로운 광고 시장을 만들어내면서 아마존이나 월마트와 같은 주요 소매 업체들이 미국 상위 광고 업체로 자리매김해왔다. 소매 업체들이 그랬던 것처럼 앞으로 몇 년 동안은 결제 업체들이 플랫폼을 통한 결제 데이터를 바탕으로 '금융 미디어'라는 새로운 광고 시장을 만들어내고, 페이팔과 같은 결제 업체들이 상위 광고 업체에 등극할 수도 있을 것이다.

인간과 우주를 이어줄 첫 번째 산업, 위성통신

AST 스페이스모바일

대부분 사람이 '우주 산업'이라고 하면 아마도 로켓 발사나 달 탐사 같은 장면들을 가장 먼저 떠올릴 것이다. 하지만 실제로 우리 일상에 가장 가까이 다가온 우주 산업의 형태는 조금 다르다. 그것은 바로 지구 궤도를 돌며 촘촘한 신호망을 구축하고 있는 위성들이 만들어내는 '통신망'이다.

위성통신은 먼바다나 사막에서 전화를 걸 수 있게 하는 기술에 그치는 것이 아니라 지상 인프라가 닿지 못하는 곳을 연결하고, 재난이나 전쟁 같은 극한의 상황에서도 끊기지 않는 신호를 제공하는 역할을 한다. 다시 말해, 우주 산업의 여러 영역 가운데 가장 먼저 일상으로 스며든 분야가 위성통신 산업이다. 우주 산업을 선도하고 있는 일론 머스크의 스페이스X가 수익화를 위해 가장 먼저 뛰어든 산업이 스타링크를 필두로 한 위성통신 사업인 것은 결코 우연이 아니다.

이처럼 위성통신은 우주 산업의 출발점이자 투자자 입장에서도 가장 먼저 검증된 비즈니스 기회라고 할 수 있다. 따라서 우주 산업을 이해하기 위해서는 위성통신 산업을 먼저 짚고 넘어갈 필요가 있다. '50억 대의 휴대전화를 지구 어디에서나 연결할 수 있는 우주 기반 셀룰러 브로드밴드 네트워크를 만들겠다'는 사명으로 우주로 향하고 있는 기업, AST 스페이스모바일AST SpaceMobile(이하 'ASTS')의 도전을 살펴보고자 한다.

7-19 ASTS의 기업 개요

Differentiated approach compared to existing space-based communications

	First & Only Broadband Direct To Mobile Phones	Direct via Proprietary Mobile Phones	Indirect via Complex, Expensive Hardware
	Any standard mobile phone	Provider-specific satphones (~$1K)	Provider-specific antennas mounted on planes, ships, vehicles, buildings (~$1K-$200K+)
End Users	Mass market mobility and the unconnected	Narrowband service on satphones	Enterprise, Maritime, Aviation, Government, Residential
Market Size [1]	> $1 trillion	< $2 billion	< $20 billion

출처: ASTS IR

지구와 우주를 연결하는 ASTS

ASTS는 세계 최초로 브로드밴드 '다이렉트 투 모바일 디바이스'direct-to-mobile devices, DTD 서비스를 제공하고자 하는 기업이다. 쉽게 말하자면, 일반 스마트폰이 위성과 직접 연결될 수 있는 통신망을 구축하려는 것이다. 지금까지 위성은 방송 송출 중심으로 사용되는 것이 일반적이었지만, 2019년 스페이스X의 스타링크가 위성 기반 인터넷 연결을 상용화함에 따라 위성을 통한 통신은 우주 산업 가운데 가장 빠르게 현실화된 비즈니스로 떠올랐다.

ASTS는 2022년 시험 위성인 블루워커 3 BlueWalker 3(BW3) 발사에 성공했고, 2023년에는 이를 통해 실제 통신 서비스를 구현하는 데도 성공했다. 예컨대 2023년 6월에는 4G LTE를 통해 최초로 BW3 위성과 스마트폰을 연결해 보이스콜을 구현했으며, 9월에는 5G를 통해 하와이와 마드리드 간 위성 보이스콜을 성공시켰다. 이 같은 성공에 힘입어 2024년 9월에는 FCC(미국 연방통신위원회)의 공식 승인을 받은 상업용 위성 블루버드 블록 1 BlueBird Block 1(BB1)을 발사했고, 곧바로 업그레이드 버전인 블루버드 블록 2(BB2) 제작에 돌입했다. BB2 위성은 처리 대역폭이 BB1 대비 10배 이상 강화됐으며, ASTS 위성통신 서비스의 본격적인 상용화를 뒷받침할 핵심 자산이 될 예정이다.

ASTS의 비즈니스 모델은 단순하다. 글로벌 이동통신사mobile network operator, MNO들과 계약을 맺고, 자사가 발사한 위성을 통해 이동통신사들이 위성통신 서비스를 구현할 수 있도록 돕는 것이다. ASTS가 우주 네트워크 인프라를 제공하면 이동통신사 파트너들은 기존의 고객 관계, 과금 시스템, 마케팅 채널을 활용하여 서비스를 판매하고 고객을 관리한다. 이를 통해 창출된 수익은 ASTS와 이동통신사가 50대 50으로 나눠 가진다.

ASTS의 파트너십 네트워크는 이미 타의 추종을 불허한다. ASTS는 전 세계 50개 이상의 이동통신사와 파트너십을 맺고 있으며, 이들의 가입자를 모두 합치면 거의 30억 명에 육박한다. 여기에는 AT&T, 보다폰Vodafone, 버라이즌Verizon, 라쿠텐 모바일Rakuten Mobile, 벨 캐나다Bell Canada, 오렌지Orange, 텔레포니카Telefonica 등 각 지역을 대표하는 거대 통신사들이 모두 포함돼 있다. 특히 ASTS는 파트너십을 맺은 통신사들을 사업 파트너인 동시에 투자자로도 확보했는데 실제로 구글, AT&T, 라쿠텐, 보다폰, 아메리칸 타워American Tower 등은 ASTS의 고객사인 동시에 ASTS의 지분을 보유하고 있는 주주이기도 하다. 이런 지분 관계는 이동통신사들이 단순한 고객이 아니라 ASTS를 대신해 규제 당국을 설득하고 서비스를 홍보하는 강력한 동맹 역할을 하게 한다.

추가 매출이 아니라 비용 절감,
위성통신의 숨겨진 진짜 가치

현재 전 세계 인구 81억 명 중 34억 명은 셀룰러 브로드밴드에 대한 접근이 불가능하다. 이 중 30억 명은 통신사 커버리지는 닿지만 실제 서비스는 이용하지 않는 이른바 'usage gap'(잠재적 사용 가능량과 실제 사용량 간의 차이) 상태에 있으며, 나머지 4억 명은 커버리지 자체가 없다.

이동통신사들 입장에서 만약 이들에게 연간 10달러 수준의 저렴한 위성통신 이용 패스를 제공한다면, 추가로 창출할 수 있는 최대 매출액은 340억 달러 수준이 된다. 얼핏 큰 규모처럼 보이지만, 현재 이동통신사들의 매출액 합산이 무려 1조 7,000억 달러나 된다는 점을 고려할 때 거의 의미가 없는 수준이다.

그럼에도 이동통신사들이 위성통신에 투자할 필요성은 분명히 존재하는데, 이유는 비용 절감 때문이다. 글로벌 통신 업계는 현재 매년 CAPEX로 3,100억 달러 이상을 지출하고 있으며, 이 중 기지국을 임대하는 데만 680억 달러 이상이 들어간다. 이 수치를 현재 기지국들이 대응하고 있는 총가입자 수로 나눠보면 이동통신사들은 현재 가입자당 100달러 이상의 비용을 지출하고 있는 셈이다.

반면 블루버드 위성을 기준으로 계산해보면, ASTS의 위성당 비용은 1,800만 달러 수준이고 위성당 대응할 수 있는 가입자 수로 이를 나눠보면 가입자당 10달러 수준의 비용이 소요된다. 즉, 기지국을 설치하는 것보다 위성통신의 가입자당 CAPEX가 10배나 더 저렴하다는 뜻이다. 이렇게 위성통신이 기지국 대비 압도적인 비용 효율성을 가질 수 있는 가장 큰 이유는 가성비가 떨어지는 사이트들을 대응할 수 있기 때문이다.

지구상 모든 대지에 같은 비율의 인구가 사는 것이 아니기 때문에 무선 트래픽 역시 인구가 밀집된 일부 지역으로 쏠리는 현상이 나타나기 마련이다. 실제로 현재 모든 무선 트래픽의 80%는 사이트의 20%에서 발생한다. 하지만 그렇다고 이동통신사들이 무선 트래픽의 20%가 발생하는 나머지 80%의 사이트에 투자를 하지 않을 수는 없는데, 그럴 경우 사용자 경험이 저하되기 때문이다. 하지만 이런 지역은 사용자 수가 너무 부족해 같은 CAPEX를 투자했을 때의 효율성이 극도로 떨어진다.

바로 이 지점에서 위성통신의 효용이 빛을 발한다. 물론 아직까지 위성통신이 기지국 기반의 통신 대비 여러 측면에서 품질이 뒤처지는 것은 사실이나, 트래픽 밀집도가 낮은 지역의 경우 가입자들이 원하는 것은 높은 통신 품질이 아니라 그저 '끊기지 않는 연결성' 정도인 경우가 많다. 따라서 이런 지역들은 위성통신으로 대응하면서 비용을 절감하고, 위성통신기술의 개선을 통해 이들 지역의 통신 품질을 점진적으로 개선해나가는 것이 이동통신사들로서도 합리적인 선택이 될 것이다.

경쟁사들을 압도하는 ASTS만의 무기

시장이 큰 만큼 경쟁사라고 할 만한 업체들이 계속해서 생겨나고 있다. 아마존의 프로젝트 카이퍼부터 시작해 원웹, 글로벌스타GlobalStar, 인머셋Inmarsat, 에코스타Echostar 등 다양한 업체가 이 시장에서 유의미한 사업자로 자리 잡기 위해 각자의 위성을 앞다투어 쏘아 올리고 있다. 그러나 현재 통상적으로 사용되고 있는 스마트폰들과 호환이 되지 않는다는 점에서 이미 스마트폰과의 통신 구현을 완료한 ASTS에 비하면 유의미한 경쟁사라고 보기는 어렵다.

가장 의미 있는 경쟁사는 스페이스X의 스타링크다. 스타링크는 이미 2024년 1월 티모바일T-Mobile의 네트워크 스펙트럼Network Spectrum

을 사용해 위성통신으로는 최초로 메시지 서비스를 구현했다. 무엇보다 스타링크는 위성 발사를 스페이스X를 통해 내재화했다는 점이 가장 큰 강점이다. 위성통신 시장이 커지거나 그 외에 우주 산업이 확장될수록 로켓을 발사하려는 수요는 점점 더 많아지는데 로켓을 발사할 수 있는 업체는 한정적이기 때문이다.

실제로 ASTS조차 위성 발사 자체는 스페이스X의 팰컨9으로 진행하고 있는데, 이 때문에 '제조 속도'와 '발사 능력' 간의 불일치 문제를 겪고 있기도 하다. ASTS는 현재 월 6기의 위성 생산 능력을 갖추고 있지만, 향후 1년간 안정적으로 이용할 수 있는 팰컨9은 한 번에 3기의 BB2 위성만을 탑재할 수 있다. ASTS가 만들 수 있는 위성 대비 발사할 수 있는 위성 수가 절반 수준에 불과하다는 뜻이다. 반면 스타링크는 자사의 위성을 최우선으로 발사할 수 있기 때문에 이런 불일치 문제를 비교적 덜 겪을 수 있다는 강점이 있다.

그럼에도 두 가지 측면에서 ASTS는 스타링크보다 앞서가고 있는데, 바로 신호의 강도와 고객사다. 먼저 ASTS는 강력한 신호를 무기로 갖고 있다. ASTS는 소수의 매우 크고 강력한 저궤도 위성을 활용하는 전략을 채택하고 있는데, 이 위성들은 거대한 위상 배열 안테나를 탑재하여 지상으로 강력한 신호를 송출하도록 설계돼 있다. 이 아키텍처는 처음부터 광대역 속도를 목표로 개발돼 우수한 신호 강도를 바탕으로 실내나 나뭇잎이 우거진 환경에서도 통신이 가능하다.

이런 통신 강도의 차이는 사용자 경험의 압도적인 격차를 만들어낼 수 있는데, 대표적인 것이 실내 사용이다. 스타링크를 비롯한 대부분의 위성통신 업체는 신호의 강도가 약해 실외에 있을 때만 수신이 가능한 것이 일반적인데 ASTS는 일반적인 안테나 대비로도 수십 배 강한 신호를 뿜어낼 수 있어 위성통신의 꿈의 영역이라고 할 수 있는 '실내 커버리지 구현'에 가장 가까운 업체라고 할 수 있다.

또한 스페이스X가 현재 이동통신 사업자들과 체결한 유의미한 계약은 일곱 개 정도에 그치는 반면, ASTS는 이미 50개 이상의 이동통신사와 계약 또는 상업적 이해관계를 맺고 있다. 여기에는 AT&T, 버라이즌, 보다폰 등 주요 글로벌 통신사들이 모두 포함돼 있다. 양사가 보유한 고객들의 연간 CAPEX 규모를 합산해보면, ASTS의 고객사들이 스타링크의 고객사 대비 4배 이상 더 많은 수준이다.

ASTS가 꿈꾸는 통신의 미래

ASTS는 2024년 3분기 실적 발표와 함께 2021년 유동성 랠리 당시 기록한 전고점을 돌파했는데, 가장 큰 이유는 실적 발표에서 첫 상업용 위성 발사 일정을 확인해줬기 때문이다. ASTS가 2021년 상장할 당시에 발표한 계획은 2023년부터 상용 서비스를 시작하겠다는 것이었다. 그러나 위성 발사가 지연되고 코로나19로 유동성이 위축된 데 더해 위성 발사에 필요한 지출까지 이어지면서 2021년부터 3년간 주가가 90% 이상 급락했다. 그러나 2024년 3분기 실적 발표 콘퍼런스콜에서 ASTS는 최초로 FCC의 승인을 받은 다섯 개의 BB1 위성이 9월 상순에 발사될 예정임을 확인해주었으며, 이에 따라 시장에서도 ASTS가 2021년에 그린 그림이 마침내 현실화되기 시작했다는 사실에 환호한 것이다. 처음 다섯 개 위성을 발사한 이후 회사는 2026년 1분기 말까지 최소 다섯 번의 궤도 발사를 계획하고 있으며, 2025년과 2026년에 걸쳐 평균 1~2개월에 한 번꼴로 발사를 진행해 총 45~60기의 위성을 배치하는 것을 목표로 한다고 발표했다.

앞서 언급한 '위성 생산'과 '발사 능력'의 불일치로 인한 문제를 해소하기 위해 ASTS는 다수의 발사 서비스 제공 업체를 활용하는 전략 역시 공개했다. 첫 번째 BB2 위성은 인도의 ISRO(인도우주연구기구)가 개발한 GSLV(정지궤도 위성 발사체) 로켓으로 발사될 예정이며, 이후 두 차례에 걸쳐 스페이스X의 팰컨9 로켓이 각각 4기의 위성을 싣고 발사되는 식이다. 나머지 위성들은 블루 오리진의 차세대 로켓인 뉴글렌New Glenn을 통해 발사될 계획이다.

이를 바탕으로 한 ASTS의 계획은 다음과 같다. 먼저 현재 궤도에 있는 5기의 BB1 위성과 곧 발사될 초기 BB2 위성들을 활용해 2025년 말까지 미국 내에서 '비연속적ntermittent 서비스'를 시작할 계획이다. 사용자가 항상 위성 신호를 잡을 수는 없지만, 하루 중 특정 시간대 또는 특정 지역을 지날 때 위성 연결이 가능한 초기 형태의 서비스다. 이 단계는 AT&T 및 버라이즌과의 베타 테스트를 포함하며, 서비스 상용화의 기반을 다지는 중요한 과정이다.

이렇게 미국에서 초기 서비스를 시작한 이후 2026년 1분기에는 곧바로 영국, 일본, 캐나다 등 주요 전략 시장으로 삼아 비연속적 서비스를 확대해나갈 예정이다. 이 일은 보다폰, 라쿠텐 모바일 등 각 지역의 핵심 파트너사들과의 협업을 통해 이뤄질 것이다. 2026년 말까지 예정된 45~60기의 위성을 궤도에 배치하는 데 성공하면 미국을 비롯한 전

7-20 ASTS의 주가 추이

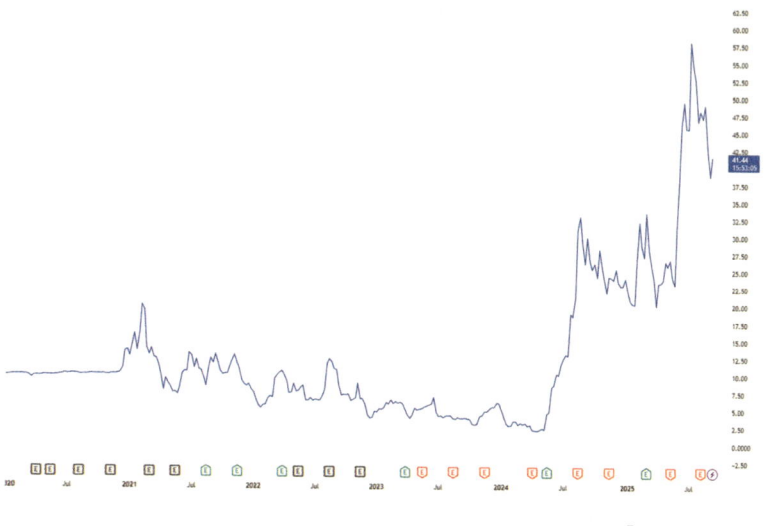

출처: TradingView

략 시장들에서 24시간 끊김 없는 광대역 서비스를 제공할 수 있을 것이다.

이후 2028년까지 위성의 개수를 100기 이상으로 확대할 계획인데, UBS에서는 100기의 위성 발사가 완료될 경우 연간 30~60억 달러에 달하는 잠재 매출을 벌어들일 것으로 추정했다. ASTS는 고정비 중심의 자산 경량화asset-light 비즈니스 모델을 보유하고 있어서 EBITDA 마진율이 거의 70% 수준에 달할 것으로 예상된다. 따라서 모든 것이 계획대로 진행된다면 2028년에는 거의 20~50억 달러 수준의 EBITDA를 기록할 수 있을 것이다. 최종적으로 ASTS는 2032년까지 총 336기의 위성을 배치함으로써 전 세계 수억 명을 커버하는 글로벌 네트워크를 형성하고자 한다.

계획을 수행하기 위한 현금 확보도 순조롭게 진행되고 있다. 2025년 2분기 말 기준으로 ASTS의 현금성 자산은 약 10억 달러에 달하며, 이후 발행한 전환사채 및 시장가 발행at-the-market offering, ATM[*] 프로그램을 모두 반영한 예상 현금 보유고는 15억 달러를 초과한다. 이는 ASTS가 향후 45~60기 위성 배치 계획을 완수하는 데 필요한 자금을 완전히 확보했음을 시사한다.

더구나 지금까지는 사업에 필요한 현금을 자본 조달을 통해 충당했지만, 이제는 자체 충당이 가능한 구조도 거의 완성됐다. ASTS는 2025년 하반기부터 드디어 유의미한 매출이 발생할 것으로 기대하고 있는데, 이에 따라 2025년 연간 매출 가이던스로 5,000만~7,500만 달러를 제시했다. 이는 주로 정부 계약 이행, 이동통신사 파트너 대상 게이트웨이 장비 판매, 초기 상용 서비스 활성화에서 발생할 것으로 예상된다. 계획이 제대로 진행된다면 앞으로 위성통신 사업에서 벌어들일 현금흐름 역시 비즈니스를 위한 훌륭한 재원이 될 것이다.

ASTS, 산업의 첫 장을 열다

우주 산업은 여전히 거대한 기회와 불확실성이 공존하는 영역이다. 로켓 발사와 탐사선이 만들어내는 장관이 잠깐의 박수를 끌어낼 수 있을지는 모르지만, 투자자 입장에서 무엇보다 중요한 것은 그 기술이

---

[*] 회사가 필요한 시점마다 시장에 직접 신주를 조금씩 내다 팔아 자금을 조달하는 방식.

어떻게 '현금흐름'을 만들어낼 것이냐다. 그런 점에서 ASTS가 시도하고 있는 위성통신 사업은 우주 산업을 닿을 수 없는 꿈이 아니라 실제로 존재하는 수십억 명의 가입자를 통해 현실로 스며들게 할 구조적 변화라고 할 수 있다.

물론 앞길이 순탄치만은 않을 것이다. 발사 일정의 지연, 경쟁사의 견제, 자본 조달 압박과 같은 다양한 변수가 언제든 비즈니스의 속도를 늦출 수 있다. 그러나 중요한 사실은 ASTS가 이미 수십 개의 글로벌 이동통신사를 동맹으로 두고 있으며, 이들 파트너와 함께 새로운 통신 인프라 규칙을 써 내려가기 시작했다는 점이다. 우주와 지구의 경계에서 이뤄지는 이 협업 구조야말로 단순한 기술 실험이 아닌 '새로운 산업의 시작'을 보여준다.

투자자로서 우리가 해야 할 일은 이 흐름을 섣불리 단정 짓거나 과소평가하지 않는 것이다. ASTS가 그려가는 궤적은 아직 완성되지 않았지만, 이미 우리는 궤도에 오른 위성들을 통해 그 첫 신호를 접했다. 따라서 지금 필요한 것은 조급한 결론이 아니라 이 기업과 산업을 따라가고자 하는 꾸준한 관심이다. 우주 산업의 시작점이 '위성통신'이라면 ASTS는 그 첫 장을 써 내려가고 있는 주인공 중 하나다. 그리고 그들이 만들어낼 이야기는 단순히 한 기업의 성장이 아니라 인류 통신 인프라의 새로운 패러다임을 향한 서막이기도 하다.

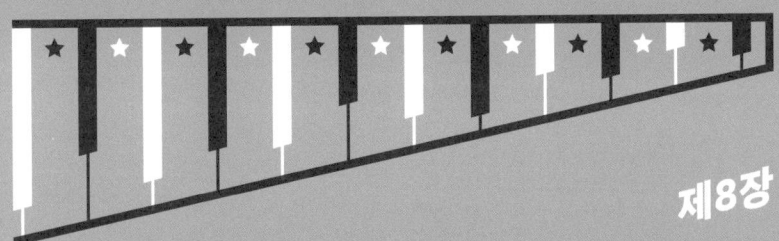

제8장

투자 인생을 걸
나만의 종목
찾는 법

한번 올라탄 트렌드에서는 절대로 내리지 마라

미국 소비자를 잡지 못하는 명품은 진짜 명품이 아니다.

루이비통Louis Vuitton을 소유한 LVMH 그룹의 회장 베르나르 아르노Bernard Arnault의 말이다. 프랑스에서 태어난 럭셔리 브랜드가 유럽을 넘어 아시아에서 전성기를 맞았을 때도, 그는 진짜 전쟁은 아직 시작되지 않았다고 봤다. 브랜드가 세계적인 가치를 인정받기 위해서는 반드시 미국 시장에서 소비자들에게 선택받아야 한다고 생각했기 때문이다.

흔히 중국을 '세계의 공장'에 빗대는 것과 같은 맥락으로, 미국을 '세계의 시장'으로 부르곤 한다. 절대적인 GDP 규모가 크기 때문만은 아니다. 미국은 GDP에서 소비가 차지하는 비중이 매우 큰 나라인데, 미국 상무부 경제분석국BEA에 따르면, 2024년 기준으로 미국 GDP의 약 70%가 가계의 민간소비에서 비롯된다. 일본을 비롯한 여타 선진국이 50%대, 중국이 40% 수준임을 생각하면 압도적인 수치다.

이처럼 큰 시장을 보유하고 있기에 미국 증시에는 소비재 기업들도 매우 많이 상장돼 있는데, 미국 상장사 약 6,000개 중 소비재 기업의 비중이 약 20%에 달해 테크 섹터를 제외하면 단일 섹터 중 가장 큰 비중을 차지한다. 한국은 그 비중이 10%에 불과해 테크 섹터 비중인 40%에 비해서 현저히 낮은데, 이는 한국 경제 자체가 IT 산업을 중심으로 형성돼 있기 때문이다. 이런 구조적 차이를 고려할 때, 미국 주식에 투자하면서 소비재 섹터에 투자하지 않는다는 것은 한국 주식에 투자하면서 테크 섹터를 배제하는 것과 다름없다.

미국 주식 투자 구루 중에서는 소비재 투자만 고수했던 이들도 많다. 대표적인 인물이 피터 린치인데, 그는 자신이 아는 분야에 투자하라며 일상에서 접하는 브랜드나 제품에서 투자 아이디어를 찾는 것이 중요하다고 강조했다. 《전설로 떠나는 월가의 영웅》에 "가장 좋은 투자 아이디어는 쇼핑몰이나 식료품점에서 걷다가 나온다."는 유명한 말을 남기기도 했다.

그의 대표적인 투자 성공 사례인 헤인즈Hanes에 대한 아이디어는 아내의 말에서 시작됐다. 아내가 "요즘 팬티호스 중 헤인즈 제품이 제일 편하다."라고 이야기한 것을 계기로 그는 헤인즈 매장을 모두 돌아다니면서 매장 진열 상황, 점유율, 반복구매율까지 조사했고 리서치 결과 상승 여력이 크다고 판단해 마젤란 펀드에 편입하여 10배 이상의 수익을 냈다. 이 외에도 갭GAP, 펩시Pepsico, 월마트Walmart 등 자신이 접근 가능한 소비재 기업들에 대한 확신 있는 투자를 통해 높은 수익률을 기록한 피터 린치의 사례는 미국 주식 투자에서 소비재가 얼마나 중요한 영역인지를 단적으로 보여준다.

트렌드는 모든 것을 알고 있다

피터 린치가 투자하던 아날로그 시대에는 매장을 일일이 돌아다니면서 방문객 수나 재고 회전율을 일일이 확인하는 방식으로 제품이나 브랜드의 인기도를 확인할 수밖에 없었을 것이다. 그러나 우리는 지금 모든 것이 디지털로 기록되고 데이터화되는 시대에 살고 있다. 사람들은 지금 이 순간에도 스마트폰, PC를 통해 궁금한 것, 사고 싶은 것, 끌리는 것들을 검색한다. 그 데이터가 모여 거대한 흐름을 만들고, 우리는 그것을 '트렌드'라고 부른다.

가장 대표적인 트렌드 데이터는 구글이 제공하는 구글 트렌드Google Trends다. 누구나 무료로 접근할 수 있는 이 데이터에는 시간 흐름에 따른 유저들의 검색량 변화나 지역별 관심도 비교, 관련 주제나 관련 검색어까지 포함돼 있다.

예를 들어 그림 8-1은 데커스 아웃도어Deckers OutDoor에서 보유하고 있는 호카 오네 오네Hoka One One에 대한 구글 트렌드 추이를 나타낸 것인데, 2022년 들어 관심도가 점차 높아지고 있음을 알 수 있다. 코로나 19가 주춤해지고 유동성이 축소되면서 소비자들의 지갑 사정이 나빠지자 큰돈이 들지 않는 '러닝'에 대한 관심도가 급격히 상승했고, 급속

8-1 구글 트렌드: '호카 오네 오네'

8-2 구글 트렌드: '불닭'

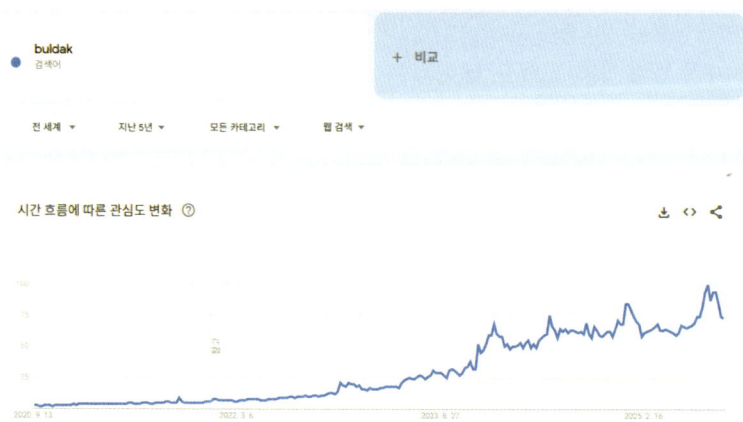

히 확산되는 러닝 트렌드 속에서 호카가 출시한 러닝화가 엄청난 인기를 구가할 수 있었던 것이다. 이걸 보고 만약 호카 트렌드가 이전 고점을 돌파한 2022년 중순부터 데커스 아웃도어에 투자했다면, 불과 2년 반 만에 6배가 넘는 수익률을 기록할 수 있었을 것이다.

이런 사례는 굳이 미국까지 가지 않아도 쉽게 찾아볼 수 있다. 삼양식품의 라면 브랜드인 '불닭'의 구글 트렌드 지수는 2022년 말 전고점을 뚫고 조금씩 상승하기 시작해 2023~2024년을 지나면서 절정에 다다랐다(그림 8-2). 2022년 말에 삼양식품 주식을 매수했다면 불과 2년 반 만에 10배가 넘는 수익률을 기록할 수 있었을 것이다.

트렌드 지수는 특정 브랜드를 분석할 때만 중요성을 가지는 것이 아니다. 코로나19 유동성 장세의 상징적인 산업이었던 '메타버스'에 대한 구글 트렌드는 정확히 2021년 11월 나스닥 지수 고점과 함께 끝없이 추락한 반면, 2022년 말 챗GPT와 함께 등장한 'AI'에 대한 트렌드는 여전히 신고가 행진 중이다(그림 8-3). 이는 AI에 대한 사람들의 관심이 그만큼 폭발적으로 이어지고 있음을 의미하며, 시장에서 회자되는 AI 산업에 대한 기대감이 적어도 지금은 유지되고 있다는 점을 시

8-3 **구글 트렌드: '메타버스'와 'AI'**

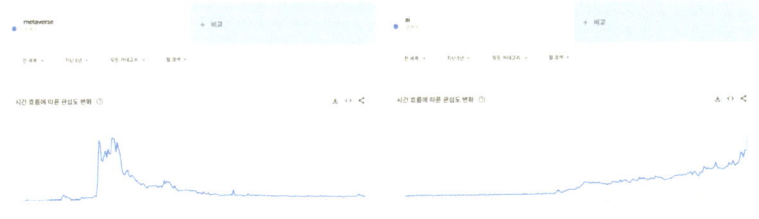

사한다.

이처럼 트렌드는 사람들의 속마음이 온전히 반영되는 온라인상의 검색, 클릭, 시청 등의 행위를 기반으로 분석된다는 점에서 소비자의 마음속을 들여다보는 창이다. 사람들이 무엇을 궁금해하고, 어디에 반응하며, 어떤 브랜드를 좋아하는지까지 모든 흔적이 검색과 클릭, 시청 데이터로 남는다. 정보 수집 기술이 발전함에 따라 구글 트렌드 외에도 웹사이트 트래픽을 분석해주는 사이트나 여러 유료 트렌드 분석 서비스들이 존재한다. 중국에서도 대표적인 포털 사이트인 바이두에서 '바이두 인덱스'라는 별도의 트렌드 분석 툴을 제공하고 있으니, 어떤 브랜드나 제품이 인기 있는지 주기적으로 체크해보면 좋을 것이다.

시험 문제를 풀 때 가장 중요한 것이 출제자의 의도를 파악하는 것이듯, 소비재 투자에서 핵심은 소비자의 마음을 읽는 것이다. 그리고 그 마음은 어딘가에 숨겨져 있지 않다. 트렌드는 이미 모든 것을 알고 있다.

트렌드의 나비 효과

> 브라질에서 한 마리의 나비가 날갯짓을 하면 텍사스에 토네이도를 일으킬 수 있다.

기상학자이자 카오스 이론의 창시자인 에드워드 로렌츠Edward Lorenz는 '나비 효과'butterfly effect라는 용어를 처음으로 제안하면서 이같이 이야기했다. 나비 효과란 시스템 내 아주 작은 변화라도 시간이 흐를수록 그 영향이 비선형적으로 증폭되어 완전히 다른 결과를 만들어낼 수 있다는 의미로, 지금은 금융시장·사회문화·인간관계 등 인간이 관여하는 다양한 분야에서 나타나는 현상을 분석할 때 통용되는 용어다.

비단 정치, 경제, 사회, 문화 현상을 설명할 때만이 아니라 주식시장에서 소비재 투자를 할 때도 나비 효과를 매우 강력한 무기로 사용할 수 있다. 트렌디한 소비재는 대부분 다음과 같은 나비 효과를 거쳐서 퍼져나간다.

작은 계기로 시작된 관심이 소비자들 사이에서 점차 확산되고, 검색량과 SNS 언급, 유튜브 리뷰와 인플루언서의 사용 후기, 오프라인 매장 품절 뉴스 등으로 불꽃이 옮겨붙는다. 이런 트렌드를 시각화해보면, 처음에는 완만한 1차 함수형으로 증가하다가 확산에 속도가 붙으면 지수 함수적인 2차 함수로 전환되는 경우도 많음을 볼 수 있다. 하지만 트렌드의 나비 효과가 갖는 강력함은 이제부터 진짜 시작이다. 트렌드가 빠르게 확산되면서 원래는 관심도 없던 사람들에게까지 도달하고, 그 사람들을 통해 입소문이 나면서 순식간에 더 많은 사람이 해당 제품에 관심을 갖게 된다. 이런 입소문과 폭발적인 관심 확산은 트렌드 차트에는 후행적으로 반영된다. '온라인상의 활동'으로만 파악되는 트렌드의 특성상 입소문 같은 현실 세계에서의 트렌드 확산은 시차를 두고 반영될 수밖에 없기 때문이다. 바로 이 괴리에서 투자의 기회가 발생한다.

기업의 주가는 장기적으로 기업의 이익과 동행한다. 소비재들의 주가가 트렌드와 같은 방향으로 움직이는 것 역시 '트렌드 → 판매량 증가 → 실적 증가 → 주가 상승'이라는 직선적인 서사 구조가 존재하기 때문이다. 트렌드가 강화됨에 따라 애널리스트들의 실적 추정치가 올라가고, 이에 따라 주가 역시 우상향하게 되는 것이다. 그런데 트렌드가 우상향하는 소비재들의 경우에는 트렌드 상승분 외에 또 다른 기회가 존재한다. 바로 실적 서프라이즈다. 트렌디한 소비재를 판매하는 기업들은 대부분 트렌드 상승 구간에서 실적 서프라이즈를 기록하는데, 여기에는 매우 구조적인 이유가 존재한다.

'실적 서프라이즈'란 애널리스트 추정치 대비 실제 실적이 더 높게 나오는 경우를 의미한다. 트렌드가 우상향하는 소비재들은 대부분 나비 효과 때문에 실제 트렌드 상승보다 더 가파른 실적 성장을 보여주는 경우가 많다. 그러나 애널리스트 입장에서는 실적 추정에서 그런 나비 효과를 반영할 수가 없는데, 데이터로 뒷받침되는 내용이 아니어서 나비 효과를 반영하는 것은 논리적이지 않고 공격적으로 보이기 때문이다. 따라서 트렌드가 상승하는 구간에서는 애널리스트들의 추정치 대비 높은 실적을 기록할 수밖에 없다.

따라서 한번 올라탄 트렌드는 그 트렌드가 의미 있게 꺾이지 않는 한 절대로 내리면 안 된다. 일반적으로 트렌디한 소비재는 실적 추정치 상향 속도가 주가 상승 속도보다 늦을 수밖에 없는데, 이는 주가 상승 구간에서 PER이 끝도 없이 높아진다는 것을 의미한다. 너무 비싸진 것 같아서 또는 트렌드가 살짝 꺾여서 그 주식을 매도했다면, 같은 기준을 적용했을 때 트렌드가 다시 상승하는 구간에서는 그 주식을 절대로 다시 살 수 없을 것이다. 트렌드가 꺾이기 전까지 밸류에이션은 아무런 의미를 갖지 못하며, 전통적인 분석 방식이 아니라 오로지 '트렌드'로만 해당 주식을 분석해야 한다. 그래서 한번 올라탄 트렌드에서는 절대로 내리면 안 된다는 것이다.

앞서 언급한 삼양식품의 경우, 중국으로 처음 수출을 시작한 2016년 하반기에 주가는 2만 5,000원에 불과했다. 그런데 그 뒤로 중국 외 국가들, 특히 미국으로의 수출이 본격화되면서 2025년 9월 현재 160만 원이 넘는 주가를 기록하고 있다. 60배가 넘게 오르는 동안 삼양식품 투자자들은 끊임없이 '고평가 논란', '실적 쇼크', '성장 둔화' 등 여러 소음과 맞서 싸워야 했을 것이다. 그럼에도 그 기간에 '트렌드' 하나만큼은 굳건했고, 이를 믿은 투자자는 마침내 승리했을 것이다.

소비재 투자에 성공하는 방법은 의외로 단순하다. 먼저 압도적인 트렌드를 보여주는 종목을 찾고 그 종목의 트렌드가 꺾이는지만 계속 관찰하면 된다. 물론 실적 추정이나 기업 미팅과 같은 활동들도 분명 의미 있겠지만, 이보다 더 중요한 것은 나비 효과라는 알파를 찾아내는 것이다. 이를 위해서는 누구보다 해당 소비재에 대한 트렌드에 민감해야 하며, 그렇게 마침내 나비 효과를 찾아냈다면 투자 인생을 걸어볼 만한 나만의 종목을 만났음에 기뻐해도 좋다. 트렌드는 모든 것을 알고 있다.

세상의 변화,
산업의 변화,
기업의 변화

주가는 언제 오르는 걸까? 투자자라면 한 번쯤은 이런 질문을 던져본 적이 있을 것이다. 철학적이고 모호해 보이는 이 질문에 대한 답은 의외로 단순하다. 바로 '변화가 일어날 때'다. 고대 그리스의 철학자 헤라클레이토스가 남긴 "모든 것은 변한다. 변하지 않는 유일한 것은 '모든 것은 변한다'는 사실 뿐이다."라는 말처럼, 우주에 존재하는 모든 것은 지금 이 순간에도 변하고 있으며 그 변화가 세상에, 산업에 그리고 기업들에 미치는 영향들이 서로 맞물린 결과가 자본시장에서는 '주가'라는 형태로 도출된다.

투자자로서 우리의 목적은 결국 '주가 상승'을 예측하고 선점하는 것이다. 그렇기에 우리는 세상의 변화에 민감하게 반응하고, 그 안에서 기회를 포착할 수 있어야 한다. 이런 변화는 세 가지 층위로 구분되는

데, 바로 '세상의 변화', '산업의 변화', '기업의 변화'다. 이 세 가지는 언뜻 독립적으로 움직이는 것처럼 보이지만 톱니바퀴처럼 서로 맞물려 있으며, 세 가지 변화가 중첩되는 순간 주식시장에서 가장 강력한 시세가 분출되는 변곡점이 만들어진다고 할 수 있다.

주가를 움직이는 세 가지 변화

가장 큰 단위의 변화는 '세상의 변화'다. 세상의 변화란 말 그대로 우리가 살고 있는 이 세상이 바뀌는 것을 의미한다. 이런 변화는 세 가지 변화 중에서 가장 드물게 나타나지만, 그만큼 가장 큰 파급력을 갖는다. 예를 들어 애플이 아이폰을 처음 출시하면서 스마트폰이라는 새로운 기기가 등장하고 급속도로 보급되기 시작한 것은 전형적인 '세상의 변화'라고 할 수 있다. 스마트폰이 대중화되면서 모바일 인터넷이 발전했고 그로부터 광고, 게임, 미디어, 콘텐츠, SNS 등 수많은 산업이 새롭게 생겨났다. 2008년에 시작된 이 변화는 거의 20년 가까이 지난 지금까지도 우리 일상과 여러 산업에 지대한 영향을 미치고 있다.

다음으로 '산업의 변화'는 '세상의 변화'보다는 작은 단위이지만, 그럼에도 여전히 중장기적으로 투자 기회를 제공하는 중요한 변화다. 특히 규모가 큰 산업일수록 해당 산업 내의 변화가 만들어내는 투자 기회는 더욱 크다. 대표적인 사례가 전기차다. 기후변화에 대한 인식이 높아짐에 따라 친환경 정책이 확산되고, 이에 따라 자동차 산업이 내연기관 중심에서 전기차 중심으로 재편됐다. 기존에도 자동차 산업은 전 세계적으로 손에 꼽히는 매우 거대한 산업이었는데, 해당 산업 내의 패러다임이 '전기차'로 전환되면서 전기차 시장이 폭발적으로 성장했다. 사실상 전기차 시대를 연 테슬라는 해당 산업 패러다임 전환의 가장 큰 수혜를 입으면서 2020년 S&P500 지수 편입 전후로 거의 10배가 넘는 주가 상승률을 시현했다.

산업 단위의 변화는 여러 산업이 맞물리면서 나타나기도 하는데, 대표적으로 스마트폰 등장 이후 데이터 사용량이 급격히 증가한 것을 들 수 있다. 또한 소프트웨어 기업들의 SaaS 모델 전환이 가속화되면서 2010년대부터 MS, 구글, 아마존 등 빅테크 플랫폼 업체들이 '클라우드'라는 새로운 산업에 막대한 투자를 집행했고 이에 따라 클라우드 서버를 구성하는 반도체 수요가 급격히 증가하면서 반도체 산업이 큰 수혜를 봤다.

마지막으로 가장 작은 단위인 '기업의 변화'는 산업이나 세상이 달라지면서 생기기보다는 기업 자체의 비즈니스 구조나 방향성이 전환되면서 일어나는 경우가 많다. 대표적인 사례로 디즈니를 들 수 있다. 과거 디즈니는 TV 방송국이나 라이선스 사업, 테마파크 사업 등에 비즈니스가 치중돼 있었는데, 넷플릭스가 OTT 사업에서 큰 성공을 거두면서 고민이 많아졌다. 자신들이 라이선스해주는 콘텐츠를 기반으로 넷플릭스가 성장을 가속화하고 어느새 시가총액을 추월당하기 직전 상태까지 이르렀기 때문이다. 이에 디즈니는 자체 OTT를 출시한다는 결단을 내렸다. 압도적인 콘텐츠 경쟁력을 바탕으로 디즈니의 자체 OTT인 디즈니플러스가 큰 성공을 거두었고, 주가 역시 큰 폭으로 상승했다.

이렇게 세 가지 변화는 각 층위에서 독립적으로 나타나기도 하지만, 가장 큰 효과는 변화가 중첩되면서 맞물릴 때 발생한다. 엔비디아가 대표적인 사례라고 할 수 있다. 엔비디아는 고사양의 게임을 잘 구동시키기 위해 GPU 사업을 처음 시작했다. 그런데 여러 첨단 기술이 세상에 등장함에 따라 고성능의 칩이 필수적으로 요구됐다. 클라우드가 대중화되고 코인이 주목받고 자율주행 산업이 성장하고 AI 산업이 등장하는 '세상의 변화'가 반도체 산업을 계속해서 성장시키는 '산업의 변화'를 만들어냈다. 그런 변화의 물결 속에서 엔비디아는 자신들의 GPU를 해당 변화에 가장 최적화된 칩으로 진화시키면서 모든 첨단 산업의 성장 속에서 큰 수혜를 누릴 수 있었다. 그리고 이 모든 변화가 맞물리면서 엔비디아의 주가는 지난 10년간 거의 300배 가까이 상승했다.

이렇게 세 가지 변화가 맞물리는 사례가 그렇게 흔하지는 않지만, 그 때문에 더욱 이런 변화를 포착했을 때는 그 기회를 절대로 놓쳐서는 안 된다. 어도비의 사례를 구체적으로 살펴보면서 해당 변화를 체감해보자.

어도비의 변화

어도비는 사실상 창작의 언어를 표준화했다고 할 수 있을 정도로, 콘텐츠 크리에이터들에게는 필수적인 제품들을 판매하는 기업이다. 어도비에서 판매하는 포토샵, 일러스트레이터, 프리미어 프로 등은 이미지, 영상, 디자인, 모션그래픽 등 디지털 콘텐츠를 제작하는 모든 크리에이터에게 없어서는 안 될 매우 중요한 소프트웨어다. 심지어 디자이너나 영상 편집자들에게는 어도비 제품을 다룰 줄 안다는 것 자체가 실무 능력을 뜻할 정도로 콘텐츠 제작 소프트웨어 시장에서 사실상 독점적인 지위를 구축해왔다.

자신이 속한 산업에서 이미 압도적인 지배력을 구축한 어도비에 커다란 변화의 물결이 밀려왔다. 먼저 스마트폰의 등장이라는 '세상의 변화'가 일어났다. 스마트폰이 등장함에 따라 스마트폰 하나만 있으면 누구나 사진을 찍고, 영상을 만들고, 디자인을 할 수 있게 되면서 콘텐츠 제작은 더 이상 전문가들의 전유물이 아닌 대중의 일상으로 자리잡았다. 스마트폰의 보급으로 유튜브, 인스타그램, 틱톡 같은 플랫폼들이 폭발적으로 성장함에 따라 콘텐츠는 개인들의 브랜딩 수단이자 기업 마케팅의 핵심 자산이 됐다. 콘텐츠 제작을 위해 최적화된 소프트웨어를 판매하던 어도비에 이 같은 변화는 사실상 회사 설립 이래 맞이한 가장 큰 기회라고 할 수 있었다.

그 와중에 산업 내에서도 변화가 일어났다. 과거에는 소프트웨어들을 구매할 때 1~2년에 한 번씩 CD나 박스 형태로 '사서' 써야 했지만, 이제는 누구나 월 몇 달러만 내면 포토샵이나 프리미어 같은 고급 툴을 '구독'하는 형태가 가능해졌다. SaaS라는 새로운 형태의 비즈니스는 소프트웨어 산업을 빠른 속도로 잠식해나갔다. 대표적인 사례가 MS다. MS는 2011년, 기존에 제품 단위로 판매하던 오피스 제품군을 묶어 오피스 365라는 SaaS 제품을 새롭게 출시했고, 2013년에는 개인용 오피스 365 홈 제품까지 출시하면서 구독 비즈니스를 본격화했다. 어도비 역시 이 변화의 흐름을 포착하고 2011년 '크리에이티브 클라우드'Creative Cloud라는 SaaS 제품을 출시하며 변화의 파도에 올라탔다.

화룡점정은 2013년 5월에 이뤄졌다. 기존에 판매하던 패키지 소프트웨어와 구독형 SaaS 모델이라는 투 트랙으로 비즈니스를 진행해오던 어도비는 2013년 5월, 돌연 패키지 제품 판매를 중단하고 구독형 모델로 완전 전환을 선언했다. 패키지 제품 판매 중단은 SaaS 전환을 선도한 MS조차 시도하지 못한 일이었다. 당시 구독 제품 매출 비중이 30% 수준에 불과했기에 여전히 매출의 큰 부분을 차지하는 패키지 제품의 판매를 중단한다는 결정은 매우 큰 파문을 일으켰고, 해당 발표 직후 주가가 크게 하락하기도 했다.

그 결과는 어땠을까? 결론부터 이야기하자면, 어도비의 주가는 2013년 이후 2021년까지 8년 만에 무려 17배 이상 상승했다. 스마트폰 보급이라는 '세상의 변화'가 서서히 세상을 잠식해나가는 와중에 SaaS 전환이라는 '산업의 변화'가 일어났고, 어도비는 그 두 가지 변화에 대응하기 위해 기존 패키지 소프트웨어 판매를 중단하는 과감한 '기업의 변화'를 시도했다. 이 세 가지 변화가 완벽한 타이밍에 제대로 맞물리면서 폭발적인 실적 성장과 주가 상승을 만들어낸 것이다. 무엇보다 중요한 점은 어도비가 경험한 이 세 가지 변화는 내부자들만 알 수 있는 정보이거나 전문가들만 파악할 수 있는 층위의 변화가 결코 아니었다는 것이다. 스마트폰 보급은 누구나 알고 있었고, SaaS 전환은 뉴스와 업계 전반에서 활발히 논의되던 흐름이었으며, 어도비의 패키지 중단 발표는 전 세계 언론에 공개된 사실이었다. 즉, 이 변화는 누구나 조금만 관심을 기울이면 쉽게 알 수 있었고, 실제로 그 변화를 연결

8-4 어도비의 장기 주가 추이

출처: TradingView

해서 볼 수 있었던 투자자라면 어도비의 미래도 충분히 예측할 수 있었을 것이다.

여기서 '쉽게' 알 수 있다는 것이 중요하다. 소비재 투자의 대가 피터 린치는 "냅킨 위에 쓸 수 없다면 그것은 좋은 투자 아이디어가 아니다."라고 말했다. 그의 말처럼 모든 투자 포인트는 누구나 이해할 수 있을 정도로 쉽게 설명될 때 가장 강력한 효과를 갖기 마련이다. 그런 점에서 앞서 설명한 '세 가지 변화'만큼 쉽게 발견하고 쉽게 파악할 수 있는 것이 또 있을까?

세 가지 변화를 발견하기 위해 우리가 해야 할 가장 중요한 일은 주변에서 일어나는 모든 변화에 귀를 기울이는 것이다. 그렇게 모든 변화에 예민하기 귀를 기울이다 보면 지금 세상이 어떻게 달라지고 있는지, 산업의 패러다임이 어떤 식으로 변화하고 있는지, 그 와중에 기업들은 어떤 결단을 내리고 있는지를 알아차릴 것이다. 그리고 어느 날 마침내 그 세 가지 변화가 맞물려 돌아가는 순간을 포착했다면, 그 기회를 절대로 놓쳐서는 안 된다.

텐배거는
항상 신고가부터
시작한다

'신고가'만큼 투자자들을 설레게 하는 단어도 드물다. 자신이 보유한 종목의 주가가 전고점을 돌파하여 마침내 전에 가보지 못한 길로 들어서는 순간, 그 미지의 영역이 주는 막연한 불안감마저 설렘이라는 감정으로 치환되곤 한다. 자산이 증가하고 있다는 사실도 기쁘지만 우리가 '신고가'라는 단어에서 설렘을 느끼는 이유는 또 있다. 바로 신고가를 기록한 그 순간이 새로운 투자 기회의 시작일 수 있기 때문이다.

투자자라면 누구나 꿈꾸는 '텐배거'에는 공통점이 하나 있다. 바로 모든 텐배거가 '신고가'에서 시작됐다는 점이다. 어떤 종목이든 주가가 10배 이상 오르기 위해서는 반드시 그 종목이 처음 전고점을 돌파하면서 '신고가'를 경신하는 과정이 선행되어야 한다.

보통 텐배거가 되기 위해서는 앞서 언급한 세 가지 변화, 즉 세상·산업·기업의 변화가 중첩되거나 그렇지 않더라도 그에 상응하는 매우 큰 변화가 기업 내부에서 일어나야 한다. 그 변화가 하루아침에 일어나는 경우는 매우 드물다. 텐배거는 그런 변화가 일어나는 과정을 반영하여 주가가 조금씩 계속 상승하면서 결국에는 10배 이상 상승하는 모습으로 나타나곤 한다. 따라서 그 기업의 변화가 시작되는 바닥 지점에서 해당 변화나 그 기업의 존재를 포착해내지는 못한다고 할지라도, 신고가 분석을 통해 적어도 그 기업이 마침내 전고점을 돌파하여 신고가를 기록할 때는 그 변화를 파악할 수 있을 것이다.

사실 자기가 보유하고 있지 않은 종목이 신고가를 기록했을 때 그 종목을 매수하는 결정을 내리기는 쉽지가 않다. 신고가에 이름을 올린 종목들의 차트를 보면 하나같이 이미 바닥에서부터 큰 폭으로 올라와 있어서 보통의 투자자라면 불편함을 느낄 것이기 때문이다. 그러나 신고가에 이름을 올렸다고 해서 그 종목을 외면하는 것은 사실상 너무나도 귀중한 투자 기회를 제 발로 차버리는 것과 같은 어리석은 행동이다.

시장은 똑똑하다

미국 증시는 전 세계에 존재하는 내로라하는 투자자들이 각자의 피 같은 돈을 걸고 치열하게 싸우는 전쟁터다. 이 시장에서는 단 한 번의 실수도 용납되지 않는다. 누군가가 조금이라도 어이없는 실수를 하면 이는 곧 다른 이들에게 '기회'가 되며 모든 투자자가 달려들어 그 실수로부터 이익을 취한다. 실수를 저지른 투자자는 막대한 손실을 입게 된다.

이렇게 똑똑한 시장에서 신고가를 기록하는 것은 결코 '우연' 같은 것이 아니다. 미국 주식시장은 단순히 누군가의 의지만으로 주가를 올릴 수 있는 곳이 아니다. 그럼에도 신고가를 기록한 종목이 있다면, 그 종목은 지금 엄청난 변화의 중심에 놓여 있을 가능성이 매우 크다.

예를 들어 우리에게 익숙한 엔비디아의 사례를 보자. 엔비디아는 2021년 말까지 코로나19 유동성 버블과 코인시장 호황에 따른 채굴기용 GPU 매출 성장에 힘입어 고점을 기록했다. 그런 후에는 2022년 금리 인상 사이클에서 주가가 거의 3분의 1 수준으로 급락했다. 2023년 들어 AI 산업이 본격적으로 개화함에 따라 조금씩 상승세를 이어가더니, 2023년 5월 실적 발표에서 내놓은 다음 분기 가이던스가 전례 없는 '슈퍼 서프라이즈'를 예견했다. 그와 함께 주가가 하루 만에 24% 상승해 2021년 고점을 뛰어넘고 역사적 신고가를 경신했다. 이때부터 엔비디아는 시장에서 'AI 산업 대장주'로 급부상하면서 사실상 미국 주식시장을 주도하는 종목이 됐고, 2024년 들어서는 마침내 전 세계 시가총액 1위 지위를 넘겨받기도 했다.

2023년 5월 실적 발표 후 엔비디아가 신고가를 기록했을 때의 주가는 그로부터 불과 반년 전 신저가를 기록했을 때 대비 이미 4배 가까이 상승한 상황이었다. 그런 가격에서 엔비디아 주식을 매수하려면 본능적으로 불편한 감정을 겪을 수밖에 없다. 그러나 냉정하게 되짚어보자. 2021년에 기록한 고점은 '코인 채굴'이라는 특정 수요에 기댄 결과였다. 반면, 2023년의 신고가(그림 8-5의 화살표 부분)는 'AI'라는 훨씬 더 구조적이고 본질적인 성장 모멘텀에서 비롯된 것이다. 같은 고점이라

8-5 엔비디아의 장기 주가 추이

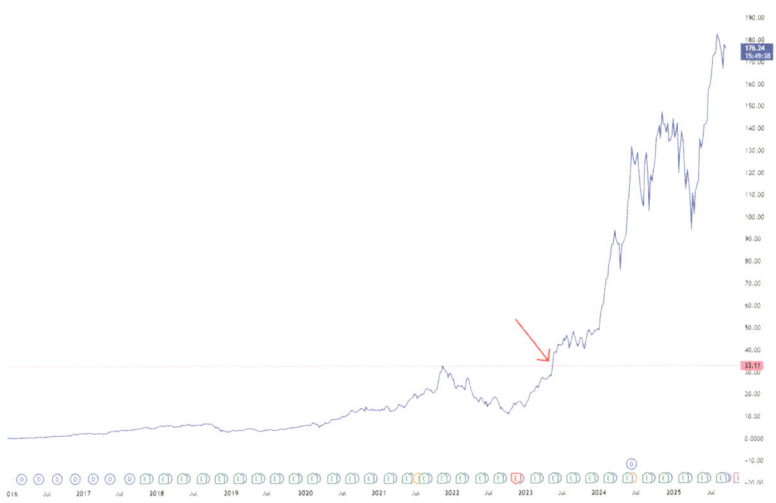

출처: TradingView

도 완전히 다른 의미를 지니는 셈이다. 만약 엔비디아를 둘러싼 기대감이 허황된 것이었다면 똑똑한 주식시장이 엔비디아가 신고가를 경신하도록 절대로 가만히 놔두지 않았을 것이다. 그럼에도 엔비디아는 신고가 경신에 성공했고, 이후의 주가 흐름은 누구나 잘 알고 있을 것이다.

신고가 분석은 비단 종목 단위에서만 의미 있는 것이 아니다. 시장에 있는 모든 종목의 총체라고도 할 수 있는 '지수' 기준으로도 신고가는 매우 중요한 의미를 갖는다. 예컨대 나스닥 종합지수는 코로나19 사태 이후 단 5주 만에 고점에서 32% 급락했다. 그리고 저점을 기록한 3월 중순부터 주식시장은 세계가 멸망할 것 같은 공포에서 조금씩 벗어나며 회복하기 시작했고, 3개월 후인 6월에는 마침내 코로나19

8-6 나스닥 종합지수의 장기 추이

출처: TradingView

이전 고점을 경신하며 신고가를 기록했다(그림 8-6의 화살표 부분).

당시를 떠올려보면, 현실 세계에서는 해결된 것이 아무것도 없었다. 마스크 없이는 외출도 불가능했고, 늘어난 확진자 수와 사망자 수가 연일 보도되며 뒤숭숭하기만 했다. 경제활동은 마비됐고, 거리에는 사람의 기척이 사라졌다. 그런 상황에서 지수가 신고가를 기록한다는 것은 어불성설처럼 느껴졌다. 그러나 어찌 됐든 나스닥 지수는 신고가를 기록했다. 한 종목도 아니고 지수가 '어찌 됐든' 신고가를 기록한다는 것은 보이지 않는 변화가 일어나고 있다는 것을 의미한다.

그 변화는 바로 금융시장에서 일어났다. 각국 정부는 코로나19 사태가 금융위기로 이어지는 것을 막기 위해 금리를 급격히 내리고 시장에 유동성을 쏟아부었다. 그러면서 시장은 다시 숨을 쉬기 시작했다. 뿌려진 유동성이 주가를 밀어올렸고, 코로나19로 인한 '비대면' 환경이 만들어낸 여러 가지 혁신적인 변화가 유동성이 끌어올린 주가에 정당성을 부여했다. 나스닥 지수는 신고가를 경신한 이후에도 1년 넘는 기간에 60% 넘게 상승하며 엄청난 랠리를 이어갔다. 만약 현실 세계와 주식시장 간의 괴리가 주는 불편함을 이기지 못하고 전고점에서 주식시장을 이탈했다면 그 뒤에 찾아온 유동성 장세의 결실을 모두 놓치고 말았을 것이다.

천 리 길도 한 걸음부터

당연히 모든 종목을 하나하나 들여다보면서 종목을 둘러싼 변화를 분석해보면 좋겠지만, 몇천 개에 달하는 상장 주식을 모두 분석하는 것은 현실적으로 불가능한 일이다. 그러나 다행히도, 우리는 그 방대한 우주 속에서 길을 찾아낼 수 있는 매우 강력한 무기를 가지고 있다. 바로 '신고가 분석'이다. 장기적으로 큰 폭의 상승을 시현하는 어떤 종목이라도 그 여정의 초입에서는 반드시 '신고가'라는 문턱을 넘어야 한다. 우리가 할 일은 신고가 종목들을 기민하게 파악하고, 어떤 변화 때문에 신고가를 기록하게 됐는지를 분석한 뒤, 그 변화가 정말로 유의미하다면 주저 없이 랠리에 동참하는 것이다.

금융위기 수준의 폭락장이 아니라면 시장 환경이 어떻게 바뀌든 신고가를 기록하는 종목들은 존재하기 마련이다. 2022년 대세 하락장에서도 에너지 등 인플레이션 관련주들은 연일 신고가를 기록했다. 지금

이 순간에도 어딘가에서는 새로운 고점을 돌파하는 종목들이 분명 존재할 것이다. 신고가 리스트는 인베스팅닷컴(investing.com), 핀비즈닷컴(finviz.com), 야후파이낸스닷컴(finance.yahoo.com) 등 많은 투자 정보 사이트에서 무료로 제공한다. 지금 바로 이 사이트들에 접속해서 천 리 길을 가기 위한 첫걸음을 떼보자.

제대로 해놓은 공부는 반드시 수익으로 돌아온다

어떤 종목과 관련된 중요한 뉴스가 눈에 띈다. 언뜻 봐도 의미 있어 보이기에 그 파급력이 얼마나 클지 곱씹으며 분석을 시작한다. 그런데 생각을 정리하기도 전에 주가가 빠르게 오르기 시작한다. 머뭇거리는 사이 상승 추세는 더욱 가팔라지고, 결국 기회를 완전히 놓쳐버리고 만다. 투자자라면 누구나 이런 경험을 해봤을 것이다.

"기회는 준비된 자에게 온다."는 말은 주식시장에도 예외 없이 적용된다. 기회를 놓치지 않기 위해서는 철저한 준비가 필요한데, 기관들을 비롯해 전문적인 투자자들은 '유니버스'universe라는 개념을 사용한다. 유니버스란 관심 있는 기업들을 정리해둔 리스트를 의미한다. 별다른 이슈가 없더라도 항상 이 기업들을 둘러싼 뉴스나 실적 등의 이슈를 추적하면서 언제든지 매수할 준비를 해놓는 것이다. 상장돼 있는 모든 종목을 추적하고 분석하기란 현실적으로 불가능하기 때문에 자신이 관심을 갖고 있고, 유망할 것으로 생각되는 종목들을 선별해서 자신만의 투자 세계를 만들어놓는 것이다.

준비된 자에게 기회를 주는 유니버스

유니버스를 만들었을 때의 가장 큰 효용은 기업들에서 변화가 포착될 때 발생한다. 예를 들어 나는 예전부터 미디어·콘텐츠 산업에 큰 관심이 있어서 자연스럽게 내 유니버스에는 넷플릭스가 항상 포함돼 있었다. 넷플릭스를 둘러싼 이슈들을 지속적으로 추적하던 중, 2022년 말에 한 가지 중요한 뉴스가 포착됐다. 넷플릭스가 광고요금제를 출시한다고 발표했다는 것이다.

당시 넷플릭스를 향한 시장의 시선은 싸늘하기만 했다. 2022년 초, 넷플릭스는 코로나19 시기 고성장의 후유증으로 유료 구독자가 사상 처음으로 역성장한 분기를 맞이했고, 엎친 데 덮친 격으로 시장까지 급락하기 시작해 반년 만에 주가가 4분의 1토막이 났다. 이후 조금씩 상승하다가 2022년 말 나온 광고요금제 출시 뉴스로 당일 주가가 13% 급등했다. 그런데 그간 넷플릭스를 비롯한 미디어·콘텐츠 산업에 지속적으로 관심을 기울여온 나로서는 그 뉴스의 파급력이 그 정도에서 그칠 것 같지 않았다.

넷플릭스가 광고요금제를 도입하기 전까지 OTT 광고를 도입한 플랫폼은 사실상 훌루가 유일했고, 그 외에는 로쿠Roku나 아마존 등 스트리밍 기기를 판매하는 기업들이 OTT 광고 시장의 메인 사업자로 자리 잡고 있었다. OTT 시장의 메인 플레이어들이 전혀 들어와 있지 않은 상황에서도 OTT 광고 시장은 매우 빠른 속도로 성장하고 있었는데, 당시 광고 산업을 통틀어서 가장 빠르게 성장하던 광고 포맷이 OTT 광고였다는 것만 봐도 그 폭발력을 쉽게 체감할 수 있었다. 이 때문에 당시 넷플릭스가 실적 발표 콘퍼런스콜을 진행하면 애널리스트들로부터 '광고요금제 출시'에 대한 질문이 단골로 등장하곤 했다. 그럴 때마다 넷플릭스의 경영진은 "광고요금제 출시보다 유저들의 경험이 훼손되지 않는 것이 더 중요하다."라며 광고요금제 출시를 일축하곤 했다.

그런데 불리한 환경이 지속되자 그를 타개하기 위해 결국에는 광고요금제를 출시하기로 한 것이다. 이는 곧 넷플릭스의 성장 전략이 구조적으로 전환됐음을 의미한다. 코로나19를 기점으로 수많은 레거시 방송사에서 자체 OTT를 우후죽순으로 출시했고, 이들과의 지난한 경쟁 속에서도 넷플릭스는 흔들림 없이 1위의 지위를 수성했다. 그런 넷플릭스가 본격적으로 광고 시장에 뛰어든다면, 광고요금제는 단순한 실험이 아니라 넷플릭스의 새로운 성장 엔진이 될 가능성이 크다고 판단했다.

당일 주가가 13%나 상승했지만, 향후에 넷플릭스가 광고요금제를 통해 만들어낼 성장에 비하면 이 정도는 예고편에 불과했다. 넷플릭스를 유니버스에 넣어두고 지속적으로 추적해왔기 때문에 이처럼 기회가 왔을 때 그 기회의 의미와 크기를 제대로 평가할 수 있었고, 그렇기에 더욱 자신 있게 베팅할 수 있었다.

8-7 넷플릭스의 장기 주가 추이

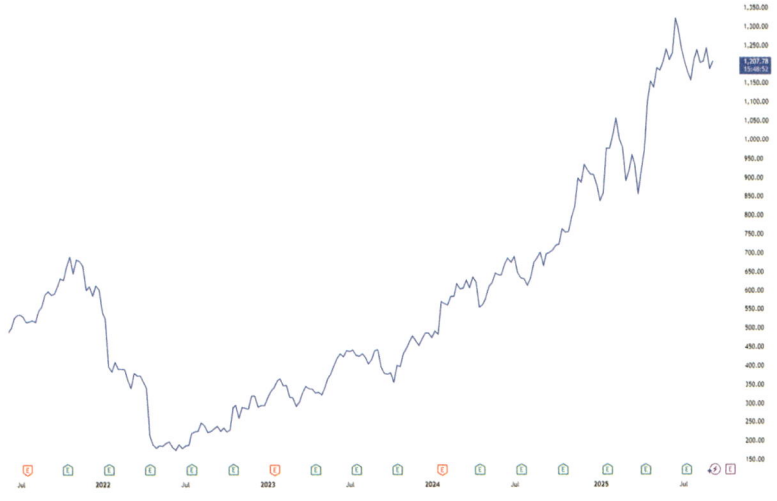

출처: TradingView

유니버스를 구성하는 세 가지 기준

유니버스를 구성할 때의 기준은 사람마다 다르겠지만, 나는 다음과 같은 세 가지를 적용한다.

첫째, 톱다운 방식이다. 내가 이해할 수 있는 산업이나 구조적으로 성장하는 분야를 선택해 산업을 세밀하게 구조화하면서 유니버스를 구축하는 것이다. 예컨대 앞서 언급한 미디어·콘텐츠 산업이라면 가장 크게 '플랫폼'과 '콘텐츠'로 나눈 뒤, 플랫폼에서는 OTT·쇼트폼·TV·SNS 등으로 나누어 하위 기업들을 분류하고 콘텐츠에서는 드라마·웹소설·웹툰·영화 등으로 나누어 하위 기업들을 분류하는 식이다. 이렇게 산업 단위로 유니버스를 구축한 뒤에는 해당 산업과 관련된 중요한 뉴스가 나올 때마다 그 뉴스가 유니버스 전반에 걸쳐 어떤 변화를 만들어내는지를 추적한다.

예를 들어 웹툰 기반 드라마가 늘어나고 있다는 뉴스가 나오면 웹툰 콘텐츠 회사들의 가치가 상승할 것이라는 일차원적인 분석 외에도 드라마 제작사들이 성공한 웹툰을 기반으로 콘텐츠를 만들면서 히트 확률을 올릴 수 있고, 이에 따라 장기적으로 제작비의 효율적인 사용이 가능해질 수 있다는 구조적 분석까지 도달할 수 있다.

둘째, 보텀업 방식 역시 유니버스 구축에 반드시 필요한 과정이다. 보텀업 방식은 독립적인 기업들을 하나하나 공부하고 쌓아가야 한다는 점에서 한 번에 여러 개의 기업을 쌓을 수 있는 톱다운 방식보다는 시간이 오래 걸린다. 그렇지만 하나의 기업을 매우 깊은 수준까지 분석하기 때문에 중요한 이슈를 놓칠 가능성이 작아진다는 장점이 있다.

예컨대 앞서 언급한 넷플릭스는 톱다운뿐 아니라 보텀업 방식에서도 유의미한 사례다. 당시 광고요금제 출시가 주가 상승 모멘텀에서 엄청난 위력을 발휘할 수 있었던 이유는 넷플릭스가 OTT 산업의 선구자로서 여러 경쟁자의 등장에도 불구하고 선두 사업자의 지위를 굳건히 유지해왔으며, 그간 광고요금제 출시를 철저히 부정해왔기 때문이다. 넷플릭스라는 개별 기업이 어떤 과정을 통해 성장해왔고, 당시 어떤 상황에 놓여 있는지를 모른 채 단순히 '광고요금제'라는 산업의 변화만을 잣대로 들이밀었다면 넷플릭스에 제대로 베팅하기 어려웠을지도 모른다. 보텀업 방식은 결국 기업의 '맥락'을 읽는 작업이다. 그 맥락을 이해하는 투자자만이 진짜 기회를 포착할 수 있다.

셋째, 기술적 분석 역시 유니버스 구축에 중요한 기준이 되어준다. 시장은 언제나 현실보다 먼저 반응한다. 어떤 종목이 기술적으로 의미 있는 움직임을 보였다면 겉으로 드러나지 않은 변화가 이미 시작됐을 가능성이 크다. 그 변화의 정체를 알지 못하더라도, 차트가 보내는 시그널만으로도 유니버스에 편입할 이유는 충분하다.

예컨대 애드테크 회사인 앱러빈은 2024년 9월에 2021년 고점을 돌파했다. 물론 당시에도 실적이 꾸준한 성장세를 보이고 있었지만, 2023년 초 저점 대비 10배 이상의 상승률을 정당화할 수 있는 수준은 아니었다. 그런데 전고점을 돌파한 이후부터 'AI 광고'가 AI 산업을 통틀어 가장 중요한 테마로 자리 잡기 시작했고, AI를 이용해 광고 효율

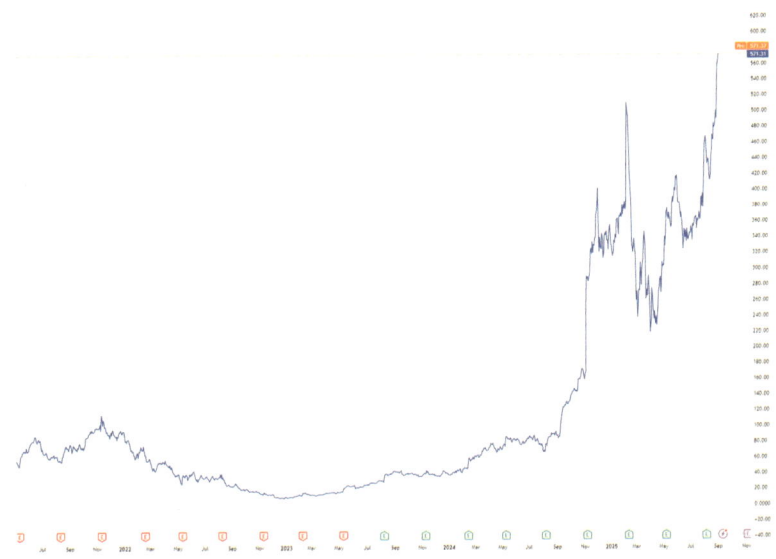

8-8 앱러빈의 장기 주가 추이

출처: TradingView

화를 제대로 달성한 덕에 앱러빈의 광고 단가가 가파르게 상승하면서 실적 성장 역시 가속화되며 주가 상승에 정당성을 부여했다. 이에 따라 전고점 돌파 이후 단 5개월 만에 앱러빈의 주가는 5배가 넘게 상승하는 기염을 토했다. 기술적 분석을 토대로 유니버스에 넣어뒀다면 적어도 이후에 나온 앱러빈의 실적 발표나 AI 광고 섹터의 상승 흐름 속에서 앱러빈을 한 번이라도 더 들여다보는 계기가 됐을 것이다.

내가 싸울 전장을 선택하라

시장의 변화는 무한한 반면, 나의 능력 범위 circle of competence 는 유한하기 때문에 둘 사이의 간극을 좁히기 위해 유니버스 구축은 반드시 필요한 작업이다. 이렇게 구축한 유니버스는 한번 만들면 끝나는 것이 아니다. 처음에는 분명 유망해 보였던 종목이 시간이 지나면서 실적이 꺾이거나 추세가 무너지면 제외해야 하고, 반대로 눈에 잘 띄지 않았던 종목이 구조적 변화의 조짐을 보이면 새롭게 편입해야 한다.

유니버스를 관리하는 일은 마치 정원을 가꾸는 일과도 같다. 시들어 버린 식물은 뽑아내고, 계절에 맞는 새 모종을 심고, 이미 심어놓은 식물의 상태를 매일 관찰하며 필요한 조치를 취해야 한다는 점에서 그렇다. 실적 발표 시즌이 끝날 때마다, 새로운 정책이나 메가 트렌드가 떠오를 때마다 유니버스를 돌아보고 손질하는 습관을 들이는 것이 중요하다.

앞서 언급했듯, 수천 개에 달하는 상장 종목을 모두 분석하는 것은 현실적으로 어려울뿐더러 투입하는 시간 대비 효용이 턱없이 낮다. 그렇기에 수천 개의 종목 중에서 내가 전투할 종목을 추려내는 것 자체가 리스크 관리이자 기회 포착의 핵심이다. 유니버스 없이 투자한다는 것은 아무것도 없이 치열한 전장에 무작정 뛰어드는 것이나 다름없다. 정보는 넘쳐나고 시간은 한정된 상황에서 유니버스는 '내가 싸울 전장'을 선택해주는 전략적 필터라고 할 수 있다. 종목 수를 줄이는 것이 목적이 아니다. '진짜 기회가 태어나는 곳'을 꾸준히 들여다보는 것이 중요하다. 투자자는 자신이 설정한 유니버스 안에서만 진지하게 고민하고, 분석하고, 베팅해야 한다. 그러지 않으면 시장에서 그때그때 화제가 되는 테마나 뉴스에 휘둘리게 되고, 그 결과 '늦은 매수, 빠른 손절'이라는 좋지 않은 패턴을 반복하기 쉽다.

골드러시 시대의
리바이스를 찾아라

해외 시장을 분석한 리포트를 읽다 보면 유난히 자주 등장하는 단어가 하나 있다. 바로 'well-positioned'라는 표현이다. 이를 딱 떨어지게 번역할 수 있는 한국어 단어는 없지만, 의미를 풀어 써보자면 이렇게 정리할 수 있다. '이 기업의 비즈니스는 시장 환경 변화나 산업 구조의 재편에 따라 가장 자연스럽게 그리고 가장 크게 수혜를 받을 수 있는 위치에 있다.'

이런 기업들은 '수혜를 받을 수밖에 없는 구조' 속에 있다는 점에서 투자자에게 매우 큰 우위를 제공한다. 시간을 내 편으로 만들 수 있는 투자가 가능해지기 때문이다. 매일매일 시장에 쏟아붓는 시간과 에너지는 투자자에게 비용과도 같은데, 아무런 수익도 없이 비용만 계속해서 지출하다 보면 언젠가는 아무것도 남아 있지 않음에 허탈함을 느끼면서 시장을 떠나게 될 것이다. 그런 의미에서 가만히 있어도 알아서 수혜가 몰려드는 종목에 투자하는 것은 굉장히 큰 전략적 이점을 제공한다. 이런 종목은 투자자가 일일이 타이밍을 맞히지 않더라도, 시간이 제 발로 수익을 데려오는 투자 환경을 만들어준다.

'well-positioned' 기업의 대표적인 사례가 누구나 알고 있는 골드러시 시대의 리바이스Levi's다. 19세기 중반, 수많은 사람이 금을 캐려고 캘리포니아로 몰려들었지만 대부분은 허탕을 치고 돌아갔다. 하지만 그 와중에 누구보다 안정적으로 그리고 꾸준히 돈을 벌어들인 이가 있었다. 바로 청바지 브랜드 리바이스의 창업자 리바이 스트라우스Levi Strauss다. 그는 금광을 찾아 나선 이들처럼 변화의 중심에서 직접 싸우지는 않았다. 그 대신 시대의 흐름을 읽고, 금광 노동자들에게 반드시 필요한 튼튼한 작업복을 만드는 데 주력했다.

이것이 바로 'well-positioned'의 본질이다. 리바이 스트라우스는 금을 캐지는 않았지만, 금을 캐는 이들 뒤에서 가장 확실하게 수익을 얻을 수 있는 포지션을 선점한 것이다. 그 결과 리바이스는 골드러시가 끝난 이후에도 생존했고, 오히려 이후 수십 년간 산업화 시대를 상징하는 브랜드로 성장해나갔다.

현대판 리바이스, 엔비디아

오늘날에도 여러 혁신과 산업 구조적 변화가 만들어내는 '현대판 골드러시' 속에서 리바이스 같은 기업이 계속해서 탄생하고 있다. 가장 대표적인 사례가 엔비디아다. 게이밍 시장에서 시작해 암호화폐 붐과 데이터센터 확장 그리고 현재의 AI 열풍에 이르기까지, 엔비디아는 기술 산업의 지형이 바뀔 때마다 스스로를 그 중심에 두었다.

시작은 게이밍 PC였다. 2000년대 중반 이후, 고사양 3D 그래픽을 요구하는 게임 시장이 폭발적으로 성장했다. FPS, MMORPG 같은 장르들이 인기를 끌면서 엔비디아가 판매하는 GPU의 성능이 게이머들의 주요 구매 포인트가 됐고, 엔비디아는 자사의 지포스 시리즈를 중심으로 PC용 그래픽 카드 시장을 선도했다. 이 시기의 GPU는 더 이상 단순한 보조 장치가 아니라 게임 경험의 품질을 결정짓는 핵심 부품으로 격상됐고, 엔비디아는 게이머들의 니즈와 트렌드를 정확히 꿰뚫으며 독보적인 브랜드로 자리 잡았다.

그로부터 10여 년이 지난 2017년 무렵부터는 암호화폐 시장이 급속도로 성장하면서 암호화폐 채굴 열풍이 불었다. 이때 주목받은 것이 병렬 연산에 강한 GPU였다. 특히 이더리움 채굴에 GPU가 효과적이라는 사실이 알려지면서 채굴자들은 앞다퉈 엔비디아의 그래픽 카드를 대량으로 구매했다. 흥미로운 점은 엔비디아가 이 흐름을 단기 테마로 소비하지 않았다는 점이다. 자사 GPU가 새로운 산업에 어떤 방식으로 활용되는지를 면밀히 추적했고, 이후 등장하는 데이터센터 및 AI 시장의 수요와 기술적 접점을 이때부터 준비했다.

엔비디아의 통찰력은 바로 이듬해부터 빛을 발했다. 2018년부터 클라우드 산업이 본격적으로 성장하면서 전 세계 기업들이 대규모 데이터센터 구축에 나섰다. 이 과정에서 GPU가 고성능 연산을 담당하는 핵심 장치로 주목받자, 엔비디아는 자사 제품군을 게이머를 위한 GPU

에서 기업용 GPU로 확대 전환했다. 특히 과부하 연산에 특화된 A100 같은 연산용 GPU를 출시하면서 클라우드 기업과 빅테크 고객들의 수요에 대응했다. 엔비디아는 이 시점부터 본격적으로 'GPU를 파는 기업'에서 '연산을 파는 기업'으로 체질을 바꾸기 시작했다.

마지막으로 2022년 말 챗GPT의 등장 이후 AI 산업이 전 세계 자본의 최우선 투자처로 떠올랐다. LLM을 학습하고 추론하는 데는 초고성능 GPU가 대량으로 필요하다는 사실이 알려졌고, 엔비디아는 누구보다 강력한 위치에서 이 흐름을 맞았다. 무엇보다 중요한 포인트는 AI 붐이 왔을 때 이미 엔비디아는 그에 걸맞은 기술, 제품군, 생태계를 모두 갖춘 상태였다는 점이다. 서버 단위로 공급 가능한 고성능 AI GPU를 보유하고 있었고, CUDA 플랫폼이라는 독자적인 개발 생태계 역시 견고하게 구축해두었다.

이 네 가지 기술 산업의 골드러시에서 가장 'well-positioned'돼 있었던 엔비디아는 폭발적인 실적 성장과 함께 지난 20년간 무려 6만 6,749%, 연평균 38%라는 엄청난 기업 가치 상승을 이뤄냈고 어느덧 전 세계에서 가장 가치 있는 기업의 반열에 올랐다.

왜 우리는 '리바이스'를 찾아야 하는가

사실 골드러시가 일어날 때는 곡괭이를 가장 많이 가지고 있고 금을 잘 캘 수 있는 곳에 자리를 잡은 업체에 투자하는 것 역시 좋은 전략이 될 수 있다. 종목을 제대로 골랐다면 장기적으로 리바이스 종목을 사는 것보다 훨씬 더 높은 수익을 거두는 것도 가능하다. 그럼에도 여전히 금 채굴 업체가 아니라 리바이스를 찾아야 하는 이유는 명확하다.

먼저 일단 리바이스 같은 기업을 찾아내면 이후 고려해야 할 변수가 급격히 줄어들기 때문이다. 한 금 채굴 업체가 가장 뛰어난 채굴 기술과 가장 튼튼한 장비를 가지고 있어서 투자했는데 갑자기 어느 날 또 다른 업체가 더 진보된 드릴링 머신을 가지고 등장한다면 하루아침에 1위 자리를 빼앗길 수 있다. 하지만 채굴을 위해 튼튼한 리바이스 청바지를 입어야 한다는 것은 두 채굴 업체 모두에게 변하지 않는 사실이다. 금광에서 청바지를 판매하는 기업이 리바이스 하나밖에 없다면, 어떤 광부가 금을 가장 잘 캐는지 또는 어떤 장비가 채굴에 뛰어난 효용을 보여주는지와 같은 변수들은 더 이상 고려할 필요가 없다. 그저 금광에 금이 여전히 남아 있는지 지켜보기만 하면 된다.

주가는 복잡계 세상에서 발생하는 여러 변화가 어우러지면서 도출되는 결괏값이기 때문에 태생적으로 변수투성이일 수밖에 없다. 그런 주식시장에서 변수가 통제된 환경을 구축할 수 있다는 것은 그 자체만으로도 압도적인 우위를 확보하는 셈이다. 예컨대 첨단 반도체 노광공정에 필수적으로 사용되는 EUV extreme ultraviolet(극자외선) 노광장비를 독점적으로 생산하는 ASML에 투자하는 것은 삼성전자, SK하이닉스, 마이크론 등 첨단 메모리 반도체 제조 업체에 투자하는 것에 비해 고려해야 할 변수가 훨씬 적다.

첨단 반도체 제조 업체에 투자할 때는 매번 달라지는 기술 지형 속에서 해당 업체가 제대로 적응하며 트렌드를 잘 따라가고 있는지 면밀하게 추적해야 하지만, ASML 투자자들은 그저 첨단 메모리 반도체 산업이 성장하는지만 추적하면 된다. 기술 전쟁에서 승리한 업체가 어디이든 간에 ASML의 EUV 노광장비는 반드시 사용해야 하기 때문이다.

다음으로, 리바이스와 같은 기업은 '확신의 강도'를 높여주기 때문에 베팅 규모를 크게 늘릴 수 있다. 모든 주식은 결국 '확률'에 대한 베팅이다. 이 세상에 오를 확률이 100%인 주식은 없다. 그래서 리서치를 통해 기업의 펀더멘털을 깊이 공부하고, 차트 분석을 통해 그 기업을 둘러싼 사람들의 심리를 파악하기 위해 그토록 노력하는 것이다. 확률을 높인 다음에 필요한 작업이 '베팅'이다. 투자 수익은 '주가가 오를 확률'과 '투자 금액'이라는 함수로 결정되기 때문에 주가가 오를 확률이 높다고 판단되면 더 많은 금액을 베팅하여 수익을 키워야 한다.

캐나다에 본사를 둔 이커머스 솔루션 업체인 쇼피파이는 쇼핑몰을 만들고 싶지만 인프라를 구축하는 데 어려움을 겪는 중소 판매 업체들에 쇼핑몰 운영을 위한 인프라를 제공하고 쇼핑몰에서 발생하는 거래 대금에서 일정 부분을 수수료로 수취하는 비즈니스 모델을 운영한다. 스마트폰 보급이 늘어나고, 사람들의 행동 양식이 점차 오프라인이 아닌 온라인에서 물건을 구매하는 것으로 바뀌어갈 때 앞으로 이커머스 시장이 성장하리라는 생각은 누구나 할 수 있을 것이다. 하지만 그 아이디어를 실제 투자로 연결하기는 쉽지 않다. 이커머스를 운영하는 수많은 업체 중에서 이커머스 시장 침투를 누가 가장 잘 해낼지 알 수가 없기 때문이다.

예컨대 나이키는 2017년부터 D2C direct to consumer(기업과 소비자 간 직거래) 비즈니스를 확대하면서 이커머스 전환의 교과서와도 같은 사례를 만들어냈다. 그런데 미·중 무역분쟁이 격화되자 주요 거래처였던 중국에서의 매출이 반미 감정 탓에 급감하면서 이커머스 시장 성장과는 무관한 주가 하락을 경험해야 했다. 쇼피파이 솔루션을 사용해 한때 높은 성장률을 보여줬던 올버즈Allbirds는 브랜드의 인기가 식으면서 주가 역시 상장 이후 95% 이상 하락하기도 했다.

이처럼 이커머스 시장 성장이라는 당위적인 아이디어에 투자하기 위해 브랜드 주식을 매수할 경우, 발생할 수 있는 변수가 너무나도 많기 때문에 강한 확신을 갖고 큰 금액을 베팅하기는 어렵다. 하지만 쇼피파이는 어떤 브랜드가 성공하든 상관없다. 고객들이 이커머스 비즈니스로 전환을 잘 해낼수록 쇼피파이는 시장 전체의 성장을 온전히 누릴 수 있다. 그렇기에 이커머스 시장 성장에 대한 확신이 있다면, 나이키나 올버즈에는 큰 금액을 베팅하지 못하더라도 쇼피파이에는 큰 금액을 베팅할 수 있는 것이다. 이것이 바로 'well-positioned' 기업을 찾아야 하는 이유다.

well-positioned 기업 찾기

리바이스 같은 기업을 찾는 방법은 간단하다. 기술 발전, 정책 변화, 소비 트렌드, 공급망 재편 등 자신이 생각하는 어떤 거시적 변화가 일어날 때 '반드시 거쳐야만 하는 관문'이 되는 기업을 찾으면 된다. 예를 들어 AI의 발전으로 첨단 반도체 산업이 크게 성장할 것으로 생각된다면 모든 첨단 반도체를 위탁 생산하는 TSMC에, 애플에서 게임 개발자들에게 친화적인 정책이 나온다면 게임 개발을 위한 독점적인 소프트웨어인 유니티에 투자하는 식이다. 이렇게 거시적 변화와 수혜 기업이 연결되는 과정이 직관적이고 간단할수록 해당 기업의 포지셔닝은 더 큰 위력을 발휘한다.

그러나 실제로 거시적 변화를 포착했을 때 구조적인 수혜를 받을 기업을 곧바로 떠올린다는 건 쉬운 일이 아니다. 해당 산업과 그 산업을 구성하고 있는 기업들의 밸류체인을 완전히 이해하고 있어야 하기 때문이다. 앞서 설명한 '유니버스 구축'이 여기서 다시 한번 빛을 발한다. 산업별로 잠재적 수혜 기업들을 미리 정리해 유니버스를 만들어두면, 어느 날 거시적 변화를 포착했을 때 망설임 없이 베팅할 수 있다. 유니버스를 구축할 때 주의할 점은 추상적으로 수혜가 예상되는 종목이 아니라 매출과 이익 구조가 거시적 변화에 따라 커질 수 있는 기업을 추려야 한다는 것이다. 이를 위해 해당 기업의 실적에 거시적 변화의 수혜가 묻어나고 있는지를 면밀하게 따져볼 필요가 있다.

그렇게 마침내 골드러시 시대의 리바이스 같은 기업을 찾아냈다면, 그 순간만큼은 투자 인생을 걸어도 좋다. 투자 인생을 통틀어 시간을 내 편으로 만든 상태에서 확신을 갖고 세게 베팅할 기회는 그리 흔하지 않기 때문이다. 아직까지 그런 기업을 찾지 못했다고 해서 실망할 필요는 전혀 없다. 이제 캘리포니아에는 금이 거의 남아 있지 않지만 인류 역사가 발전적인 방향으로 나아가는 한 새로운 금광은 계속해서 발견될 것이고, 그 금광을 향한 골드러시 역시 앞으로도 끊임없이 이어질 것이기 때문이다.

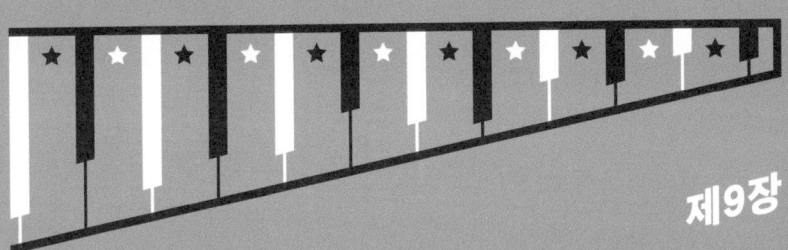

제9장

주가가 오르는 패턴은 어떻게 읽을 수 있나

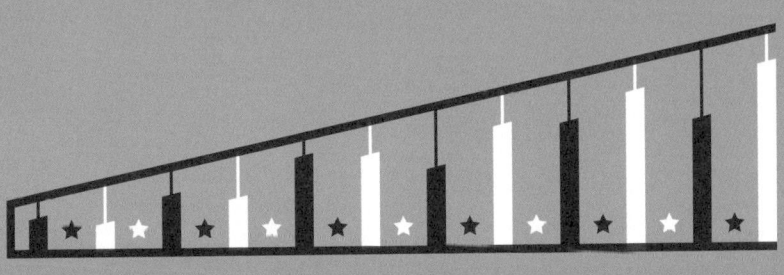

주가 상승의 가장 좋은 모멘텀은 '이익 성장'이다

　성장 모멘텀, 정책 모멘텀, 반등 모멘텀…. 주식 뉴스를 보다 보면 단골처럼 등장하는 단어가 바로 '모멘텀'이다. 모멘텀은 원래 '물체가 가진 운동량'을 뜻하는 물리학 용어로, 물체의 질량이 크거나 속도가 빠를수록, 즉 모멘텀이 클수록 멈추기가 어려운 현상을 설명하기 위해 사용된다. 금융시장에서도 이를 차용하여 모멘텀이라는 용어를 자주 사용하는데, 이때의 모멘텀은 '가격이 상승하거나 하락하는 추세가 일정 기간 지속되는 경향'을 의미한다.

　주식 투자자들은 모두 자신이 가진 주식의 가격이 움직이기를, 그것도 대부분 '상승'하는 방향으로 움직이기를 바란다. 그러려면 그 주식을 둘러싼 변화가 발생해야 하는데, 흔히 그 촉매가 될 수 있는 변화에 '모멘텀'을 붙여서 'OO 모멘텀'이라는 식으로 부르곤 한다.

예컨대 기업이 사업을 하는 데 우호적인 환경을 만들어줄 만한 정책이 발표됐을 때 이를 두고 '정책 모멘텀'을 받았다고 이야기한다거나 대규모 추종 자금을 보유한 지수에 편입돼 자금 유입이 집중되면 '수급 모멘텀'이 형성됐다고 이야기하는 식이다. 이 외에도 기업의 주가를 움직일 수 있는 모멘텀에는 산업 변화, 기술적 분석, M&A, 기업분할, IPO, 매크로 등 수많은 요소가 있지만 가장 퀄리티가 높고 좋은 모멘텀은 다름 아닌 '이익 모멘텀'이다.

주가는 PER과 EPS, 달리 말하면 멀티플과 이익의 함수로 구성된다. 따라서 주가가 오르기 위해서는 멀티플이 상승하거나 이익이 성장하거나 아니면 두 가지 모두가 일어나야 한다.

주가 상승 경로 1.
멀티플 상승 : 아마존

주가가 가장 쉽게 오르는 방법이 바로 멀티플 상승이다. 기업의 실제 이익 수준이나 펀더멘털이 변화하지 않더라도 '변화할 수 있다는 기대감'만으로도 주가는 상승할 수 있다. 왜냐하면 그런 기대감으로 주가를 구성하는 두 가지 변수 중 하나인 '멀티플'이 상승하기 때문이다. 시장 참가자들의 기대감으로 형성되는 멀티플은 해당 기대감의 실체가 없는 상황에서 주가를 결정하는 핵심 요인으로 작용하곤 한다. 어떤 기업이 미래에 지금과는 비교할 수 없을 만큼 많은 이익을 벌어들일 것으로 예상되면, 지금 주가는 미래 예상 이익 대비 너무나도 낮은 가격이라고 생각하는 투자자들이 주식을 사들이기 때문이다.

예를 들어 아마존은 2000년대 초반만 해도 이익을 거의 거두어들이지 못하던 회사였다. 그럼에도 아마존의 PER은 대개 100배 이상의 매우 높은 수준을 유지했는데, 아마존에 대한 시장 참가자들의 매우 높은 기대감이 반영됐기 때문이다. 당시 아마존은 빠르게 성장하는 인터넷 산업에 발맞춰 이커머스 산업 자체를 앞장서서 개화시키고 있었다. 당도할 미래에 아마존이 누리게 될 수혜와 그로부터 벌어들일 이익 규모에 비해 당시 아마존의 주가는 너무나도 저평가된 상태였고, 시장은 멀티플을 끌어올림으로써 아마존이 실제로 이익을 벌어들이기 전부터 현재 주가와 미래 기업 펀더멘털의 균형을 맞춰나간 것이다.

멀티플 상승은 주가가 가장 쉽게 오르는 방법인 동시에 가장 빠른 속도로 오르는 방법이기도 하다. 펀더멘털의 변화는 하루아침에 일어나지 않지만 시장 참가자들의 기대감은 하루아침에도 변화할 수 있기 때문이다. 그렇다면 어떤 기업에 기대감이 형성될 만한 모습이 보인다면, 즉 무언가 기업에 긍정적인 요소가 될 수 있는 '모멘텀'이 발생한다면 일단 따라붙는 것이 좋은 방법일까? 여기에 대한 명확한 대답은 존재하지 않는다. 다만 확실한 건, 만약 그 기대감이 헛된 것이었음이 판명 날 경우 엄청난 대가를 치러야 한다는 것이다.

대표적인 사례가 위워크Wework다. 위워크는 창업자 애덤 노이만Adam Neumann의 비전과 카리스마 그리고 공유경제라는 시대정신이 맞물리면서 빠르게 유니콘 기업으로 성장했다. 위워크는 기존 부동산 임대 사업에 테크 기업의 외형을 입혀, 사무 공간을 단순한 부동산이 아닌 '서비스화된 공간'space-as-a-service으로 포지셔닝하는 데 성공했다. 이

비전에 투자자들은 열광했고, 소프트뱅크의 손정의 회장 역시 위워크에 100억 달러 이상을 투자하기도 했다.

이때 위워크는 수천억 원의 누적 적자를 보고 있었지만, 당시 시장에서는 위워크를 '부동산계의 넷플릭스'라고 부르며 테크 섹터의 멀티플을 적용했고 2019년 IPO를 추진하던 시점에는 470억 달러의 기업 가치를 인정받았다. 그러나 당시 공개된 사업 모델과 방만한 경영, 취약한 재무 구조 등이 비판을 받으며 상장에 실패했고 기업 가치가 크게 하락해 2021년 결국 SPAC 합병을 통해 90억 달러의 기업 가치로 상장했다. 상장 후에도 실적 부진을 겪었을 뿐 아니라 고금리 장기화, 재택근무 확산 등으로 미국 상업용 부동산 경기가 급랭하면서 결국 2023년 11월, 파산 신청을 했다.

이처럼 제대로 된 분석 없이 멀티플 상승에 베팅했다가 실패할 경우 대가는 약간의 손실 정도로 그치지 않는다. 멀티플 상승에 대한 베팅은 주로 현재 이익을 벌어들이지 못하는 상황에서 이뤄지기 때문에 그것이 거짓이었음이 드러나면 멀티플이 빠르게 축소되면서 최악의 경우 이 사례처럼 상장폐지까지도 갈 수 있다. 산이 높으면 골이 깊은 법이다.

주가 상승 경로 2.
이익 상승 : 코스트코

이익 상승을 통한 주가 상승은 가장 빠르지 않을지는 몰라도 가장 '이상적인' 주가 상승임에는 틀림없다. 멀티플 상승처럼 '허황된' 주가 상승이 아니라 진짜 기업 펀더멘털 개선과 함께 이뤄지는 주가 상승이기 때문이다. 멀티플 상승과 다르게 이익 상승으로 인한 주가 상승은 조금은 느리게 일어나지만 훨씬 더 견고하게 이어진다.

미국 증시에는 이렇게 뜨거운 서사 없이도 오랫동안 시장을 이겨온 기업들이 있는데, 코스트코Costco가 대표적인 예다. 알다시피 코스트코가 속한 산업은 전기차도 아니고 클라우드도 아니며 AI와도 무관하다. 그런데도 이 회사는 지난 10년이 넘는 기간에 꾸준한 이익 성장과 함께 주가 역시 우상향하는 그림을 그려왔다. 코스트코 비즈니스 모델의 핵심은 매우 단순하다. 바로 연회비 기반의 유통 구조다. 회원들은 연간 회비를 내고 입장해 대량 구매를 통해 저렴한 가격에 상품을 구매한다. 이 같은 방식을 통해 코스트코는 마진을 줄이는 대신 회전율을 높이고, 회원 충성도를 통해 재방문을 유도하며, 매출과 이익을 안정적으로 끌어올릴 수 있다.

코스트코는 전 세계 시가총액 21위의 위치에 오르는 동안 단 한 번도 '폭발적 성장'이라는 표현에 어울리는 기업이 아니었다. 그러나 이익이 매년 꾸준히 늘어났고, 그 결과 주가 역시 가파르지는 않지만 성실하게 상승했다. 2013년 4.63달러였던 EPS는 2024년 16.56달러로 10년간 무려 257% 상승했으며, 같은 기간 주가는 100달러대에서 1,000달러까지 10배 상승했다.

EPS 상승에 비해 주가가 더 크게 상승한 이유는 코스트코가 벌어들이는 이익의 지속성에 대한 시장의 평가가 계속해서 높아졌기 때문이다. 코스트코의 연회비는 매년 자동으로 갱신되는 안정적인 수익이며, 미국 내 갱신율은 무려 90%가 넘는다. 또한 압도적인 규모의 경제를 바탕으로 공급 업체에 협상력을 발휘해 강력한 가격 경쟁력을 유지할 수 있으며, 자체 PB 브랜드(커클랜드Kirkland 등)를 통해 마진율을 올리고 고객 충성도 역시 제고할 수 있었다. 이를 통해 코스트코의 이익이 구조적으로 지속 가능함이 증명됐고, 여기에 대한 시장 참가자들의 평가가 계속해서 높아져온 것이다.

코스트코는 '재미없는' 주식처럼 보일 수도 있다. 테슬라처럼 혁신을 말하지도 않고, 엔비디아처럼 수백 퍼센트의 이익 성장률을 자랑하지도 않는다. 그러나 코스트코의 재무제표와 주가 차트를 보면 이보다 더 아름다운 흐름은 없다고 할 정도다. 이익이 꾸준히 성장하고, 주가는 거기에 발맞춰서 기울기를 조금씩 더 가파르게 하면서 우상향한다. 코스트코 같은 기업들은 주가가 오르지 않아도 사기 어렵고, 오르면 더더욱 사기 어렵다는 특성이 있다. 주식을 살 기회를 만들어주는 '조정'이나 '폭락'이 거의 없기 때문이다. 그 이유는 기업이 만들어내는 꾸준한 '이익 성장' 또는 '이익 모멘텀'에 있다. 이익 성장이 주가를 강력하게 지지해주기 때문에 강세장이든 약세장이든, 투자자들은 이런 기업들을 손에서 놓으려 하지 않는다.

주가 상승 경로 3.
이익 상승 + 멀티플 상승 : MS

마지막으로 이익 상승과 멀티플 상승이 동시에 일어나는 경우다. 황금조합이라고 할 수 있을 정도로 더할 나위 없이 완벽한 주가 상승 경로다. 이익 성장이 크게 일어날 때, 그 자체로 기업의 펀더멘털이나 지위가 크게 개선됐다고 평가되면서 멀티플 확장까지 동시에 일어나는 경우가 여기에 해당한다. MS가 대표적인 사례다.

PC 시장을 개척하면서 20세기를 휩쓸었던 MS는 2010년대 초반까지만 해도 '시장을 이끌던 과거의 영광'을 간직한, 느리고 안정적인 배당주 정도로만 인식됐다. 윈도와 오피스라는 거대한 캐시카우는 있었지만, 모바일 시대에 뒤처졌고 혁신에 둔감하다는 비판이 컸다. 실제로 2000년부터 2013년까지 MS의 주가는 거의 15년 가까이 제자리걸음을 했다.

그러던 중 2014년, 사티아 나델라Satya Nadella가 CEO로 취임하면서 모든 것이 바뀌기 시작했다. 나델라는 회사의 전략 자체를 소프트웨어 판매에서 클라우드 중심의 서비스 구독 모델로 전환했다. 그 과정에서 나온 가장 상징적인 제품이 애저다. 애저를 필두로 한 클라우드 비즈니스가 매년 30~40%대 성장을 지속하면서 매출 비중을 늘려나갔고, 마침내 MS의 가장 중요한 성장축으로 자리 잡았다.

클라우드 매출이 본격적으로 성장하면서 MS의 이익 구조 역시 완전히 바뀌었다. 매출 성장뿐 아니라 고마진 구독형 비즈니스의 비중이 확대되면서 영업이익률이 지속적으로 개선됐고, 그 결과 EPS 역시 구조적인 우상향을 보여왔다. MS의 EPS는 2015년 2.63달러에서 2025년 11.8달러로 4.5배 성장했다. 단순히 높은 성장률만이 아니라 초대형주라는 큰 몸집에도 불구하고 매년 일관되게 10~20% 이상의 성장률을 달성했다는 점이 투자자들에게는 더욱 놀라운 포인트로 작용했다.

MS의 주가는 같은 기간 10배가 넘게 상승했는데, EPS 성장 외에

PER 성장까지 뒤따랐기 때문에 가능한 결과다. 기존에 윈도 제품의 단발성 판매가 메인이었던 MS의 비즈니스가 오피스 365 중심의 반복성 구독 비즈니스로 전환됐고, 회사의 주요 성장 동력으로 안착한 클라우드 매출 역시 구독이라는 탄탄한 구조하에서 안정적으로 성장하는 모습을 보여줬다. 또한 클라우드 사업의 고객사들은 경기 침체 때도 IT 인프라 지출을 줄이지 않기 때문에 비즈니스의 경기 민감도가 낮고, 여기에 AI라는 새로운 모멘텀까지 추가되면서 클라우드 산업에 신성장 스토리가 붙었다. 이 과정을 통해 2014년 10배 초반에 머물렀던 MS의 PER은 2024년 30~40배 수준까지 상승했으며, 이익 성장과 더불어 MS의 주가를 끌어올리는 핵심 요인으로 작용했다.

최고의 모멘텀은 '이익 성장'

주가 상승이 만들어지는 세 가지 경로에 대해서 알아봤는데, 세 가지가 독립적인 것처럼 보이지만 출발점은 모두 동일하다. 바로 '이익 성장'이다. 멀티플 상승도 이익 성장에 대한 기대감에서 시작되고, 이익 모멘텀은 그 자체로 주가를 상승시키는 가장 이상적인 동력이다. 그리고 이익 성장은 기업 펀더멘털 변화를 가장 강렬하게 보여주는 증거와도 같아서 EPS와 함께 PER을 끌어올리는 요인으로 작용한다. 따라서 투자자로서 우리는 어떤 경우에도 기업의 '이익 성장'을 가장 우선순위에 둘 필요가 있다.

밸류에이션의 함정에 빠지지 마라

"주가가 많이 하락해서 이제 PER이 고작 7배밖에 안 됩니다."

뉴스나 IB들의 기업 분석 보고서에서 가끔 등장하는 이런 달콤한 말을 들으면 왠지 놓쳐서는 안 될 기회를 만난 것처럼 느껴지곤 한다. 마치 마트에서 마감세일 문구를 발견했을 때처럼 말이다. 하지만 주식시장에서 '싸다'는 말은 현실 세계에서와는 조금 다른 의미일 수도 있다. 싸게 거래된다는 이유만으로 매수한다면, 시장이 만들어둔 함정에 발을 들인 셈이다.

워런 버핏의 성공 스토리가 알려지면서 '가치 투자'라는 개념이 투자의 세계에서 인기 있는 전략으로 부상했는데, 워런 버핏이 그저 '싼 기업'을 골라서 투자한다고 알고 있는 사람도 종종 있다. 그러나 이는 절반만 맞고 절반은 오해다. 1950~1960년대 초반, 벤저민 그레이엄의 제자였던 버핏은 그레이엄의 방식대로 '청산 가치 대비 저렴하게 거래되는 주식'을 골랐다. 그 시절 버핏은 PER, PBR이 극도로 낮은 종목들을 발굴해 투자했고, 이 전략은 '담배꽁초 투자'로 불리기도 했다. 버려진 담배꽁초라도 잘만 고르면 한 모금 정도는 공짜로 피울 수 있는 것처럼, 싼 기업의 주식을 몽땅 사서 청산하면 이익을 거둘 수 있다는 의미다.

그러나 1960년대 중반, 버핏은 찰리 멍거와의 만남을 계기로 투자 철학을 완전히 바꿨다. 그는 "훌륭한 회사를 적정한 가격에 사는 것이, 그저 그런 회사를 헐값에 사는 것보다 낫다."라고 말하며 단순히 PER이 낮은 기업이 아니라 지속적인 이익 성장을 할 수 있는 기업에 투자하기 시작했다. 그가 투자해서 큰 성공을 거둔 코카콜라, 아메리칸 익스프레스, 애플 등은 그가 투자할 당시에도 PER이 절대적으로 낮다고 이야기할 수 있는 기업들은 아니었다. 오히려 이 기업들의 PER은 일반적인 가치주보다 높았지만, 견고한 브랜드 파워와 진입장벽 그리고 높은 자본 수익률을 갖춘 기업이었다. 이처럼 버핏은 숫자로는 싸 보이지 않더라도 그 기업이 꾸준한 이익을 낼 수 있는 구조라면 '싸다'고 판단했다.

밸류에이션의 함정 1.
싸지만 싸지 않다: 크록스

가치 투자의 대가인 워런 버핏의 사례가 보여주는 것처럼, 그저 숫자상으로 싸 보이는 기업에 투자하는 것은 진정한 의미의 가치 투자라고 할 수 없다. 밸류에이션이 낮아졌다고 무작정 투자하는 것은 오히려 역효과를 낳을 수 있는데, 시장은 우리 생각보다 훨씬 더 똑똑하기 때문이다. 밸류에이션이란 미래의 성장 가능성을 현재 주가에 반영하기 위해 주식시장에서 사용되는 하나의 장치라고 할 수 있다. 그런데 만약 기업의 이익은 그대로인데 밸류에이션이 낮아지면서 주가가 하락한다면, 그 기업의 미래 성장 가능성에 대한 시장의 평가가 크게 낮아졌다는 것을 의미한다. 그리고 미국과 같이 수많은 유능한 투자자가 모여서 집단지성으로 미래를 예측하는 시장에서는 더더욱 그런 평가가 결국에는 옳은 것으로 판명 날 가능성이 아주 크다.

크록스Crocs가 대표적인 사례다. 2020년 코로나19 사태로 세상이 멈췄을 때, 크록스는 예상 밖의 방식으로 주목받았다. 실내 생활 확산, 재택근무, 편안함 중심의 소비 트렌드가 맞물리면서 크록스 특유의 '편하지만 촌스러운' 디자인이 소비 트렌드를 주도하는 MZ세대에게 레트로 감성으로 받아들여져 인기를 끌었다. 크록스의 인기가 높아지자 패션 인플루언서 사이에서도 크록스를 신는 것이 '힙한 문화'의 일종으로 소비되기 시작했고, BTS와 저스틴 비버 등과도 콜라보를 하면서 크록스는 단순한 슬리퍼 브랜드가 아니라 하나의 '문화 브랜드'로 격상됐다.

이렇게 트렌드에 올라타자 실적이 가파르게 개선됐다. 팬데믹 이전까지만 해도 연간 12억 달러 수준이던 매출액은 2021년 무려 23억 달러를 넘어섰고, 순이익 역시 급증했다. 크록스의 인기는 끝을 모르고 치솟았고, 스톡엑스StockX 같은 리셀 플랫폼에서 크록스 신발이 나이키처럼 프리미엄이 붙어 거래되기에 이르렀다. 그저 그런 신발 브랜드 중 하나로 평가받으면서 10배 초반 수준에 머물던 크록스의 PER은 하나의 문화 현상으로 인정받으면서 30배 수준까지 상승했고, 주가 역시 2020년 저점에서 2021년 11월까지 무려 20배 이상 상승했다. 이런 주가 수준은 단순한 실적 반영을 넘어서 "크록스가 향후에도 명품 브랜드처럼 소비될 것"이라는 시장의 재평가가 깔려 있었다. 실적 개선도 있었지만, 밸류에이션이 높아지면서 주가를 밀어 올린 것이다.

그러나 2022년, 연준의 금리 인상 사이클이 시작되면서 소비 경기가 급속도로 얼어붙기 시작했고, 팬데믹도 어느 정도 회복세를 보이면서 사람들이 더는 집에만 머무르지 않게 됐다. 그러자 시장은 다시 크록스를 '저렴한 신발을 파는 회사'로 보기 시작했다. 적극적으로 콜라보를 진행하던 인플루언서나 연예인, 브랜드들도 크록스의 지위가 떨어지자 하루아침에 등을 돌렸고, 이에 따라 크록스의 뻥튀기됐던 멀티플이 급격히 축소되면서 주가가 급락했다.

이 기간에 크록스의 이익 자체는 크게 훼손되지 않았다는 점이 중요하다. 2019년 1.7달러에서 2021년 12.45달러까지 가파르게 상승한 크록스의 EPS는 2022년에 8.74달러까지 하락했지만 2023년에 곧바로 13.10달러 수준으로 회복됐으며, 2024년에는 16.82달러로 계속해서 성장을 이어나가고 있다. 그럼에도 크록스의 주가는 2021년 고점에서 반년 만에 무려 75% 급락했는데, 같은 기간 이익은 비교적 잘 방어됐다는 점을 고려하면 멀티플 축소가 주된 이유라고 볼 수 있다.

그런데 만약 팬데믹이 절정에 달했던 때의 크록스를 생각하면서 이제는 밸류에이션이 싸졌다고 좋아하며 매수했다면 어떻게 됐을까? 주가가 반년 만에 4분의 1토막이 나는 동안 PER은 매일매일 하락했다. 그 기간에 매수했다면 너무나도 참혹한 결과를 마주해야 했을 것이다. 이것이 바로 첫 번째 '밸류에이션의 함정'이다.

밸류에이션의 함정 또는 '밸류 트랩'은 투자자들이 가장 흔히 접하는 난관이다. 주가가 하락하면서 일시적으로 밸류에이션도 함께 하락해 '가치주'처럼 보이지만, 사실은 성장률이 꺾이거나 트렌드에서 뒤처지는 등 가치가 회복되지 않거나 더 악화될 가능성이 큰 주식이라는 의미에서 '가치의 덫'이라고 부르는 것이다. 다시 한번 반복하지만, 미국 주식시장은 전 세계를 통틀어 가장 뛰어난 투자자들이 모이는 곳이다. 이 유능한 투자자들이 훌륭한 기업들을 밸류에이션이 낮은 상태로 놔두는 경우는 거의 없다고 보는 것이 합리적이다.

밸류에이션의 함정 2.
비싸지만 비싸지 않다: 아마존

앞서 다룬 밸류에이션의 함정은 '싸 보인다고 해서 실제로 그 기업이 싼 것은 아니'라는 것이었다. 그런데 미국 주식시장에서는 그 반대의 경우가 성립하는 사례도 많다. 말하자면, '비싸 보인다고 해서 실제로 그 기업이 비싼 것은 아니'라는 것이다.

아마존이 대표적인 사례다. 이제는 '빅테크'로 불리는 아마존은 선행 PER이 30배 내외에서 움직이고 있다. 빅테크 기업의 뛰어난 비즈니스 모델과 글로벌 확장성을 바탕으로 S&P500 평균보다 조금 더 높은 밸류에이션을 받고 있는 게 당연해 보이는 아마존도 한때는 고평가 논란이 일 정도로 높은 밸류에이션을 받던 시절이 있었다.

2000년대를 거쳐 2010년대까지 아마존은 거의 항상 100배 이상의 PER을 부여받는 것은 기본이었고, 심지어는 이익이 나지 않는데도 시가총액이 수천억 달러를 돌파했다는 이유로 꽤 오랫동안 가치 투자자들에게 조롱의 대상이 됐다. 시장에서는 '장사는 잘하는데 왜 돈을 못 버냐', '이익도 안 나는 기업이 왜 이렇게 비싸냐' 등의 반응이 주를 이뤘고 일부 투자자는 아마존을 '대표적인 거품주'로 분류하기까지 했다.

그러나 시간이 지나면서 그 시선은 완전히 뒤집혔다. 아마존의 본질은 단순한 이커머스 플랫폼이 아니라 데이터, 물류, 구독 모델을 기반으로 한 복합 인프라 기업이다. 특히 2014년을 기점으로 아마존은 완전히 다른 기업으로 탈바꿈했는데, 그 중심에 AWS가 있었다. AWS를 필두로 한 아마존의 클라우드 인프라 사업은 물건을 팔지 않고도 회사에 고정적인 수익을 가져다주었고, 이익률은 전자상거래 비즈니스보다 몇 배나 높았다. 동시에 아마존 프라임 멤버십과 디지털 콘텐츠, 광고 사업까지 확대되면서 이익의 질 자체가 달라졌다.

이 과정에서 매출 위주였던 아마존의 성장 궤적에 이익 성장까지 따라붙었고, 그 전까지 'PER이 높다'며 꺼리던 투자자들 역시 실적이 본격적으로 가시화되자 본격적으로 진입했다. 물론 그 시점에 아마존의 주가는 이미 몇 배나 오른 상태였다. 예컨대 2010년 당시 아마존의 PER은 80~100배 수준이었지만, 이후 10년간 EPS는 연평균 무려 30~40%씩 성장했고, 주가는 2010년 약 120달러에서 2021년 고점 기준으로 3,700달러를 돌파해 무려 30배 이상 상승했다. 그렇게 시간이 지나고 나서야 시장은 아마존이 비쌌던 것이 아니라 자신들이 가능성을 너무 짧게 본 것임을 깨달았다.

아마존은 밸류에이션이 비싸 보이는 종목도 실제로는 그렇지 않을 수 있다는 것을 여실히 보여주는 사례다. 지금 당장 회사가 벌어들이는 돈에 비해 시장에서 너무나도 후한 밸류에이션을 매긴다는 것은 시장에서 회사의 미래 실적에 기대를 걸고 있음을 의미한다. 물론 시장에 전반적으로 버블이 형성되거나 그게 아니더라도 기업에 테마가 붙으면서 합리적인 근거 없이 밸류에이션이 뻥튀기되는 경우도 물론 있다. 그러나 회사의 미래 성장에 대한 깊은 고민 없이 무작정 밸류에이션이 비싸다고 해서 고평가라고 치부하고 넘기다 보면, 오히려 진짜 저평가된 주식을 놓칠 수도 있다. 지금 비싸 보이는 가격이 지나고 보면 사실은 가장 싼 가격일 수 있다. 똑똑한 시장은 좋은 기업이 싸게 거래되도록 절대로 내버려두지 않는다.

미국 주식에 투자할 때 가장 경계해야 하는 실수

미국 주식시장에서 가장 경계해야 하는 실수는 밸류에이션에 집착하는 것이다. 미국 증시에 상장된 기업의 주가는 전 세계 최상위 투자자들의 집단지성이 반영된 결과물이다. 물론 때때로 오해가 개입돼 기회가 만들어지기도 하지만, 그런 사례가 '예외적 사건'으로 기억된다는 사실 자체가 시장의 효율성을 방증한다.

따라서 단순히 밸류에이션만 보고 투자를 결정하는 것은 매우 위험한 행동이다. '비싼 기업을 팔고 싼 기업을 샀다'고 생각했는데 시간이 지나면 오히려 비싼 기업을 사느라 싼 기업을 놓쳤다는 사실을 알게 될 수도 있다. 이 함정을 피하려면 기업의 미래 방향성을 끊임없이 고민하고, 기업이 성장 궤도를 제대로 밟고 있는지를 살펴야 한다. 지금 당장 눈에 보이는 밸류에이션은 기업의 미래에 대한 아무런 정보도 반영하지 못한다.

성장주 주가 폭발의 '두 가지 지점'을 놓치지 마라

성장주 투자의 가장 중요한 전제 조건은 '성장하면 주가가 오른다'는 것이다. 그런데 사실 절반은 맞고 절반은 틀린 말이다. 이 전제만 굳게 믿고 투자했다가는 '분명히 성장하는데도 주가가 내려가는' 이상한 현상을 경험할 수 있을 것이다. 같은 성장주라고 해도 기업마다 성장의 속도와 질이 다를 수밖에 없는데, 체감이 되지도 않는 미묘한 차이가 주가 성과에서는 엄청나게 큰 차이로 귀결되기 때문이다.

예컨대 두 기업이 똑같이 30%의 매출 성장률을 기록했더라도 직전 분기 성장률이 더 높았던 기업은 '성장 둔화'로 실망 매물이 나오고, 성장률이 개선된 기업은 '가속 성장'으로 주가가 오를 수 있다. 또 같은 가속 성장이라도 이익이 동반된 건전한 성장과 비용 지출에 의존한 불안정한 성장에 대한 시장의 평가는 완전히 다를 수밖에 없다.

따라서 성장주 투자를 할 때는 먼저 해당 기업이 만들어낸 성장이 어떤 종류인지를 제대로 파악할 필요가 있다. 수많은 성장주의 성장 궤적을 지켜본바, 나는 성장주들이 시장에서 가장 열렬한 관심과 성원을 받는 성장의 두 가지 지점이 있다는 결론을 내렸다.

성장주 주가 폭발의 첫 번째 구간: 산업 태동기

제2차 산업혁명 이후 글로벌 패권국으로 거듭난 미국은 자본주의 경제체제를 빠르게 정립해나가면서 모든 혁신을 주도하는 나라로 완전히 자리 잡았다. 돈이 된다면 무엇이든 전폭적으로 밀어주는 미국식 자본주의는 수많은 산업을 태동시켰고, 그중 성공적으로 살아남은 산업들이 미국 밖으로 나가면서 지금의 세계 경제를 지탱하는 산업 구조를 만들었다. 약간의 비약은 있지만, 현대 사회에서 일어나는 대부분의 혁신은 사실상 미국에서 시작된다고 봐도 무방하다.

그런 점에서 미국 주식시장에는 다른 시장에는 존재하지 않는 아주 특별한 투자 기회가 있다. 바로 '이제 막 태동하는 산업에 투자하는 것'이다. 이전에 없던 산업이 새로 생겨나면 그 산업에서 선두 주자로서의 포지션을 굳히기 위해 기업들은 자금조달을 목적으로 빠르게 자본시장에 침투하는데, 이 과정에서 주식 투자자들은 산업의 초기 국면에 투자할 기회를 얻게 된다. 산업이 태동한다는 것은 없던 것이 새로 생긴다는 것을 의미하기 때문에 이 국면에서 기업들이 만들어내는 성장률은 그야말로 엄청나다. 성장률이 100%가 넘어가는 것은 물론이고 수백 퍼센트의 성장률을 달성하는 기업들도 넘쳐난다.

이 국면에서는 산업이 너무나도 초기 단계이기 때문에 사실상 분석이 무의미할 정도로 기업 간 경쟁력 차이가 거의 없다. 따라서 이때는 보텀업 관점에서 기업들의 경쟁력을 비교·분석하기보다는 산업의 성장 궤적이 제대로 형성되고 있는지를 파악하는 것이 더 중요하다. 산업이 제대로 태동하고 있다는 것이 여러 정황적 증거를 통해 확인된다면, 주요 플레이어 중 누구를 고르더라도 상관없다. 산업 태동기에 제대로 베팅한다면, 다른 어떤 투자에서도 보지 못한 엄청난 수익률을 단기간에 얻을 수 있을 것이다.

이 국면에서 투자할 때의 또 다른 매력은 밸류에이션을 볼 필요가 없다는 것이다. 산업이 태동하는 국면에서 해당 산업의 주요 플레이어가 돈을 버는 경우는 매우 드물다. 대부분의 경우 빠르게 태동하는 산업의 성장률을 좇기 위해 비용을 엄청나게 쏟아부으면서 성장을 만들어내야 하기 때문이다. 이 국면에서는 이익보다는 매출이 훨씬 더 중요한 지표로 여겨지며, 따라서 이익 기준으로 계산되는 PER보다는 매출 기준으로 계산되는 PSR price selling ratio (주가매출비율) 지표가 밸류에이션의 주요 지표로 사용된다. 하지만 사실 산업이 태동하는 구간에서는 PSR도 밸류에이션 지표로서 큰 의미를 갖지 못한다. 누구도 그 산업이 어디까지 성장할지 알 수 없기 때문이다. 'PSR이 10배면 너무 비싸지.'라고 생각하고 팔았다가 혹시라도 산업이 계속해서 성장한다면 땅을 치고 후회하게 될 것이다. 이런 종류의 성장주는 한 번 팔면 다시 사기가 너무나도 어렵기 때문이다.

대표적인 사례가 중고차 온라인 플랫폼 기업인 카바나Carvana다. 중고차 산업의 디지털 전환이라는 거대한 흐름이 본격적으로 시작되던 2017년부터 카바나는 매출 기준으로 매년 100%에 가까운 초고속 성장을 시현했다. 불과 5년 만에 매출액이 약 17억 달러에서 127억 달러로 7배 이상 뛰었고, 이 기간에 주가는 팬데믹 저점 대비 30배 이상 상승하면서 투자자들의 시선을 한 몸에 받았다. 카바나의 부흥과 함께 여러 업체가 온라인 중고차 산업 개화 국면에 적극적으로 뛰어들면서 브룸Vroom이나 시프트 테크놀로지스Shift Technologies 같은 업체들도 시장의 뜨거운 관심을 받았다. 브룸은 2020년 상장 첫날에만 주가가 118% 급등하면서 단숨에 시가총액 60억 달러를 돌파했다. 시프트 역시 AI 기반 가격 산정, 차량 배송 시스템 자동화 등 첨단 기술을 내세우며 주목을 받았고, 투자자들은 이들이 전통적인 중고차 유통 시장의 질서를 뒤엎을 혁신적 파괴자가 될 것으로 믿었다.

당시 투자자들은 이익보다는 매출 성장률에 집중했다. 카바나, 브룸, 시프트 모두 매출이 전년 대비 2배 이상씩 성장했고 '이익은 나중에 생각해도 된다'는 분위기가 지배적이었다. 적자가 나더라도 상관없었고, 오히려 시장은 그만큼 더 높은 시장 점유율을 획득할 수 있다고 해석했다. 실적 발표에서도 EPS보다는 '분기별 차량 인도 대수'나 '매출 성장률'에 더 민감하게 반응했고, PSR이 10배가 넘어가도 전혀 과하지 않다는 인식이 팽배했다. '중고차를 오프라인에서 구매하는 시대는 끝났다', '지금은 미래의 아마존을 선점할 수 있는 시점'이라는 내러티브는 현실적인 수익성과 관계없이 이들 기업의 주가를 하늘 위로 밀어 올리기에 충분했다.

성장주 주가 폭발의 두 번째 구간: 흑자 전환기

산업 태동과 함께 모든 기업에서 가파른 성장이 일어나는 구간이 어느 정도 일단락되고 산업이 성숙기로 접어들면, 그때부터 이 새로운 산업의 진짜 주인을 찾아내는 '옥석 가리기'가 시작된다. 모두가 성장하는 구간이 끝나면 그때부터는 산업을 주도하는 상위 사업자가 경쟁력 없는 업체들의 영역을 잠식해나가면서 성장할 수밖에 없기 때문이다. 이 과정에서 산업의 메인 플레이어들에게 영역을 빼앗긴 하위 사업자들은 실적과 주가의 급격한 하락을 경험하게 되고, 대부분은 결국 시장에서 완전히 자취를 감춘다.

앞서의 사례로 다시 돌아가자면, 온라인 중고차 시장에서 살아남은 사업자는 카바나밖에 없다. 2022년 연준의 긴축 사이클 속에서 금리에 민감한 중고차 시장이 급격히 위축되면서 브룸과 시프트 같은 중소 업체들은 계속되는 실적 부진으로 유동성 위기에 봉착했다. 이들 대부분은 단 한 해도 제대로 된 흑자를 기록하지 못했다. 매크로 환경이 악화되면서 매출 성장률마저 꺾이자 브룸은 주당 1달러 미만의 페니주로 전락했고, 시프트는 2023년 파산을 신청했다. 선두 사업자였던 카바나마저 이 기간에 고점 대비 무려 98% 하락하면서 그간 받아온 뜨거운 관심에 대해 쓰라린 대가를 치러야 했다.

뜨거웠던 한 구간이 지나가고 나면, 그때부터 진짜 게임이 시작된다. 산업의 태동기에서 성숙기로 넘어가는 과정에서 살아남은 업체들이 죽어 나간 다른 모든 업체의 영역을 잠식하면서 제2의 성장기를 구가

하기 때문이다. 성장주 주가가 폭발하는 두 번째 구간에 진입하는 기업들을 걸러낼 수 있는 시금석이 바로 '흑자 전환'이다.

산업 태동기에 성장에 여념이 없어 수익성을 챙기지 않고 닥치는 대로 투자하던 기업들도, 성숙기에 접어들어 경쟁이 완화되면 그때부터는 보다 건전한 성장을 위해 이익을 신경 쓴다. 거꾸로 이야기하면, 고속 성장하는 산업에서 어떤 기업이 흑자를 낸다는 것은 해당 산업에서 그 기업이 어느 정도 확고한 지위를 확보했다는 의미라고 볼 수 있다. 당장 생존이 급한 하위 업체들은 계속해서 매출 성장을 위해 모든 자원을 쏟아부을 수밖에 없고, 이 행위 자체가 스스로를 갉아먹으면서 존폐를 위태롭게 한다. 그사이 상위 업체들은 안정적인 환경에서 현금흐름을 성장에 재투자한다. 이런 과정이 반복되면서 이들 간의 격차는 돌이킬 수 없을 정도로 벌어진다. 결국 도태되기 시작한 하위 업체들은 상위 업체들에 자신들의 영역을 모두 빼앗기고, 그렇게 상위 업체들을 중심으로 산업은 성숙기로 접어든다. 이 모든 과정이 시작되는 지점이 흑자 전환이다. 급성장하던 기업이 마침내 흑자 전환에 성공하는 것은 추가 측면에서도 매우 중요하다.

다시 한번 온라인 중고차 시장으로 돌아가 보자. 그 치열했던 경쟁의 끝에서 결국 살아남은 것은 카바나 하나였다. 경쟁자들이 하나둘씩 무너지는 동안에도 카바나는 버텼고, 구조조정과 비용 절감을 단행하며 회복을 준비했다. 브룸과 시프트 등 하위 업체들이 자취를 감추면서 시장에서 온라인 중고차 유통 산업의 유일한 대표 주자가 된 카바나는 2023년 하반기부터 흑자 전환 조짐을 보였고, 드디어 2024년 1분기에 흑자 전환에 성공했다. 이익 전환과 함께 투자자들의 시선이 다시 카바나로 향했으며, '끝내 살아남은 단 하나의 플랫폼'이라는 서사와 함께 카바나에 대한 시장의 평가도 다시 한번 바뀌었다.

주가도 빠르게 반응했다. 2022년 고점 대비 98% 하락했던 카바나의 주가는 2023년 저점 이후 단기간에 10배 넘게 상승하며 두 번째 주가 폭발 구간에 진입했다. 카바나는 흑자 전환을 재무제표상으로 보여준 2024년 1분기 실적 발표 이후에도 1년 만에 4배가 넘는 주가 상승을 시현했다. 과거에는 매출 성장률로만 평가받던 기업이 이제는 이익을 내는 기업, 구조적으로 살아남은 일인자로 시장에서 재해석되면서 단순한 고성장주를 넘어 이익 모멘텀을 동반한 구조적인 성장주로 탈바꿈한 것이다.

중요한 것은 이 구간에서의 밸류에이션이다. 산업 태동기에는 PSR 10배 이상도 허용됐지만, 이익이 현실화되는 순간부터 시장은 그 밸류에이션을 더 이상 허황된 것으로 치부하지 않았다. 오히려 높은 이익 성장률이 카바나의 PER을 빠르게 끌어내리며, 주가의 추가 상승 여력을 열어주는 이상적인 구조로 전환됐다.

첫 번째 국면인 산업 태동기 때와 달리 두 번째 국면인 흑자 전환기에는 산업에 속해 있는 모든 기업의 주가가 오르지는 않는다. 오히려 태동기 이후 성숙기를 거치면서 살아남지 못한 기업들은 대부분 회복할 수 없는 엄청난 주가 하락을 경험하면서 역사 속으로 사라진다. 그런 만큼 살아남은 상위 업체들의 주가는 첫 번째 국면에서보다 더 강력하고 더 단단하게 상승한다. 산업 태동기 때는 그저 '산업의 성장'에만 확신이 있었던 시장 참가자들이 이제는 '기업의 성장'에 대한 강한 확신을 갖고, 이전보다 훨씬 더 자신 있게 베팅하기 때문이다.

성장주 투자의 진짜 타이밍

　이처럼 성장주의 주가가 폭발하는 두 시점, 즉 '산업 태동기'와 '흑자 전환기'는 단순히 숫자나 뉴스 헤드라인으로는 포착하기 어렵다. 다만 이 두 구간의 공통점은 명확하다. 바로 '확산의 전이'가 일어나는 순간이라는 점이다. 산업 태동기에는 시장이 '이 산업은 커질 수밖에 없다'는 확신을 갖게 될 때, 흑자 전환기에는 '이 기업은 진짜 살아남았다'는 확신을 갖게 될 때 주가가 폭발적으로 움직인다. 숫자가 아니라 서사의 변화, 실적이 아니라 신뢰의 확보가 폭발적인 주가 상승을 만들어낸다.

　나 역시 성장주를 좋아하고 멋들어진 성장주를 찾아내고 싶은 '성장주 투자 지망생' 중 하나지만, 모든 투자가 그렇듯 성장주 투자 역시 결코 쉽지 않다. '성장률'이라는 숫자 하나만으로는 그 기업이 성장 궤적의 어디에 위치하는지 그리고 앞으로 어디로 갈지를 판단할 수 없기 때문이다. 하지만 앞서 설명한 두 구간, 즉 산업의 시작점과 기업의 분기점만 제대로 포착할 수 있다면, 투자 과정에서 끊임없이 이어지는 변동성과 소음에도 확신을 갖고 버틸 수 있을 것이다. 진짜 주가 폭발은 언제나 이 두 지점에서부터 시작된다. 이 타이밍을 놓치지 않는 것이 성장주 투자의 핵심이다.

'트렌드-실적-주가'의
흐름을 읽어라

"트렌드는 모든 것을 알고 있다."

트렌드 파악은 사실상 소비재 투자의 전부라고 해도 과언이 아닐 정도로 매우 중요한 일이다. 앞에서 트렌디한 소비재에 투자하는 과정에서 트렌드가 꺾이지 않는지를 보는 것이 중요하다고 강조했는데, 그렇다면 만약 아직까지 트렌드가 주가에 반영되지 않은 상태라면 어떻게 접근해야 할까?

트렌드가 주가에 반영되지 않고 있다면, 대개는 트렌드가 기업 실적에 반영되고 있지 않기 때문이다. 이는 트렌드가 반영되는 데 시차가 존재할 때 주로 발생하는 일인데, 이 경우 우리는 매우 좋은 투자 기회를 얻은 것이나 마찬가지다. 트렌드란 주로 온라인상에서 언급되거나 검색되는 횟수를 기반으로 만들어지는 데이터인 경우가 많다. 왜냐하면 특정 소비재의 트렌드는 온라인상에서 유행이 만들어진 지 한참 뒤에야 현실에서 제대로 유행하기도 하기 때문이다. 이는 패션 산업에서 자주 나타나는 현상인데, 태피스트리Tapestry 사례를 통해 이런 현상을 어떻게 투자 기회로 만들 수 있는지 알아보자.

코치의 부활

한때 '엄마 가방'이라고 무시받던 코치Coach가 2024년 들어서부터 빠르게 부활했다. 대표적인 트렌드 지표인 구글 트렌드 기준으로 봤을 때도 코치는 지난 몇 년 동안 갇혀 있던 박스권을 2024년에야 겨우 탈출했다(그림 9-1). 코치와 같이 브랜드 가치가 사실상 전부인 소비재에서는 '트렌드가 꺾였다'는 것은 사망선고나 다름없기에, 이렇게 몇 년이 지난 뒤에 트렌드가 부활하는 것은 매우 이례적인 일이다.

구찌Gucci를 보유하고 있는 케링 그룹Kering group과 루이비통·디올Dior·지방시Givenchy 등의 명품 브랜드들을 보유하고 있는 LVMH의 주가는 해당 브랜드들의 부활과 함께 몇 배 이상 상승하기도 했다. 이 두 회사의 화려한 퍼포먼스는 그만큼 죽었던 브랜드가 부활하는 것은 어려운 일이며, 만약 부활한다면 생각 이상으로 큰 가치를 얻을 수 있음을 보여준다.

글로벌 패션 그룹 태피스트리 산하 브랜드인 코치는 1941년 뉴욕에서 시작해 당시 생소했던 여성용 핸드백 시장을 빠르게 공략하면서 입지를 구축해나갔다. '접근 가능한 명품'accessible luxury이라는 새로운 영

9-1 구글 트렌드: '코치'

역을 개척하며 1980년대까지 큰 인기를 끌었던 코치는 1990년대 들어 프리미엄과 초고가를 앞세운 유럽 명품들의 글로벌 영향력에 밀려 점차 입지가 좁아졌고, 2000년대 초반에는 아울렛에 재고 밀어내기를 하면서 브랜드 이미지가 점점 망가졌다.

게다가 코치가 앞세운 '접근 가능한 명품' 카테고리에 2011년부터 마이클 코어스Michael Kors, 케이트 스페이드Kate Spade 등 경쟁사들이 코치보다 조금 더 저렴한 가격으로 진입한 것이 쇠락의 결정타가 됐다. 명품 전체 시장에서는 유럽 초고가 명품에 밀리고 중저가 명품 시장에서는 신규 진입자에게 밀리면서 코치의 핸드백 점유율은 빠르게 하락했다. 전성기 시절 코치를 잊지 못하는 일부 중장년층을 중심으로 브랜드 이미지가 간신히 유지되면서 '엄마 가방'이라는 타이틀을 얻었다.

그 후 10년 만에 코치가 되살아났는데, 여기에는 MZ세대의 러브콜

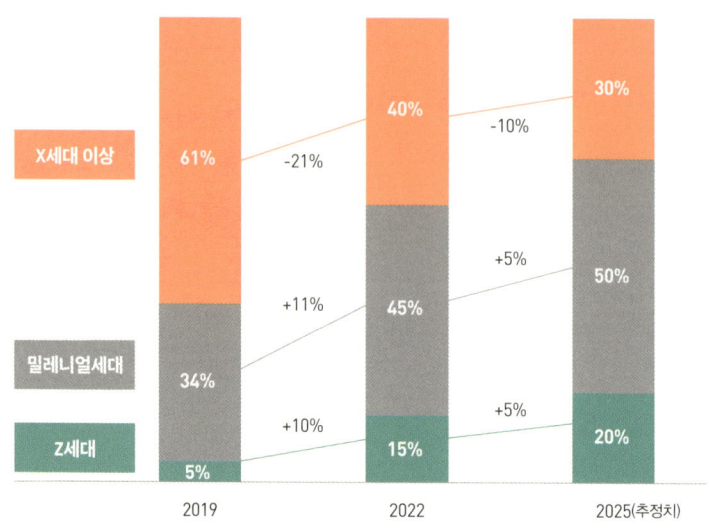

출처: 태피스트리 IR

이 주효했다. Y2K 트렌드, 경기 둔화라는 커다란 흐름하에서 코치는 MZ세대에게 익숙한 SNS 중심으로 마케팅 채널을 바꿨다. 그리고 디자이너까지 전폭적으로 바꾸면서 MZ세대를 중심으로 코치에 대한 재평가가 급속도로 일어났다. 코치의 히트 제품 태비백 Tabby Bag의 출시가 이런 흐름에 불을 붙였다. 2019년 출시된 태비백은 곧바로 유명 패션잡지사 〈링스〉 Lynx 선정 '전 세계에서 가장 핫한 상품' 3위에 랭크되는 기염을 토했고, 틱톡에서는 'What's in my bag' 대신 'What's in my Tabby' 해시태그 캠페인이 유행을 타기도 했다. 이런 변화에 힘입어 파이퍼 샌들러 Piper Sandler에서 실시한 Z세대 설문 조사 결과 선호하는 가방 브랜드 1위로 코치가 선정됐다. 매 분기 세를 늘려간 결과 2020년만 해도 10%대 초반에 머물던 점유율이 2025년 봄에는 무려 35%까지 치솟았다.

패션 트렌드의 법칙

일반적으로 패션의 글로벌 트렌드는 패션 선진국이라고 일컬어지는 이탈리아·프랑스 중심의 유럽이 선도하고, 이후에 미국 그리고 아시아(특히 중국)로 확장되는 양상을 보인다. 코치의 트렌드는 이미 2023년부터 이탈리아와 프랑스 등 유럽 국가들에서 빠르게 상승했으며, 이에 힘입어 미국에서도 2024년부터 본격적으로 상승했다.

유럽에서의 트렌드 부흥에 걸맞게 코치의 유럽 매출은 2023년 하반기부터 가파르게 상승했다. 태피스트리 전사에서 유럽 매출 비중이 한 자릿수에 불과해 전사 매출에서의 영향은 제한적인 편이지만, 해당 매출 트렌드가 태피스트리의 주력 매출 지역인 북미와 아시아로 확장된다면 과거 케링과 LVMH가 그렸던 그림을 코치에서도 확인할 수 있을 터였다.

그럼에도 회사는 2024년 말까지도 2025년에 거의 매출이 성장하지 않을 것으로 전망했고 당시에는 주가 역시 거의 반응하지 않았다. 그렇게 트렌드가 좋은 브랜드인데 왜 매출이 성장하지 않은 걸까? 이 질문에 대한 답은 의외로 단순하다. '북미 트렌드의 매출화가 아직 본격적으로 진행되지 않았기 때문'이다. 과거에 케링과 LVMH 역시 마찬가지였다.

9-3 구글 트렌드: '구찌'

구찌의 트렌드 지수는 알레산드로 미켈레Alessandro Michele가 수석 디자이너로 기용된 이후 2016년 말 직전 고점을 돌파하며 2017년부터 상승세가 가팔라졌고, 같은 해 말 최고점을 찍은 뒤 하락세로 돌아섰다. 매출은 2016년 하반기부터 두 자릿수 성장에 들어서 2017년 20%를 넘어섰으며, 2018년 하반기까지 20%가 넘는 고성장을 이어갔다. 이후 2020년까지 상승세가 지속되다가 코로나19 직후 명품 시장 부흥으로 급격히 증가했으나 경기 둔화와 함께 하락세에 접어들었다. 케링 주가는 2016년 말 전고점을 돌파해 2020년 초까지 3배 올랐고, 코로나19 저점 이후에도 2배 가까이 반등했다.

루이비통의 트렌드 지수는 2016년 말부터 상승해 2019년 말 최고점을 찍었고, 크리스찬디올은 2018년부터 시작된 상승세가 2022년까지 이어졌다. LVMH 매출은 2016년 상반기 성장세를 시작으로 2017년

9-4 구글 트렌드: '루이비통', '크리스찬디올'

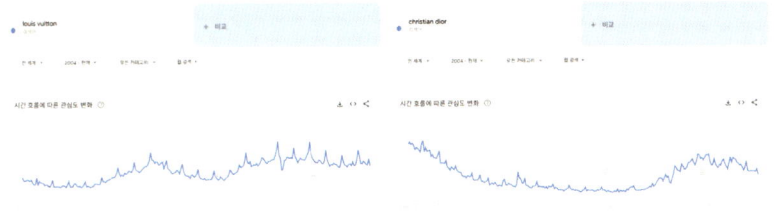

부터 두 자릿수 성장을 본격화했고, 코로나19 이후에는 무려 70%의 성장률을 기록했다. 다만 경기 둔화로 다시 감소세를 보였다. 주가는 2016년 말 전고점을 돌파해 2020년 초까지 약 2.5배 상승했고, 코로나19 직후 유동성 장세에 힘입어 저점 대비 2배 이상 올랐다.

이처럼 케링과 LVMH 사례는 트렌드가 매출로 반영되기까지 최소 반년에서 1년의 시차가 존재함을 보여준다. 특히 유럽 매출 비중이 높아 반영이 빨랐던 이들과 달리, 북미 중심의 코치에는 더 긴 시간이 필요했다.

코치의 유럽 지역 트렌드 지수는 2023년 초부터 상승하기 시작했고, 이것이 반영된 것은 2023년 하반기였다. 코치의 미국 트렌드 지수는 2024년부터 본격적으로 상승했다. 유럽의 사례를 토대로 볼 때 코치의 미국 매출은 2024년 하반기부터 본격적으로 증가할 것으로 예상할 수 있다. 실제로도 그랬다. 2024년 3분기까지도 2%에 머무르던 코치의 매출 성장률은 4분기에 처음으로 두 자릿수(10%)를 기록하더니 2025년 1분기에는 15% 성장하면서 성장의 각도가 가팔라졌다.

주가는 어땠을까? 트렌드가 상승하는 구간에서는 꿈쩍도 하지 않던

9-5 태피스트리의 주가 추이

출처: TradingView

주가가 매출이 올라가자 반응하기 시작했다. 태피스트리의 주가는 2024년 4분기부터 본격적으로 상승하기 시작해 반년 만에 60%가 넘게 상승했다. 코치 트렌드의 상승과 함께 태피스트리의 주가 상승은 지금도 계속되고 있다.

태피스트리의 사례에서 봤듯이, 트렌디한 소비재라고 하더라도 어떤 이유로 아주 짧은 기간은 트렌드의 상승이 주가에 반영되지 않는 시기가 존재하기도 한다. 투자자 입장에서 이는 절대로 놓쳐서는 안 되는 황금과도 같은 기회다. 트렌드가 상승하는 구간임에도 태피스트리처럼 실적 반영이 가시화되지 않아서 주가가 움직이지 않는 상황이라면, 사실상 답안지를 보고 시험 문제를 푸는 것이나 다름없다.

다시 한번 말하지만, 트렌드는 모든 것을 알고 있다. 하지만 트렌드와 주가가 항상 같이 움직이는 것은 아니다. 트렌드에 민감하고 회사에 대해 많은 공부가 진행된 상태가 아니라면 대부분의 투자자가 트렌드와 주가의 괴리가 만들어내는 이 기회가 얼마나 값진 것인지를 제대로 알아차리지 못할 것이다. '트렌드는 모든 것을 선행하고, 주가가 모든 것을 반영하지는 못한다'는 사실을 잊지 말고, '트렌드-실적-주가'로 이어지는 자연스러운 과정이 내가 지켜보는 주식에서도 제대로 발현되고 있는지를 주시하자.

컨센서스와의 밀당에서
속지 않는 법

　주식 투자는 아직 일어나지 않은 미래에 대한 예측을 기반으로 이뤄진다. 일반적으로 어떤 기업이 무언가의 이유로 미래에 실적이 개선될 것으로 예상된다면, 그 기업의 주가는 실제로 실적 개선이 이뤄질 때까지 기다려주지 않는다. 실적 개선 기대감에 공감하는 투자자들이 그 주식을 사들이면서 주가가 상승하고, 그 상승은 실적 개선이 실제로 이뤄질 때까지 이어지곤 한다. 따라서 주식 투자를 하기 위해서 우리는 미래를 예측하는 것뿐 아니라 나와 같은 시장 참가자들이 그 기업의 미래에 대해 얼마만큼 기대하고 있는지도 파악해야 한다.

　언뜻 복잡하고 어려워 보일 수 있지만, 의외로 방법은 간단하다. 시장 참가자들의 기대감을 숫자로 나타내는 지표가 있기 때문이다. '컨센서스'가 바로 그것이다. 컨센서스란 '다수의 의견 일치'를 뜻하는 말로, 주식시장에서는 '시장 참가자들이 예측한 평균 전망치'를 의미한다. 주식시장에서 활동하는 모든 투자자의 예측치를 수집하는 것은 현실적으로 불가능하기 때문에 일반적으로는 '애널리스트들이 예측한 실적 추정치의 평균값'을 컨센서스라고 부른다.

예컨대 이번 분기 테슬라의 EPS 컨센서스가 1.20달러라고 해보자. 이는 곧 다수의 증권사 애널리스트가 예측한 이번 분기 테슬라의 EPS 평균치가 1.20달러라는 의미다. 그런데 테슬라가 실제로 발표한 실적은 0.90달러였다면 어떤 일이 벌어질까? 만약 전년도 같은 분기에 테슬라가 기록한 EPS가 0.30달러였다고 하면 이번 분기에 테슬라는 전년 동기 대비 거의 3배에 가까운 EPS를 벌어들인 셈이 된다. 이 사실 자체만 놓고 보면 정말 놀라운 수치이고 당장이라도 테슬라의 주가가 크게 올라야 할 것 같지만, 보통은 하락한다.

물론 테슬라가 전년 대비 큰 폭의 이익 성장을 달성한 것은 사실이지만, 실제 주가에는 그 사실 자체보다는 시장 참가자들이 얼마나 기대하고 있었는지가 더 크게 작용하기 때문이다. 실적 발표 이전부터 테슬라의 EPS 컨센서스가 1.20달러였다는 것은 시장 참가자들은 이미 테슬라가 전년 동기 대비 4배에 달하는 주당순이익을 벌어들일 것으로 '기대'하고 테슬라 주식에 투자했음을 의미한다. 4배는 엄청난 성장이기에 테슬라의 주가 역시 실적 발표 이전까지 많이 상승했을 것이다. 그런데 실제 실적이 투자자들의 기대에 미치지 못했기에 이론적으로는 그 실망분만큼 주가가 하락해야 한다. 만약 컨센서스에 대한 고려 없이 그저 높은 성장률에 혹해서 실적 발표 직후 테슬라에 투자했다면 손실을 면치 못했을 것이다. 이처럼 단기적으로 주가는 '성장'보다 '기대 대비 성과'에 더 민감하게 반응하기 때문에 실적 발표 시즌에 한해서만큼은 호실적 여부보다 컨센서스를 넘어서느냐 아니냐를 더욱 주의 깊게 볼 필요가 있다.

가이던스, 회사가 심어주는 기대감

앞서 컨센서스는 애널리스트들이 제시하는 예측치의 평균값으로 결정된다고 설명했다. 애널리스트들은 자신이 접근할 수 있는 모든 방법을 통해 회사의 실적을 예측해서 추정치를 제시하는데, 그 과정에서 가장 중요한 기준점이 되는 것이 '가이던스'다. 가이던스는 기업이 향후 실적 전망을 직접 제시하는 것을 말한다. 쉽게 말해 '앞으로 우리 회사 실적은 이 정도 나올 것'이라고 회사가 직접 시장에 알려주는 것이다. 최근에는 국내 기업 중에서도 가이던스를 제시하는 곳이 늘어나는 추세인데, 미국에서는 이미 대부분 기업이 실적 발표에서 다음 분기 또는 해당 회계연도의 실적 전망치를 제시하고 있다.

애널리스트 입장에서 가이던스를 무시한 채 실적 추정치를 제시하는 것에는 꽤 큰 위험 부담이 존재한다. 아무리 좋은 분석 툴과 빠른 정보를 이용하더라도 회사에서 제시하는 실적 전망치만큼 정확하게 그 회사의 현황을 추정치에 반영하기는 어렵기 때문이다. 그래서 대부분의 애널리스트는 자신의 추정치를 회사의 가이던스 근처에 맞춘다. 이 말은 시장의 컨센서스가 결국 회사가 제시하는 가이던스와 유사한 수준에서 결정된다는 것을 의미한다.

여기서 중요한 시사점이 하나 도출되는데, 실적 발표에서 이번 분기 실적보다 가이던스가 훨씬 더 중요한 정보일 수 있다는 사실이다. 만약 기업이 다음 분기에 눈부신 성장이 예상된다며 컨센서스를 크게 웃도는 가이던스를 발표한다면, 이번 분기 실적이 기대에 못 미쳤더라도 시장은 이를 매우 긍정적으로 받아들일 것이다. 주가는 기본적으로 미래에 대한 예측을 반영하므로, 이미 발표된 이번 분기 실적보다는 아직까지는 기대감이 반영되는 구간에 놓여 있는 다음 분기 실적이 회사의 미래를 예측하는 데 훨씬 더 중요한 의미를 갖기 때문이다.

이와 관련해 엔비디아가 가장 전형적인 형태를 보여줬다. 2023년 5월, 1분기 실적 발표에서 그들은 72억 달러의 매출과 0.11달러의 EPS를 보고했다. 실적 발표 직전에 형성돼 있던 엔비디아 1분기 실적 컨센서스는 매출 65억 달러, EPS 0.09달러였기에 매출 기준으로는 약 11%, EPS 기준으로는 18% 정도 웃도는 꽤 괜찮은 실적이었다. 호실적 발표와 함께 장후 시장에서 주가가 치솟기 시작했는데 상승세가 점점 강해지더니 무려 25%나 상승했다. 실적이 시장의 기대치를 넘어선 것은 맞지만 냉정하게 이야기하면 주가가 25%나 상승할 만한 실적은 전혀 아니었다. 그럼에도 엔비디아가 폭발적인 주가 상승을 이룬 이유는 회사가 실적 발표와 함께 제시한 가이던스에 있다.

엔비디아는 실적 발표 직후 2분기 매출액 가이던스를 무려 110억 달러 수준으로 제시했는데, 당시 시장에 형성돼 있던 엔비디아의 2분기 매출액 컨센서스는 72억 달러였다. 시장 참가자들이 기대하는 추정치 대비 무려 50% 이상 넘어서는 전망치를 제시한 것이다. 일반적으로 기업들은 가이던스를 제시할 때 최대한 보수적으로 접근하기 때문에 이 정도로 기대치를 초과하는 가이던스를 제시한 것은 곧 회사의 엄청난 자신감을 의미한다. 시장은 이를 'AI 붐이 계속되고 있으며, 엔비디아가 가장 큰 수혜를 입고 있다'는 메시지로 해석했고, 그래서 주가가 급등한 것이다.

실적 발표 직후 엔비디아의 2분기 매출에 대한 시장 컨센서스는 곧바로 회사가 제시한 110억 달러 수준에 맞춰졌다. 엔비디아의 실적 성장은 해당 분기 내내 이어졌지만, 그 상황을 제대로 알지 못했던 투자자들의 예측이 실적 발표를 계기로 현실과 맞춰지면서 주가가 상승한 것이다. 이처럼 회사가 직접 제시하는 가이던스는 회사 내부 사정을 잘 알지 못하는 투자자들의 기대감을 변화시키기 때문에 실적뿐 아니라 가이던스 역시 주의 깊게 볼 필요가 있다. 주가는 미래에 대한 기대감을 반영하는데, 회사가 직접 심어주는 기대감만큼 신뢰도 높은 것은 없기 때문이다.

컨센서스의 맹점, 보이는 것이 다가 아니다

사실 컨센서스에는 아주 커다란 맹점이 존재한다. '시장 참가자들의 평균적인 기대치'라는 정의와 달리, 실제 컨센서스는 '애널리스트들이 예측한 추정치의 평균값'이라는 것이다. 그렇기에 컨센서스는 시장 참가자들의 실제 기대치를 반영하지 못한다. 앞서 설명했듯, 애널리스트의 추정치는 회사가 제시하는 가이던스에 근접한 수준으로 제시되기 때문에 특별한 일이 없는 한 실적 발표 전까지 컨센서스가 회사 가이던스를 크게 벗어나지 않는다. 그러나 투자자들의 생각은 그런 식으로 움직이지 않는다.

엔비디아의 사례를 이어가 보자. 놀라운 가이던스를 발표한 이후에도 AI 투자 붐과 관련된 기사들이 하루가 멀다고 주요 외신들의 헤드라인을 장식했고, AI 투자에 필수적인 제품인 GPU를 판매하는 엔비디아가 그 투자 붐의 가장 큰 수혜를 누릴 것임은 누구라도 쉽게 예상할 수 있는 일이었다. 그래서 투자자들이 생각하는 엔비디아의 다음 분기 실적 추정치는 조금씩 올라갔고, 그 기대감이 반영되면서 엔비디아의 주가 역시 조금씩 우상향하는 모습을 보였다.

그리고 발표된 엔비디아의 2분기 실적은 역시나 놀라운 수준이었다. 매출액은 컨센서스 112억 달러를 훌쩍 뛰어넘은 135억 달러를 기록했고, EPS 역시 컨센서스 2.09달러를 무려 30%나 웃도는 2.70달러를 기록했다. 2분기 실적과 함께 발표된 3분기 가이던스 역시 시장의 컨센서스였던 124억 달러를 30% 넘어선 160억 달러로 발표됐다. 곧바로 시장은 열광했고, 장후 시장에서 엔비디아는 10% 상승했다.

하지만 다음 날 상황이 반전됐다. 전날 장후 시장에서 거래된 가격인 10% 상승 수준에서 출발한 엔비디아 주가는 개장과 함께 급락하더니, 결국에는 0.1% 상승으로 당일 거래를 마무리했다. 그리고 다음 날에는 2.4% 하락했다. 상식으로는 이해가 되지 않는 이런 일이 발생한 이유는 컨센서스의 맹점 때문이다. 애널리스트들은 2분기 실적 추정치를 회사가 제시한 가이던스 수준에 맞춰서 제시했지만, 실제 투자자들의 기대감은 이미 이를 훌쩍 뛰어넘는 수준에서 형성돼 있었기 때문이다.

1분기 실적 발표 이후에도 AI에 대한 기업들의 폭발적인 투자가 이어졌고, 이에 따라 엔비디아의 GPU 수요가 1분기 실적 발표 당시보다 크게 늘어났으리라는 것은 불 보듯 뻔한 일이었다. 여기에 발맞춰 시장 참가자들의 눈높이는 꾸준히 높아지고 있었으며, 그에 따라 주가 역시 1분기 실적 발표 직후 25% 급등한 지점에서 추가로 24%가 상승해 있던 상황이었다. 따라서 시장 참가자들이 실제로 기대했던 실적은 이미 컨센서스를 크게 뛰어넘는 수준이었을 텐데, 회사가 실제 발표한 숫자는 그런 투자자들의 기대를 충족시켜주지 못한 것이다. 이에 따라 표면적으로는 컨센서스를 웃도는 호실적을 냈지만, 실제로는 실적 쇼크를 기록한 것처럼 주가가 반응한 것이다.

   컨센서스의 이런 맹점은 이미 널리 알려져 있어서 월스트리트에서는 애널리스트들의 추정치를 표면적인 숫자라는 의미에서 '페이퍼 컨센서스'paper consensus로, 실제 투자자들이 기대하는 추정치를 월스트리트에서 이름을 따 '스트리트 컨센서스'street consensus로 부르면서 둘을 아예 구분 지어 다루기도 한다. 스트리트 컨센서스는 월스트리트에서 가장 발 빠르고 정보 접근성이 뛰어난 투자자들이 선도하는 지표이기 때문에 한국에 있는 우리로서는 스트리트 컨센서스의 존재 자체가 장벽으로 느껴지기도 한다. 하지만 그렇다고 해서 지레 포기할 필요는 없다. 물리적인 거리나 정보 접근성과 무관하게 모두가 확인할 수 있는 숫자가 하나 있기 때문이다. 바로 '주가'다.

   스트리트 컨센서스가 상향 조정된다는 것은 가장 발 빠른 투자자들의 기대감이 커지고 있음을 의미하며, 이는 결국 주가 상승이라는 흔적을 남기게 된다. 따라서 어떤 기업이 실적 발표를 앞두고 주가가 과도하게 상승해 있는 상황이라면, 그 회사 실적에 대한 스트리트 컨센서스가 페이퍼 컨센서스를 이미 크게 뛰어넘고 있다는 합리적인 추측을 할 수 있다. 이럴 때는 스트리트 컨센서스가 정확히 얼마인지는 알지 못하더라도 회사의 실적에 대한 눈높이를 더 높이고 실적 발표 이벤트에 보다 보수적으로 접근하는 방식으로 대응할 수 있을 것이다.

반대의 경우도 종종 일어나는데, 테슬라가 대표적인 사례다. 2025년 초 모델 Y 주니퍼 신모델 출시를 앞두고 의도적인 생산량 조절 전략과 소비자들의 신차 출시 대기 수요로 인한 수요 공백으로 1분기 내내 세계 각지에서 테슬라의 인도량 데이터가 크게 꺾인 적이 있다. 당시 테슬라의 주가 역시 이를 반영해 2024년 말 기록한 고점 대비 크게 하락한 상태였으며, 실적 발표 전날까지도 주가가 6% 하락하는 등 실적에 대한 기대감이 전혀 없는 상황이었다.

이윽고 발표된 실적은 그야말로 처참한 수준이었다. 매출액은 컨센서스 대비 9% 밑돌았고, EPS는 무려 35%나 못 미치면서 엄청난 실적 쇼크를 기록한 것이다. 그런데 실적 발표 다음 날 곧바로 주가가 5% 상승하더니, 5영업일 만에 무려 30%나 상승하는 기염을 토했다.

이런 현상 역시 컨센서스의 맹점에서 비롯됐다고 할 수 있다. 실적 발표 이전에 공개된 데이터를 바탕으로 테슬라의 실적 쇼크는 이미 예견된 것이었고, '신차 출시를 앞두고 나온 일시적인 현상'이라는 명확한 이유까지 존재했기 때문에 투자자들은 실적 쇼크를 오히려 저점 매수 기회로 인식한 것이다. 이 경우에도 마찬가지로 테슬라의 스트리트 컨센서스가 얼마나 하향 조정돼왔는지를 정확히 알지는 못하더라도 테슬라의 주가가 크게 하락해 있는 상황으로 미루어 투자자들의 기대감이 낮아졌다는 사실을 간접적으로 파악할 수 있다.

미래가 아닌 생각을 맞혀라

앙드레 코스톨라니는 주식시장을 '산책하는 개'에 비유했다. 산책을 하다 보면 개와 주인은 앞서거니 뒤서거니 하면서 움직이지만 결국 개는 주인을 따라갈 수밖에 없고, 주식 역시 마찬가지라는 것이다. 시장 참가자들의 기대감이 복잡하게 얽히면서 주가는 단기적으로 요동치지만 결국 실적을 따라갈 수밖에 없다.

그런 점에서 주식 투자는 멀리서 보면 미래(EPS)를 맞히는 게임이지만, 가까이서 보면 플레이어들의 생각(PER)을 맞히는 게임이라고 할 수 있다. 같은 시장에서 함께 투자하는 수많은 투자자의 생각을 일일이 읽어내는 것은 불가능한 일이지만, 컨센서스라는 도구를 이용한다면 플레이어들의 머릿속에서 어떤 일이 일어나고 있는지에 대한 힌트 정도는 얻을 수 있을 것이다.

물론 어떤 기업의 이익 성장이 확실하게 예상된다면, 기업을 둘러싼 투자자들의 서로 다른 생각들이 만들어내는 여러 잡음은 무시한 채 장기적인 시각에서 투자하는 것도 훌륭한 방법이라고 생각한다. 그러나 그런 잡음의 존재를 인정하고, 그럼에도 흔들리지 않을 잣대를 마련한다면 훨씬 더 안정적이고 확신의 강도가 높은 투자를 할 수 있을 것이다. 그 기준점이 되어줄 수 있는 것이 바로 컨센서스다. 지금까지 살펴본 내용을 바탕으로 우리에게 주어진 컨센서스라는 무기를 제대로 활용해보자.

부록

투자 대가들을 멘토로 삼는 법

1974년, 스티브 잡스는 리드 칼리지를 자퇴한 뒤 삶의 목적과 방향에 혼란을 느끼고 있었다. 좀처럼 인생의 갈피를 잡지 못하던 잡스는 당시 인도에서 영적 지도자로 널리 추앙받던 님 카롤리 바바Neem Karoli Baba에게 가르침을 얻기 위해 친구와 함께 인도로 떠났다. 그가 인도에 도착했을 때는 바바가 이미 세상을 떠난 뒤라 실제로 그를 스승으로 삼지는 못했다. 그렇지만 잡스는 인도 곳곳을 돌아다니며 힌두교 사원에서 명상하고 수도승들과 교류하면서 여러 깨달음을 얻었고, 이때의 경험이 그로부터 2년 후인 1976년 애플을 창업할 때 정신적인 토대가 되었다.

우리는 '미국 주식'에 투자하고 싶기 때문에 미국 주식의 대가들을 스승으로 삼아야 하는데, 이들은 대부분 미국이나 미국이 아니더라도 해외에 살고 있을 것이다. 그렇다면 잡스가 그랬던 것처럼 우리도 그들이 있는 곳으로 떠나야 할까? 그럴 필요 없다. 그들의 비법을 전수받는 손쉬운 방법이 있다. 바로 그들이 쓴 저서를 읽어보는 것이다.

나는 책 읽는 것을 좋아한다. 책을 읽으면 저자가 인생에 걸쳐서 축적해온 경험과 지식을 상상할 수 없을 만큼 짧은 시간에 습득할 수 있다. 그에 비해 내가 지불하는 대가는 2만 원가량의 책값 정도에 불과하다. 심지어 도서관에서 빌려 읽는다면 비용이 전혀 들지 않는다. 투자자가 되기로 마음먹은 직후부터 나는 투자의 대가라고 알려진 이들의 책을 닥치는 대로 읽었고, 투자자로서의 가치관이 정립되어감에 따라 내가 찾고자 하는 멘토의 범위가 점차 좁혀졌다.

위대한 기업을 찾는 필립 피셔의 혜안

먼저 성장주 투자의 원조 격이라고 할 수 있는 필립 피셔다. 그가 쓴 《위대한 기업에 투자하라》는 비단 성장주 투자자만이 아니라 모든 주식 투자자가 반드시 읽어야 할 바이블 중 하나로 꼽힌다. 나 역시 주식시장에 처음 뛰어들었을 때 가장 처음 읽은 책이고, 이후에도 투자를 하면서 막막할 때마다 이 책을 다시 읽으면서 마음을 다잡곤 했다.

피셔의 투자 철학을 한마디로 정의하면,《위대한 기업에 투자하라》라는 책의 원제인 'Common Stocks and Uncommon Profits'로 요약할 수 있다. 즉, 단기 수익에 집중하는 것이 아니라 비범한 이익uncommon profits을 벌어들임으로써 장기적으로 '비약적인 성장'을 이뤄낼 수 있는 기업을 발굴하고 그 기업을 오랫동안 보유하라는 것이다. 그는 단순히 주가가 싸다고 해서 투자하는 것이 아니라 회사의 성장 가능성과 경영진의 역량 그리고 그 회사가 속해 있는 산업의 방향성을 중요하게 생각했다.

피셔가 활동하던 당시는 벤저민 그레이엄이 주창한 가치 투자가 투자의 정석처럼 여겨지던 시기였고, 그래서 대부분의 투자자는 '싸게 사는 것', 즉 안전마진을 절대적으로 중요시했다. 달리 말하면 PER과 PBR이 낮은 종목을 사는 것이 가장 중요했다. 그러나 피셔는 이런 숫자 기반의 단기 저평가 종목에는 큰 관심이 없었다. 그 대신 기업의 '내재적 가치'가 정말로 현재 주가 대비 저평가돼 있느냐를 더욱 중요하게 봤다. 지금 당장 싸 보이지 않더라도 향후 이익이 폭발적으로 성장할 잠재력이 있어서 훗날 매우 값진 기업이 될 수 있으리라는 확신이 들 때 투자를 집행했다. 이를 위해 그는 성장의 질을 판단할 수 있는 열다섯 가지 체크리스트를 제시했으며, 이런 평가를 통해 골라낸 뛰어난 회사는 최대한 오래 보유하라고 말했다. 저서에서 그는 "주식을 매수할 때 해야 할 일을 정확히 했다면 그 주식을 팔아야 할 시점은 거의 영원히 찾아오지 않을 것"이라고 이야기하기도 했다.

피셔의 이 같은 조언은 성장주 투자자로서 나만의 틀을 형성하는 데 기반이 되어주었으며, 기업의 질을 파악하는 데 내가 전혀 고려하지 못했던 부분들까지 채워줬다. 예컨대 피셔의 열다섯 가지 체크리스트 중 마지막 사항은 '최고의 경영진을 보유하고 있는지'에 대한 것이다. 실제로 대부분의 투자자는 기업의 비즈니스와 이익을 중심으로 리서치를 하기 때문에 이 점을 간과할 가능성이 크다. 그러나 미국 증시에서는 경영진에 대한 평가가 주가에 매우 큰 영향을 미친다. 예컨대

2024년 8월, 스타벅스Starbucks가 브라이언 니콜Brian Niccol을 CEO로 임명한다고 발표하면서 당일 주가가 24.5%나 상승했다. 단순한 인사이동이라고 여겨질 수도 있는 이 이슈에 시장이 격렬하게 반응한 이유는 니콜의 이력에 있다. 그는 2018년 치폴레Chipotle라는 미국 레스토랑 체인의 CEO로 취임하여 놀라운 혁신을 지속하면서 치폴레를 부흥시키고 재임 기간에 주가를 크게 끌어올렸다. 스타벅스가 내외적으로 어려움을 겪는 상황에서 그의 취임은 기업의 미래가치에서 '최고경영자'가 얼마나 큰 영향을 미치는지를 단적으로 보여준다. 같은 날 뛰어난 경영자를 잃은 치폴레의 주가는 8% 하락했다.

기업이 진짜 성장을 만들어내는 데 필요한 요소들을 정확히 꿰뚫어보고 그 기업의 미래 성장에 베팅해 막대한 투자 성과를 올렸던 피셔의 이야기는 성장주 투자자로서 내가 한 걸음 더 나아가는 데 큰 역할을 해주었다.

CAN SLIM을 주창한 윌리엄 오닐

성장주 투자를 위한 기본적 분석의 기틀을 마련해준 투자자가 필립 피셔라면, 기술적 분석을 비롯해 기본적 분석으로는 포착하기 어려운 요소들에 대한 통찰은 윌리엄 오닐의 저서를 통해 다질 수 있었다. 이제는 너무나도 유명해진 책 《최고의 주식, 최적의 타이밍》에서 그는 자신만의 체계적인 성장 공식을 정립함으로써 그간 정성적인 접근법에 그쳤던 성장주 투자의 방법론을 한 단계 더 진화시켰다.

그는 "좋은 기업을 싸게 사는 것에 그치는 것이 아니라 급성장할 수 있는 기업을 적절한 타이밍에 매수하는 것이 중요하다."라며, 기업의 모멘텀과 실적 가속도를 판단하는 자신만의 전략으로 'CAN SLIM'을 제시했다. CAN SLIM은 단기 및 장기 이익 성장Current earnings, Annual earnings, 신제품이나 신고가와 같은 새로운 변화New, 유통주식 수 및 거래량Supply and demand, 시장 및 업종 내에서 대장의 역할을 하고 있는지Leader or Laggard, 기관들의 매수세Institutional sponsorship, 시장이 상승 추세인지Market direction라는 단어들에서 첫 글자를 딴 것으로 이 일곱 가지 요소가 동시에 충족되는 주식과 타이밍에 투자를 집행해야 한다고 이야기했다.

일곱 가지가 모두 중요하지만 나에게 무엇보다 크게 와닿은 것은 'M', 즉 시장이 상승 추세인지를 판단하라는 것이었다. 오닐은 "종목 선택이 맞았더라도, 시장 판단이 틀렸으면 돈을 잃는다."라고 이야기했는데, 이는 성장주 투자를 하면서 다소 안일해진 나의 생각에 경종을 울리는 말이었다.

물리학에 '불가역성'이라는 용어가 있다. 자연계의 모든 자발적인 과정은 한 방향으로 흐르며, 그 과정을 되돌릴 수 없다는 것이다. 투자의 세계에도 불가역성이 적용되는 영역이 있다. 바로 '추세'다. 시장이 상승 추세에 있을 때는 그다지 좋지 않은 기업들의 주가도 시장의 기세에 합류해 함께 상승하곤 한다. 문제는 시장이 하락 추세로 전환될 때 발생한다. 일단 하락 전환이 시작되면 이전에 적용되던 논리가 더는 통하지 않으며, 불가역적인 전환하에서 대부분의 주식은 각각의 펀더멘털과 무관하게 처참히 하락한다.

성장주 역시 마찬가지다. 시장이 하락하는 상황에서는 개별 기업의 성장 스토리조차 무용해진다. 예컨대 MS의 주가는 2022년 한 해 동안 약 29% 하락했다. 물론 그해 경기 침체 우려가 커지면서 PC 시장이 위축돼 MS의 PC 매출이 역성장하기는 했지만, 당시 회사의 핵심 성장 동력은 PC가 아니라 클라우드였으며 2022년에도 클라우드 매출액은 20% 이상 성장했다. 성장 스토리의 핵심이 되는 포인트가 훼손되지 않았음에도 주가가 29%나 하락한 가장 큰 이유는 당시 시장이 하락 추세였기 때문이다. 아무리 MS가 클라우드에서 대단한 성장세를 이어가고 있다고 소리쳐봐도 불가역적인 추세하에서 그 목소리는 시장에 닿지 못했다. 이처럼 단순히 '성장주를 찾아내는 법'을 넘어 성장주를 이용해서 '어떻게 돈을 벌 수 있는지'까지 관통한 오닐의 접근 방식은 내가 실전에서 '성장주 투자'의 방법론을 한층 더 정교히 다듬는 데 큰 도움이 됐다.

이 외에도 미국 주식의 세계에서 비범한 성과를 보여준 엄청난 투자자들이 많다. 멘토 후보자들이 그만큼 다양하다는 의미다. 자신의 투자 성향을 돌아보고 그에 맞는 멘토를 선택하여 자신만의 투자 철학을 정교하게 다듬어나가자.